中华人民共和国史研究文库

中国跨越发展历程和政策选择研究
——基于政治经济学的视角

郑有贵 著

2020年·北京

图书在版编目(CIP)数据

中国跨越发展历程和政策选择研究:基于政治经济学的视角/郑有贵著. -- 北京:当代中国出版社,2020.8
ISBN 978-7-5154-1058-6

Ⅰ.①中… Ⅱ.①郑… Ⅲ.①中国经济—经济发展—研究 Ⅳ.①F124

中国版本图书馆 CIP 数据核字(2020)第 155702 号

出 版 人	曹宏举
责任编辑	聂文聪　周显亮
责任校对	康　莹
印刷监制	刘艳平
封面设计	胡椒书衣
出版发行	当代中国出版社
地　　址	北京市地安门西大街旌勇里 8 号
网　　址	http://www.ddzg.net　邮箱:ddzgcbs@sina.com
邮政编码	100009
编 辑 部	(010)66572264　66572154　66572132　66572180
市 场 部	(010)66572281　66572161　66572157　83221785
印　　刷	北京润田金辉印刷有限公司
开　　本	720 毫米 × 1020 毫米　1/16
印　　张	23.5 印张　2 插页　350 千字
版　　次	2020 年 8 月第 1 版
印　　次	2020 年 8 月第 1 次印刷
定　　价	72.00 元

版权所有,翻版必究;如有印装质量问题,请拨打(010)66572159 转出版部。

《中华人民共和国史研究文库》

编辑委员会

编 委 会

主　任：姜　辉

副主任：武　力　李正华　管明军　曹宏举

编　委：张星星　张金才　郑有贵　钟　瑛　欧阳雪梅　刘　仓
　　　　李　文　姚　力　吴　超　王巧荣　宋月红　　王爱云
　　　　刘志男　于俊霄　杨文利　徐国林

办 公 室

办公室主任：于俊霄

成　　员：狄　飞　王　宇　王　敏

《中华人民共和国史研究文库》
总　序

历史研究是一切社会科学的基础，重视历史、研究历史、借鉴历史是中华民族5000多年文明史的优秀文化传统。中国共产党继承了这一优秀文化传统，积极倡导学习历史、研究历史，尤其是学习中共党史、中华人民共和国史（或简称"新中国史"）、改革开放史和社会主义发展史。习近平总书记指出："重视历史、研究历史、借鉴历史，可以给人类带来很多了解昨天、把握今天、开创明天的智慧。"

党的历史、新中国的历史，是中国共产党为中国人民谋幸福、为中华民族谋复兴的奋斗史，是我们党、国家和民族的宝贵精神财富。中华人民共和国的成立，开启了中华民族发展进步的历史新纪元。从那时起，即有学者开始对中华人民共和国史进行研究。1956年6月，黄炎培在一届全国人大三次会议上提出，应"及时收集和保存建国史料"，并"加以整理"。

党的十一届三中全会后，伴随党的思想路线的重新确立和对中华人民共和国正反两方面历史经验的深刻总结，新中国史研究逐渐引起党和国家以及学术界的高度关注。经过多年的艰辛探索与开拓创新，新中国史研究取得了众多学术成果，成为中国历史研究中一个最年轻的学科。

党的十八大以来，以习近平同志为核心的党中央高度重视历史，特别是党史和新中国史。习近平总书记强调："历史是最好的教科书。""学习党史、国史，是坚持和发展中国特色社会主义、把党和国家各项事业继续推向前进的必修课。这门功课不仅必修，而且必须修好。"在开展"不忘初心、牢记使命"的主题教育中，党中央专门印发通知，要求各地区各部门各单位把学习党史、新中国史作为主题教育重要内容，不断增强守初心、担使命的思想自觉和行动自觉。

当代中国研究所于1990年6月28日经中共中央批准成立，研究和编纂中华人民共和国史、收集和编辑国史资料、出版国史研究著作，是当代所的主要职责，也是当代所人的崇高使命。当代中国研究所成立30年来，撰写并经中央审定出版了《中华人民共和国史稿》序卷和一至四卷，目前正在撰写五至七卷；编纂出版了每卷100万字的《中华人民共和国史编年》，该书为集资料性、研究性和学术性为一体的大型编年史书。在此期间，当代中国研究所和其主管的当代中国出版社，还参与组织编辑出版了152卷、210册、总计1亿字的大型史料性丛书——《当代中国》丛书；与中国大百科全书出版社合作编写了《中华人民共和国国史百科全书》。为迎接新中国成立70周年，受中央委托，当代中国研究所组织编写出版了《新中国70年》《中华人民共和国简史（1949—2019）》《新中国社会主义发展道路70年》等新中国史基本著作和六卷本《中华人民共和国史研究丛书》。此外，为了普及国史知识和消除历史虚无主义的影响，还编写出版了大众读物《中华人民共和国史小丛书》，并计划到2022年出版80种，向党的二十大献礼。上述图书均在国内外产生了重要影响，树立了新中国史研究的学术标杆，成为全国干部群众学习新中国史的基础性教材。

今天，我们已经进入中国特色社会主义新时代，正在向着社会主义现代化强国迈进，并日益走近世界舞台的中心，为整个人类社会做出越来越大的贡献。新中国的发展不是一帆风顺的，在探索建设社会主义的过程中，中国共产党遇到许多困难，也遭遇不少挫折。一些别有用心的人抓住新中国史上的曲折失误不放并夸大渲染，使一些领域成为历史虚无主义的重灾区。当代中国正经历着我国历史上最为广泛、深刻而急剧的社会变革，也正进行着人类历史上最为宏大而独特的实践创新。习近平总书记指出："当代中国是历史中国的延续和发展。新时代坚持和发展中国特色社会主义，更加需要系统研究中国历史和文化，更加需要深刻把握人类发展历史规律，在对历史的深入思考中汲取智慧、走向未来。"

历经30年不懈努力，当代中国研究所已经成为以马克思主义为指导、具有一流学术水平、汇聚一流科研人才的国史研究基地。30年来，当代所人始终以为国家写史、为人民立传为己任，牢记党和人民重托，真实记录中国共产党带领全国人民进行社会主义革命、建设和改革的光辉历程，全面反映中华民族从站起来、富起来到强起来的历史性进步，科学总结新中国每个历史阶段各方面建设的经验教训。

今年是当代中国研究所的"而立之年"，为进一步落实中央赋予当代中国研究所"存史、资政、育人、护国"的神圣职责，当代中国研究所决定设立《中华人民共和国史研究文库》(以下简称《文库》)，为当代中国研究所以及国内外从事新中国史研究的专家学者提供一个发表学术成果的平台。入选本《文库》的标准为：以毛泽东思想、邓小平理论、"三个代表"重要思想、科学发展观和习近平新时代中国特色社会主义思想为指导，坚持辩证唯物主义和历史唯物主义的立场、观点、方法，坚持实事求是、论从史出的原则，书写和记录中国共产党领导中国人民进行社会主义和新中国建设与发展的理论创新和伟大实践，总结历史经验。《文库》的目标是打造一个能够充分展示中华人民共和国史研究成果，发挥经世致用、资政育人功能的高端权威学术平台。

"装点此关山，今朝更好看。"伴随着新中国前进的步伐，中华人民共和国史研究空间广阔，任重道远。我们希望中华人民共和国史研究工作者继承优良传统，以高度的历史自觉和历史意识、宽广的历史视野和唯物史观、强烈的文化自信和历史担当，总结历史经验，揭示历史规律，把握历史趋势，服务当代，垂鉴后世，承先启后，继往开来。当代中国研究所作为党中央赋予职能、中国社会科学院直接领导的专门研究中华人民共和国史的科研机构，有责任努力构建中华人民共和国史的学科体系、学术体系、话语体系，打造史学研究的中国学派。这一目标的实现，不仅有赖于所内全体人员的不懈奋斗，也需要所外各个方面的支持和参与。本《文库》就是这样一个服务于上述目标的开放的、持久的学术成果前沿阵地，我们期待所内外的学者写出无愧于时代和人民的历史著作并列入本《文库》，在存史、资政、育人、护国工作中做出更大贡献。

姜　辉

2020 年 5 月 22 日

目 录

前 言 …………………………………………………………………（ 1 ）

跨越发展及其动因

新中国 70 年对既有发展趋势的突破和历史性跨越发展 …………（ 3 ）
中国经济发展奇迹的实现机制 ………………………………………（ 19 ）
陈云对中国经济飞跃发展路径探索的贡献及其现实价值 …………（ 34 ）
公有制的建立是新中国经济发展奇迹的基石 ………………………（ 47 ）
巩固和完善基本经济制度是突破"贫困陷阱"的原动力 …………（ 61 ）
集中力量办大事：中国跨越发展的法宝 ……………………………（ 66 ）
工业化视角的城乡二元结构评价探讨 ………………………………（ 71 ）
问题视域下新中国 70 年"三农"的转型发展 ……………………（ 84 ）
由承接国际产业转移向自主创新发展的突围 ………………………（ 96 ）
新中国实现历史性跨越发展的经验和意义 …………………………（ 111 ）

道路探索与政策选择

开辟社会主义市场经济之路的历史进程 ……………………………（ 121 ）
坚持社会主义市场经济改革方向是中国道路的要义 ………………（ 133 ）
坚定迈向全体人民共同富裕 …………………………………………（ 139 ）
清除有碍"两个毫不动摇"的陷阱 …………………………………（ 143 ）

坚持共享发展和国有资本放大功能是国有企业改革的基本方向………（155）
邓小平南方谈话的两个论断不可分割……………………………（164）
对社会主义排斥市场调节的理论突破……………………………（174）
供给侧结构性改革视域下破解资源型城市转型发展之路…………（185）
构建新型工农、城乡关系的目标与政策…………………………（198）
历史逻辑视域下乡村振兴战略的目标定位………………………（217）
凯恩斯主义和供给学派排他式主导政策选择的缺陷……………（227）

历史经验与政治经济学发展

深化中国跨越发展奇迹研究与开拓马克思主义政治经济学新境界……（241）
对中国经济发展奇迹原因的政治经济学分析……………………（246）
中国特色社会主义政治经济学中的中国共产党、人民、资本……（258）
世界财富向少数人集中态势下促进共同富裕的中国经验…………（271）
夯实共享发展的基础………………………………………………（283）
处理政府和市场关系的中国经验…………………………………（288）
文化自信不能泛化…………………………………………………（296）
全面从严治党有利于经济发展……………………………………（303）
全面从严治党是人民幸福线的根本保障…………………………（311）
坚持中国特色社会主义政治经济学的人民立场…………………（317）

经济史研究方法

跟随实践发展把握经济史研究对象………………………………（325）
改革开放史研究要有实践问题导向意识…………………………（343）
深化中国发展奇迹原因实证研究需要注意的几个问题……………（349）

后　　记……………………………………………………………（355）

前　言

一、厘清中国经济跨越发展历程的几个问题

经济史的研究，首先要基于研究对象的把握。作为新中国经济史学界的一员，我提出要跟随实践发展把握经济史研究对象。[①] 无论如何界定经济史研究对象，都不能离开"发展"这一要素。新中国成立以来中国经济实现的跨越发展，无论与自己此前历史的纵向比较，还是纳入世界范畴的横向比较，都是奇迹。正因为如此，中国经济跨越发展的奇迹引发了国内外多学科的极大关注和聚焦讨论。[②]

站在实践发展至今的现实基点，我们不难发现，新中国成立以来中国经济发展有显著的特征：中国经济实现历史性跨越发展，集中体现在用几十年时间就走完了发达国家几百年走过的工业化历程，这样

[①] 郑有贵：《跟随实践发展把握经济史研究对象》，载《中国经济史论丛》2016年第1期（总第4期），社会科学文献出版社2017年版。以下引文均出自本书作者的论文，故只标注原发刊物及发表时间，不再赘加作者。

[②] 《中国经济发展奇迹的实现机制——基于制度、政府、优势发挥机制的研究述评》，《教学与研究》2014年第7期。

一个由农业社会向工业社会的历史性转型,并跃升为世界第二大经济体、全球制造业第一大国、世界经济增长第一引擎,以及复杂的经济制度、科学技术、产业结构变迁,是此前几千年中国农业社会不曾有过的。这就给历史的书写和研究带来难度,也给出了研究的新课题和新机遇。

书写中国经济跨越发展奇迹的实现历程,是经济史研究工作者的使命,还可以为经济学、社会学、政治学、管理学等诸学科的研究提供全景式基本史料,避免不基于实践历程而以具有特定目标取向的理论进行评判,或不基于本质和主流而碎片化式分析,作出与中国经济跨越发展历史逻辑不相符的结论。

基于中国经济历史性跨越发展的理论构建,需要经济史研究的跟进。对于跨越发展奇迹实现的原因,学界从不同学科、不同视域进行过探讨,得出很多有价值的结论。其中的一些结论,如后发优势、比较优势、结构效应、人口红利等,解释了某些时段、某些产业、某些地区的发展,但不能解释中国历史性跨越发展的全部历程。[①] 从长时段和国际视域对中国经济跨越发展历程进行实证分析,有助于厘清诸多难以定论的问题。

第一,中国实现跨越发展必然有独特的路径。中国突破历史上"不能"的"李约瑟之谜"的发展趋势,反转为新中国成立以来"能"的"中国之谜"的跨越发展,来之不易。如果不是探索形成了独特的发展路径,那弱者愈弱的恶性循环态势将延续,也就不可能突破新中国成立之前经济长久陷入滞缓发展趋势、历史延续积累的现实困境特

---

① 《新中国实现历史性跨越发展的经验和意义》,《红旗文稿》2019 年第 20 期。

别是后发劣势窘境。①对中国突破这些既有趋势而实现跨越发展的历史考察，可以深刻地认识到中国经济实现跨越发展必然有与别国不同的实现路径，也有助于深刻把握中国实现跨越发展奇迹的历史地位。

第二，中国经济跨越发展路径是基于发展阶段和所处国际环境不断完善的过程，政策工具的选择服务于发展目标的实现。这条发展路径的探索、形成，经历了改革开放前后两个时期。改革开放前，中国面对与先发国家在发展水平上的较大差距及由此所形成的发展势能差的限定，在20世纪50年代社会主义改造中建立起对跨越发展起基石作用的生产资料公有制②，实行计划经济体制下的集中力量办大事的优势，由此突破既有发展趋势，办成了建立起独立的比较完整的工业体系和国民经济体系这个事关国家发展的大事，为改革开放以来的发展奠定了坚实基础。基于国家工业化发展而实现综合国力显著提升，也基于美国等国为解决长期实行凯恩斯主义政策陷入滞涨困境而对中国打开大门，改革开放以来社会主义市场经济发展道路的探索完善持续推进③，中共十二届三中全会明确提出中国的社会主义经济是在公有制基础上的有计划的商品经济，邓小平南方谈话作出计划和市场都是手段的论断，中共十四大把社会主义制度和市场经济有机结合起来，走出了中国特色社会主义市场经济发展道路，形成不断解放和发展社会生产力的显著优势。这样一个跨越发展路径探索形成并不断完善的过

---

① 《新中国70年对既有发展趋势的突破和历史性演进的跨越发展》，《宁夏社会科学》2019年第6期。

② 《公有制的建立是新中国经济发展奇迹的基石——基于社会主义改造历史地位的分析》，《马克思主义研究》2016年第7期。

③ 《开辟社会主义市场经济之路的历史进程》，载刘兰兮、陈锋主编《中国经济史论丛（2013）》，武汉出版社2013年版。

程，经历了改革开放前后两个时期，付出了实践经验缺乏情况下试错的成本。但是，不能把两个时期割裂，更不能将两个时期对立起来。两个时期都是在中国共产党领导下，实事求是，基于生产力发展状况、国际政治经济环境及发展势能差异下形成的。

第三，中国实现历史性跨越发展，呈现后发国家能够突破弱势窘境向跨越发展转变的前景及其实现路径，蕴含着丰富的中国经验和重大的意义。自工业革命起，后发国家与先发国家之间在发展上存在较大的势能差。这不仅仅表现为科技水平高低、发达程度不同下的发展能力之差，更表现为先发国家凭借综合国力较强而在政治经济上实行霸权，控制国际政治经济秩序的话语权和规则制定权，以此实现对后发国家的经济、非经济的侵蚀，从而压缩后发国家的发展空间，使后发国家很难突破弱势窘境。正因为如此，第二次世界大战结束至今，绝大多数后发国家难以突破后发弱势窘境。新中国不仅面临这些困境，还遭受西方资本主义国家为抑制中国发展而对中国实施封锁禁运，这更困扰了中国的发展。新中国突破重重困境，实现跨越发展，是因为形成了中国方案，以及所蕴含的中国经验，主要包括：社会主义基本经济制度厚植起跨越发展的优势；以经济建设为中心是实现跨越发展的关键；以人民为中心和满足人民对美好生活向往是实现跨越发展的强大动力；能够集中力量办大事是实现跨越发展的重要法宝；基于独立自主推进对外开放为实现跨越发展赢得了机会，拓展了空间。①

---

① 《新中国实现历史性跨越发展的经验和意义》，《红旗文稿》2019年第20期。

二、跨越发展实践是中国特色社会主义政治经济学之源

随着经济的发展及对其研究的拓展，以及学科视角及研究问题侧重不同、研究范式和话语体系的不同，对经济史研究对象的界定呈多样化态势，如政治经济史、社会经济史、国民经济史、经济发展和制度变迁史、经济制度史、生产力与生产关系史等。国史研究体系中的经济史研究，应基于整体历史观，从政治经济史的视角，围绕生产方式的矛盾运动展开[①]，梳理生产力和生产关系、经济基础和上层建筑关系的演变。基于唯物史观对跨越发展的研究，能够基于整体史视域，呈现中国特色社会主义经济发展道路的形成和不断完善历程，对中国跨越发展作出与历史逻辑一致的解释，作出有价值的经验总结和理论概括，为发展中国特色社会主义政治经济学提供支撑和启示。

第一，政策体系的构建和完善要基于人民的立场。在财富向极少数人集中而严重失衡这样一种新的世界财富结构及所引发诸多矛盾和挑战的国际环境下，面对多元利益主体及其利益博弈，中国共产党坚持人民的立场，着力保障多种所有制经济服务于人民和社会主义的实现，探索把促进共同富裕与实现经济社会发展统一起来和相互促进的实现路径，不断完善与社会主义初级阶段相适应的发展为了人民、发展依靠人民、发展成果由人民共享的实现方式和政策体系[②]，积累了在

---

① 《跟随实践发展把握经济史研究对象》，载魏明孔、戴建兵主编《中国经济史论丛》2016年第1期（总第4期），社会科学文献出版社2017年版。

② 《中国特色社会主义政治经济学中的中国共产党、人民、资本——基于改革开放40年跨越发展经验的探讨》，《毛泽东邓小平理论研究》2018年第8期。

世界财富向少数人集中态势下促进共同富裕的中国经验①。中国不懈地促进共同富裕，形成了全社会实现跨越发展的动力。马克思主义政治经济学与资本主义经济学的根本区别是为什么人的问题。马克思主义政治经济学坚持发展为了人民的根本立场，探索增进人民福祉、促进人的全面发展和全体人民共同富裕的实现路径和政策措施。资本主义经济学则服务于资本所有者，其实现路径及手段的选择旨在实现资本利润最大化。②坚持人民的立场完善政策体系，就是要坚持以人民为中心价值取向不动摇，使公有制为主体、多种所有制共同发展的经济服务于人民和社会主义，把增进人民福祉、促进人的全面发展、朝着共同富裕方向稳步前进作为经济发展的出发点和落脚点，把发展为了人民、发展依靠人民、发展成果由人民共享统一于经济社会发展的整个过程。③

第二，发挥政府和市场的作用要基于战略发展目标及其实现。如何处理政府和市场的关系，不仅是社会主义国家面临的问题，也是资本主义国家面临的问题。社会主义和资本主义曾经有一个共同的认识误区，把计划、市场与社会属性联系在一起而目标化，主张社会主义实行计划经济，资本主义实行市场经济。④资本主义国家在实施凯恩斯主义对自由市场政策的替代和实施供给学派政策对凯恩斯主义政策的替代在一定程度上将两者对立起来。实践表明，基于需求决定供给

---

① 《财富向少数人集中态势下促进共同富裕的中国经验》，《教学与研究》2017年第8期。
② 《坚持中国特色社会主义政治经济学的人民立场》，《红旗文稿》2017年第20期。
③ 《中国特色社会主义政治经济学中的中国共产党、人民、资本——基于改革开放40年跨越发展经验的探讨》，《毛泽东邓小平理论研究》2018年第8期。
④ 《开辟社会主义市场经济之路的历史进程》，载刘兰兮、陈锋主编《中国经济史论丛（2013）》，武汉出版社2013年版。

而注重实施需求管理政策的凯恩斯主义和基于供给创造需求而主张实施供给管理政策的供给学派，各自都有兴起的特定历史条件和适用之时，其理论及政策主张的实施解救了资本主义旧有的经济危机，但由于其假设和理论逻辑与现实不一致，导致各自政策主张实施后又衍生出新的经济危机。① 社会主义国家一开始把计划和市场对立起来而选择实行单一的计划经济。中共十一届三中全会以来，中国基于发展的需要，从实际出发，作出计划和市场都是手段的论断而将其与社会主义或资本主义的本质特征脱钩，开创了中国特色社会主义市场经济，创新性地提出了"使市场在资源配置中起决定性作用和更好发挥政府作用"。中国之所以能够成功地实现社会主义计划经济体制向社会主义市场经济体制的转变，是因为20世纪末进入了独立的比较完整的工业体系已经建立起来这样一个新的经济社会发展阶段，以及之后工业化、城镇化、信息化和全球化持续演进及其要求。这正是马克思主义所揭示的生产力与生产关系、经济基础与上层建筑关系在改革开放历史进程中的体现。② 中国基于所处发展阶段处理计划和市场的关系厚植了发展优势，成就了中国的跨越发展，将中国发展奇迹归功于去政府作用的市场化改革而无所坚持是对中国经验的片面总结。③ 学界以往对政府和市场关系的讨论，集中在两者都有失灵之处和边界的讨论，而缺乏关于运用计划或市场手段的目标导向讨论。这样一种缺失，导致了对改革开放前实行的计划经济，只看到其缺乏活力和难以发挥企业积极性等缺陷，而看不到甚至不愿意承认作为后发国家需要通过资源

---

① 《凯恩斯主义和供给学派排它式主导政策选择的缺陷》，《教学与研究》2016年第10期。
② 《改革开放史研究要有实践问题导向意识》，《中共党史研究》2017年第5期。
③ 《处理政府和市场关系的中国经验——基于发展优势厚植的分析》，《当代中国史研究》2016年第1期。

的计划配置才有可能追赶工业化发展这一要实现的国家战略目标使然,以及在较短时期内成功地建立起独立的比较完整的工业体系和国民经济体系的绩效及其历史地位。毋庸置疑,改革开放前的计划经济不仅为改革以来中国经济的快速增长奠定了坚实基础,而且成为建立和完善社会主义市场经济体制的路径依赖,从这种历史统一性和内在关联性分析中,不能对改革开放前实行计划经济体制予以完全否定。[①]缺乏战略发展目标导向处理政府和市场的关系,不利于社会主义市场经济改革方向的坚持和完善。无论是计划手段,还是市场手段,它们的运用都有服务和服从的战略目标,并把政府和市场作用的发挥统一于国家发展战略的实现上。中共十八届三中全会明确提出要坚持社会主义市场经济改革方向,这也就明确了改革要实现社会主义本质要求[②],与排除限制资本横暴的新自由主义主张有着本质的不同。[③]

第三,基于整体史视域的跨越发展经验完善发展的动力机制。开展对中国跨越发展原因的实证研究,可以基于当时的历史场景作出更加客观的分析,避免运用某个理论进行逻辑推演的局限,在构建中国特色哲学社会科学中发挥不可替代的作用。[④]在中国跨越发展奇迹原因认识上存在分歧,根本在于立场和方法,即存在马克思主义和资本主义两种立场和研究范式的分歧。西方经济学无从解释中国跨越发展的奇迹,原因之一是把经济发展仅仅视为经济运行结果的逻辑,甚至仅从单一微观市场主体的成本收益视角分析资源配置的效率。诺贝尔经济学奖得主罗纳德·哈里·科斯反思西方经济学的这一范式后指出,从

---

① 《坚持社会主义市场经济改革方向是中国道路的要义》,《当代中国史研究》2014年第1期。
② 《坚持社会主义市场经济改革方向是中国道路的要义》,《当代中国史研究》2014年第1期。
③ 《邓小平南方谈话的两个论断不可分割》,《毛泽东邓小平理论研究》2013年第6期。
④ 《深化中国发展奇迹原因实证研究需要注意的几个问题》,《中共党史研究》2018年第1期。

斯密到今天，经济学家的研究对象已经从一个有血有肉、有伦理道德的人创造财富的行为，变身为一个冷冰冰的资源分配的选择逻辑。在这个转变过程中，我们付出了许多代价，其中显而易见的一点，便是人性在深度和丰富性上的极大损失。现代经济学不再以实实在在的人为研究对象，它便失去了扎根现实生活的锚，逐步偏离经济现实。① 现实经济发展是整个社会系统运行的结果。基于生产力与生产关系、经济基础与上层建筑关系的矛盾运动，把经济纳入整个社会系统，不仅研究经济发展的自身因素，也研究政治、文化、社会、生态等因素对经济运行的影响，是科学解释中国经济发展奇迹的钥匙。中国跨越发展奇迹是在整个社会系统中实现的，一方面是缘于经济学讨论的经济因素，另一方面是缘于坚持社会主义价值取向、坚持中国共产党的领导，以及政治建设、文化建设、社会建设、生态文明建设、党的建设与经济建设形成的协调和相互促进态势。中国经济建设、政治建设、文化建设、社会建设、生态文明建设、党的建设之所以能够逐步形成协调和相互促进态势，进而合力促进经济发展，根本缘于社会主义的价值取向、中国共产党的领导和中国特色社会主义基本经济制度。人民利益高于一切的价值取向，渗透到中国特色社会主义事业总体布局的各个方面，经济建设、政治建设、文化建设、社会建设、生态文明建设、党的建设都以人民利益的维护为出发点和落脚点，相互间良性互动，共同作用，为经济发展提供不竭的动力。② 中共十八届五中全会提出新发展理念，并在实践中用新发展理念来引领经济建设、政治建

---

① ［英］罗纳德·哈里·科斯、王宁：《变革中国——市场经济的中国之路》，徐尧、李哲民译，中信出版社2013年版，第269—270页。
② 《对中国经济发展奇迹原因的政治经济学分析》，《毛泽东邓小平理论研究》2015年第10期。

设、文化建设、社会建设、生态文明建设,顺应了广大人民的需求,这将形成中国高质量发展的新动力。

本书以跨越发展为主题,基于政治经济学的视角,探讨了跨越发展的道路探索、政策选择、历史经验,并以此为基础,对构建中国特色社会主义政治经济学进行探讨,形成了一些成果。对这些问题的研究,只是开了个头,还需要深化和进一步论证。

跨越发展及其动因

新中国 70 年对既有发展趋势的突破和历史性跨越发展

对于新中国 70 年取得的历史性成就，仅从物质财富增长进行探讨是不够的。对新中国 70 年突破既有发展趋势和实现经济社会转型演进的跨越发展进行研究，能够更充分地呈现历史性成就取得的来之不易及其历史地位。70 年间，新中国成功地突破了旧中国长久陷入徘徊的历史发展趋势、发展起点的现实困境、作为后发国家在国际体系中面临的劣势窘境对发展空间锁定等既有发展趋势，仅用几十年的时间就走完了发达国家几百年才走过的工业化历程，实现了由农业社会向工业社会转型的跨越，发达程度由低收入国家向中等偏上收入国家提升的跨越，民生由受温饱不足困扰到向小康富裕提升的跨越，在全球发展中的位势由跟跑追赶向世界经济增长第一大引擎转变的跨越。这是新中国 70 年跨越发展的内涵及其光耀的历史地位。

一、跨越发展是对既有发展趋势的历史性突破

新中国在成立初期，有没有能够实现这 70 年跨越发展的预期？如果从既有发展趋势分析，是难以形成的。在世纪之交，国内外将中国的发展成就称为"奇迹"，提出了"中国之谜"概念，甚至视中国取得"奇迹"为"悖论"，这也表明新中国 70 年已实现的跨越发展，不可能是在新中国成立初预期之内的目标。新中国 70 年实现跨越发展，是对以下既有发

展趋势的历史性突破。

（一）跨越发展是对新中国成立前长久陷入徘徊趋势的突破

一个国家的历史发展趋势，是其后发展预期形成的重要因素。中国曾是世界上最富裕的国家和最大的经济体，然而，中国的发展也曾陷入徘徊，被西方超越，到近代因为落后和被列强瓜分而沦为半封建半殖民地社会，这是不可否认的事实。中国经济在世界上的位次，因基于人均GDP或GDP总量的不同而有所不同。基于人均GDP的研究表明，距今1000年前，中国是世界上最富裕的国家，宋代的生活水平领先于世界，在之后长达900多年的时间里，中国的人均收入停滞甚至下降，而欧洲的意大利、西班牙、荷兰、英国等国家则历时3—7个世纪超过中国。[①]基于GDP总量的研究表明，西方超过中国要晚一些。例如，安格斯·麦迪森的估算显示，中国被西欧超越不晚于1500年。[②]彭慕兰认为，西方超越中国的"大分流"发生于1750年甚至是1800年之后。[③]至于中国经济发展在世界上处于顶峰是在哪个年代，什么时候被欧洲超过，由于没有相应可靠的数据支撑，难以作出精准的判断，学界也存在分歧。但有一点是肯定的，那就是工业革命的兴起，所引发的生产率的快速提升，必然导致仍徘徊于农业社会的中国与工业化先发国家在发达程度上的分化及差距的拉大。仅据麦迪森的数据显示，1820—1952年中国GDP年均增长率仅为0.22%，远低于同期美国的3.67%、欧洲的1.71%、日本的1.74%、全世界的1.64%。同期，人均GDP的反差极为明显，中国为–0.10%，而美国为1.61%、欧洲为1.05%、日本为0.95%、全世界为0.93%。[④]

从更近一些的20世纪前半叶看，中国发展陷入徘徊的趋势没有得到

[①] 王珏：《试论70年来中国国际经济地位的变化——基于1千年主要国家赶超历程的考察》，《教学与研究》2019年第9期。

[②] ［英］安格斯·麦迪森：《世界经济千年史》，伍晓鹰等译，北京大学出版社2003年版。

[③] ［美］彭慕兰：《大分流：欧洲、中国及现代世界经济的发展》，史建云译，江苏人民出版社2014年版。

[④] ［英］安格斯·麦迪森：《中国经济的长期表现（公元960—2030年）》，伍晓鹰、马德斌译，上海人民出版社2008年版，第37页。

扭转，还进一步恶化。有数据显示，1913—1950年GDP的年均增长率，中国为负值，即-0.02%，世界为1.82%。同期，中国受人口较快增长影响，人均GDP下降幅度高达20.5%。①20世纪前半叶这种中国与世界在经济增长上的正负反差，表明中国陷入了极其严峻的积贫积弱境地。

以上都表明，中国的传统社会约束了生产力发展，也表明突破长久陷入徘徊的历史发展趋势是历史性难题。若以此进行趋势分析，新中国70年不可能实现跨越发展。

（二）跨越发展是对新中国发展起点现实困境的突破

一个时期发展预期的形成与其起点的发展状况相关。新中国发展的起点，用"一穷二白"比喻，反映新中国在成立之际与先发国家在现代化进程中的差距是贴切的。仅以当时现代化的重要标志——工业化为例，旧中国工业部门残缺不全，只有采矿业、纺织业和简单的加工业，只能生产纱、布、火柴、肥皂、面粉等为数甚少的日用生活消费品。②1949年，中国主要工业品原煤、原油、钢的产量分别为0.32亿吨、12万吨、15.8万吨，分别仅为美国的7.34%、0.05%和0.22%。③1954年6月，在中央人民政府委员会第三十次会议上，毛泽东很是感慨地说：我们能造桌椅、茶碗、茶壶，一辆汽车、一架飞机、一辆拖拉机都不能造。④新中国经济建设的起步，不仅工业水平低，还缺乏农业对整个经济社会发展的支撑。就在新中国成立的前夕，西方一些人士就断言，中国政府解决不了全国人民的吃饭问题，因此站不住脚。这样的断言，是与当时中国生产力水平相吻合的。新中国成立时农业生产仍然使用传统经验技术，没有摆脱靠天吃饭的低下的生产力约束。1949年，全国人均粮食、棉花、油料、糖料产量分别只有208.95公斤、0.82公斤、4.73公斤、5.23

---

① 蔡昉：《新中国70年奋斗历程和启示》，《中国人大》2019年第19期。
② 《辉煌70年》编写组：《辉煌70年——新中国经济社会发展成就（1949—2019）》，中国统计出版社2019年版，第100页。
③ 中华人民共和国国家经济贸易委员会：《中国工业五十年》第1卷，中国经济出版社2000年版，第9页。
④ 《毛泽东文集》第6卷，人民出版社1999年版，第329页。

公斤。在如此低的农业产出水平下,要解决全国人民的温饱问题,无疑也是历史性难题。全国人民的温饱问题得不到解决,不仅困扰农业的发展,也困扰整个国家的发展。除工农业物质技术条件的现实困境外,还有人力资本水平极低对发展的约束。现代工业的发展,与传统手工业发展靠经验技术不同,是建立在现代科学技术基础上的。然而,1949年全国人口文盲率高达80%,而小学学龄儿童入学率、初中阶段毛入学率分别只达到20%和3%,高等院校的在校生仅有11.7万人。[①]如此低的人力资本和教育水平,使经济建设缺乏相应人力资本的支撑。

(三)跨越发展是对作为后发国家的中国与先发国家在发展上存在势能差约束的突破

旧中国的历史发展趋势和新中国发展起点的现实困境,都是自身的因素。更为严峻的是,从工业革命起的现代化进程中,先发国家与后发国家存在较大的发展势能差异,这不仅仅表现为发达程度、科技水平高低不同下的发展能力之差,更表现为先发国家凭借其综合国力在政治、军事上实行霸权,控制国际经济社会秩序的话语权、规则制定权,以实现对后发国家的经济和非经济的侵蚀,进而压缩后发国家的发展空间,使后发国家很难突破劣势窘境。这是第二次世界大战结束至今仅有极少数后发国家迈入发达国家的原因。新中国在成立之初,由于与先发国家存在较大发展势能之差,受后发劣势约束是显而易见的。众所周知,在新中国成立后,西方资本主义国家为抑制中国发展而对中国实施封锁禁运就是其举措之一。

综上所述,新中国在成立前后,基于既有发展趋势是难以形成能够实现这70年的跨越发展的预期。新中国70年突破旧中国长久徘徊的历史发展趋势、发展起点的现实困境、作为后发国家在国际体系中面临的劣势窘境对发展空间锁定等既有发展趋势,表明所实现的跨越发展无疑是历史性的突破,彰显了发展路径探索的成功,以及寓含了需要深化研

---

① 《辉煌70年》编写组:《辉煌70年——新中国经济社会发展成就(1949—2019)》,中国统计出版社2019年版,第225页。

究的重大理论课题。如果仅停留在中国取得跨越发展奇迹属于悖论,则陷入了理论的僵化。

二、跨越发展是在日益积累进程中实现的历史性突破

突破既有发展趋势的锁定,必然困难重重,决定了新中国实现跨越发展进程不会一帆风顺,需要付出艰辛努力,甚至要付出试错的成本。新中国 70 年的跨越发展,经历了阶段性突破。

(一)1949—1978 年自力更生艰苦创业,突破既有发展趋势,为跨越发展奠定了坚实基础

中国共产党早在新中国成立前夕召开的中共七届二中全会就明确了要把农业国建设成为工业国的国家发展目标。新中国在成立初期把国家工业化视为全国人民的最高利益,号召全国人民同心同德,为实现工业化而奋斗。大规模经济建设开启之年 1953 年《人民日报》发表的题为《迎接一九五三年的伟大任务》的元旦社论提出:"经济建设的总任务就是要使中国由落后的农业国逐步变为强大的工业国,而要达到这个目的,就必须首先着重发展冶金、燃料、电力、机械制造、化学等项重工业。""工业化——这是我国人民百年来梦寐以求的理想,这是我国人民不再受帝国主义欺侮不再过穷困生活的基本保证,因此这是全国人民的最高利益。全国人民必须同心同德,为这个最高利益而积极奋斗。"[①]1953 年中国共产党确定的过渡时期的总路线和总任务,明确了实现国家工业化的生产力发展和社会主义改造的生产关系变革的蓝图及其实现的时间表。1956 年,建立完整的工业化体系目标及其实现的时间表又写入了党的八大的政治报告,即"我们应当在三个五年计划的时期内,基本上建成一个完整的工业体系。"[②]

经过全国人民艰苦创业,新中国从成立起至 20 世纪 70 年代末,经

---

① 《迎接一九五三年的伟大任务》,《人民日报》1953 年 1 月 1 日。
② 《刘少奇选集》下卷,人民出版社 1985 年版,第 224 页。

济发生了重大变化，那就是在非均衡增长进程中，作为当时的先导产业——工业发展取得重大进展，建立起独立的比较完整的工业体系和国民经济体系，从而使中国经济稳稳地立起来。在当时被视为最重要的基础工业之一是钢铁业。中国钢铁产量由 100 万吨提升至 500 万吨仅用了 5 年（由 1952 年的 135 万吨增长到 1957 年的 498.7 万吨），远短于美国用的 12 年（由 1880 年的 127 万吨增加到 1892 年的 500 万吨）、英国用的 23 年（由 1880 年的 129 万吨增长到 1903 年的 503 万吨）。[①] 到 1963 年，中国实现石油基本自给。中国的钢铁产量在 1975 年超过英国。到 1978 年，中国生产的主要工业产品的产量，钢铁、原煤、原油等分别为 3178 万吨、6.18 亿吨、1.04 亿吨。工业增加值由 1952 年的 119.8 亿元，到 1978 年增加至 1622 亿元，按可比价格计算，比 1952 年增长 15.9 倍，年均增长 11.5%[②]，比 1953—2018 年的年均增长率高出 0.5 个百分点。随着工业化的快速推进，中国的产业结构发生了历史性演进，一二三产业在国内生产总值中所占份额，1978 年分别为 28.2%、47.9%、23.9%，这与新中国成立初期的以农业为主的产业结构相比，发生了质的演进。

随着工业化的快速发展，中国的综合国力显著提升，其标志性的事件是 1964 年中国第一颗原子弹爆炸成功。之后中国仅用两年零八个月，到 1967 年氢弹爆炸成功（中国从原子弹爆炸到氢弹爆炸所用时间远小于美国的七年零四个月）。到 1970 年，中国又成功发射第一颗卫星。1974 年，中国核潜艇首艇交付海军使用。鉴于中国综合国力的显著提升，1971 年，联合国恢复中华人民共和国在联合国的一切合法权利，1972 年 2 月，美国总统尼克松应邀访问中国，缓和了中国与西方资本主义国家的关系。换言之，基于工业化发展实现综合国力的提升，对于推进中国与世界关系的改善、中国发展的国际环境的改善发挥了作用，也为之后中国的改革开放奠定了基础。

对于改革开放前中国经济发展是否缓慢的问题，应当回到当时的历

---

① 中国社会科学院、中央档案馆：《1953—1957 中华人民共和国经济档案资料选编》（工业卷），中国物资出版社 1998 年版，第 1057—1058 页。

② 《辉煌 70 年》编写组：《辉煌 70 年——新中国经济社会发展成就（1949—2019）》，中国统计出版社 2019 年版，第 100 页。

史场景进行分析。按照国家统计局的数据，按可比价格计算，中国1978年的GDP是1952年的4.75倍，年均增长6.17%。这一增速与旧中国长久陷入徘徊趋势相比，无疑是历史性突破。另据麦迪森的数据，1952—1978年中国GDP的年均实际增长率为4.39%，虽略低于同期世界平均水平4.59%（这期间的增长主要源于发展中国家和地区的快速增长，其中拉美国家和亚洲新兴经济体的快速增长更为显著），但高于欧洲的4.37%和美国的3.61%[1]，高于高收入国家的4.3%[2]。这一现象是复杂的内外因素的结果。外部因素有：中国作为后发国家，推进经济建设不仅受后发劣势约束，还受极为不利的国际环境影响。新中国成立后遭受西方资本主义国家禁运封锁，到20世纪60年代初期中苏关系恶化后又面临来自苏联的威胁。而同期的拉美国家、亚洲新兴经济体没有遭受如此遏制，而是处于较有利其发展的国际环境。换言之，在发展的国际环境上，中国与其他后发国家相比是不对称的。内在因素有：中国急于求成，在1958年发动的"大跃进"运动冲击了原来稳步有序的发展计划，特别是在"文化大革命"十年期间搞"阶级斗争为纲"，严重冲击了经济建设。可见，对改革开放前在经济增长速度上中国与世界的高低分析，应分时段考察，不能笼而统之把经济发展速度低的原因简单地归于计划经济体制，不能对计划经济体制在快速推进工业化上的成效视而不见。

（二）1978—2012年在改革开放进程中砥砺奋进，实现实业和经济总量的跨越发展

1979—2012年，中国经济实现较长时期的高速增长，年平均增长率高达9.9%，比同期世界经济平均增长率高出7个百分点。[3] 在1978年，中国国内生产总值在世界位列第11位，到2010年超越日本而跃升为世界第二大经济体。中国GDP占世界经济总量的比重持续提升，到2012年

---

[1] ［英］安格斯·麦迪森：《中国经济的长期表现（公元960—2030年）》，伍晓鹰、马德斌译，上海人民出版社2008年版，第37页。
[2] 蔡昉：《新中国70年奋斗历程和启示》，《中国人大》2019年第19期。
[3] 《辉煌70年》编写组：《辉煌70年——新中国经济社会发展成就（1949—2019）》，中国统计出版社2019年版，第37页。

增加到11.4%，比1978年提高了9.6个百分点。① 这一时期，中国跨越发展的实现有以下因素：

第一，跨越发展是在改革开放前奠定的经济基础上实现的。1979—1984年率先成功突破的农村改革，促进了农业的快速增长，这是在此前科技、化肥、农田水利、农机等发展所奠定的基础上实现的，或者说是此前提升了的生产力的快速释放。1979—2012年实现跨越发展最重要的基础，是在此前建立起独立的比较完整的工业体系和国民经济体系，以及与之对应的国有企业。20世纪70年代末至90年代中期，国有企业在工业中仍然是主体，即便乡镇企业（1984年中央将社队企业更名为乡镇企业）的异军突起，也是在国有企业的先导产业带动及其先进技术、各类人才的帮助下实现的，同时也是在改革开放前社队企业已有一定发展，特别是所形成的兴办社队企业机制的基础上实现的。没有改革开放前建立起的独立的比较完整的工业体系，中国在改革开放以后实现工业的高速增长而成为全球制造业第一大国是难以想象的。这表明，改革开放前后两个时期的经济发展是不能割裂的，不应把1949—1978年排除在跨越发展进程之外，而认为跨越发展仅仅起于20世纪70年代末。

第二，跨越发展是在抓住经济全球化进程中先发国家制造业向后发国家转移的机遇实现的。这一时期中国的跨越发展，突出的特点是注重发展实业，在2010年工业增加值超过此前长期居全球制造业第一大国的美国。中国实业实现这一跨越，是抓住了经济全球化进程中先发国家制造业向后发国家转移的机遇。先发国家之所以积极把制造业转向中国，是因为在这期间，属于后发国家的中国能提供大量充裕的低价劳动力，从而降低劳动力成本而形成新的竞争优势。而中国实行改革开放，则使这种产业转移变成现实。这样一个产业承接过程，由20世纪80年代初的承接来料加工、来样加工、来件装配和补偿贸易（简称"三来一补"）起步，并在这一过程中实现技术水平和发展能力的提升，进而能够升级为90年代开始承接相对完整产业的转移。这一过程，也是中国的大市场

---

① 《辉煌70年》编写组：《辉煌70年——新中国经济社会发展成就（1949—2019）》，中国统计出版社2019年版，第40页。

吸引跨国资本、先进技术进入，但中国的大市场并没有换来涉及竞争力的核心技术。仅以汽车工业为例，中国在引入外资及与之捆绑在一起的技术后，成为世界汽车生产第一大国，不少利润被跨国资本取得。在美国挑起中美贸易战时，把两者自愿和都受益的技术引进（一般与资本引进捆绑在一起）定性为强制引进，这是对历史的歪曲。简言之，这一时期中国实现的跨越发展，属于工业发展带动下的实业发展的跨越，属于经济总量快速增长的跨越。

第三，跨越发展是在发挥举国体制优势克服国际金融危机冲击过程中实现的。这一时期，先后发生了1997年亚洲金融危机和2008年国际金融危机。中国面对这两次金融危机的强烈冲击，发挥举国体制优势，运用多种政策工具，保增长，促就业，在外需增长放缓的情况下，把着力点放在促进国内经济发展方式转变和消费增长上。不仅如此，还以大国的责任担当，保持人民币汇率基本稳定，并采取有力措施，帮助香港、澳门走出遭受金融危机严重冲击的困境。中国发挥举国体制优势应对国际金融危机的冲击，在全世界率先实现经济的企稳回升，为世界经济的恢复增长作出了重大贡献，在世界经济增长中的引擎作用越来越显著，进而实现经济总量在世界位次的跃升。

（三）2012年至今，在经济发展进入新常态的大逻辑和新发展理念下，开启推进高质量发展和向经济强国发展的新跨越

中国经历1979—2012年长达34年的年平均9.9%的高速增长，属于以粗放型增长方式实现的跨越。这一过程中积累了一些问题。习近平作出中国经济发展进入新常态的判断，这成为中国跨越发展的全新历史坐标。中共十八届五中全会在总结历史经验的基础上，提出了新发展理念。中共十八届五中全会将"以提高发展质量和效益为中心，加快形成引领经济发展新常态的体制机制和发展方式"纳入"十三五"时期发展的指导思想，党的十九大报告提出中国经济已由高速增长阶段转向高质量发展阶段，2018年9月20日，中央全面深化改革委员会第四次会议审议通过《关于推动高质量发展的意见》。进入新时代，以习近平新时代中国特色社会主义思想为指导，从满足人民日益增长的美好生活需要出发，着

力建设现代化经济体系，中国开启推进高质量发展和向经济强国发展的新跨越，以促进中国经济创新力、竞争力的增强。

新发展理念在实践中得到切实贯彻。在创新发展上，世界知识产权组织2019年《全球创新指数报告》显示，中国创新能力综合排名由2012年的居第34位上升到2019年的居第14位[1]，是唯一进入前20名的中等收入国家。在绿色发展上，"绿水青山就是金山银山"理念深入人心，并日益转化为向绿色生产生活方式转变的实际行动；2013—2018年，全国生态状况呈改善趋势，完成造林面积达3966万公顷，森林覆盖率、草原综合植被覆盖率有所提升；2018年全国生态状况评价显示，生态环境状况优良县域达1561个，同比增加103个；2018年，全国单位国内生产总值能耗、用水量分别比2012年下降23.3%和27.5%。在协调发展上，大力促进经济与社会的协调发展，促进区域协调发展战略实施，促进乡村振兴战略实施。在开放发展上，推动形成全面开放新格局，大力推进共建"一带一路"国际合作，在世界上首创以进口为主题的国家级展会的经贸制度。在共享发展上，2013—2018年，全国居民人均可支配收入年均实际增长7.3%，比同期GDP年均增长率高了0.3个百分点。在促进全体人民共同富裕上取得了明显进展，形成世界上人口最多的中等收入群体，农村贫困发生率下降了8.5个百分点。

新发展理念的贯彻促进了高质量发展。2018年中国经济社会发展情况表明，反映高质量发展的创新驱动、资源节约、生态保护、社会保障等方面的19个约束性指标改善，其中18个指标完成全年目标，只有万元国内生产总值用水量下降这一项指标没有实现（因向华北地区进行生态补水和全国生态用水量增加等综合因素，降幅比全年目标低0.1个百分点）。[2] 2013—2018年，中国工业逐步向中高端迈进，高技术产业、装备制造业增加值年均增长分别为11.7%和9.5%。2018年，手机、计算

---

[1] 《辉煌70年》编写组：《辉煌70年——新中国经济社会发展成就（1949—2019）》，中国统计出版社2019年版，第39页。

[2] 国家发展和改革委员会：《关于2018年国民经济和社会发展计划执行情况与2019年国民经济和社会发展计划草案的报告——2019年3月5日在第十三届全国人民代表大会第二次会议上》，《人民日报》2019年3月18日。

机和彩电等产品产量分别为18亿部、3.1亿台、1.9亿台，在全球总产量中所占份额高达70%—90%；汽车产量为2781.9万辆，在全世界连续多年居第一位；高铁动车组走出国门，成为中国的靓丽名片。①随着高质量发展的推进，中国出口产品结构优化，高技术、高附加值产品成为出口主力，2018年出口商品中高新技术产品所占份额为30%，比1999年提高了17.3个百分点。②中国自2013年起第一次成为全球货物贸易第一大国，2018年货物进出口超过4.6万亿美元，在全球所占总额达11.8%③。中国高质量发展的新跨越的开启，不仅更好地满足了人民日益增长的美好生活需要，也给世界经济的发展作出了新的贡献。

综上所述，新中国70年的跨越发展，呈现阶段性特征，即便改革开放以来也是如此，有增长速度高低的波动，有增长方式的改进，有增长贡献因素的变化。这些构成了新中国70年跨越发展的整个历史。70年发展历程是不能割裂的，更不能把前后阶段对立起来。这样一个阶段性突破的历程，是以前期发展为基础而不断创新发展的历程。

三、跨越发展是经济社会转型演进的历史性突破

20世纪70年代末至90年代末，中国经济实现的高速增长引起了国内外的高度关注，当时用"奇迹"一词称赞中国取得的成就，是国际视域下的判断，但当时的关注点集中在GDP的增速。现今，中国经济又经过约20年的发展，仅仅强调GDP的高速增长，已不能全面反映新中国70年发展的历史性成就。鉴于此，用跨越发展或跨越发展奇迹，能够更全面地反映新中国70年发展的历史性成就。70年间，新中国所实现的跨越发展不仅是在增速上的奇迹——发达国家几百年的工业化历程，中

---

① 《辉煌70年》编写组：《辉煌70年——新中国经济社会发展成就（1949—2019）》，中国统计出版社2019年版，第101页。

② 《辉煌70年》编写组：《辉煌70年——新中国经济社会发展成就（1949—2019）》，中国统计出版社2019年版，第171页。

③ 《辉煌70年》编写组：《辉煌70年——新中国经济社会发展成就（1949—2019）》，中国统计出版社2019年版，第170—171页。

国仅用了几十年就走完了，更是实现了历史性的质的突破——经济社会转型演进的跨越。具体而言，新中国70年实现跨越发展的历史性成就，突出体现在四个方面：

（一）产业结构发生历史性演进，实现由农业社会向工业社会转型的跨越

新中国成立初期，中国处于农业社会。有研究表明，1913年人均工业化水平，中国仅为3，远低于美国的126、英国的115。[①]1949年，在工农业总产值中的份额，农业高达70%，工业仅30%。到经过3年快速恢复发展的1952年，在国内生产总值中的比重，第一产业增加值高达50.5%，工业增加值仅为17.6%，包括工业在内的整个第二产业增加值也仅有20.8%；全国劳动力就业结构中第一产业的劳动力占比还高达83.5%，包括工业在内的整个第二产业的劳动力所占比重仅为7.4%。70年间，中国快速推进工业化，工业增加值由1952年的120亿元，增加到2018年的305160亿元，按不变价格计算，增长了970.6倍，年均增长11.0%。[②]

随着工业化的发展，中国产业结构实现历史性演进。在国内生产总值中所占份额，工业增加值第一次超过第一产业增加值发生于新中国成立10周年——1959年，前者为37.4%，后者为26.7%，两者相差9.4个百分点。这一现象的发生，既有"一五"计划起快速推进国家工业化战略，以及"大跃进"运动中向工业过度倾斜的因素，也有受人民公社化运动失误影响导致农业生产大幅下滑所致。1961年起，即仅两年之后，工业增加值在国内生产总值中所占份额，又低于第一产业增加值的份额，这一变化是在国民经济调整中加强农业发展以强化其对国民经济发展的基础支撑所致。随着工业化的持续快速推进，从1970年起，在国内生产总值中的份额中，工业增加值再次高于第一产业，并不断持续，从此第

[①] N.Crafts, K. O'Rourke, "Twentieth Century Growth," in *Handbook of Economic Growth*, eds. P. Aghion & S. N. Durlauf (Elsevier B.V., 2014) p.271. Table 6.3.

[②] 《辉煌70年》编写组：《辉煌70年——新中国经济社会发展成就（1949—2019）》，中国统计出版社2019年版，第99页。

一产业再也没有追上工业,而且差额逐步拉大,到1978年达到至今的最高峰值44.1%。随着第三产业的进一步发展,工业增加值在国内生产总值中所占的份额呈下降趋势,到1990年降至阶段性低点,仅为36.6%。从1992年邓小平南方谈话起,工业增速再度提升,工业增加值在国内生产总值中所占的份额又逐步提升,到2006年回升到历史上的次高值,即42.0%,比1978年仅低2.1个百分点。之后,工业增加值在国内生产总值中所占的份额逐步回落,到2018年下降为33.9%,比1978年的历史最高值低10.2个百分点。2018年,在GDP中的份额,第一产业下降至7.2%,第二产业为40.7%,第三产业为52.2%。①2007年开始工业增加值在国内生产总值中所占份额的下降,不是因为农业增加值份额的上升(实际上仍呈下降趋势),而是第三产业增加值所占份额的增加。到2012年,在国内生产总值中所占份额,第三产业为45.5%,首次超过第二产业,成为国民经济的第一大产业。随着产业结构的历史性演进,中国城镇化实现历史性发展,人口城镇化率由1949年的10.6%,提高到2018年的59.58%。这些都表明,中国已完成了农业社会向工业社会的转型,这一结构性巨大演进是经济社会的历史性跨越。

(二)发达程度快速提升,实现由低收入国家迈入中等偏上收入国家行列的跨越

有数据显示,1913年人均GDP($1990GK),中国为552,仅为美国5301的10.4%、英国4921的11.2%。② 中国在经历战争摧残和人口快速增加后,尽管经过新中国成立后第一年的快速恢复,1950年的人均GDP仅为美国的4.69%。③ 国家统计局数据显示,1952年中国国内生产总值仅为679亿元,人均国内生产总值为119元。据世界银行统计,中

---

① 《辉煌70年》编写组:《辉煌70年——新中国经济社会发展成就(1949—2019)》,中国统计出版社2019年版,第366—368页。
② N.Crafts, K. O'Rourke, "Twentieth Century Growth," in *Handbook of Economic Growth*, eds. P. Aghion & S. N. Durlauf (Elsevier B.V., 2014) p.271. Table 6.3.
③ 王珏:《试论70年来中国国际经济地位的变化——基于1千年主要国家赶超历程的考察》,《教学与研究》2019年第9期。

国的人均GNI，1962年只有70美元，到1978年尽管大幅度提升到200美元，但仍属于低收入国家。改革开放以来，中国的人均GNI水平大幅提升，2018年达到9470美元，比1962年增长134.3倍。中国的人均GNI水平与世界平均水平的差距缩小，相当于由1962年世界平均水平的14.6%，提升到2018年的85.3%，即提高了70.7个百分点。在世界银行公布的人均GNI排名中，中国由1978年在共计188个经济体中居第175位，提升到2018年在共计192个经济体中居第71位，提高了104位。[1] 中国于1993年跨入中等偏下收入国家行列，2009年跨入中等偏上收入国家行列。据国家统计局统计，2018年中国人均国民总收入提高到9732美元，高于中等收入国家平均水平[2]，与高收入国家门槛近在咫尺。

（三）民生大幅改善，实现人民生活由受温饱不足困扰到小康富裕的跨越

中国作为后发国家，在改革开放前实施国家工业化战略而奋起直追的进程中，统筹长远与短期发展，国家通过实行高积累、低工资（收入）、低消费政策，快速积累工业化所需资本，而以艰苦奋斗及与之对应的"先生产，后生活"口号则得到全国建设者由衷的响应，同时也注重改善民生。中国在独立的比较完整的工业体系建立起来后，调整发展生产与改善民生的关系，两者并进。1979年邓小平提出到20世纪末达到小康。世纪之交，中国在进入工业化中期之际，针对长期注重经济发展而民生建设相对滞后的问题，把改善民生提升到突出地位，中共十五届五中全会提出从21世纪起全面建设小康社会。70年间，随着经济的发展，人民生活水平实现了大幅跃升。全国居民人均可支配收入，由1949年的49.7元提高到2018年的28228元，扣除物价因素，实际增长59.2倍，年均实际增幅达6.1%。全国居民人均消费支出，由1956

---

[1]《辉煌70年》编写组：《辉煌70年——新中国经济社会发展成就（1949—2019）》，中国统计出版社2019年版，第46—47页。

[2]《辉煌70年》编写组：《辉煌70年——新中国经济社会发展成就（1949—2019）》，中国统计出版社2019年版，第4页。

年的 88.2 元，增加到 2018 年的 19853 元，扣除物价因素，实际增长 28.5 倍，年均实际增幅达 5.6%。① 按照 2010 年标准，1978—2018 年全国农村贫困人口大幅度减少，由 7.7 亿人减少为 1660 万人，贫困发生率由 97.5% 下降至仅有 1.7%。从综合反映居民生活水平的重要指标看，城镇居民和农村居民的恩格尔系数，1978 年较高，分别为 57.5% 和 67.7%，之后逐步下降，到 2018 年分别降为 27.7% 和 30.1%（全国居民恩格尔系数为 28.4%）；全国居民预期寿命，由新中国成立初的 35 岁，提高到 2018 年的 77.0 岁；婴儿死亡率，由新中国成立初的 200‰，下降到 2018 年的 6.1‰；居民健康水平，总体上优于中高收入国家平均水平。②

（四）在全球发展中的位势大幅提升，实现由跟跑追赶向世界经济增长第一大引擎转变的跨越

作为后发国家的旧中国，经济发展远远落后于世界平均水平，对于世界经济增长的贡献较小。新中国成立后的 70 年间，中国国内生产总值由 1952 年的 679 亿元增加到 2018 年的 90.03 万亿元，年均增长 8.1%。其中，1979—2018 年国内生产总值的年均增长率为 9.4%，远高于同期世界经济年均 2.9% 的增速。中国在经济快速增长的情况下，国内生产总值在世界生产总值中所占比重由 1978 年的 1.8% 大幅上升到 2018 年的 15.9%。自 2006 年起，中国跃升为世界经济增长的第一引擎，对世界经济增长的贡献率稳居第 1 位。1979—2018 年对世界经济增长的年均贡献率为 18% 左右，2013—2018 年提升到 28.1%。③

上述所示，新中国 70 年突破既有发展趋势，实现由农业社会向工业社会转型、由低收入国家向中等偏上收入国家提升、由受温饱不足困扰

---

① 《辉煌 70 年》编写组：《辉煌 70 年——新中国经济社会发展成就（1949—2019）》，中国统计出版社 2019 年版，第 51 页。
② 《辉煌 70 年》编写组：《辉煌 70 年——新中国经济社会发展成就（1949—2019）》，中国统计出版社 2019 年版，第 15 页。
③ 《辉煌 70 年》编写组：《辉煌 70 年——新中国经济社会发展成就（1949—2019）》，中国统计出版社 2019 年版，第 4、38 页。

到向小康富裕飞跃、由跟跑追赶向世界经济增长第一大引擎转变,是具有历史使命和时代特征的跨越发展。新中国70年跨越发展的历史性成就,彰显出新中国光耀的历史地位。

[原载《宁夏社会科学》2019年第6期]

中国经济发展奇迹的实现机制
——基于制度、政府、优势发挥机制的研究述评

对于中国的发展,国外学者提出的"李约瑟之谜"和"中国之谜"引起了国内外学者广泛而又热烈的讨论。值得注意的是,这两个"谜"所讨论的问题恰好相反,解读"李约瑟之谜"所讨论的是中国为什么不能的问题,而解读"中国之谜"所讨论的是中国为什么能的问题。这种反差表明中国的制度实现了由阻碍到促进发展的转变,所内含的机理应当引起重视,对其探讨具有重大的理论和现实意义。通过对中国经济发展奇迹的实现机制——制度机制、政府作用机制、改革开放促进结构效应和后发优势发挥机制的述评,认为中国经济发展奇迹的实现是各种因素综合作用的结果,其中主导因素是中国共产党的领导,构建起平等社会,实行以公有制为主体、多种所有制经济共同发展的基本经济制度和社会主义市场经济体制,政府从国家和人民长远利益出发及能够实施中长期发展战略、计划或规划。对于中国经济发展奇迹实现机制的研究,还需要从以人为中心的经济发展动力机制,以整体史视域下政治、文化、社会、生态、国际因素对经济发展的综合影响等方面加以深化。

一、创造中国经济发展奇迹的制度机制

(一)关于创造中国经济发展奇迹制度因素认识的分歧

关于制度对中国经济发展奇迹贡献的认识分歧,焦点在于产权制度

和市场化改革对经济发展的贡献。

一方面的观点认为,中国经济发展奇迹主要归功于私有化和市场化。戴维·哈维指出,如果没有在此之前世界范围的"新自由主义"转向给中国打开一个空间,让中国混乱地进入与合并到世界市场中,中国后来的惊人的经济发展就不可能走那样一条道路,也不可能有它所取得的成就。[①] 祝念峰等指出,一些人认为,改革开放以来的经济发展应完全归功于非公有制经济,"公有制为主体"现在已经变得无关紧要,应通过改革实现私有化,使私有制经济主体化。[②]

另一方面的观点认为,将中国经济发展奇迹完全归功于产权制度和市场化改革是与史实不符的。华生等指出,搞开放式的市场经济的发展中国家太多了,为什么独独中国有这样的经济成功?况且要说私有产权界定,许多发展中国家比中国还要彻底得多,搞市场经济也没有那么多框框禁忌,为什么他们几乎很难与中国相提并论?[③] 郑有贵认为,不能将改革开放以来中国经济的快速增长单一归功于市场手段发挥作用的贡献,甚至认为是学习资本主义市场经济而进行改革的成果,那就是对历史的误读;不能将改革开放以来中国经济的快速增长单一归功于非公有制经济的贡献,不能否认国有经济在国民经济中的主导作用,更不能否认国有经济对保障国民经济平稳持续快速增长的支撑带动作用。[④] 陈平认为,把中国改革开放的成功发展归结为市场化,甚至说成是推行"华盛顿共识"的结果,是因为几乎无视拉美、东南亚,尤其是东欧和苏联推行"华盛顿共识"主张的自由化、私有化和宏观紧缩政策的严重后果。[⑤] 林毅夫指出,"华盛顿共识"推行的结果,使发展中国家经济的绩效比 20 世纪六七十年代按照结构主义时的绩效还低。绝大多数转型国家因为遵循了

[①] 戴维·哈维:《新自由主义和阶级力量的复辟、重建》,《经济管理文摘》2007 年第 4 期。
[②] 祝念峰等:《2012 年思想理论领域十个热点问题》,《红旗文稿》2013 年第 1 期。
[③] 华生等:《改革开放三十年回顾:中国奇迹的真正原因》,《中国商界(上半月)》2009 年第 1 期。
[④] 郑有贵:《坚持社会主义市场经济改革方向是中国道路的要义》,《当代中国史研究》2014 年第 1 期。
[⑤] 陈平:《中国道路的本质和中国未来的选择》,《经济社会体制比较》2012 年第 3 期。

这一转型思潮而失败。①

(二)中国经济发展奇迹的根本原因在于社会主义制度

社会主义制度对中国经济发展奇迹的贡献,突出体现在以下方面:

奠定了平等的社会基础。胡鞍钢等认为,只有建立了社会主义制度之后,中国才有可能第一次找到了通向共同富裕的道路。毛泽东时代,不仅使几亿中国人民站起来,而且从此平等起来。中国社会主义发展的最重要成就,就是创造了一个比现代历史上任何时期都更为公平的社会,广大人民群众,特别是工人、农民群众获得了社会主人的地位。②华生等提出,中国的市场化和私有产权的发展,始终保持了混合经济的形态,就是市场领域与政府干预和调控的领域并存,私有产权与公有产权并存,从而保证了宏观的可控性和稳定性,避免了社会的分裂和对抗。中国一方面允许和鼓励私人资本发展,另一方面又保证国有资本对国民经济关键领域的控制,同时通过废除官员的终身制和世袭倾向以及持续不懈地反腐败努力,比较成功地遏制了中上层政府官员将国有资产大规模转化为私人或家族资本的企图,使国家的经济命脉没有落入家族寡头的手中,避免了国家层面的经济家族化或官商勾结的演变。③

以公有制为主体、多种所有制经济共同发展的基本经济制度调动了各经济主体的积极性。赵德馨指出,在经济结构诸因素中,所有制结构是主要因素。它是体制的基础。它和体制决定产业等结构。④武力等提出,国营企业的发展为突破"贫困陷阱"作出了重要贡献。⑤林毅夫指出,中国双轨制开放政策,一方面培育了具有自生能力的民营企业,另一方面防止缺乏自生能力的国企受到竞争性市场冲击。以建立现代企业制度为

---

① 林毅夫:《新结构经济学与中国发展之路》,《中国市场》2012 年第 50 期。
② 胡鞍钢等:《2030 中国:迈向共同富裕》,中国人民大学出版社 2011 年版,第 131 页。
③ 华生等:《改革开放三十年回顾:中国奇迹的真正原因》,《中国商界(上半月)》2009 年第 1 期。
④ 赵德馨:《1949—2000 年中国经济发展"之"字形路径中蕴含的经验与理论》,载赵德馨《经济史学概论文稿》,经济科学出版社 2009 年版,第 392 页。
⑤ 武力等:《中国共产党关于国有企业发展与改革的探索》,《湖南社会科学》2011 年第 2 期。

目标的国企改革，使国企实现了自生增长。① 有林指出，苏联、中国的社会主义实践足以证明公有制为基础的社会主义制度是优越于资本主义制度的。② 雷思海指出，在中外学者的各种观点中，有市场机制说、经济全球化说、技术转移说、中国运气说，不可否认，这些因素都为中国奇迹般的发展贡献了动力，但其中最重要也是最根本的原因，即在于新中国的社会主义制度，使得中国能够抓住机遇，以赶超先进。③

中国特色社会主义市场经济体制使经济充满生机和活力。华生等指出，市场经济激发了个人和企业的创新能力和去满足任何能带来经济收益的社会需求的动力，从而迅速带来了供给充裕、经济繁荣和社会富庶。④ 史正富认为，中国式超常增长的根本原因在于成功地建立起了具有中国特色的社会主义市场经济体制。中国特色社会主义市场经济体制是一个包含了战略性中央政府、竞争性地方政府和竞争性企业系统的三维体制，是把中央政府的战略领导力、地方政府的发展推动力与企业的创新活力有机结合的新型经济制度。正是这样一种体制产生的超强投资驱动力和国际市场的超常购买力，使中国的经济增长得以避免常规市场经济中必然存在的周期性经济危机，创造出超常规增长与超低经济波动并存的奇迹。⑤

提供了可以持续实施长远发展目标的政治制度保障。厉以宁指出，1949 年以来中国经济取得的巨大成就是来之不易的，没有中国共产党的领导和全国人民多年的努力，我们不可能取得如此显著的成绩。⑥ 宋鲁郑指出，中国真正与众不同的特色是有效的政治制度，这才是中国实现经济成功，创造出"中国模式"的现代化之路的真正原因。中国的一党制优势，在于可以制定国家长远的发展规划和保持政策的稳定性，而不受

---

① 林毅夫：《解读中国经济》，北京大学出版社 2012 年版。
② 有林：《略论我国现阶段生产资料所有制的社会主义公有制》，《马克思主义研究》2011 年第 10 期。
③ 雷思海：《中国制度优势造就发展奇迹》，《世界新闻报》2009 年 9 月 22 日。
④ 华生等：《改革开放三十年回顾：中国奇迹的真正原因》，《中国商界（上半月）》2009 年第 1 期。
⑤ 史正富：《超常增长——1979—2049 年的中国经济》引言，上海人民出版社 2013 年版。
⑥ 厉以宁：《中国经济发展的成就、机遇和挑战》，《经济研究》2011 年第 6 期。

立场不同、意识形态相异政党更替的影响；在于高效率，对出现的挑战和机遇能够做出及时有效的反应，特别是在应对突发灾难事件时；在于在社会转型期这一特殊时期内可以有效遏制腐败的泛滥；在于这是一个更负责任的政府；在于人才培养和选拔机制以及避免人才的浪费；在于它可以真正代表全民。①

提供了高效的政治体制。赵德馨指出，在中国历史上，没有一个朝代或一届政府，能像中国共产党领导的政府的经济政策这样，在全国范围内认真地贯彻下去。②约翰·奈斯比特等指出，我们把中国新的政治体制称为纵向民主，它维系着自上而下与自下而上的平衡。中国的政治体制非常高效，它以结果为导向，相较于过程，更加注重取得最终的成功。正是这一体制使得中国在短短30年间成为世界第一出口大国、全球第二大经济体。③福山在接受日本政论杂志《中央公社》专访时就中国的发展模式提出新的观点，认为以"负责任的权威体制"为价值内核的中国模式代表着集中和高效，客观事实证明，西方自由民主可能并非人类历史进化的终点。④

二、创造中国经济发展奇迹的政府作用机制

关于政府在经济发展中的作用，存在重大分歧。否定政府在中国经济发展中作用的原因，主要缘于政府失灵和导致腐败。学界从多方面探讨了政府在创造中国经济发展奇迹中的作用，主要有：

政府推动思想解放和发挥发现、引导、扶植、推广、规范化等作用。魏加宁认为，中国经济发展有一个基本规律，即思想解放带动改革开放

---

① 宋鲁郑：《中国的政治制度何以优于西方》，《丹东海工》2010年第14期。
② 赵德馨：《正确处理六种关系——中华人民共和国经济史研究的方法》，载赵德馨《经济史学概论文稿》，经济科学出版社2009年版，第365页。
③ 约翰·奈斯比特等：《中国大趋势——新社会的八大支柱》导言，中华工商联合出版社2011年版。
④ 胡钧、韩东：《"中国模式"的实质、特点和面临的挑战》，《政治经济学评论》2010年第4期。

的高潮，改革开放的高潮带动经济发展高涨。① 厉以宁以农业承包制、乡镇企业、经济特区的建立、股份制、集体林权制度改革为例，认为1979年以来中国经济发展的动力，在于民间蕴藏的极大积极性发挥出来了。不可忽略的是，政府在这方面的作用是重要的。政府的作用大体上可以归纳为发现、引导、扶植、推广、规范化五个方面。中共十一届三中全会的伟大意义，就在于把中国引上了改革开放之路，从此民间积极性有发挥的可能性。股份制的推广不也如此吗？没有邓小平的南巡讲话，没有党的十四大、十五大的召开，股份制能迅速推广吗？民间的积极性能这样迅速地迸发出来吗？②

社会主义政府促进按社会预见指导生产，解决市场失灵问题。林毅夫指出，研究经济学的人受主流经济理论影响，一般总认为政府干预越少越好，政府只需要提供基础设施、安全、法律等服务。这样的观点对发达国家而言是比较适合的，但是对发展中国家而言，政府在经济和社会发展中则需要扮演更积极的角色。发达国家未来的技术发展方向是未知的，政府没有办法干预。但是，发展中国家，如果按照比较优势来发展，其产业发展轨迹则是可以预测的。尤其是像我们这样一个转型国家，市场体制还不完善，需要政府积极参与。③ 林毅夫进一步指出，如果发展中国家的政府不发挥积极作用就等于是自废武功，不可能赶超发达国家。④ 郑有贵认为，不能否认政府对促进改革开放以来中国经济快速增长的贡献。政府对经济快速增长的作用，一是突出体现在政府推进改革开放，组织实施中长远经济计划或规划，并通过具体的政策措施引导资源向关系国计民生的领域进行配置；二是解决市场失灵问题，如引导资源向中西部地区、乡村配置，以解决区域、城乡发展不协调等问题；三是体现在促进经济的平稳运行，如通过发挥政府作用，克服了1997年的亚洲金融危机和2008年的国际金融危机，同时还在这一过程中赢得发展机

---

① 崔吕萍：《中国经济发展做好路径选择题》，《人民政协报》2013年6月4日。
② 厉以宁：《论中国经济发展的动力》，《中国市场》2010年第50期。
③ 林毅夫：《比较优势与中国经济发展》，《文汇报》2005年9月18日。
④ 林毅夫：《新结构经济学与中国发展之路》，《中国市场》2012年第50期。

会，实现了快速发展，提升了中国在世界经济格局中的位势。①胡钧指出，正是由于政府强有力的引导，中国的社会主义市场经济才能够顺利地进行，国民经济发展才能在参与全球化条件下取得今天的成就。②

动员财政资源进行大规模投资，集中人财物办大事，推动赶超战略的实施。董志凯提出，中国共产党领导中国工业化、现代化的第一条基本经验，就是通过社会主义制度集中财力、物力，突破"贫困陷阱"。③吴敬琏指出，过去30多年中国经济高速增长其实是两种力量合力的结果。一种力量是政府，政府仍然像过去一样，它倾向于用海量投资去支持高速的增长；另外一种就是改革开放所释放出来的市场力量。④雷思海指出，从新中国的经济建设成果来看，这些社会制度在组织中国的内外部资源，推动中国经济的迅猛发展方面，起到了决定性的作用：它使中国的经济机器高效率地运转，使中国可以集中力量办大事，使中国可以保证本国经济命脉的独立性，科学技术研发体系的完整性，将有限的资源迅速投入对国计民生影响重大的领域。而这一切，在落后者追赶先进国家的努力中，都是至关重要的。⑤

调节积累与消费，创造了高投资、高增长和较高消费水平三者长期并存的超常成就。张维为指出，中国结构性的变化也体现在国家财力的增强，这为我们今天解决各种社会矛盾创造了必要的条件和回旋余地。⑥李慎明指出，新中国成立后一直到毛泽东逝世的新中国前27年成就的取得，是全国各族人民共同勒紧"裤腰带"、"过穷日子"、从嗓子眼里抠出食物和节省必要日常生活开支而积攒下大量的物力和财力所换来的。⑦克

---

① 郑有贵：《坚持社会主义市场经济改革方向是中国道路的要义》，《当代中国史研究》2014年第1期。
② 胡钧：《"中国模式"的实质和特点》，《红旗文稿》2012年第21期。
③ 董志凯：《党领导中国工业化、现代化的基本经验》，《中国浦东干部学院学报》2012年第1期。
④ 科尔奈、吴敬琏、许成钢：《中国的市场之路》，《财经》2014年第4、5期合刊。
⑤ 雷思海：《中国制度优势造就发展奇迹》，《世界新闻报》2009年9月22日。
⑥ 张维为：《中国触动——百国视野下的观察与思考》，上海人民出版社2012年版，第15—16页。
⑦ 李慎明：《正确评价改革开放前后两个历史时期》，《红旗文稿》2013年第9期。

鲁格曼认为，中国经济的高增长源于中国的高储蓄、高投资。①史正富指出，就中国过去34年的情况而言，较低消费率与较高投资率带来的是消费水平的高速增长，而如果采用相对较高的消费率与较低投资率，所导致的则可能是较低的绝对消费水平。②

中央政府发挥地方政府促进经济增长的作用。张五常认为，县级政府间的竞争是过去30年中国经济奇迹的根本原因。③吴敬琏认为，在开始改革以后，地方政府出现了一种现象，叫作地方政府的"公司化"，就是政府把本地区当作一个政企合一的公司来管理，党政机关的主要领导人变成了公司的董事长和CEO。④史正富认为，竞争中的地方政府通过招商引资等多种方法构造了可持续的"投资激励体系"，降低企业投资创业的成本，从而提高企业均衡投资水平，并通过提供类似"总部服务"的职能，帮助企业突破部门官僚主义的障碍，造就了中国经济的超强投资驱动力。⑤

促进公平与效率的统一。华生等指出，中国经济高速增长，改善了几乎所有人的生活和福利水平，并不是只惠及少数人。亿万中国农民，在继续保有中国历史上最平均的土地使用和收益权的同时，通过进城打工，普遍提高了收入，改善了生活水平。中国人的选择自由和机会，无论对最偏僻、最草根的乡村农民还是得天独厚的各类精英，从来没有像今天这样广阔，既超越了历史，也超越了国界，达到了前所未有的水平，这是改革开放以来中国人的创造力勃发、财富空前涌流的基础和源泉。⑥汪海波指出，中国经济实现了比较有效益的发展。仅就社会劳动生产率的年均增速来看，1979—2009年为7.5%，比1953—1957年高出2.5个

---

① 中央电视台《国情备忘录》项目组：《国情备忘录》，万卷出版公司2010年版，第9页。
② 史正富：《超常增长——1979—2049年的中国经济》引言，上海人民出版社2013年版。
③ 张五常：《中国的经济制度》，中信出版社2009年版。
④ 科尔奈、吴敬琏、许成钢：《中国的市场之路》，《财经》2014年第4、5期合刊。
⑤ 史正富：《超常增长——1979—2049年的中国经济》，上海人民出版社2013年版。
⑥ 华生等：《改革开放三十年回顾：中国奇迹的真正原因》，《中国商界（上半月）》2009年第1期。

百分点，比 1958—1978 年高出 4.7 个百分点。①

政府应对危机的能力。陈平认为，在应对全球金融危机中，中国政府表现出远比西方国家有效的应对能力。②奈特·温斯特认为，中国之所以能在资本主义世界危机中做到"独善其身"，是源于国家更直接和有效的调控。而中国之所以能够运用这种直接的调控，是因为中国的国有经济和计划调节并没有完全被私有制和市场化所取代，而是仍旧能够平衡和调控。③

三、创造中国经济发展奇迹缘于改革开放促进结构效应与后发优势发挥的机制

结论效应论。周振华认为，在中国过去 30 多年的超常增长中，结构配置效应的作用很大。新中国成立后 30 年的赶超战略导致产业结构超前演化，不仅跳过了轻工业阶段，也跳过了基础工业阶段，直接进入重化工业阶段，形成严重的结构扭曲和失衡。改革开放后，通过引入市场机制等制度变革，把这一结构逐步调整过来，释放出巨大的结构配置效应，对经济增长的拉动作用非常大。④杰弗里·萨克斯认为，中国的经济成就之所以超越苏联、东欧，在于中国独特的经济结构。在中国，有一个庞大的经济体——农村，这成为中国劳动力的源泉，在低效率的国有部门所产生的负面效应没有达到整体经济承受能力的底线之前，通过推行渐进式的变革，大量劳动力向工业转移能够促进经济的增长。⑤郑有贵认为，我国工业体系的快速建立、向全球制造业第一大国的跃升依赖和受益于城乡二元结构；对国家力量使然的城乡分割的体制及其所形成的二元结构，要从国家工业化乃至整个现代化和农民发展两个方面，用历史的观

---

① 汪海波：《我国投资和消费比例关系的演变及其问题和对策》，《中国延安干部学院学报》2010 年第 6 期。
② 陈平：《中国道路的本质和中国未来的选择》，《经济社会体制比较》2012 年第 3 期。
③ 范春燕：《近年来西方左翼学者关于中国特色社会主义的争论及其启示》，《国外理论动态》2011 年第 7 期。
④ 周振华：《发挥结构配置效应支撑超常增长》，《文汇报》2013 年 7 月 4 日。
⑤ 中央电视台《国情备忘录》项目组：《国情备忘录》，万卷出版公司 2010 年版，第 9 页。

点、辩证的观点来评判这一"双刃剑",不能因为城乡发展长期的严重失衡而对其予以否定,也不能因为它对国家工业化乃至整个现代化有着不可磨灭之功而忽略缺陷。中国工业化依赖和受益于城乡二元结构的阶段已经过去,并转换成了受约于城乡二元结构的阶段。①

比较优势论。林毅夫指出,中国走的是双轨制道路,事实证明取得了成功。成功的原因是:一方面继续给予原来优先发展部门中缺乏自生能力的企业暂时性的保护补贴,以维持稳定。另一方面,放开原来受抑制部门的准入,并发挥因势利导的作用以取得经济的快速增长。对原来抑制的符合比较优势的产业部门开放,允许三资企业、外资企业、民营经济进入。②林毅夫提出,中国通过建立市场经济体制,发展在劳动力方面具有比较优势的出口导向产业,增加资本的相对丰裕程度,实现产业结构升级,在国际市场中赢得了竞争优势。③

后发优势论。华生等提出中国经济高速发展由四轮驱动,其中之一是在确保自我主权的前提下实现了全方位的对外开放,因此充分利用了中国的后发优势和相对比较优势。④周振华认为,"中国奇迹"放在超常增长的分析框架里是可以解释清楚的,其中一个很重要的变量就是后起发展中国家与发达国家的经济水平差距。这个差距给出了超常增长的潜在可能性。⑤林毅夫认为,中国作为技术落后的发展中国家,具有以引进技术为先决条件的后发优势,其发展潜力将会继续带动整体经济的增长。⑥郭熙保认为,中国经济的高速增长主要来自后发优势的充分发挥,资本、技术、人力、制度和结构这五种后发优势的同时发挥,汇合成了巨大的推动力,使中国经济连续30年保持近10%的高速增长,从而在世界经

---

① 郑有贵:《工业化视角的城乡二元结构评价探讨》,《当代中国史研究》2013年第6期。
② 林毅夫:《新结构经济学与中国发展之路》,《中国市场》2012年第50期。
③ 林毅夫:《解读中国经济》,北京大学出版社2012年版。
④ 华生等:《改革开放三十年回顾:中国奇迹的真正原因》,《中国商界(上半月)》2009年第1期。
⑤ 周振华:《发挥结构配置效应支撑超常增长》,《文汇报》2013年7月4日。
⑥ 林毅夫:《解读中国经济》,北京大学出版社2012年版。

济发展史上创造了前所未有的奇迹。[①] 侯惠勤提出:"按照'走路'必然快于'修路'的逻辑,后发展国家必然都能持续快速增长,用几十年走过两百年的路应该是普遍的现象,然而资本主义几百年的历史事实表明,后发展国家无不举步维艰、陷阱重重,如中国这般既非发达国家'盟友',亦非依附性小国能够脱颖而出者,绝无仅有。"[②]

战略机遇期论。汪海波指出,20世纪80年代以来,中国将在一个相当长的时期内面临着空前未有的良好的经济发展的战略机遇期。相对以往各个时期来说,这个战略机遇期的主要特点是:经济可以得到持续稳定高速和比较有效益的发展。决定这一点的主要因素是:(1)经济全球化条件下的改革开放效应;(2)知识经济时代科技进步效应;(3)工业化中期阶段效应(其中包括城镇化加速效应);(4)积累了适应中国社会主义市场经济要求的、经济周期发展全过程的宏观经济调控效应;(5)中国作为人口大国和经济大国的效应;(6)中国仍然可以赢得一个较长时期的稳定的社会政治局面和世界和平环境。[③]

无论是结构效应、比较优势、后发优势的发挥,战略机遇期的利用,还是物质资本、人力资本、全要素生产率和最终需求等对经济增长的贡献,都需要在一定条件下才能实现,这个条件就是改革开放。林毅夫指出,比较优势的制度前提是市场经济体制与因势利导型政府。[④] 华生等指出,许多国家开放的程度比中国彻底得多,但结果往往是沦落为国际资本纵横捭阖的场所,目睹令人沮丧和难以缩短的差距,陷入无助的内部争斗和自信心与凝聚力的溃散。中国的成功至少包含了两个最重要的机制设计。一个是对外开放特区的陆续设立和发展,使得开放能够既大胆放手又有梯度地扩散和传导,二是本国对经济命脉的垄断和控制,从而

---

① 郭熙保:《中国经济为何增长这样快——来自后发优势的视角》,《发展经济学研究》2012年第12期。
② 侯惠勤:《中国特色社会主义道路是开创性"修出来"的》,《红旗文稿》2014年第3期。
③ 汪海波:《论中国经济社会的持续快速全面发展(2001—2020)》,经济管理出版社2006年版,第83—84页。
④ 林毅夫:《新结构经济学与中国发展之路》,《中国市场》2012年第50期。

保证了对外开放的国家主权和民族利益最大化的导向。①郭熙保指出,世界上经济落后的国家很多,这些国家的市场体制不完善,工业化程度也较低,应该说这些国家也存在着后发优势,为什么这些国家经济增长不快,甚至比发达国家还低?我们的回答是,所有经济落后的国家相对于发达国家而言都具有后发优势,但是,后发优势是潜在的,这些经济落后国家增长率缓慢,主要是因为它们没有创造必要的条件和环境让这些后发优势充分发挥出来。中国的改革开放就为这种后发优势的发挥创造了良好的条件和环境。这就是改革开放的作用。②

四、小结和展望

通过以上关于中国经济发展奇迹实现机制研究的述评,可以得出这样的结论:中国经济发展奇迹的创造,并非单一因素决定的,而是各种因素综合作用的结果。其中主导因素是,中国共产党的领导是经济持续快速发展的政治保障;构建起平等社会是经济持续快速发展的社会基础;实行以公有制为主体、多种所有制经济共同发展的基本经济制度和社会主义市场经济体制是经济发展的制度和体制保障;政府从国家和人民长远利益出发及能够实施中长期发展战略、计划或规划,使资源的配置更加有利于国家现代化的发展和人民利益的根本实现。这些因素使生产关系与生产力相适应、上层建筑与经济基础相适应,极大地解放和发展了社会生产力,从而使中国能够发挥结构效应、比较优势、后发优势和抓住发展的战略机遇期,克服"贫困陷阱"和避免"中等收入陷阱",在赶超工业化、现代化先行国进程中创造跨越式发展的奇迹。这就是中国特色社会主义道路自信、制度自信、理论自信、文化自信不断增强的历史逻辑。我们还可以得出这样一个结论,即任何单一因素,如政府主导论、市场化改革论、产权制度改革论、投资主导论、结构效应论、比较优势

---

① 华生等:《改革开放三十年回顾:中国奇迹的真正原因》,《中国商界(上半月)》2009年第1期。
② 郭熙保:《中国经济为何增长这样快——来自后发优势的视角》,《发展经济学研究》2012年第12期。

论、后发优势论、人口红利论等，都可以从某个视角对中国经济的快速发展加以解释，但都不会是创造奇迹原因的全部。还需要注意的是，一些关于经济发展快速原因的分析，由于没有深入到具体的历史逻辑，而是简单地抽象概括或用一两个数据代替所有历史，甚至颠倒主次和因果关系，似是而非，这样的分析不仅会误读历史，还必然会作出与历史不相符合的推断，其结论也是有害的。

对于中国经济发展奇迹实现机制的研究，还有许多方面需要加以深化，下面列举一二。

第一，以人为中心研究经济发展的动力。诺贝尔经济学奖得主罗纳德·哈里·科斯与王宁共同指出，从斯密到今天，经济学家的研究对象已经从一个有血有肉、有伦理道德的人创造财富的行为，变身为一个冷冰冰的资源分配的选择逻辑。在这个转变过程中，我们付出了许多代价，其中显而易见的一点，便是人性在深度和丰富性上的极大损失。现代经济学不再以实实在在的人为研究对象，它便失去了扎根现实生活的锚，逐步偏离经济现实。[①] 笔者认为，中国特色社会主义经济发展道路的形成和完善过程，是调整生产关系和上层建筑，使之与生产力和经济基础相适应，其中最为核心的是人，以及人的积极性。中国经济发展的动力，首先在于经济生活中各行为主体是否有积极性。其中，每个时期经济发展的动力是有所差异的。从新中国成立起到改革开放前，中国经济发展的动力主要来自构建起平等的社会而对人民政治权益和经济权益的保障。在此前提下，在现代化的宏伟战略目标感召下，并通过有效的政治思想工作、计划经济体制、行政措施等，形成了人民为祖国的强盛而奉献的历史责任担当意识。人民这种担当意识转换成强大的精神动力，进而也引领相关行业、单位和人的团结协作。三线建设即是最好的例证，在建设祖国战略大后方的使命担当意识下，参与建设的相关行业、单位和建设者形成了奉献祖国、艰苦创业、团结协作、开拓创新的精神，在生产生活极其困苦条件下实现了建设目标。改革开放初期，在推进经济体制

---

① [英]罗纳德·哈里·科斯、王宁：《变革中国——市场经济的中国之路》，徐尧、李哲民译，中信出版社2013年版，第269—270页。

改革时，以增量改革为主，成功地实现了帕累托改进，充分调动了各方面的积极性。其中，最突出的有两个例子，一是实行放活和工农业的承包制度改革；二是调动了农民发展乡镇企业的积极性，进而形成了踏遍千山万水、吃尽千辛万苦、说尽千言万语、历经千难万险的"四千四万"的创业精神，在很短时间内乡镇企业即占据了半壁江山，走出了中国特色的工业化、城镇化道路。随着改革的深化，特别是基于中国处在社会主义初级阶段的重大判断，明确实行公有制为主体、多种所有制经济共同发展的基本经济制度，以及与之对应的按劳分配为主体、多种分配方式并存的分配制度，从物质利益的保障上激发了各行为主体发展和创新的积极性。

第二，从整体史视角，综合研究政治、文化、社会、生态、国际因素对中国经济发展的影响。现有的研究，主要是把经济增长看成经济自身发展的逻辑，其中又主要从成本收益的角度研究资源配置如何有效，而不是从整体史的视角进行研究，忽略甚至剔除了政治、文化、社会、生态、国际环境等因素对经济发展的影响。对中国经济发展动因研究的深化，要用系统的观点和联系的观点，不能割裂历史。中国经济的发展，有自身因素，而政治、文化、社会、生态、国际等因素也必然对经济的运行产生直接或间接的影响。例如，在政治方面，在将GDP作为考核政府指标的前提下，从上到下追求经济增长速度，地方政府被"企业化"；在提出经济建设、政治建设、文化建设、社会建设、生态文明建设的"五位一体"总体布局后，建设美丽中国对中国经济的发展也产生了重大影响。赵德馨指出，新中国成立后的一个阶段里，政治事件、政治运动频繁，对经济发展的影响很大。研究这个阶段的经济史，不分析每一次政治运动对经济发展的具体影响，无法说清楚经济发展过程中的现象，也无从总结重大的经验教训。[①] 在文化方面，中国五千多年的文化对中国人的经营行为方式、经济改革方式、经济发展路径的选择等，都有着深刻的影响；文化这个国家的软实力，不仅影响着整个国家的经济生

---

① 赵德馨：《正确处理六种关系——中华人民共和国经济史研究的方法》，载赵德馨《经济史学概论文稿》，经济科学出版社2009年版，第365—366页。

活，也由于区域文化的差异而呈现出经济发展的区域特征。在社会方面，阶层结构、就业结构、收入分配、民生状况、社会秩序等都成为经济发展的条件和环境。在生态文明方面，生态状况不仅是经济发展的内在因素，如影响生产力水平、产品质量、产业结构，还影响生产生活条件，进而影响资源的配置和产业的聚集。在国际关系方面，国际环境、国与国之间的关系影响着经济技术的交流与合作。

第三，开展跨学科联合攻关，避免单一学科或单一视角研究的缺陷。政治经济学、制度经济学的研究，一般从定性的角度进行探讨，比较侧重从生产力与生产关系的关系或制度视角分析经济发展的动力，而对于各种制度和各种生产要素对经济发展的影响则缺乏量化分析。计量经济学的研究，比较注重生产要素、消费拉动、经济结构等对经济发展贡献的定量分析，以某些指标的变化反映历史的变迁，使经济史的研究引入了数量的分析，是一种进步。然而，由于制度、政治、文化、社会、生态、国际等因素难以量化，一般将这些视为不变量或进行数量上的主观估量，这种抽象难以体现纷杂因素及其变化的历史真实。鉴于此，需要在马克思主义经济学的研究范式和话语体系下，运用西方经济学的一些方法，展开跨学科研究，以推进研究的深化和创新发展。

［原载《教学与研究》2014 年第 7 期］

陈云对中国经济飞跃发展路径探索的贡献及其现实价值

在1949年至今的中国飞跃发展路径的探索形成进程中，陈云作出了历史性贡献，在资源配置上积极推进集中力量办大事的实践，在经济制度上提出"三个主体、三个补充"的构想并在实践中不断发展，在发展理念上探索形成统筹协调发展观并不断丰富和完善。这正是中国经济发展道路形成发展的历史逻辑和独特路径，也是中国经验所在。重温陈云对中国经济飞跃发展路径探索形成的贡献，还原历史，有助于澄清以"新自由主义"主张为目的、以历史虚无主义为手段的对中国道路、中国经验的有意歪曲——把改革开放前后两个历史时期对立起来和把中国发展奇迹取得的原因完全归于"私有化""市场化"，也有助于进一步深化对中国道路、中国经验的认识。

一、在资源配置上，积极推进集中力量办大事实践，促进社会生产力的快速发展，为中国经济实现历史性飞跃发展奠定坚实的物质技术基础

中国经济实现历史性飞跃发展，不可否认的根本原因，就是发挥了社会主义制度能够集中力量办大事的优势。

集中力量办大事，是第一代中央领导集体基于中国是生产力水平低下，只能依靠自身力量的农业大国，为突破"贫困陷阱"而实现赶

超发展，所选择的建设路径。新中国第一序列的大事，就是要适应全球工业化的大趋势，实施国家工业化战略。新中国成立初期，工业化缺乏资本积累的基础，而重工业又具有资本密集特征。中国作为一个落后的大国，完全依靠市场机制配置资源，很难实现工业化的赶超发展，举全国之力办国家工业化这一历史性大事成为一种择优方案。这犹如在战争中要集中优势兵力打"歼灭战"，而不能分散兵力打"消耗战"。对此，陈云在新中国大规模开展经济建设初期，就有了较为清晰的认识。1950年2月13日，陈云在全国财经会议上指出："为了战胜暂时的财政困难，在落后贫困的经济基础上前进，必须尽可能地集中物力财力，加以统一使用。我们是有困难的，但是我们是有希望的。只要我们把力量集中起来，用于必要的地方，就完全可以办成几件大事。决不应该把眼光放得很小，凌凌乱乱地去办若干无计划的事。"[①]1954年6月30日，陈云在向中共中央作的《关于第一个五年计划的几点说明》的汇报中提出："我国因为经济落后，要在短时期内赶上去，因此，计划中的平衡是一种紧张的平衡。计划中要有带头的东西。就近期来说，就是工业，尤其是重工业。工业发展了，其他部门就一定得跟上。这样就不能不显得很吃力，很紧张。样样宽裕的平衡是不会有的，齐头并进是进不快的。"[②]1955年3月21日，陈云在中国共产党全国代表会议上所作的《关于发展国民经济的第一个五年计划的报告》中进一步指出：社会主义不可能建立在小农经济的基础上，只能建立在大工业经济的基础上，所以我们必须集中力量实现社会主义工业化。按照我国的第一个五年计划，发展的重点是重工业，因为我们能够使用于五年计划建设的财力是有一定限度的，如果平均使用，百废俱兴，结果必然一事无成。[③]从中清晰可见，在中共中央制定"一五"计划时提出集中力量办大事的建设路径，其缘由主要是基于人力物力财力有限，要实现赶超发展，必须突出重点。随着经济建设实践的发展，陈云不断深化集中力量办大事必要性的认识，并就如

---

① 《陈云文选》第2卷，人民出版社1995年版，第61页。
② 《陈云文选》第2卷，人民出版社1995年版，第242页。
③ 《陈云年谱（一九〇五——一九九五）》中卷，中央文献出版社2000年版，第242页。

何在实践中加以推进作了深入细致的探索。1959年3月1日,陈云在《当前基本建设工作中的几个重大问题》一文中指出:"要做好建设项目的排队工作,首先要在干部中做好思想工作。因为排起队来,有先必有后,有重必有轻,有得必有失,难免不发生思想斗争。在这种斗争中,我们提倡全局观点,反对脱离全局的局部观点;提倡共产主义精神,反对本位主义思想。我们必须经过鸣放、辩论,取得认识上的一致,否则排队就会成为一句空话。做好排队,工作以后,还要掌握建筑材料、主要设备和建筑安装队伍的统一调度工作。就是说,要把全部建筑材料、主要设备、建筑安装队伍由中央有关部门和省、市、自治区统一掌握起来,按照排队的次序,进行调度和使用。只有这样把人力物力集中起来,才能保证国家建设计划的完成。"① 进入改革开放时期,陈云在1980年12月16日召开的中央工作会议上强调:"像我们这样的国家没有这样一个集中是不行的,否则就会乱套,也不利于改革。"② 1982年1月25日,陈云在同国家计划委员会负责同志谈加强和改进经济计划工作时说:"我过去讲,'瓜皮帽,水烟袋',旧商人中有一种人专门考虑'战略性问题'。我们现在的经济机关,不大考虑这方面的问题。我们要有这样的战略家。计委就是要管这样的事情,有先有后,有重有轻。哪是重点,哪是轻点;哪些先办,哪些后办,这些问题计委要考虑。"③ 1983年6月30日,陈云在中央工作会议上强调:"建设要有重点。财力物力只有那么多,不分轻重缓急,大家一齐上,你挤我,我挤你,势必因小失大,处处被动。""重点确定之后,就要动员全党全民集中财力物力保重点。这几年,有些地方和部门打乱仗,乱上基本建设项目,乱涨价,乱摊派,乱发奖金,把资金分散了。中央手里的钱,除去行政、科研、文教、国防的经常费用,剩下的可以说办不了什么大事。什么几个核电站,什么三峡工程,什么增加港口、铁路,通通办不成就是了。所以,这次有劳在座的'各路诸侯'跑一趟,把口袋里的钱再拿一些出来,并说服企业、部门的

---

① 陈云:《当前基本建设工作中的几个重大问题》,《人民日报》1959年3月1日。
② 《陈云文选》第3卷,人民出版社1995年版,第279页。
③ 《陈云文选》第3卷,人民出版社1995年版,第310页。

干部和工人、农民从全局和长远观点看问题，大家一齐来支援重点建设，支援骨干项目。否则，像现在这样下去，四化没有希望。"①

陈云作为长期负责财经工作的中央领导人，积极实施国家工业化战略，在中央统一领导下，参与组织实施了大规模的建设项目。在"一五"计划时期，陈云在中共中央统一领导下大力推动以 156 项重点工程为核心的工业基本建设。"文化大革命"期间，他面对遭受批判崇洋媚外的极大政治压力和国外封锁的重重阻力，在中央统一部署下精心组织以从国外引进成套生产设备为内容的"四三方案"的实施，提出在购买设备时要注意考察、事先准备好新配件、借鉴旧中国买设备的经验等。②改革开放初期，陈云积极支持宝钢等一大批重大项目建设。1983 年 6 月 30 日，陈云指出："现在看，农业、能源、交通是重点，一批骨干企业的建设和改造是重点，科技教育事业的发展、环境污染的防治以及知识分子生活待遇的提高等等也是重点。这些是从整个国家的全局利益和长远利益出发考虑的。重点只能由中央根据全局的长远的利益，经过综合平衡来确定。"③

集中力量办大事的建设实践，为中国突破"贫困陷阱"和赶超发展奠定了坚实的物质技术基础。1988 年 10 月 8 日，陈云在同中央负责同志的谈话中指出："从'一五'到现在近三十六年，中间虽有曲折，但发展也不算太慢。在过去这些年里，我们搞的一百五十六项、尖端科学技术、石油自给、武钢一米七轧机、十三套大化肥、宝钢以及铁路、电力、农田水利等建设，它们的作用不能低估。"④1949 年以来的 66 年间，中国在改革开放前后的两个历史时期，都成功地推进了工业化，并以此带动了整个经济的持续快速发展。在前一个历史时期，1950—1977 年工业发展速度达 11.2%，远高于美国、苏联、德国、英国等世界强国，仅比日

---

① 《陈云文选》第 3 卷，人民出版社 1995 年版，第 323—324 页。
② 当代中国研究所：《中华人民共和国史稿》第 3 卷，人民出版社、当代中国出版社 2012 年版，第 147 页。
③ 《陈云文选》第 3 卷，人民出版社 1995 年版，第 323 页。
④ 《陈云文选》第 3 卷，人民出版社 1995 年版，第 366 页。

本的12.4%低。① 在后一个时期，到2010年制造业总值超过美国，成为全球制造业第一大国。如果不采取集中力量办大事的建设模式，取得这些飞跃发展成就是难以想象的，大量发展中国家难以走出"贫困陷阱"和实现赶超发展的事实，对此给予了充分的验证。

关于社会主义可以集中力量办大事的思想和实践，起于生产力低下的历史条件和实现国家工业化战略的目标，成于计划经济的理论思维，在计划经济体制下获得很好实践。我们不仅要承认集中力量办大事建设实践的历史合理性和功绩，也要看到其对发展社会主义市场经济的启示和现实指导意义，更不能因为发展社会主义市场经济而对其加以否定。一方面，中国仍处于社会主义初级阶段，社会生产力总体处于较低水平，必然要求通过集中力量办大事的路径，解决一些分散力量无法办成的事。只是要改变实施办法，不能完全按照计划经济的办法，而是要按照中共十八届三中全会提出的让市场在资源配置中起决定性作用和更好发挥政府作用的要求，通过改革来完善集中力量办大事的体制机制。另一方面，中国有从人民根本利益出发的中国共产党的领导的政治优势，实行以公有制为主体、多种所有制经济共同发展的基本经济制度优势，也可以有效地保障集中力量办大事的持续推进。2014年6月9日，习近平总书记在中国科学院第十七次院士大会、中国工程院第十二次院士大会上的讲话中指出："在推进科技体制改革的过程中，我们要注意一个问题，就是我国社会主义制度能够集中力量办大事是我们成就事业的重要法宝。我国很多重大科技成果都是依靠这个法宝搞出来的，千万不能丢了！要让市场在资源配置中起决定性作用，同时要更好发挥政府作用，加强统筹协调，大力开展协同创新，集中力量办大事，抓重大、抓尖端、抓基本，形成推进自主创新的强大合力。"② 习近平总书记将集中力量办大事提升到"重要法宝"的高度，丰富和发展了集中力量办大事的思想。不断完善集中力量办大事的体制机制，中国将持续行驶在跨越发展的快车道。

---

① 玛雅：《高梁：挺起中国工业的脊梁》，参见参考消息网。
② 《习近平谈治国理政》第1卷，外文出版社2018年版，第126—127页。

二、在经济制度上，形成和发展"三个主体、三个补充"构想，逐步适应了社会主义初级阶段生产力发展的要求，为中国经济实现历史性飞跃发展提供了活力和动力

中国经济的逐级赶超发展，是中国特色社会主义经济发展道路的成功，而其中经济制度层面的因素，就是构建起公有制为主体、多种所有制经济共同发展的基本经济制度和社会主义市场经济体制。这一制度体系的形成，突破了社会主义只发展公有制经济而不允许非公有制经济存在、只发展计划经济而不能发展市场经济等传统观念的障碍。中国克服这两大理论认识的束缚，用了几十年的时间，付出了代价，来之不易。之所以如此之难，一方面由于我们早期认为社会主义应实行公有制和计划经济，另一方面由于苏联通过实行单纯公有制和计划经济体制，在很短时间内发展成为工业大国，进而也成为能与美国抗衡的超级大国，这些都使中国对实行单纯公有制和计划经济体制更加坚信。在这种认识和实践面前，中国将实行单纯公有制和计划经济体制，不仅视为解放和发展社会生产力的重要路径，也视为建立社会主义制度的目标，进而将消灭非公有制经济和市场经济（哪怕是小范围的自由市场）作为政策取向。

中国对上述观念束缚和政策逻辑的突破，历史起点是1956年陈云在党的八大上提出的"三个主体、三个补充"的经济体制构想，即"我们的社会主义经济的情况将是这样：在工商业经营方面，国家经营和集体经营是工商业的主体，但是附有一定数量的个体经营。这种个体经营是国家经营和集体经营的补充。至于生产计划方面，全国工农业产品的主要部分是按照计划生产的，但是同时有一部分产品是按照市场变化而在国家计划许可范围内自由生产的。计划生产是工农业生产的主体，按照市场变化而在国家计划许可范围内的自由生产是计划生产的补充。因此，我国的市场，绝不会是资本主义的自由市场，而是社会主义的统一市场。在社会主义的统一市场里，国家市场是它的主体，但是附有一定范围内国家领导的自由市场。这种自由市场，是在国家领导之下，作为国家市

场的补充，因此它是社会主义统一市场的组成部分。"①

陈云这一构想的历史性贡献在于，在完成社会主义改造而建立起社会主义制度后，应当允许个体经营、自由生产、自由市场，这是对完全实行国家经营和集体经营、计划生产、国家市场政策的一种重大调整，是对苏联社会主义模式的局部突破。随着历史车轮的前行，陈云对"三个主体、三个补充"经济体制构想进行了丰富和发展。在经营制度方面，1962年陈云不仅提出了多给农民自留地、养猪以私养为主的政策主张，还向毛泽东当面建议分田到户；在改革启动之际，主流意识仍认定包产到户、包干到户姓"资"，而只将其限定在"吃粮靠返销、用钱靠救济、生产靠贷款"的"三靠"地区实施的权宜之计，1979年，时任中共安徽省委第一书记的万里寻求对安徽实行的包产到户、包干到户等多种责任制给予支持时，陈云说"我双手赞成"②，以热情而又明确的方式加以肯定和支持。在市场调节方面，1979年3月8日，陈云在所写的《计划与市场问题》中，明确指出，整个社会主义时期必须有两种经济：（1）计划经济部分（有计划按比例的部分）；（2）市场调节部分（即不作计划，只根据市场供应的变化进行生产，即带有盲目性调节的部分）。③1981年12月22日，陈云在中共中央召开的省、自治区、直辖市党委第一书记座谈会上，公开使用"计划经济为主，市场调节为辅"④的表述。1982年12月2日，陈云在出席五届全国人大第五次会议时进一步强调："今后要继续实行搞活经济的政策，继续发挥市场调节的作用。但是我们也要防止在搞活经济中出现摆脱国家计划的倾向。"⑤1988年10月8日，针对"物价闯关"改革导致通货膨胀和出现全国性抢购风潮，陈云同当时中央负责同志谈话时指出：中央的政治权威，要有中央的经济权威作基础。没有中央的经济权威，中央的政治权威是不巩固的。在经济活动中，中央应该集中必须集中的权力。搞活经济是对的，但权力太分散就乱了，搞

---

① 《陈云文选》第3卷，人民出版社1995年版，第13页。
② 《陈云年谱（一九〇五——一九九五）》下卷，中央文献出版社2000年版，第248页。
③ 《陈云文选》第3卷，人民出版社1995年版，第245页。
④ 《陈云文选》第3卷，人民出版社1995年版，第305页。
⑤ 《陈云文选》第3卷，人民出版社1995年版，第320页。

活也难。在改革中不能丢掉有计划按比例发展经济这一条，否则整个国民经济会乱套。①

陈云"三个主体、三个补充"的经济体制构想，从提出到随着实践的发展，始终以解决实践中存在的问题和实现更好发展为目标，立足中国社会主义制度已经建立起来、生产力水平较低且存在各种不平衡的国情，以调动各方面积极性为出发点。正因为如此，在社会主义改造完成后到改革开放前，尽管有过人民公社化运动中刮"共产风"而将生产生活资料纳入公有范畴、"文化大革命"运动中将"三自一包"当作走资本主义道路而加以批判，但作为补充的个体经营、自由生产、自由市场仍然不间断地存在，这种深受欢迎的政策及其难得的实践，在中共十一届三中全会决定停止"以阶级斗争为纲"的口号和把工作重心转移到经济建设上后，犹如种子遇春雨，生根发芽。在改革开放的时代背景下，又经历了社会主义经济是有计划的商品经济的理论突破和实践，最终明确了以公有制为主体、多种所有制经济共同发展的基本经济制度和社会主义市场经济体制。

历史实践已经表明，无论是"三个主体、三个补充"经济体制构想的实践，还是在此基础上进一步丰富和创新明确的公有制为主体、多种所有制经济共同发展的基本经济制度和社会主义市场经济体制，逐步适应了社会主义初级阶段生产力水平较低的要求，是更好地尊重价值规律的选择，使各种市场主体在公平竞争条件下充满生机和活力，调动了各方面发展经济的积极性、主动性、创造性，成为中国经济逐级赶超发展的内在动力。在经济发展新常态下，坚持公有制为主体、多种所有制经济共同发展的基本经济制度和社会主义市场经济体制为内核的中国特色社会主义经济发展道路，在全面深化改革的新的历史条件下，正释放出新的活力和动力，将促进大众创业、万众创新向着纵深方向发展。

---

① 《陈云文选》第3卷，人民出版社1995年版，第366—367页。

三、在发展理念上，探索形成统筹协调发展观并不断丰富和完善，促进持续均衡发展，为中国经济实现历史性飞跃发展奠定了思想和实践基础

中国在世界发展格局中处于落后位势的情况下，实现快速发展，尤其是实现工业化的快速发展，进而实现赶超，不是主观意愿所能决定的（"人有多大胆，地有多大产"的唯心主义的美好愿望在实践面前很快遭受破灭），而是受多种因素的影响，有需要遵循的客观规律。在赶超工业化、现代化实践缺失的条件下，陈云不仅积极进行实践探索，还善于总结正反两个方面的经验，并上升为规律性的认识。其中，我们耳熟能详的有综合平衡、全国一盘棋、"一要吃饭，二要建设"和"无工不富、无农不稳、无粮则乱"等。这些思想，概括起来，就是统筹协调发展观。

陈云的统筹协调发展观，内容极其丰富，涉及经济发展的方方面面。早在新中国成立初期，陈云就指出："搞经济工作，一定要多方考虑，统筹兼顾。"[①]陈云关于综合平衡的思想，是统筹协调发展的总纲。综合平衡是在按比例发展思想的基础上形成的。陈云在主持编制"一五"计划时，专门就按比例发展问题进行了阐述。1954年6月30日，陈云在向中共中央作的《关于第一个五年计划的几点说明》的汇报中提出："按比例发展的法则是必须遵守的，但各生产部门之间的具体比例，在各个国家，甚至一个国家的各个时期，都不会是相同的。一个国家，应根据自己当时的经济状况，来规定计划中应有的比例。究竟几比几才是对的，很难说。唯一的办法只有看是否平衡。合比例就是平衡的；平衡了，大体上也会是合比例的。"[②]1962年3月7日，陈云在中央财经小组会议上指出："所谓综合平衡，就是按比例；按比例，就平衡了。""按比例是客观规律，不按比例就一定搞不好。""搞经济不讲综合平衡，就寸步难移。"陈云还特别强调要做好短线平衡："按短线搞综合平衡，才能有真正的综合

---

① 《陈云文选》第2卷，人民出版社1995年版，第98页。
② 《陈云文选》第2卷，人民出版社1995年版，第241—242页。

平衡。所谓按短线平衡，就是当年能够生产的东西，加上动用必要的库存，再加上切实可靠的进口，使供求相适应。"①陈云把综合平衡与统筹兼顾有机地结合起来。在处理部门之间、地区之间关系方面，陈云强调"全国一盘棋"。1959年3月1日，陈云在《当前基本建设工作中的几个重大问题》一文中指出："工业布局合理了，就可以更加充分地利用我国国土广大、资源丰富、气候良好、人口众多等有利条件，使工业能够更多、更快、更好、更省地向前发展；就可以使全国的工业体系能够较快地建立起来，并且逐步地改变我国工业生产力分布不平衡的状态，促进全国各地区经济的普遍发展，促进工业和农业、城市和乡村的更好的结合。因此，在全国范围内有计划地合理地布置工业生产力，是基本建设中具有长远性质和全面性质的问题，是一个带有战略意义的问题。对于这样的问题，如果不做长期打算、整体部署，只顾眼前方便、零敲碎打，是不可能解决得好的。我们在进行工业布局的时候，必须按照'全国一盘棋'的精神，使目前利益同长远利益结合起来，使局部利益同全局利益结合起来。"②1981年12月22日，陈云在中共中央召开的省、自治区、直辖市党委第一书记座谈会上讲到经济建设的几个重要方针时指出："国家建设必须全国一盘棋，按计划办事。"③在处理好积累与消费、建设与民生的关系方面，陈云提出"一要吃饭，二要建设"④。在处理工农关系方面，陈云提出"无工不富、无农不稳、无粮则乱"⑤。在建设规模方面，陈云提出"建设规模的大小必须和国家的财力物力相适应。适应还是不适应，这是经济稳定或不稳定的界限。像我们这样一个有六亿人口的大国，经济稳定极为重要。建设的规模超过国家财力物力的可能，就是冒了，就会出现经济混乱；两者合适，经济就稳定。当然，如果保守了，妨碍了建设应有的速度也不好。但是，纠正保守比纠正冒进要容易些。因为物资多了，增加建设是比较容易的；而财力物力不够，把建设规模搞大

---

① 《陈云文选》第3卷，人民出版社1995年版，第211页。
② 陈云：《当前基本建设工作中的几个重大问题》，《人民日报》1959年3月1日。
③ 《陈云文选》第3卷，人民出版社1995年版，第307页。
④ 中共中央文献研究室编：《陈云传》，中央文献出版社2005年版，第1616页。
⑤ 《陈云文选》第3卷，人民出版社1995年版，第350页。

了，要压缩下来就不那么容易，还会造成严重浪费。"① 在处理轻重缓急关系方面，陈云提出："搞建设，真正脚踏实地、按部就班地搞下去就快，急于求成反而慢，这是多年来的经验教训。"②

陈云切实地践行统筹协调发展观，为中国经济的持续健康发展作出了重大贡献。在新中国大规模开展经济建设之初，陈云在参与领导编制"一五"计划时提出了从国情出发、综合平衡、按比例发展等指导思想，就处理好"农业与工业的比例""轻重工业之间的比例""重工业各部门之间的比例""工业发展与铁路运输之间的比例"等问题进行了大量的思考，并稳扎稳打，有条不紊地一步一步地领导了这一计划的实现。③ 针对1956 年经济建设上的"冒进"，陈云提出了建设规模必须与国力相适应的论断。在"大跃进"导致国民经济大幅下滑和比例严重失调的情况下，陈云临危受命，参与领导经济调整工作，提出并实施了一系列切实有效的调整措施，促进国民经济的快速恢复发展。针对遭受"文化大革命"冲击及粉碎"四人帮"后的"洋跃进"导致国民经济比例严重失调的问题，陈云最早建议对国民经济进行调整。在陈云等倡议下，1979 年 4 月召开的中央工作会议决定用三年时间，按"调整、改革、整顿、提高"方针，对国民经济进行调整。

陈云的统筹协调发展观，起于社会主义计划经济时期，但至今没有过时，对社会主义市场经济也适合，还随着实践的发展而不断得到丰富和发展创新。中共十六届三中全会提出了"统筹城乡发展、统筹区域发展、统筹经济和社会发展、统筹人与自然和谐发展、统筹国内发展和对外开放"的要求。党的十八大提出："必须更加自觉地把全面协调可持续作为深入贯彻落实科学发展观的基本要求，全面落实经济建设、政治建设、文化建设、社会建设、生态文明建设五位一体总体布局，促进现代化建设各方面相协调，促进生产关系与生产力、上层建筑与经济基础相协调，不断开拓生产发展、生活富裕、生态良好的文明发展道路。必

---

① 《陈云文选》第 3 卷，人民出版社 1995 年版，第 52 页。
② 《陈云文选》第 3 卷，人民出版社 1995 年版，第 311 页。
③ 邱纯甫：《陈云与"一五"计划的制订和实施》，载《陈云与新中国经济建设》，中央文献出版社 1991 年版，第 195—197 页。

须更加自觉地把统筹兼顾作为深入贯彻落实科学发展观的根本方法，坚持一切从实际出发，正确认识和妥善处理中国特色社会主义事业中的重大关系，统筹改革发展稳定、内政外交国防、治党治国治军各方面工作，统筹城乡发展、区域发展、经济社会发展、人与自然和谐发展、国内发展和对外开放，统筹各方面利益关系，充分调动各方面积极性，努力形成全体人民各尽其能、各得其所而又和谐相处的局面。"2014年5月26日，习近平总书记在主持十八届中央政治局第十五次集体学习时指出："坚持党的领导，发挥党总揽全局、协调各方的领导核心作用，是我国社会主义市场经济体制的一个重要特征。改革开放30多年来，我国经济社会发展之所以能够取得世所罕见的巨大成就，我国人民生活水平之所以能够大幅度提升，都同我们坚定不移坚持党的领导、充分发挥各级党组织和全体党员作用是分不开的。在我国，党的坚强有力领导是政府发挥作用的根本保证。在全面深化改革过程中，我们要坚持和发展我们的政治优势，以我们的政治优势来引领和推进改革，调动各方面积极性，推动社会主义市场经济体制不断完善、社会主义市场经济更好发展。"[①]2014年12月，习近平总书记在江苏调研时提出了协调推进"四个全面"战略布局。2015年4月30日，中共中央政治局会议针对经济下行压力，提出要保持稳增长、促改革、调结构、惠民生、防风险综合平衡。党的十八大以来，中央科学把握经济发展的新趋势，提出认识新常态、适应新常态、引领新常态，坚持问题导向和底线思维，接续创新宏观调控思路和方式，通过在区间调控基础上的定向调控，激活力，补短板，强实体，使经济运行呈现"稳"（即处于合理区间）和"进"（发展的协调性和可持续性增强）的态势。换言之，社会主义市场经济的新实践充分表明，统筹协调发展观的实施和不断丰富发展，是中国经济取得飞跃发展奇迹不可否认的重要原因。

总之，陈云在资源配置上积极推进集中力量办大事的实践，在经济制度上提出"三个主体、三个补充"构想并在实践中不断发展，在发展理念上探索形成统筹协调发展观并不断丰富和完善，是对中国作为一个

---

① 《习近平谈治国理政》第1卷，外文出版社2018年版，第118页。

发展中国家在赶超进程中成功快速推进现代化建设的经验总结,回答了发展中国家如何实现赶超发展的许多重大理论和实践问题,是中国道路、中国经验的重要组成部分,并在历史演进中实现了接续丰富和发展创新。

[原载《党的文献》2015年增刊,总第168期]

公有制的建立是新中国经济发展奇迹的基石
——基于社会主义改造历史地位的分析

对 20 世纪 50 年代中国社会主义改造历史地位的评价，不同时期基于不同的视角、不同的方法，尤其是不同的立场，有不同的观点。基于历史唯物主义分析，长达 60 年的实践已经证明，中国社会主义改造及建立起来的公有制，是划时代的伟大变革，是社会主义初级阶段基本经济制度和公有制实现形式探索完善的基础，是中国特色社会主义道路探索完善、国家发展优势形成进而取得发展奇迹的基石。这就是社会主义改造建立起公有制不可磨灭的历史地位。我们可以通过吸取建立公有制和坚持公有制主体地位的历史经验教训，增强坚持公有制主体地位的自觉，在推进供给侧结构性改革中，破解少数国有企业由于所处行业产能过剩遇到的暂时困难，而不是接受"新自由主义"主张的私有化主张，这就是深化社会主义改造历史地位认识的现实意义所在。

一、所有制结构和公有制实现形式之变是社会主义初级阶段基本经济制度探索完善的过程

现今，中国无论是所有制结构，还是公有制实现形式，都与 1956 年社会主义改造完成之际有所不同。中国自社会主义改造完成到中共十一届三中全会前，实行几乎清一色的公有制，其实现形式，在城市为国营企业和集体企业政企合一，在农村为集体性质的人民公社政社合一。改

革开放以来，非公有制经济快速发展，公有制实现形式多样化，并实行政企分开。"早知如此，何必当初"，是改革初期不少人的认知。时至今日，一些人以改革所发生的所有制结构和公有制实现形式变化，对社会主义改造加以质疑甚至否定。对社会主义改造历史地位的评价，不能绕开所有制结构和公有制实现形式变化这一重大因素。

首先，需要客观分析所有制结构和公有制实现形式变化的实质。无论是所有制结构还是公有制实现形式，有变化，但在保障公有制经济的活力、控制力和影响力的实质上更有强大定力的坚持。在党的十五大明确公有制为主体、多种所有制经济共同发展的基本经济制度后，中共十八届三中全会通过的《中共中央关于全面深化改革若干重大问题的决定》指出，必须毫不动摇地巩固和发展公有制经济，坚持公有制的主体地位，发挥国有经济的主导作用，不断增强国有经济的活力、控制力、影响力。在改革开放以来的实践中，在事关国家战略上，国家在公有制经济上不仅没有退，还不断促进发展。中共十八届三中全会通过的《中共中央关于全面深化改革若干重大问题的决定》提出，国有资本投资运营要服务于国家战略目标，更多地投向关系国家安全、国民经济命脉的重要行业和关键领域，重点提供公共服务、发展重要前瞻性战略性产业、保护生态环境、支持科技进步、保障国家安全。这与1999年中共十五届四中全会通过的《中共中央关于国有企业改革和发展若干重大问题的决定》提出的国有经济需要控制的行业和领域，主要包括涉及国家安全的行业、自然垄断的行业、提供重要公共产品和服务的行业，以及支柱产业和高新技术产业中的重要骨干企业这四大领域相比，有所拓展，不仅强调了国有资本要加大对公益性企业的投入，还强调了国有资本投向重点也包括前瞻性战略性产业，也就明确表明了国有资本不能完全从竞争性领域退出。

其次，需要分析所有制结构和公有制实现形式为什么变。改革开放以来，中国所有制结构之变，既有基于理论发展而完善政策的主动之变和不平等社会负担政策下的分化之变，也有一些工作疏漏导致公有制企业资产流失之变。

完善政策的主动之变，就是主动适应社会主义初级阶段生产力水平还较低的状况，并基于长期实践而在理论上的发展创新，将消灭私有制和追求清一色公有制的政策，改变为宜公则公、宜私则私。这种主动之变发生于改革开放时期，但在社会主义改造完成之际，陈云等即初步认识到这种政策完善的必要性。在1956年9月召开的党的八大上，针对中国生产力水平较低和产业间、城乡间存在差异的问题，陈云提出了"三个主体、三个补充"的社会主义经济体制构想，其中在工商业经营方面，国家经营和集体经营是工商业的主体，一定数量的个体经营是国家经营和集体经营的补充。改革开放初期，中国面对与西方发达资本主义国家发展上的较大差距，在实行改革开放政策中，引进外资兴办合资企业，直至允许兴办外资企业；在知识青年返城的较大就业压力下，国家在政策上允许发展个体经营和私营企业。基于党的十三大作出中国还处于社会主义初级阶段的重大论断，并经实践和理论发展，逐步形成了以公有制为主体、多种所有制经济共同发展的基本经济制度。

不平等社会负担政策的分化之变，即在公有制企业与非公有制企业社会负担不平等的政策下，加之20世纪90年代国有企业改革还只是初步展开，其机制不如非公有制企业灵活，在一定程度上导致公有制企业向非公有制企业的分化。公有制企业，尤其是国有企业，受长期在计划经济体制下发展的路径依赖，存在不适应市场经济的问题，如企业制度改革前机制不活，干部是铁交椅，职工是铁饭碗、铁工资。在短缺经济下，公有制企业因产销两旺、效益高、职工奖金福利高而踌躇满志，没有解决这些潜存问题的紧迫感。导致20世纪90年代公有制企业优势受损的重要原因是办社会负担重，而非公有制企业又不承担办社会责任，如此不平等的社会负担政策，使两种所有制企业在市场竞争中没有处在同一起跑线上。在市场取向改革进程中，公有制企业经营机制不活的问题逐渐显现，随着短缺经济的结束、买方市场的形成，产业和产品结构性问题突出，在生产经营上船大掉头难，特别是受办社会负担重的拖累，生产经营不景气，发展陷入困境，鉴于此，有的改为非公有制企业。在这样的过程中，一些地方政府出于甩"包袱"的想法，不仅把处于困境的国有企业改为非公有制企业，还"靓女先嫁"，把效益尚可的国有企业先改为非公有制企业。更有甚者，一些人乘国有企业暂时困难之机，把国有企业资产通过低价折股、低价出售给个人或非公有制企业，导致国有资产严重流失（所幸的是，21世纪以来，特别是党的十八大以来，中国共产党全面从严治党，惩治腐败，政府完善资产管理制度，加强对国有资产的监督管理，国有资产流失的问题得到遏制），由此，非公有制经济比重也随之扩大。随着社会主义市场经济改革的深化，国家逐步剥离续存国有企业办社会的职能（政府由于财力不足，接纳公有制企业办社会的能力有限，公有制企业办社会的负担至今没有完全解决），使国有企业轻装上阵。换言之，公有制企业在由计划经济向市场经济改革进程中没有及时剥离办社会的沉重负担，是所有制结构快速变化不可忽视的重要原因。

现阶段的公有制实现形式，与社会主义改造完成时相比，也发生了很大变化：一是由公有制实现形式的单一化向多样化发展。二是政府与公有制企业的关系，由计划经济时期的政府直接管理国有企业，改成国有企业是独立经营的市场主体，国营企业改称国有企业，政府以管理资本为主，国有资本可实行授权经营和逐步证券化。三是国有经济、集体经济与非公有制经济不再是相互封闭和非此即彼，而是可以通过相互参股，发展混合所有制经济，使各种所有制资本能够取长补短、相互促进、共同发展，进而也成为国有资本放大功能、保值增值、提高竞争力的重要途径。这些变化，都没有改变公有制的性质，而是有利于更好地发挥公有制的主导作用。

公有制实现形式由单一化发展为多种形式之变，主要原因有：一是理论的发展创新，如将产权细分为所有权、承包权、经营权，如此，公有资产可直接经营，也可承包经营、租赁经营、委托经营、入股经营等。二是计划经济体制向市场经济体制的转变，加之所有制结构的变化，不仅有公有制企业，还有非公有制企业，如此，要求公有制企业与非公有制企业一样，必须与市场经济相融，成为能够独立经营的市场主体，不同所有制企业之间也可以开展多种形式的资本合作。三是随着资本市场的建立和发展，资产资本化、证券化，由此也由管资产向管资本转变。

从上述可知，中国社会主义改造后形成的所有制结构和公有制实现形式，有所变，也有所不变。从不变与变的性质和历史逻辑分析，不难得出这样的结论，正是因为社会主义改造的成功，才为社会主义初级阶段基本经济制度的探索和更好发挥公有制企业的主导作用奠定了坚实的基础。社会主义改造及之后的所有制结构和公有制实现形式之变，是历史前进中的否定之否定，不能以此变化和今天的现实成功作为评价历史的唯一依据，不能不顾当时的历史条件和之后的情况变化，不能不顾坚持不变和变的性质，而对社会主义改造加以否定。

二、公有制的建立和公有制主体地位的坚持是国家发展优势形成进而取得发展奇迹的基石

改革开放以来，中国经济发展奇迹是在公有制经济比例缩小和非公有制经济实现较大发展的情况下取得的。一些人基于这样的事实作出判断，认为中国经济奇迹的取得是因为实施了私有化，由此也质疑社会主义改造的历史地位。基于历史唯物主义分析，中国经济发展奇迹取得的根基在于社会主义改造所建立起来的公有制，以及改革开放以来对公有制主体地位的坚持，而不能以公有制经济比重下降为依据否定社会主义改造的历史地位。

（一）公有制的建立和公有制主体地位的坚持成为促进国家发展优势形成、实现跨越发展的政治制度的基础

中国经济发展奇迹的取得，不仅仅是由于经济发展道路的成功，更是政治发展道路的成功。经济基础决定上层建筑。资本主义政治，无论如何对"宪政"、"三足鼎立"的民主制衡制度加以美化，都掩蔽不了资本操纵民主、维护资本利益的实质。在美国的选举中，各种利益集团为争夺政治决策权展开的献金大战愈演愈烈，赤裸裸的"钱主政治"的本质暴露无遗。美国前副总统戈尔认为，我们的民主已被入侵，国家被彻底麻痹和束缚。《华盛顿邮报》在相关报道中说，这一政治制度越来越有利于富人。[1]在这样的政治制度下，资本的代表控制政权，主导政策和法律的制定、实施。如此，2008年美国次贷危机引发严重的国际金融危机

---

[1] 参见温宪：《美国"钱主政治"愈演愈烈》，《人民日报》2014年10月20日。

后，被资本雇佣的群体只能靠"占领华尔街"这种乏力的行动表达诉求。美国枪击事件频发，但"控枪法"却难以制定，这些保障百姓生命安全的法律制度空缺，就是由于军火商从维护自身利益出发对相关法律制度左右所致。中国则完全不同。中国建立的上层建筑以社会主义生产资料公有制为基础，因而国家治理体系不为资本所控制，能够充分保障人民的主体地位和中国共产党的领导地位，中国共产党的领导、人民当家作主、依法治国有机统一有内在的必然性和能够得到坚持。在这种以人民为主体的政治制度下，不断探索完善发展为了人民、发展依靠人民、发展成果由人民共享的治理体系，进而能够处理好全局与局部、长远与短期的利益关系，能够形成国家中长远战略，并将有限的资源优化配置到国家发展战略的实施中，集中力量办大事，走出"贫困陷阱"和实现跨越发展，这正是中国形成国家发展优势的成功经验，是第二次世界大战后绝大多数落后的资本主义国家不能实现赶超发展的根本原因，也是中国建设模式在资本主义国家不能复制的根本原因。这种国际比较表明，通过社会主义改造建立起来的公有制和改革开放以来对公有制主体地位的坚持，是人民主体地位推进国家治理体系和治理能力现代化的基础，是中国特色社会主义政治制度的基础，这些政治制度又成为国家发展优势形成和厚植的保障。

（二）公有制的建立和公有制主体地位的坚持打造起参与激烈国际竞争的中坚力量

在经济全球化的竞争体系中，一个国家是否有能力参与其中，而不是在竞争中被淘汰，沦为资本主义国家的附庸，不仅仅在于国家大、经济体量大、企业数量多，在很大程度上取决于是否有竞争实力强的企业。社会主义改造完成后的不同历史阶段，公有制企业担当起了这样的重大使命。

工业革命后很长时期，工业化被公认为现代化的标志。工业生产率明显高于农业。不发展工业化，一个国家不仅不能融入工业化潮流和演进到工业社会，还要遭受"落后就要挨打"和经济殖民，也就无从摆脱"贫困陷阱"。因而，新中国成立后不久，中国共产党在所制定的过渡时期总路线中，把社会主义改造和工业化列为经济社会变革和发展的两大任务。其中，社会主义改造既是经济社会变革发展的目标，也是工业化的保障。社会主义改造的完成，加之在此基础上建立起的计划经济体制，尽管存在诸多弊端，但不可否认它造就了国家统一领导的国营企业和城乡集体企业体系，改变了自由市场经济下一盘散沙的格局，国家能够实施全国一盘棋和集中力量办大事的建设模式，能够实施高积累、低消费的政策，以及农业部门剩余向工业部门转移的政策而增加工业化的资本积累，使国家能够顺利推进重化工业先行、重化工业带动轻工业的发展，成为在较短时期内建立起独立的比较完整的工业体系和国民经济体系的制度和体制保障。如果当时不建立起社会主义公有制，国家工业化战略难以如此顺利实施，工业化体系和国民经济体系的建立不会如此快地实现。

改革开放以来，中国在已经建立起独立的比较完整的工业体系和国民经济体系的基础上，公有制经济在改革开放中实现了进一步发展，并引领整个经济的发展，而不是经济发展的障碍因素。自 20 世纪 70 年代末起，对国有企业逐步实行利润分成、承包经营、拨改贷、债转股、政企分开、剥离办社会职能、股份制改造、混合所有制改革、法人制度建立、董事会和监事会制度建立、国有资本证券化、党对企业领导的体制机制完善等一系列改革，逐步建立起现代企业制度，国有企业成为自主经营、自负盈亏、自我发展、自我约束的法人和能够适应市场经济要求的市场主体。在对国有企业实行"抓大放小"和有进有退的战略布局后，续存下来的国有企业经受住了市场经济的洗礼，克服了与非公有制企业不平等的办社会负担政策和机制不活导致的困难，并凭借其历史上形成并坚持发展的规模优势、装备优势、技术优势、人才优势、管理优势、市场开拓能力优势，逐步推进产业链与价值链融合而实现转型升级，竞争力显著提升，成为参与激烈国际竞争的主力。2008 年国际金融危机爆发以来，国有企业不仅呈现较强的抗风险能力，还呈现在危机中抓住机遇实现新发展的能力强，资产总额从 1997 年的 12.5 万亿元增加到 2014 年的 102.1 万亿元。公有制企业户均注册资本也由 2010 年底的 1216.7 万元增加到 2015 年底的 2634.2 万元。如今，国有企业成为"走出去"的骨干力量，逐步跻身世界性强大企业行列。在美国《财富》杂志发布的2015年世界500强企业中，仅中国国务院国有资产监督管理委员会监管下的中央企业即占据47席。①与此形成对比的是，非公有制企业分化严重，华为等企业竞争力不断增强且海外市场业务不断扩展，而不少中小型非公有制企业，因资本规模小、人才缺乏、技术研发能力弱、创新发展能力不强，加之依靠人力成本低而发展劳动密集型产业的优势渐失，在国际需求不旺等多重因素下，生存发展较为困难。

（三）公有制的建立和公有制主体地位的坚持构建起经济社会发展的动力优势

第一，公有制的建立和公有制主体地位的坚持，是实现共享发展的基石，有利于对职工的充分激励，有利于供需均衡的实现，这些因素的共同作用，为经济社会发展提供了持续动力。公有制企业成为人民主体地位的组织保障，也成为激励职工的组织制度。在公有制企业中，改革开放前实行人的联合，把生产资料与劳动者有机地融合统一起来；改革开放以来，在人的联合的基础上，逐步实行员工持股改革，即又增加了资本联合，朝着人的联合与资本联合有机统一的方向发展。如此，有利于企业职工充分激励的实现。一是在公有制企业中，企业与职工不是雇佣与被雇佣的关系，职工是企业的主人，构建起和谐发展的社会基础。二是在践行社会主义核心价值观中发展丰富多彩的企业文化，形成了向上向善之风尚。在改革开放前，公有制企业职工积极主动参与到基于实践经验积累的技术改进活动中，取得了大量改进工艺和管理而有利于提升产品质量、节约成本的实用新技术，并研发新产品，成为企业发展的重要力量。不仅如此，在企业内部职工、企业与企业之间还开展"比学赶帮"活动，使企业呈现朝气勃勃的景象。②例如，1963年，上海市的2个自行车厂、4个缝纫机厂、5个热水瓶厂、7个搪瓷厂在"比学赶帮"活动中分别开展厂际竞赛，使各企业的产品质量提高，先进和后进企业

---

① 参见王俊岭：《国企改革关键期须防三大误区》，《人民日报（海外版）》2015年7月24日。
② 参见"人民日报社论"《比学赶帮　齐争上游——论各地工业企业之间比先进、学先进、赶先进、帮后进运动》，《人民日报》1963年12月11日。

的差距缩小，生产出了质量优良的产品。① 而今，一方面有高科技人才专攻基础研究和应用技术创新，另一方面又涌现一大批富有奉献、一丝不苟精神的优秀工匠，成为保障和提升产品质量不可或缺的人才支撑。

第二，公有制和职工持股的结合，有利于发展为了人民、发展依靠人民、发展成果由人民共享机制的形成，是实现共同富裕的根基。党的十八大以来，在国有企业中实行收入分配改革，同时加大反腐力度和控制高层管理人员职务消费，高层管理人员与一般职工收入差距缩小。这些都有效地遏制了企业内部收入分配差距的拉大，有利于实现企业内部乃至整个社会收入分配的相对均衡。如此，坚持公有制的主体地位，有利于实现供需的均衡，避免由于资本扩张生产供给与收入差距拉大导致需求不足的供需不均衡，也就可以避免由此导致的经济危机。

三、公有制企业担当起实施国家发展战略载体和促进社会发展的重大使命

公有制企业的贡献，不仅仅体现在单个企业自身利润的多少上，还体现在宏观层面的实施国家发展战略和促进社会发展的贡献上，不能仅仅以微观的单个企业的经济效益为依据否定社会主义改造的历史地位，这是马克思主义政治经济学不同于西方经济学的视角和观点。一些人以有的公有制企业存在腐败、垄断、利润率不够高现象为由，否定社会主义改造和公有制经济的必要性。持这样观点者，不仅是无视公有制企业在实施国家促进经济社会发展政策上的贡献，更是无视公有制经济担当起实施国家发展战略和促进社会发展责任的重大贡献。

（一）公有制企业担当起国家发展战略实施载体的重大责任

无论是改革开放前，还是改革开放以来，公有制企业都是国家实施发展战略的载体。对于改革开放前公有制企业所承担的实施国家工业化

---

① 参见《上海三十二种主要轻工业品提前完成年计划　广州造纸厂各种纸张总产量超过全年计划六百多吨质量符合要求　哈尔滨亚麻厂全面完成今年产量、质量、成本、利润和品种等计划指标》，《人民日报》1963年12月8日。

战略载体的责任,是一个不需要更多论证的问题。

改革开放以来的实践表明,国有经济在实施国家发展战略上仍然作出了重大贡献:一是在实施关系国家安全、国民经济命脉的产业上,国有经济发挥着不可替代的作用。二是在实施转型升级和可持续发展上,公有制企业由于资金雄厚和技术装备先进,在推动创新发展、绿色发展等方面发挥着引领作用。2014年度国家科技奖励中,中央企业获得96项,占总数的35.3%,其中国家科技进步特等奖2项。以进入门槛较低的煤炭产业为例,贵州省六盘水市境内的国有煤矿企业煤炭回采率,由于有装备、技术、人才、管理、资金等优势,比私营小煤窑高出许多;国有煤矿企业还通过煤、焦、化、电、冶一体化发展,引领资源的综合利用和循环经济的发展,促进煤炭产业升级和资源型城市的转型发展,而私营小煤矿不仅存在不顾生态环境保护的问题,还存在重大安全隐患。[①]三是在实施"走出去"和共建"一带一路"倡议中,公有制企业发挥着先行军和主力军作用。其中,在实施共建"一带一路"倡议中,港口、高铁、水电等方面的国有企业在基础设施联通方面率先成功示范,对"一带一路"沿线国家改善基础设施发挥着重要的作用,因而也有助于中国与沿线国家实现民心相通。四是在实施区域协调发展上发挥着重大作用。这在为改变沿海与内地生产布局不均衡而实施的三线建设上体现得较为充分。如果没有国有经济,在三线建设中发达地区的企业不可能实施向西部地区搬迁,以及开展社会主义大协作,援助在西部地区的建设项目,那么东西部地区间经济社会的差距将扩大,也就没有共建"一带一路"倡议启动实施的良好基础。

(二) 公有制企业担当起促进社会发展的重大责任

中国公有制企业与国内的非公有制企业、资本主义国家的国有企业所承担的社会责任,不是内涵完全一致的概念,前者既有体制内的制度性安排的重大社会责任,又有自愿捐赠的公益性和慈善性事项,而后者

---

① 参见中国社会科学院当代中国研究所第二研究室国情调研组,郑有贵执笔:《资源型城市转型发展路径依赖与突破——六盘水市三线企业引领转型发展调研》,《贵州社会科学》2014年第8期。

仅有后面的行为。

在实施剥离国有企业办社会职能的改革前，国有企业在发展生产经营业务的基础上，还办学校、医疗、体育、影院、养老院、公安、法院等社会事业和司法机构，而且其社会事业发展水平一般都高于当地政府所办。现今，国有企业每年在医疗、教育、市政、消防、社区等方面仍有大量支出。同时，2015年全国国有企业利润总额23027.5亿元，应交税金38598.7亿元，占全国财政收入的25.4%。全国国有企业（不含金融类）划归社保基金国有股权占全部社保基金财政性收入的近40%。中共十八届三中全会通过的《中共中央关于全面深化改革若干重大问题的决定》还提出："划转部分国有资本充实社会保障基金。完善国有资本经营预算制度，提高国有资本收益上缴公共财政比例，二〇二〇年提到百分之三十，更多用于保障和改善民生。"[1] 国有企业还根据国家的统一布置，开展定点扶贫、派干部到所在地挂职，地处新疆维吾尔自治区的国有企业还派干部参加驻村工作组，帮助解决农村发展问题。

国有企业也是保障职工就业和维护社会稳定的中坚力量。国有企业尽管在20世纪90年代实施"减员增效"，以及有些国有企业改为非公有制企业后有大批职工下岗、转岗，但续存下来的国有企业，仍承担起保障职工就业稳定的功能。如今在实施供给侧结构性改革中，国有企业仍没有把职工完全推向社会，而是与政府共同努力，尽可能解决好职工的转岗就业问题。这与一些非公有制企业解聘职工，特别是受2008年国际金融危机冲击，在当年元旦启动实施《劳动合同法》的情况下，几乎无条件让约2000万农民工离开企业返乡[2]形成鲜明的反差，为国家在国际金融危机冲击下实现发展奠定了稳定的社会基础。

在社会主义改造中组建的农村集体经济组织，自成立起，到实行工

---

[1] 《十八大以来重要文献选编》，中央文献出版社2014年版，第516页。《人民日报》2013年11月16日。

[2] 2009年2月2日，在国务院新闻办公室举行的新闻发布会上，中央财经领导小组办公室副主任、中央农村工作领导小组办公室主任陈锡文说：在全国1.3亿外出农民工中，大约有15.3%的农民工因全球金融危机而失去了工作，或者没找到工作。据此推算，全国大约有2000万农民工失去工作，或者还没有找到工作就返乡了。

业反哺农业政策和城乡一体化改革之前，在实施国家经济社会政策和办社会上，也发挥着不可或缺的作用。如果没有农村集体经济组织，在国际上受称赞的农村合作医疗就发展不起来，农村小学、初中、高中齐全的教育体系就难以形成，乡村道路就修不起来而处于闭塞格局。改革开放以来，中国即便实施了公共财政覆盖农村的政策，特别是中共十六届五中全会起开始大规模开展社会主义新农村建设，但由于国家公共财政支持能力有限，集体经济组织仍然承担着办社会的职能，这也是农村发展和和谐进步的组织保障。

（三）公有制经济在非公有制经济的发展中发挥了重要的支撑和引领带动作用

现今中国的非公有制经济，有的是改革开放以来由民间资本发展起来的个体私营企业，有的是外资和港澳台资兴办的企业，有的则是国有企业和集体企业改制而发展起来的。改革开放以来，个体私营企业由小到大、由弱到强，公有制经济的支撑和引领带动是重要原因。

个体私营经济是在公有制经济的物质支撑下发展起来的。个体私营企业在改革开放初期的起步阶段，所需要的钢材、水泥、化工等原材料，都是由公有制企业提供。在20世纪80年代，各类所有制企业在钢材等国有企业门口排长队采购。没有国有企业提供重化工等原材料，个体私营经济的发展就缺乏物质基础。

个体私营经济是在公有制经济的引领带动下成长起来的。个体私营企业在起步阶段，公有制企业从多方面引领带动这些企业发展：一是生产链分工带动。在改革开放初期，公有制企业将一部分零部件交由个体私营企业生产，个体私营企业大多还只是为公有制企业提供零部件配套产品。现今，不少续存下来的大型公有制企业在产业链中处于高端，起着龙头引领带动作用，一些个体私营企业主动与公有制企业合作，承担产业链中某个环节产品的配套生产。二是技术和人才带动。国有企业技术研发能力和人才实力强，而个体私营企业相对较弱。在20世纪80年代，国有企业技术人员利用周末休息时间，自发帮助周边乡镇企业（很多乡镇集体企业后改成非公有制企业）开发新产品、培训技术骨干、解决技术难题，从中获得另外一份收益，当时被称为"星期天工程师"。据统计，上海市有两万余名"星期天工程师"。①现今，国有企业仍然与中小型非公有制企业进行科技人才合作，也有一些中小型非公有制企业采取高报酬吸引公有制企业人才直接为其所用。同时，一些非公有制企业还与公有制企业实行股份合作，发展混合所有制经济。

从上述改革以来个体私营经济与公有制经济的发展关系中可以看出，非公有制经济能够发展起来，并成为中国经济发展奇迹的重要贡献力量，除了因为中国还处于社会主义初级阶段外，还由于改革开放前国有经济奠定的人才和物质基础，以及改革开放以来公有制经济对非公有制经济的重要支撑和引领带动。这也表明，不能以非公有制经济的发展和公有制经济比重的下降为依据而否定社会主义改造的历史地位。

综上所述，对20世纪50年代社会主义改造历史地位的评价，不能因为改革开放以来所有制结构和公有制实现形式的变化而加以否定。社会主义改造建立起来的公有制和改革中坚持公有制主体地位，是国家发展优势形成进而取得发展奇迹的基石。公有制企业不辱使命，也担当起实施国家发展战略载体和促进经济社会发展的重大使命。对社会主义改造及公有制经济加以否定，是因为不触及主流和本质，而只是加以表象化、碎片化、孤立化、静态化分析，只看到社会主义改造后存在的一些具体问题并加以放大，只看到有的公有制企业存在机制不活、垄断、腐败问题而加以放大，只看到公有制经济在一些时候暂时的困难而加以放大。无论是改革前还是改革开放以来的实践，都进一步验证了以毛泽东为代表的中央领导集体关于社会主义改造的战略远见。1965年5月，毛泽东在重上井冈山时的一次谈话中说：我们这样的条件搞资本主义，只能是别人的附庸。帝国主义在能源、资金等许多方面都有优势。美国对西欧资本主义国家既合作又排挤，怎么可能让落后的中国独立发展，后来居上？过去中国走资本主义道路走不通，今天走资本主义道路，我看还是走不通。要走，就要牺牲劳动人民的根本利益，这就违背了共产党的宗旨。国内的阶级矛盾、民族矛盾都会激化，搞不好，还会被敌人利

---

① 邬鸣飞、李志勇：《上海"星期天工程师"忧喜录》，《瞭望周刊》1988年第16期。

用。① 基于马克思主义政治经济学原理，深化对社会主义改造历史地位的认识，有助于增强坚持公有制主体地位的自觉，以避免陷入私有化的发展路径。

[原载《马克思主义研究》2016 年第 7 期]

---

① 参见马社香：《"井冈山的革命精神不要丢了"——王卓超回忆 1965 年毛泽东在重上井冈山期间的一次谈话》，《党的文献》2006 年第 3 期。

巩固和完善基本经济制度是突破"贫困陷阱"的原动力

胡锦涛总书记在庆祝中国共产党成立 90 周年大会上的讲话中，第一次提出"中国特色社会主义制度"的概念，并阐明了其内涵。以公有制为主体、多种所有制经济共同发展的基本经济制度，是一整套相互衔接、相互联系的中国特色社会主义制度体系中的重要组成部分。

建立公有制为主体、多种所有制经济共同发展的基本经济制度是中国必然的选择。当代中国坚持和发展公有制经济，旨在解放和发展社会生产力，消灭剥削和消除贫富两极分化，让人民共享发展成果，实现共同富裕。1956 年中国完成了社会主义改造，建立起较单一的公有制。根据社会主义改造完成后的新问题，1956 年陈云在党的八大上作题为《关于资本主义工商业改造高潮以后的新问题》的大会发言中，创造性地提出了"三个主体、三个补充"的社会主义经济制度构想。改革前，中国尽管追求单一公有制经济，但个体经济仍然存在，尤其是在农村，还分给农民自留地和允许发展家庭副业。首获成功的农村家庭承包经营制度改革，是经营制度改革。它重塑了农户家庭经济，成为激励农户发展扩大再生产的内在动力。1987 年，党的十三大从社会主义初级阶段的实际出发，将"必须以公有制为主体，大力发展有计划的商品经济"明确为具有长远意义的指导方针之一，并指出："在所有制和分配上，社会主义社会并不要求纯而又纯，绝对平均。在初级阶段，尤其要在以公有制为主体的前提下发展多种经济成分，在以按劳分配为主体的前提下实行多种分配方式,在共同富裕的目标下鼓励一部分人通过诚实劳动和合法经营先富起来。"[1]1992年党的十四大报告进一步指出:"在所有制结构上,以公有制包括全民所有制和集体所有制经济为主体,个体经济、私营经济、外资经济为补充,多种经济成分长期共同发展,不同经济成分还可以自愿实行多种形式的联合经营。"[2]1997年党的十五大报告指出:"十一届三中全会以来,我们党认真总结以往在所有制问题上的经验教训,制定以公有制为主体、多种经济成分共同发展的方针,逐步消除所有制结构不合理对生产力的羁绊,出现了公有制实现形式多样化和多种经济成分共同发展的局面。"在总结经验和实践探索的基础上,党的十五大将公有制为主体、多种所有制经济共同发展明确为社会主义初级阶段的基本经济制度,指出:"公有制为主体、多种所有制经济共同发展,是我国社会主义初级阶段的一项基本经济制度。"党的十五大报告还分析了必然实行这一基本制度的原因,指出:"这一制度的确立,是由社会主义性质和初级阶段国情决定的:第一,我国是社会主义国家,必须坚持公有制作为社会主义经济制度的基础;第二,我国处在社会主义初级阶段,需要在公有制为主体的条件下发展多种所有制经济;第三,一切符合'三个有利于'的所有制形式都可以而且应该用来为社会主义服务。"[3]

我国公有制为主体、多种所有制经济共同发展的基本经济制度在实践探索中逐步完善。几十年来,中国共产党致力于完善全民所有制和劳动群众集体所有制。在国有经济方面,将国营企业更名为国有企业,推进所有者与经营者分离,使国有企业实现了政企分开,并摒弃国有企业办社会的发展模式,使国有企业轻装上阵,在市场经济中遨游;按照中共十六届三中全会提出的"建立归属清晰、权责明确、保护严格、流转顺畅的现代产权制度"的要求改革产权制度;改革"铁

---

[1] 中共中央文献研究室编:《十一届三中全会以来党的历次全国代表大会中央全会重要文件选编》上,中央文献出版社1997年版,第449页。

[2] 中共中央文献研究室编:《十一届三中全会以来党的历次全国代表大会中央全会重要文件选编》下,中央文献出版社1997年版,第170页。

[3] 中共中央文献研究室编:《十一届三中全会以来党的历次全国代表大会中央全会重要文件选编》下,中央文献出版社1997年版,第425—426页。

饭碗"式的用工制度；实行以按劳分配为主体、多种生产要素参与分配的分配制度改革。这一系列改革，使国有企业的发展机制更加完善。在农村集体经济方面，改革初期对社区集体经济组织实施以家庭承包经营为基础、统分结合的双层经营制度和政社分设的改革，近年一些地方按照建立"归属清晰、权责明确、利益共享、保护严格、流转规范、监管有力"的要求推进产权制度改革，使农民有其股，浙江省还出台《村经济合作社组织条例》以促进农村社区集体经济发展；新型农民专业合作经济组织应运而生，国家制定和实施了《农民专业合作社法》，为其发展提供法律保障。在非公有制经济方面，不仅实施了一系列支持政策，还制定了《个人独资企业法》《合伙企业法》《中外合资经营企业法》《中外合作经营企业法》《外资企业法》等法律，以促进其发展。

理论创新，为公有制为主体、多种所有制经济共同发展的基本经济制度的实践探索和完善提供了理论指引。根据中国生产力落后及多层次不平衡的状况，党的十三大作出了中国还处在社会主义初级阶段的科学论断。基于这一论断，明确在社会主义初级阶段不应追求单一公有制，而是要实行公有制为主体、多种所有制经济共同发展的基本经济制度。党的十五大在公有制经济方面形成了新的理论成果，提出："要全面认识公有制经济的含义。公有制经济不仅包括国有经济和集体经济，还包括混合所有制经济中的国有成分和集体成分。公有制的主体地位主要体现在：公有资产在社会总资产中占优势；国有经济控制国民经济命脉，对经济发展起主导作用。这是就全国而言，有的地方、有的产业可以有所差别。公有资产占优势，要有量的优势，更要注重质的提高。国有经济起主导作用，主要体现在控制力上。要从战略上调整国有经济布局。对关系国民经济命脉的重要行业和关键领域，国有经济必须占支配地位。在其他领域，可以通过资产重组和结构调整，以加强重点，提高国有资产的整体质量。只要坚持公有制为主体，国家控制国民经济命脉，国有经济的控制力和竞争力得到增强，在这个前提下，国有经济比重减少一些，不会影响我国的社会主义性质。"形成了"公有制实现形式可以而且应当多样化"和"不能笼统地说股份制是公有还是私有，关键看控股权掌握在谁手中"的理论判断。①中共十六届三中全会通过的《中共中央关于完善社会主义市场经济体制若干问题的决定》进一步指出："要适应经济市场化不断发展的趋势，进一步增强公有制经济的活力，大力发展国有资本、集体资本和非公有资本等参股的混合所有制经济，实现投资主体多元化，使股份制成为公有制的主要实现形式。"②这一系列理论创新，丰富了公有制经济的内涵，为公有制经济实现形式的实践探索提供了理论指导。在农村集体经济理论方面，1982年中央一号文件《中共中央批转〈全国农村工作会议纪要〉》将包产到户、包干到户定性为姓"社"而不姓"资"，1983年中央一号文件《中共中央关于印发〈当前农村经济政策的若干问题〉的通知》进一步将包产到户、包干到户提升到"这是在党的领导下我国农民的伟大创造，是马克思主义农业合作化理论在我国实践中的新发展"③的新的理论高度，为农村集体经济的改革与发展指明了方向。

中国经济的高速发展，验证了公有制为主体、多种所有制经济共同发展的基本经济制度是顺应时代潮流和富有生命力的。中国作为积弱积贫、多次遭列强侵略而沦落为半殖民地半封建社会、新中国成立前夕被西方政治家预言人民的温饱问题都不能解决、新中国成立后又遭遇西方国家封锁的发展中国家，每前进一步有多么艰难是不言而喻的。在马太效应、集聚效应作用下，一般会呈现出强者恒强、弱者恒弱的发展态势。然而，公有制为主体、多种所有制经济共同发展的基本经济制度，有利于调动各方面的积极性，有利于改善资源配置，将有限资源集中于重大发展战略的实施，成功地解决了发展中国家普遍面临的资本最为稀缺对经济增长的"瓶颈"制约的问题，突破了"贫困陷阱"，改革前快速建立起独立的比较完整的工业体系和国民经济体系，改革以来国内生产总值保持了年均增长9%以上的高速增长而成为世界经济奇迹，从2010年第

---

① 中共中央文献研究室编：《十一届三中全会以来党的历次全国代表大会中央全会重要文件选编》下，中央文献出版社1997年版，第426—427页。
② 《十六大以来重要文献选编》上，中央文献出版社2011年版，第466页。
③ 中共中央文献研究室、国务院发展研究中心：《新时期农业和农村工作重要文献选编》，中央文献出版社1992年版，第165页。

二季度起,中国成为世界第二大经济体。中国还成功地应对了1997年亚洲金融危机、2008年世界金融危机,战胜了各种严重自然灾害。这些辉煌成就的取得,验证了包括基本经济制度在内的中国特色社会主义制度是成功的。胡锦涛总书记在庆祝中国共产党成立90周年大会上的讲话中指出:"中国特色社会主义制度,是当代中国发展进步的根本制度保障,集中体现了中国特色社会主义的特点和优势。"①对此,中国成功突破"贫困陷阱"而实现高速发展的实践给予了最好的检验和诠注。

[原载《当代中国史研究》2011年第4期]

---

① 《十七大以来重要文献选编》下,中央文献出版社2013年版,第436页。

集中力量办大事：中国跨越发展的法宝

作为发展中国家的中国，何以在远落后于发达国家而陷于劣势困境的情况下，反而实现跨越发展，用几十年时间就走完发达国家几百年走过的工业化历程？集中力量办大事，是中国成功破解绝大多数发展中国家难以突破劣势困境的独特经验，是中国仅用了几十年的时间就走完发达国家几百年走过的工业化历程这一跨越发展的法宝。

一、中国实现跨越发展缘于社会主义制度能够集中力量办大事的优势

新中国以集中力量办大事方式推进社会主义建设和发展，始于要办成被长期视为现代化标志的国家工业化这样一个事关中华民族伟大复兴的大事。新中国在成立初期，百废待兴，找准了重点，这就是推进国家工业化。新中国工业化面临的最大困境，就是工业化在起步阶段自身积累能力弱，农业因剩余低，不能为工业化提供所需要的大量资本，更不能像先发国家那样实行殖民统治而获得所需要的多种资源。中国在资本极其稀缺的情况下，只能依靠自身的力量，也只能把有限的资本、技术力量等资源集中到办好工业化这一国家大事上。这正是新中国实行集中力量办大事的逻辑起点，以及与之对应的动员全国人民自力更生、艰苦奋斗的历史逻辑。这样的逻辑，并非是一种推断，而是第一代中央领导集体基于当时的实际条件，所进行的思考和真实的实践探索。新中国成

立伊始的 1950 年 2 月 13 日，陈云就分析提出，决不应把眼光放得很小，凌凌乱乱地去办若干无计划的事，要把力量集中起来办成几件大事。① 陈云在参与领导组织制定"一五"计划时，进一步提出把力量集中到实现社会主义工业化。他分析指出，如果平均使用力量，百废俱兴，结果必然一事无成；中国因为经济落后，要在短时期内赶上去，计划中要有带头的东西，近期就是工业，尤其是重工业。②

改革开放以来，中国坚持发挥社会主义制度能够集中力量办大事的优势。1982 年 10 月 14 日，邓小平指出："社会主义同资本主义比较，它的优越性就在于能做到全国一盘棋，集中力量，保证重点。"③1992 年邓小平南方谈话中分析中国能否实现高速发展时指出："现在，我们国内条件具备，国际环境有利，再加上发挥社会主义制度能够'集中力量办大事'的优势，在今后的现代化建设过程中，出现若干个发展速度比较快、效益比较好的阶段，是必要的，也是能够办到的。"④江泽民在党的十四大所作的报告中提出："集中必要的力量，高质量、高效率地建设一批重点骨干工程，抓紧长江三峡水利枢纽、南水北调、西煤东运新铁路通道、千万吨级钢铁基地等跨世纪特大工程的兴建。"⑤2011 年，胡锦涛在庆祝中国共产党成立 90 周年大会上的讲话中指出，中国特色社会主义制度有利于集中力量办大事。⑥

二、集中力量办大事是中国成就事业的法宝

尽管新中国实行集中力量办大事，始于国家工业化战略实施初期，旨在解决国家工业化所需资本严重短缺的问题，但不能因此而认为在中

---

① 参见《陈云文选》第 2 卷，人民出版社 1995 年版，第 61 页。
② 参见《陈云文选》第 2 卷，人民出版社 1995 年版，第 242 页；《陈云年谱（一九〇五—一九九五）》中卷，中央文献出版社 2000 年版，第 242 页。
③ 《邓小平文选》第 3 卷，人民出版社 1993 年版，第 16—17 页。
④ 《邓小平文选》第 3 卷，人民出版社 1993 年版，第 377 页。
⑤ 江泽民：《加快改革开放和现代化建设步伐，夺取有中国特色社会主义事业的更大胜利》，载《江泽民文选》第 1 卷，人民出版社 2006 年版，第 231—232 页。
⑥ 《胡锦涛文选》第 3 卷，人民出版社 2016 年版，第 527 页。

国成为全球制造业第一大国后,实行集中力量办大事已过时,恰恰相反,应当予以坚持。

集中力量办大事之所以是中国成就事业的法宝,缘于其独特的机制,即基于全局与局部、近期与远期发展的统筹兼顾,形成办大事的合力,将资源有效整合到战略性先导产业、前沿科技、重大基础设施等领域,不仅能降低资本配置的机会成本,更破解了发展中国家由于落后而陷入劣势困境、破解了一盘散沙而想办但办不成关系国计民生大事的问题,形成了通过办成的大事引领全局快速发展的机制。离开集中力量办大事,中国就难以在关系国计民生的大事上快速实现成功突破,那就只能受制于发达国家及其跨国资本,始终处于劣势,跨越发展也就不可能实现。正是有集中力量办大事这个法宝,中国用几十年时间走完了发达国家几百年走过的工业化历程,经济总量在世界的排名由1978年的第11位快速跨越跃升到2010年起的稳居第2位,与大多数后发国家不能突破劣势困境形成鲜明对比。习近平总书记强调:"我国很多重大科技成果都是依靠这个法宝搞出来的,千万不能丢了!要让市场在资源配置中起决定性作用,同时要更好发挥政府作用,加强统筹协调,大力开展协同创新,集中力量办大事,抓重大、抓尖端、抓基本,形成推进自主创新的强大合力。"[①]

中国正因为坚持集中力量办大事,在20世纪五六十年代完成了156项重大工程,在20世纪六七十年代在三线地区建起一大批大中型工矿企业,在20世纪七八十年代实施了"四三方案",改革开放以来在重大战略性先导产业突围,在重大科技攻关,在重大基础设施建设领域取得重大突破。党的十八大以来,中国继续发挥社会主义制度能够集中力量办大事的优势,在大飞机制造、兴建港珠澳大桥、脱贫攻坚等方面取得重大进展。中国在几十年的时间里,通过集中力量办成了一系列大事,树立起了一座座历史丰碑,综合国力和经济社会发展水平迈上了一个又一个新的台阶,从新中国成立起到20世纪70年代末中国建立起比较完整

---

① 习近平:《在中国科学院第十七次院士大会、中国工程院第十二次院士大会上的讲话》,《人民日报》2014年6月10日。

的工业体系和国民经济体系，到现今已建立起全世界最完整的现代工业体系。

三、探索完善与社会主义市场经济相适应的集中力量办大事路径和机制

2016年5月30日，习近平总书记在全国科技创新大会、中国科学院第十八次院士大会和中国工程院第十三次院士大会、中国科学技术协会第九次全国代表大会上讲话指出，要"形成社会主义市场经济条件下集中力量办大事的新机制"。[①]应当澄清一个概念，那就是集中力量办大事并不是高度集中的计划经济的延续或翻版，也不是只能采用市场手段，而是应当综合运用计划和市场等手段。

新中国成立初期至中共十一届三中全会，中国选择计划经济，除了因为把计划等同于社会主义的认识偏差外，还因为作为发展中国家的中国与发达国家存在较大差距。要突破这种劣势，中国如果仅仅依靠市场，旨在实现赶超而保障工业化资本快速积累的高积累、低收入、低消费的政策难以实施，也难以将有限的资源整合到工业化这一国家第一序列的大事上。中国在工业化初期，计划经济体制保障了156项重点工程、三线建设等的顺利实施和完成，使中国的综合国力和国际影响力显著提升。比如，对于举全国之力集中力量发展的"两弹一星"，邓小平给予高度评价："如果六十年代以来中国没有原子弹、氢弹，没有发射卫星，中国就不能叫有重要影响的大国，就没有现在这样的国际地位。这些东西反映一个民族的能力，也是一个民族、一个国家兴旺发达的标志。"[②]对于计划手段的使用，对于政府的作用，不能陷入实际上为抑制发展中国家突破劣势困境而把政府限于守夜人的主张的陷阱。实际上，即便是最发达的美国，也干预市场。就国内而言，美国的曼哈顿原子弹计划、阿波罗登月计划、信息高速公路等都使用了政府这只"手"，2019年2月11日美

---

① 《习近平谈治国理政》第2卷，外文出版社2017年版，第273页。
② 《邓小平文选》第3卷，人民出版社1993年版，第279页。

国总统特朗普签署的行政命令《美国人工智能倡议》，将人工智能列为优先产业并予以相应的政府扶持；就国外而言，2018年美国挑起中美贸易摩擦，使用关税政策打压中国经济，甚至通过多种形式打压华为等企业。同时，也应当看到，计划也可能存在一些问题，也会发生失灵。改革开放前高度集中的计划经济体制下，政企不分，企业缺乏经营自主权和活力，加之一些计划不完善而造成浪费。中国独立的工业体系基本建立起来，工业自身的资本积累能力显著增强，也就为逐步调整高积累、低收入、低消费政策奠定了基础，也为改革高度集中的计划经济体制提供了条件。

改革开放以来，中国坚持发挥集中力量办大事的社会主义制度优势，在改革中不断完善集中力量办大事的路径、机制，在手段上不排斥市场而综合运用计划和市场两种手段，在方式上让行政手段逐步退出而综合运用发展战略、规划、政策的引领和促进，在主体上不单纯依赖公有制企业而实行多种所有制企业共同推进。适应社会主义市场经济的集中力量办大事路径、机制的探索完善，使社会主义制度能够把集中力量办大事的优势更充分地发挥出来，使中国跨越发展之路越走越坚实。

[原载《人民论坛》2019年5月上期]

工业化视角的城乡二元结构评价探讨

中国为什么在20世纪50年代初至70年代末的较短时期内能够建立起独立的比较完整的工业体系？为什么中国作为后工业化的农业大国到21世纪初能够发展成为全球制造业第一大国？为什么21世纪初新型工业化乃至整个国家现代化的发展缘于农村的约束凸显而连续制定10个中央一号文件以切实实行强农惠农富农政策？对于中国工业化历史进程中的这三个问题，一些经济学家的解释较为困难或不充分，甚至在一些经济学家看来有的问题还是"悖论"。鉴于此，本文尝试从城乡二元结构这一社会结构视角进行探讨，力求作出符合历史逻辑的解释。

一、城乡二元结构成就了独立的比较完整的工业体系的快速建立

中国工业化的发展，受到多方面条件的约束。第一，我国启动国家工业化战略较晚。直到新中国成立前，我国仍处于农业社会，农业在国民经济中占主体地位。就全国范围来说，工业和农业在国民经济中的比重，在抗日战争以前，大约是现代性的工业占10%左右，农业和手工业占90%左右。[①]1953年起，我国开始实施以156项工业建设项目为核心的"一五"计划，才正式启动国家工业化战略。第二，工业化起步时的经济

---

① 《毛泽东选集》第4卷，人民出版社1991年版，第1430页。

水平较低。1950年，我国人均GDP不及西欧水平的1/12[①]。据联合国亚洲及太平洋社会委员会统计，1949年我国人均国民收入27美元，不足整个亚洲平均44美元的2/3，不足印度57美元的一半。[②]工业化先行国在工业化起步时的人均GNP为200—300美元，可见我国在工业化起步时的经济水平也与工业化先行国存在较大差距。第三，我国也没有像一些国家那样实行殖民政策来获取国外资源完成原始积累，只能靠自己的努力，不仅如此，还遭受西方国家的封锁。第四，我国工业化面临更多资金需求的压力。以优先发展重工业为战略，所需资金较多，我国第一代中央领导集体从一开始就对此有着清晰的认识。1951年12月，毛泽东分析提出："首先重要并能带动轻工业和农业向前发展的是建设重工业和国防工业。为了建设重工业和国防工业，就要付出很多的资金。"[③]

就是在如此低的生产力水平和不利的国际经济环境下，中国从20世纪50年代初实施国家工业化战略起，到70年代末建立起了独立的比较完整的工业体系。1978年，全国工业增加值达到1607亿元，工业增加值比1952增长了15.9倍，每年增长11.5%；在国内生产总值中，工业已居第一，占44.1%，比农业占28.2%的份额高出15.9个百分点[④]；在工业总产值中，轻、重工业的比重分别由1952年的64.5%、35.5%转变为1978年的43.1%和56.9%。[⑤]

中国生产力水平较低，因而西方某些政治家断言我国没有一个政府能解决人民的吃饭问题。[⑥]就是这样一个国家，却在较短时期内建立起独立的比较完整的工业体系，原因是什么？一个共识是，我国发挥了社会主义国家集中力量办大事的制度优势，实现了有限资源向工业的倾斜

---

① ［英］安格斯·麦迪森：《世界经济千年史》，伍晓鹰、许宪春、叶燕斐、施发启译，北京大学出版社2003年版，第261页。

② 中共中央党史研究室著、胡绳主编：《中国共产党的七十年》，中共党史出版社2005年版，第250页。

③ 《毛泽东文集》第6卷，人民出版社1999年版，第207页。

④ 国家统计局国民经济综合统计司编：《新中国六十年统计资料汇编》，中国统计出版社2010年版，第9—12页。

⑤ 国家统计编：《新中国60年》，中国统计出版社2009年版，第35页。

⑥ 国务院新闻办公室：《中国的人权状况》，中央文献出版社1991年版，第5页。

性配置。其中,将农业部门剩余大规模转移到工业部门(这被称之为农业养育工业)是重要措施之一。在计划经济体制下,农业部门的剩余主要通过工农产品价格"剪刀差"和农业税等方式向工业部门转移。据专家测算,改革开放前工农产品价格"剪刀差"呈扩大趋势,严瑞珍等测算1955—1978年扩大44.9%[1];叶善蓬在剔除劳动生产率的影响和从等价交换的角度测算1952—1977年扩大20%左右[2];通过"剪刀差"向工业提供的积累,李微测算1953—1978年为3375.6亿元[3];中共中央政策研究室、国务院发展研究中心《农业投入》总课题组认同有关部门测算的1954—1978年国家通过对农业不等价交换方式取得的资金达5100亿元[4];张象枢等测算1952—1986年为5823.74亿元;1986年国务院农村发展研究中心推算1953—1978年为6000亿—8000亿元[5]。尽管不同学者和研究机构对工农产品价格"剪刀差"数量的推算存在差异,但对农业部门的剩余大规模转移至工业部门的事实的认识是一致的。

现有研究将在当时农业剩余水平较低的状态下[6],竟然农民还能以较低的价格向工业提供所需原料和向城镇居民提供所需农副产品,顺利实现农业部门剩余大规模向工业部门转移,归功于农产品统派购制度、农业生产集体化尤其是政社合一的人民公社的组织制度。毋庸置疑,这些制度起了不可或缺的重要保障作用。然而,农业剩余如此大规模向工业部门转移,以及农民温饱问题未解决还保障了工业化所需农产品原料和城镇居民所需农副产品的供给,居然没有引起社会的大震荡,农村社会还呈现"超稳定"的现象。对此,又能作何解释?笔者认为,这需要从

---

[1] 严瑞珍、龚道广、周志祥、毕宝德:《中国工农业产品价格剪刀差的现状、发展趋势及对策》,《经济研究》1990年第2期。
[2] 叶善蓬:《新中国价格简史(1949—1978)》,中国物价出版社1993年版,第178—179页。
[3] 李微:《农业剩余与工业化资本积累》,云南人民出版社1996年版,第302—303页。
[4] 《农业投入》总课题组:《农业保护:现状、依据和政策建议》,《中国社会科学》1996年第1期。
[5] 温铁军:《中国农村基本经济制度研究》,中国经济出版社2000年版,第177页。
[6] 新中国成立后,农业实现了不可否认的长足发展和农民生活得到了非常显著改善,但到1978年,全国农村居民每人年平均消费粮食还只有199公斤(贸易粮)、食用植物油1.1公斤,尚有2.5亿人的温饱问题没有得到解决,人均纯收入也只有133.6元,远低于城镇居民人均可支配收入343.4元的水平。

当时的社会结构——城乡二元结构视角进行分析。

在当时,政社合一的人民公社、农产品统派购、户籍管理和就业等制度的实施,使城乡分割,这是国家力量的使然。这种城乡二元结构是农业剩余在较低水平情况下仍然能够顺利实现大规模向工业部门转移的社会基础。具体而言,主要有以下三个方面的原因:

第一,对于相对封闭的农村社会而言,实行清一色的形式单一的集体所有制及相应的民主管理和按劳分配政策,使农村社会呈现平等和公平态势,在全国人口中占绝大多数的农民群体内部收入差距较小,处于比较平均状态,1978 年农村的基尼系数仅 0.2124①,加之政社合一体制对农村社会的细化管控,使得农村社会呈现"超稳定"态势,这是最为关键的因素。

第二,城乡差别较大,但在可接受范围。例如,改革前城镇居民可支配收入与农民人均纯收入之比较高,到 1978 年为 2.5∶1,但明显低于 2012 年的 3.1∶1②;尽管实行城乡有别的财政政策——城市公共品由政府提供和农村公共品由集体经济组织提供(实质上是农民自己提供),但人民公社的集体资源动员和配置制度,使农村文化、教育、医疗等社会事业也获得了明显的发展,即在社会事业方面城乡差距问题不甚突出。例如,世界卫生组织在 1978 年将我国农村合作医疗和"赤脚医生"作为解决初级卫生保健的成功范例,向发展中国家推广。③

第三,对农民而言,城镇生活尽管相对舒适,但不敢奢望,还或多或少存在认命感,笔者儿时在农村的生活即体验到如此心态(很多家长经常用谁叫你是"农二哥"④来训教孩子要安心于农村)。此外,当时还实行知识青年上山下乡的政策,这也在一定程度上抑制或缓和了农民不能进入城镇就业和生活的不平衡心态。

1978 年起,同样是城乡二元结构,且农村改革取得巨大成功,农

---

① 国家统计局:《从基尼系数看贫富差距》,《中国国情国力》2001 年第 1 期。
② 国家发展和改革委员会:《关于 2012 年国民经济和社会发展计划执行情况与 2013 年国民经济和社会发展计划草案的报告》,《人民日报》2013 年 3 月 20 日。
③ 姚力:《当代中国医疗保障制度史论》,中国社会科学出版社 2012 年版,第 229 页。
④ 当时与"农二哥"对应的是"工人老大哥"。

民收入实现大幅度增长，但由于城镇居民收入增幅更大，因而城乡居民收入差距扩大，同时农民群体内部收入差距也开始拉大。随着改革的推进，农民工往返城市与农村之间，对于城乡差距有了方方面面的切身体会，城乡二元结构的各种矛盾也随之显现化，成为不和谐的隐患。在如此社会结构变迁下，随着工业化的发展和农产品供求关系的改善，国家逐步放弃了低价统派购农产品的政策，对低价征地用于发展工业的政策也逐步加以调整。这从另一方面证明，1978年前相对隔离和封闭的城乡二元结构，是农业剩余较低水平下还能实现大规模向工业部门转移的社会基础。

简言之，中国能够快速建立起独立的比较完整的工业体系，得益于农业养育工业政策的实施，其中相对隔离和封闭的城乡二元结构对于这种政策的顺利实施则有着不可磨灭之功。

二、城乡二元结构成就了我国向全球制造业第一大国的跃升

"世界工厂"经历了地域性转移，先起于英国，后分别转移至美国和日本。2001年，日本通产省白皮书率先提出我国成为"世界工厂"的观点。2011年3月16日，中国经济网报道，美国经济研究和咨询公司IHS Global Insight发表报告称，2010年我国制造业在全球制造业总值中所占比例为19.8%，超过美国的19.4%。2012年12月27日，工业和信息化部网站公布的2013年全国工业和信息化工作会议专稿《我国成为全球制造业第一大国》称：在2010年，我国超过美国，成为全球制造业第一大国。在500种主要工业品中，我国有220种产品产量居世界第一位。2011年，粗钢产量位居世界第一，占世界产量的44.7%；电解铝产量位居世界第一，占世界产量的40%。[①] 在我国是否成为"世界工厂"的判断上，存在较大分歧。我国整个制造业尚处于垂直分工体系中的低端，且大型企业较少而以中小型企业为主，从这个意义上分析，有人认为，我

---

① 《我国成为全球制造业第一大国》，《工具技术》2013年第1期。

国还远不是"世界工厂"。无论我国是否成为"世界工厂",我国制造业在国际上已占据重要地位。

中国制造业的发展,存在明显的劣势。首先,在技术上处于劣势。但凡"世界工厂"的形成,都具有特殊的优势,其中技术优势是先决条件。英国最先成为"世界工厂",关键是蒸汽机的发明及其应用,由此掀起第一次产业革命高潮。美国、日本凭借技术优势助其成为"世界工厂"。其次,我国在资源上没有优势,甚至在有些资源上还是劣势,发展制造业所需原料不足,需要依赖大量进口,以弥补不足。最后,我国即便是经历30多年建设,到改革开放初期还大量进口工业品。在如此低水平的工业基础上,依此推断,在较短的时间内,我国几乎不可能跃升为全球制造业第一大国。对这一历史现象,从城乡二元结构视角分析,至少有三个方面的原因:

第一,向全球制造业第一大国的跃升,受益于城乡二元结构下可获得大规模的廉价劳动力,以及以此为条件的劳动力密集型产业的发展。由于实施城乡有别的就业制度,加上实施重工业优先发展战略而吸纳的劳动力较少,导致就业结构转换滞后于产业结构转换。到1978年,在国内生产总值中,第一产业所占份额仅28.2%,但在全国三次产业就业人员中,第一产业所占份额高达70.5%,而在全国总人口中,乡村人口所占比例更是高达82.1%。[①] 如此,使农业、农村有大量的富余劳动力,也使工业的发展能够获得所需要的大量的劳动力。在农村实行家庭承包经营制度后,家庭经营的分散劳动替代了人民公社体制下的集体劳动,农民有了就业的自主权,加上鼓励乡镇企业的发展,农民开始了离土不离乡、进厂不进城、上班时间务工和其他时间务农的就业模式——这被形象地称为"两栖"农民,劳动力成本极其低廉,还节省了城镇建设费、转为城镇人口的各种福利费支出。随着东部沿海地区和大中城市经济的快速发展,农民开始了大规模的异地务工,"农民工"一词被创造出来,但存在城乡就业者同工不同酬问题。中共中央党校第40期省部级进修班

---

① 国家统计局国民经济综合统计司编:《新中国六十年统计资料汇编》,中国统计出版社2010年版,第6、7、10页。

一份课题报告指出，国有企业对农民工不是实行按劳分配，而是按身份分配，同工不同酬的现象十分严重。一个极端的例子是，同样是一个电梯工，正式职工每月工资高的可到3000元，农民工低的只有600元。[①] 换言之，我国制造业的快速发展，得不到技术优势的支持，却得到廉价劳动力的支撑，并以此为优势，成就了劳动密集型的制造业的快速发展。

第二，向全球制造业第一大国的跃升，受益于城乡二元结构下可获得低价土地，以及以此为条件的外延式增长。在农村改革初期，农村土地使用控制较松，加上农村土地实行集体所有，使得乡镇企业的用地成本极低，导致村村点火、处处冒烟而发展乡镇企业的格局。20 世纪 90 年代，这一发展模式的弊端日显，政府开始引导乡镇企业逐步向开发区、工业园区集中。在耕地资源大量减少的情况，国家将耕地不能突破的"红线"明确为18亿亩，实行耕地占补动态平衡制度，强化了耕地的使用管理，土地稀缺问题日益突出，价格也随之上升。尽管如此，企业用地成本仍相对较低，也易于获得。究其原因，一方面，缘于长期形成的城乡二元结构，农村居民收入较低，因而征地补偿费对于农民而言则是一笔"可观"的收入，以及政府针对一度发生务农无地、上班无岗、低保无份、医保无缘的"四无"农民现象而增加征地补偿费，并逐步将征地与就业、社会保障初步结合起来，也减少了在征地时来自农民的阻力。另一方面，缘于政府推动。由于经营性用地也由政府先征，然后再进入二级市场，一、二级市场价格的较大差额转换成了政府财政收入。1994年的分税制改革后，中央政府把土地出让金全部划归地方政府，土地出让金被称为地方政府的"第二财政"，加上对土地出让金实行按预算外收入管理，这成为地方政府低价征地的强大动力。一些地方政府甚至明确提出"吃饭靠财政，发展靠土地"和"以地聚财，经营土地，经营城市"等。如此，许多城镇为筹集建设资金，大量征地，片面追求城区规模的扩张，导致土地城镇化超前于人口城镇化。如果土地价格由市场形成（包括一级市场）而足够高，向全球制造业第一大国的跃升则缺乏用

---

① 中央党校进修一班（第 40 期）A 班第四课题组：《对国有企业收入分配改革的思考》，《学习时报》2007 年 1 月 15 日。

地保障，更不会发生有的企业将所购土地长时间闲置起来的现象。

第三，向全球制造业第一大国的跃升，受益于城乡二元结构下企业可以对农民工实行弹性较大的灵活用工制度，以及以此为条件的企业风险成本的降低。在改革开放以来的较长时期内，由于农村富余劳动力较多，劳动力供大于求，农民为了实现就业要四处奔波，在茫茫的劳动力市场上寻求就业机会，如此，在农民看来能够打工也就成为一种"奢望"。在这种劳动力供求关系下，加上相关法律的制定没有及时跟进，农民工与企业之间在就业问题上，企业处于强势地位，农民工处于弱势地位，企业对农民工想辞退就辞退。这种企业对农民工实行的弹性较大的灵活用工制度的负面作用极大。但是，也正由于实施这种就业制度，使企业规避了外部风险而赢得发展的机会。以 2008 年国际金融危机爆发时为例，尽管自 2008 年 1 月 1 日起施行了《劳动合同法》，规范了劳动合同而给予农民工一定保障，但基于应对国际金融危机的"大局"，在实施《劳动合同法》时放宽了尺度，企业从转移风险出发，辞退农民工，导致 2008 年 3—4 季度 2000 万农民工几乎是无条件离岗返乡①。在这种情况下，企业在减产甚至停产期间，避免了还要支付这些农民工工资的成本压力，也就为企业保存了实力，进而赢得发展机会。换言之，农民一方面成为企业低成本辞退制度的牺牲品，另一方面又为我国经济的发展作出了新的贡献。后来的事实证明了这一点，在经济稍有好转时，农民工再次返回企业，企业因没有承担停产期间的农民工工资成本等，又可以迅速恢复生产，进而在克服国际金融危机过程中实现了快速发展，并到 2010 年第二季度起我国成为世界第二大经济体。如果不是城乡二元结构下农村富余劳动力如此之多，如果不是在如此二元结构条件下企业才能对农民工实施弹性较大的用工制度，规避国际金融危机风险并赢得发展机会，这种现象是难以想象的，至少进程不会如此之快。

从以上三个方面看，城乡二元结构对我国向全球制造业第一大国跃

---

① 2009 年 2 月 2 日，中央财经领导小组办公室副主任、中央农村工作领导小组办公室主任陈锡文在国务院新闻办公室举行的新闻发布会上说：在全国 1.3 亿外出农民工中，大约有 15.3% 的农民工因全球金融危机而失去了工作，或者没找到工作。据此推算，全国大约有 2000 万农民工失去工作，或者还没有找到工作就返乡了。

升也有着历史性贡献。

三、城乡二元结构约束着国家工业化乃至整个现代化的进一步发展

21世纪之初，我国工业化进入中期阶段，党的十六大报告首次提出走新型工业化道路，亦即我国工业化发展进入新的历史发展阶段。同时，党的十六大报告还提出了统筹城乡经济社会发展的方略。为什么党的十六大同时提出走新型工业化道路与统筹城乡经济社会发展方略，中共十六届五中全会又提出建设社会主义新农村的历史性任务，党的十八大起进一步强调城镇化发展，2004年起中央要连续制定10个一号文件以切实实行强农惠农富农政策？笔者认为，原因在于，我国城乡二元结构在对工业体系的快速建立、向全球制造业第一大国的跃升作出历史性贡献的同时，也不可否认，它的长时期延续而不予以破除，成为新型工业化乃至整个国家现代化进一步发展的约束因素。

城乡发展失衡的二元结构长期约束着农村需求的提升。在城乡二元结构下，由于城乡居民收入差距的扩大，导致城乡居民消费差距也逐步扩大，农村居民的市场消费支出份额较低。从新增GDP来源分析，农村居民消费增长对GDP增长贡献较小，20世纪末降至低谷，1998年竟然还为负值。占总人口绝大多数的农村人口购买力不旺，成为约束新型工业化乃至整个国家现代化发展的重要因素之一。针对国际金融危机对我国工业品出口的负面影响，政府采取了对农民购买家电、建材实行财政补贴等一系列刺激农村消费的举措。尽管如此，城乡发展失衡所导致的农村消费需求仍难以提升，依然对新型工业化乃至整个国家现代化的进一步发展有着不可忽视的约束。

城乡发展失衡的二元结构长期是社会和谐进步的隐患因素。这在国际上是有前车之鉴的。20世纪70年代，拉美一些国家与韩国一样，都处在人均国内生产总值为1000美元左右的发展阶段，但前者放任城乡差距扩大，导致社会不稳，丧失了步入发达国家行列的历史机遇；而后者则通过"新村运动"解决城乡发展失衡问题，经济实现了快速增

长。1965—1998 年，拉丁美洲和加勒比海地区国民生产总值年均增长率仅 3.5%，与韩国的 8.1% 差距较大，也低于东亚和太平洋地区发展中国家 7.5% 的水平，甚至低于低收入国家 5.9% 的水平。① 众所周知，1949—1978 年，我国大力发展农业技术、农田水利、化肥、农机事业，进而提升了农业生产力水平，农产品产量获得大幅度增长。如果仅从这一因素考察，无法解释为什么农村还会率先进行改革，并实现成功突破。从城乡二元结构视角进行分析，则可以得到较好解释。早在 1978 年 12 月 10 日，陈云在中央工作会议东北组的发言中指出："建国快三十年了，现在还有讨饭的，怎么行呢？要放松一头，不能让农民喘不过气来。如果老是不解决这个问题，恐怕农民就会造反，支部书记会带队进城要饭。"② 1978—2001 年，农村改革获得巨大成功，农村经济实现了快速发展。如果仅从这一因素分析，也无法解释还要实行统筹城乡经济社会发展的方略。对此，也需要从城乡二元结构视角分析，方可找到缘由。世纪之交，我国城乡差距较大。瑞士驻华大使回国后，在谈到对我国的总体印象时说，中国有 3 亿多人口的城市和欧洲差不多，8 亿多人口的农村和非洲差不多，欧洲加非洲就是中国。③ 在这种城乡二元结构下，加之 1999 年起全国粮食连续 5 年减产、农民收入增长连年在低水平徘徊，还发生了拖欠农民工工资和子女上学难的问题，进而也导致城乡接合部（一些进城务工农民当时选择在城乡接合部租用较便宜的简陋住房）治安状况差等问题。针对"三农"问题成为全面建设小康社会的难题和构建和谐社会的隐患问题，党的十六大以来，确立了统筹城乡经济社会发展的方略，实施了一系列强农惠农富农政策。尽管如此，城乡差距仍较大，仍是构建和谐社会的隐患，对新型工业化乃至整个国家现代化的进一步发展构成约束。

  城乡发展失衡的二元结构长期使政府面临向农村提供公共产品不足的压力。我国农村基础设施水平低，社会事业发展滞后，社会保障水平

---

  ① 世界银行：《2000 年世界发展指标》，中国财政经济出版社 2000 年版，第 21—22 页。
  ② 《陈云文选》第 3 卷，人民出版社 1995 年版，第 236 页。
  ③ 吉炳轩：《加强农村精神文明建设 倡导健康文明新风尚》，中共中央党校《报告选》2006 年增刊，第 80 页。

低，在很长时期内是我国政府面临的难题。尽管政府财政对"三农"的支持力度逐步加大，中央财政"三农"支出额由2002年的1925亿元增加到2012年的13799亿元[①]，还明确了城乡基本公共服务均等化的政策取向，但在农村公益事业上，还不能实施公益事业完全由政府财政负担的政策，还得沿用让农民出资出劳来发展农村公益事业的政策（只是方式改变成了村民一事一议制度），即农民仍需要承担公益事业的部分费用。从2010年第二季度起，我国成为世界第二大经济体，国际社会关于我国责任论的观点更加强烈。换言之，从城乡二元结构视角分析，由于我国存在城乡差距大的结构性问题，在面临向农村提供公共产品不足压力的同时，还要应对世界第二大经济体所面临的挑战，这将对进一步推进新型工业化乃至整个国家现代化构成一定的约束。

城乡发展失衡的二元结构是长期采取粗放增长方式和约束发展方式转变的因素之一。在城乡二元结构下，我国农村人力资本处于低水平状态。2008年2月27日国务院第二次全国农业普查领导小组办公室、中华人民共和国国家统计局公布的第二次全国农业普查结果显示，2006年末，农村劳动力资源总量为53100万人，其中文盲占6.8%，小学文化程度占32.7%，初中文化程度占49.5%，高中文化程度占9.8%，大专及以上文化程度占1.2%；农村外出从业劳动力13181万人，其中文盲占1.2%，小学文化程度占18.7%，初中文化程度占70.1%，高中文化程度占8.7%，大专及以上文化程度占1.3%。[②] 这种人力资本水平也导致劳动力供求结构性矛盾突出，素质低、职业技能缺乏的劳动力供大于求，而高技能人才缺乏，不能满足新型产业、行业和技术性职业的要求。全国高级技工、技师仅占技术工人总量的3.5%左右，与发达国家占20%—40%[③]的差距甚远。这些都对新型工业化乃至整个国家现代化的发展构成

---

① 财政部：《关于2012年中央和地方预算执行情况与2013年中央和地方预算草案的报告》，《人民日报》2013年3月20日。

② 国务院第二次全国农业普查领导小组办公室、中华人民共和国国家统计局编：《中国第二次全国农业普查资料综合提要》，中国统计出版社2008年版，第13—14页。

③ 《抓住机遇 积极进取 开创职业教育工作新局面——国务委员陈至立在全国职业教育工作会议上的讲话》，《职业技术教育》2004年第18期。

约束。2012年1月11日，美国《华盛顿邮报》网站刊登题为《为什么说现在是轮到中国担心制造业了？》的文章预言：未来20年里，美国将利用新技术挖空中国的制造业，并重新在制造业领域获取"绝对竞争优势"。① 对这种预言不可妄加评判，还是让历史来检验，但改变我国城乡二元结构所导致的农村人力资本水平低的问题则应当引起足够重视。

此外，城乡发展失衡的二元结构还有种种弊端。例如，在城乡二元结构及沿海地区优先发展战略下，所形成的城乡、区域发展失衡，导致经济与人口分布的不均衡，进而导致20世纪90年代以来大量外出农村人口在我国传统佳节春节期间的往返大流动。这种交通成本，虽然不是由企业承担，而是由农民工自己承担，但最终还是由国家承担——资源消耗。

综上所述，对于我国城乡分割的体制及由此形成的二元结构，应当用历史的观点、辩证的观点来加以评判。我国实行城乡分割的体制是为了实现赶超目标的一种历史选择，并由不自觉到自觉或半自觉地将其作为保障国家工业化乃至整个现代化目标的实现而重构社会结构的制度工具。这种国家力量使然的体制及由此形成的二元结构，从整个国家现代化进程视角分析，成就了我国工业体系的快速建立、向全球制造业第一大国的跃升，亦即所起的是积极的重要保障作用。不能因为城乡发展长期的严重失衡，完全将其视为负面的因素，而加以彻底否定。从占绝大多数的农民群体的发展视角分析，我国城乡分割的体制及由此形成的二元结构，无疑使农民为国家工业化乃至整个现代化作出了牺牲，不能因为它保障了国家工业化乃至整个现代化的推进而忽略其缺陷。随着时间的推移和矛盾的积累，这种负面作用日益突出，非但如此，还转化成为新型工业化乃至整个国家现代化进一步发展的重要约束因素。我国工业化依赖和受益于城乡二元结构的阶段已经过去，并转换成了受约于城乡二元结构的阶段。只有认识到这些，才可以深化从根本上解构城乡二元结构，不仅是基于解决好"三农"问题的必然选择，也是走新型工业化道路和实现国家现代化的整体发展目标的必然选择的认识。形成这样的

---

① 史占中：《从"中国制造"到"中国智造"》，《新华月报》2013年2月号／下半月。

共识，将有助于增强贯彻党的十八大提出的"坚持走中国特色新型工业化、信息化、城镇化、农业现代化道路，推动信息化和工业化深度融合、工业化和城镇化良性互动、城镇化和农业现代化相互协调，促进工业化、信息化、城镇化、农业现代化同步发展"①的自觉性。

[原载《当代中国史研究》2013 年第 6 期]

---

① 胡锦涛：《坚定不移沿着中国特色社会主义道路前进 为全面建成小康社会而奋斗——在中国共产党第十八次全国代表大会上的报告》，《人民日报》2012 年 11 月 18 日。

问题视域下新中国 70 年"三农"的转型发展

1949 年以来的 70 年,是中国共产党和政府不断解决"三农"问题的 70 年。中国在工业化进程中,一个普遍的现象是,与工业、城市、城市居民相比,农业农村农民呈现明显的弱质性,并困扰其发展。面对工业化进程中弱质性困扰的"三农"问题,中国共产党和政府基于弱质的农民发展诉求表达难的问题,正视存在的"三农"问题,发挥中国共产党领导的政治优势和社会主义的制度优势,主动施策,从促进国家现代化发展和中华民族伟大复兴出发,基于统筹长远与近期发展、全局与局部发展处理工农城乡关系,成功探索形成破解弱质性困扰的"三农"问题之路,这是中国工业化和"三农"都实现跨越发展的关键。

一、勇于正视并解决弱质性困扰的"三农"问题彰显中国共产党的使命担当精神

70 年间,中国的"三农"问题是什么样的问题,或者是什么性质的问题?这是梳理新中国 70 年"三农"历史,并总结好解决"三农"问题经验首先需要辨析的问题。

"三农"问题不仅在新中国成立初期存在,现在也存在,贯穿于 70 年。如果仅从这样一个 70 年都存在"三农"问题的字面进行理解,那新中国 70 年"三农"似乎仍停留在原点。历史还有另外的一面,那就是新中国 70 年"三农"实现了跨越发展,到达了历史上从来没有过的高点,

而且远高于新中国成立初期国内外人们的预期。问题与发展是贯穿"三农"70年历史演变的两个方面,正如一枚硬币有两面。

中国"三农"问题的存在及难以破解,既有工业化的共性原因,也有国情所致的特殊原因。

共性原因在于,"三农"问题是工业革命以来普遍存在的结构性问题。工业革命以来,全球经济社会发生了重大结构性变迁,在三次产业结构上,表现为二三产业所占份额大幅度提升,而第一产业所占份额大幅度下降;在城乡人口结构上,呈现城镇人口所占份额大幅度增加,而农村人口所占份额大幅度减少。中国的现代化进程也是如此。实现恢复发展后的1952年与2018年相比,中国第一产业在国内生产总值中的份额,由51.0%下降到仅有7.2%;人口城镇化率由12.5%提高到59.6%。[①] 国内外一致性的结构变迁,是因为存在发展态势上的工业强与农业弱、城市强与农村弱。这种结构性变化和发展态势的差异,不仅缘于工业化是现代化的先导产业,以及工业化、城镇化被视为现代化的重要标志而予以倾斜推进,更是缘于资源配置的机会成本差异,即由于生产率、价值链中的位置等差异,而导致投入回报率上的工业高于农业。正是缘于此,尽管发达国家农业劳动力大规模向非农产业转移,由此有利于农场经营规模扩大,但从事农业老龄化的现象普遍,农场没有从根本上摆脱经营困境,如近年美国中西部地区农场破产数量增加即是一种表现。

中国国情所致的特殊原因主要有两方面。一方面,新中国是一个后发国家,在成立初期,与先发国家在发展水平上存在较大的差距,基于此,缩小与先发国家发展上的差距,乃至实现中华民族伟大复兴,成为人心所向的奋斗目标。与发达国家不同的是,中国与其他后发国家一样,面临劣势窘境,不仅缩小与先发国家差距的难度大,破解"三农"问题的难度也很大。全国一盘棋、集中力量办工业这个关系国家现代化和中华民族伟大复兴的大事,是破解后发国家劣势窘境而实现跨越发展的法宝。为实施人心所向的国家工业化战略,国家不得不动员全国人民艰苦

---

① 国家统计局:《中华人民共和国2018年国民经济和社会发展统计公报》,《人民日报》2019年3月1日。国家统计局编:《新中国60年》,中国统计出版社2009年版,第608、612页。

奋斗，不得不选择农业向工业提供更多资本积累和农产品供给的政策，由此农业积累放缓，加之长期实施农产品统派购制度、城乡户籍管理制度、人民公社制度，以及制度变迁的路径依赖，使破解"三农"问题复杂而艰难。另一方面，中国是全球人口第一大国，即便大幅度提升人口的城镇化率，仍然有庞大数量的人口留在农村，不可能改变人均耕地少及相应的人均土地经营规模小的问题，这不仅存在经营规模不经济问题，还由于经营规模小而不利于国际竞争。如此，即便实施工业反哺农业，"三农"的弱质性在较长时期也难以根本改变，缓释缩小城乡差距的难度还需时日。

共性原因和特殊原因叠加，使得农业、农村、农民与工业、城市、城市居民相比，呈现一定的弱质性，使新中国 70 年来解决"三农"问题极为困难而又错综复杂。中国共产党和政府从来没有在推进国家工业化乃至整个现代化进程中回避"三农"问题，而是特别清醒地认识到"三农"问题的所在。正视并解决"三农"问题，这是中国共产党牢记初心而勇于担当使命的体现，反映出中国共产党强烈问题意识的优秀品质。

二、破解弱质性困扰的"三农"问题彰显 70 年"三农"转型发展成就的辉煌

新中国在 70 年间不断破解"三农"问题，实现跨越发展，呈现明显的特征。

（一）台阶式破解"三农"问题

根据所面临的主要矛盾及其实现的发展突破，中国解决"三农"问题大致经历了五个阶段。

第一个阶段是 1949—1952 年，在中国共产党的领导下，新中国建立起人民当家作主的政权，在这一伟大社会变革的基础上，还针对封建地主阶级土地制度对"三农"发展的桎梏，从巩固新生的人民政权、为国家工业发展奠定基础出发，在老解放区进行土地改革的基础上，在全国范围基本完成土地改革，如此上层建筑和经济基础变革的推进，不仅从

政治上确立了农民在新社会当家作主的地位而让农民立起来，还从经济上破解了农民的依附性问题而让农民立起来。让农民立起来这一社会变革的重大突破，不仅调动了农民的积极性而促进了农业生产的快速恢复发展，更是成为新中国70年"三农"发展的基础。

第二个阶段是1953—1978年，针对在传统经验技术和人畜力为主的生产力条件下，一家一户在农业生产中遇到的畜力不足、生产工具不足和基础设施水平低下等问题，中国共产党和政府号召农民组织起来，建立起农业生产合作社及之后的农村人民公社，所形成的社区集体统筹和积累机制，促进了社区集体经济的发展，并以此为条件，促进了农田水利、农村道路等农业农村基础设施改善，促进了农业科技应用、机械化的发展，促进了农村科技、教育、文化、卫生等事业的发展，粮食产量由1949年的11318万吨、1952年的16391.5万吨，提高到1978年的30476.5万吨。农业生产力水平大幅提升这一重大突破，不仅解决了全国人口由1952年底的57482万人增加到1978年底的96259万人的吃饭问题，还为国家工业化的快速推进提供了大量的农产品和资本积累的支持，支撑了国家工业化战略的顺利实施。

第三个阶段是1978—2002年，中国在建立起独立的比较完整的工业体系后，实施放活政策，发挥农民的创造性，不仅促进了农业的全面发展，还促进了乡镇企业的异军突起，走出了中国特色农村工业化和城镇化之路。农业现代化、农村工业化、农村城镇化并进发展这一重大突破，实现了农村产业结构和就业结构的重大突破，拓展了"三农"发展的路径和空间。

第四个阶段是2002—2012年，基于工业化、城镇化快速发展进程中乡村建设滞后的问题，从构建和谐社会和有利于国家现代化的进一步发展出发，中共十六届五中全会提出按照"生产发展、生活宽裕、乡风文明、村容整洁、管理民主"的要求推进社会主义新农村建设，农村基础设施建设快速推进和社会事业快速发展。社会主义新农村建设快速推进，显著改善了农村生产生活条件。

第五个阶段是自2012年党的十八大起，针对"三农"是全面建成小康社会、实现中华民族伟大复兴的短板，开启乡村全面振兴进程，抓重点，补短板，强弱项，实施脱贫攻坚战，促进乡村产业振兴、人才振兴、文化振兴、生态振兴、组织振兴，推动农业全面升级、农村全面进步、农民全面发展。开启乡村全面振兴进程这一重大突破，旨在破解工业化进程中"三农"弱质性的世界性课题，朝着农业强、农村美、农民富的方向发展，促进"三农"发展实现质的飞跃。

70年间中国"三农"五次台阶式发展表明，中国的"三农"问题不是固化的问题，不同时期有不同的表现。它是发展中的问题，是发展到更高台阶后的问题。

（二）"三农"由传统向现代转型的历史性进展

新中国70年解决"三农"问题的历程，是不断推进现代化的历程。早在新中国成立前夕的中共七届二中全会，毛泽东就提出了占国民经济总产值90%的分散的个体农业经济是可能和必须谨慎地、逐步地而又积极地引导它们向着现代化的方向发展的。[①]周恩来于1949年12月在全国第一次农业生产会议上提出必须把城市工业组织起来发挥领导作用才能使农业现代化，于1954年9月在一届全国人大一次会议上所作的《政府工作报告》提出包括现代化农业在内的四个现代化建设任务，于1964年12月在三届全国人大一次会议上所作的《政府工作报告》中将现代农业提至"四化"之首。[②]经过70年的努力，中国"三农"由传统向现代转型发展实现历史性突破。

传统农业向现代农业转型。新中国大力发展现代农业科技，并推广应用，实现了由传统经验技术快速转向现代科技，到2018年，农业科技进步贡献率达到58.3%；现代技术装备水平极大提高，2018年主要农作物耕种收全程综合机械化率达到67%[③]，新一代信息技术应用到农业生产、经营、管理、服务中，改变了以人畜力为主和面朝黄土背朝天的劳作方式，不仅极大地减轻了农民的劳动强度和把大量劳动力从农业中转移出

[①]《毛泽东选集》第4卷，人民出版社1991年版，第1432页。
[②]《周恩来经济文选》，中央文献出版社1993年版，第29、176、563页。
[③]《辉煌70年》编写组：《辉煌70年——新中国经济社会发展成就（1949—2019）》，中国统计出版社2019年版，第85页。

来,还提升了耕作质量,改进了农艺。农业现代化的发展,促进了农业的全面发展,仅粮食产量而言,由 1949 年的 11318 万吨增加到 2018 年的 65789 万吨,其中 2012 年起连年保持在 60000 万吨以上,不仅把中国人的饭碗牢牢端在了自己的手中,还较好地满足了人民对食物消费多样性的需求。

传统乡村向现代乡村转型。随着工业化的发展,乡村要素发生了明显变化,由农业社会的狭窄不平的土路、土墙、茅草屋,向水泥硬化路、电力、现代通讯、现代医疗、现代教学、楼房等发展,环境脏乱差向美丽乡村发展。乡村美化后,不仅是农民的美丽家园,还成为城市居民休闲娱乐和体验农耕文明的乐园。农业功能由主要提供农产品向发挥多种功能发展,农村不仅发展农业,还发展休闲农业和乡村旅游业。到 2018 年,休闲观光、乡村民宿、健康养生等园区景点接待游客 30 亿人次,营业收入 8000 多亿元[①],满足了人民生活水平日益提高后对乡村文化、生态等日益增强的需求。随着社会主义政治文明建设的推进,乡村由封建统治向中国共产党领导下的民主自治发展,促进了乡村事业的发展和乡风文明建设。

农民素质全面提升。在旧中国,农民基本处于文盲半文盲状态,如此低的文化素质约束着"三农"的发展。正因为如此,20 世纪 30 年代仁人志士兴起的乡村建设运动把治盲、治愚、治病作为切入点。新中国成立后,中国共产党和政府不仅在农村开展认字运动以扫除文盲,还积极发展农村教育、文化、医疗、卫生、体育、社会保障等事业。例如,改革开放前,基于农村社区集体经济的发展而发展起来的合作医疗制度和"赤脚医生",尽管医疗保障水平较低,但保障了农民对医疗的基本需求,这一做法引起联合国教科文组织、世界卫生组织关注,1978 年召开的国际初级卫生保健大会将合作医疗和"赤脚医生"的经验写入《阿拉木图宣言》,世界卫生组织将其作为解决初级卫生保健的成功范例向发展中国家推介。[②] 随着经济的发展,农村社会事业跨上新的发展台阶。现今,

---

① 《辉煌 70 年》编写组:《辉煌 70 年——新中国经济社会发展成就(1949—2019)》,中国统计出版社 2019 年版,第 85 页。

② 参见姚力:《卫生工作方针的演进与健康中国战略》,《当代中国史研究》2018 年第 3 期。

在全国农村普及了九年义务制教育，建立起了农村合作医疗制度，构建起了农村社会保障体系。农村教育、文化、医疗、卫生、体育事业发展的重大突破，大幅提升了农民的综合素质，提升了农村的人力资本，成为农业农村乃至国家经济社会发展的基础。随着工业化的发展，农民还向非农产业发展，2018年，全国农民工有28836万人，其中外出农民工17266万人、本地农民工11570万人。① 70年来，随着农民现代化水平的提升和经济社会的发展，农民生活水平实现了大幅提升。2018年，全国农村居民人均可支配收入14617元（1954年人均纯收入仅64.14元），其中全国农民工人均月收入3721元；全国农村居民恩格尔系数降低至30.1%，表明农民生活质量显著改善；全国共有3520万人享受农村居民最低生活保障，455万人享受农村特困人员救助供养。②

"三农"实现跨越发展的同时，还为国家工业化的发展提供了不可或缺的支撑，如为工业提供农产品原料，通过工农业产品价格"剪刀差"为工业提供积累，通过出口农产品换取购买工业技术装备所需外汇，等等。

三、探索形成破解弱质性困扰的"三农"问题之路彰显中国共产党领导的政治优势和社会主义的制度优势

中国作为后发国家，面临劣势窘境而力求跨越发展，加之缺乏经验，以及实践不充分条件下的理论认识偏差，在探索破解"三农"问题上有过曲折，一些时候"三农"问题还很突出。尽管如此，从长时段总体考察，"三农"实现历史性的跨越发展，这充分表明我国探索形成的发展路径对于破解弱质性困扰的"三农"问题是有效的和成功的。中国之所以能够探索形成破解弱质性困扰的"三农"问题之路，根本原因在于发挥中国共产党领导的政治优势和社会主义的制度优势。

---

① 国家统计局：《中华人民共和国2018年国民经济和社会发展统计公报》，《人民日报》2019年3月1日。

② 国家统计局：《中华人民共和国2018年国民经济和社会发展统计公报》，《人民日报》2019年3月1日。

（一）中国共产党把解决好"三农"问题作为全党工作的重中之重，以破解"三农"问题的弱质性困扰

如果国家治理受利益集团控制，那小规模经营的农民的发展诉求是难以顺利表达的，国外如此，旧中国也如此。中国共产党的领导改变了这一状况，始终把解决好"三农"问题放在重要位置。在实施国家工业化战略之际，把农业摆在国民经济的首位；在建立起独立的比较完整的工业体系后，明确要首先解决好农民和农村问题；在进入工业化中期，明确把解决好"三农"问题作为全党工作的重中之重；进入新时代，明确要坚持把解决好"三农"问题作为全党工作的重中之重，坚持农业农村优先发展。70 年间，中国共产党高度重视促进"三农"发展而不懈怠，是因为不忘为人民谋幸福、为民族谋复兴的初心，并基于解决好"三农"问题进而实现乡村振兴是实现"两个一百年"奋斗目标和中华民族伟大复兴中国梦的必然要求①的认识，因而能够在解决好"三农"问题的行动上高度自觉。正因为有中国共产党领导的政治优势，才能把解决好"三农"问题作为全党工作的重中之重。70 年间，中国共产党坚持群众路线和调查研究了解农民的需求和向农民问计，并进行重大战略部署，除中国共产党全国代表大会对发展"三农"进行战略部署外，还有 11 次中央全会对"三农"问题进行了专题研究，制定实施了 21 个以解决"三农"为主题的中央一号文件，以及数量众多的专题性文件，及时解决"三农"发展中遇到的问题，这是受弱质性困扰的"三农"能够实现跨越发展的关键所在。

（二）在农村土地公有制基础上探索共同发展道路和实现组织化规模化的形式

中国"三农"问题能否解决，根本在于是否具有较强的内生发展能力。中国人多地少的资源禀赋决定了一家一户经营规模过小而在向现代化发展过程中有很多难题需要破解。把农民组织起来，提高经营规模，

---

① 《乡村振兴战略规划（2018—2022 年）》，《人民日报》2018 年 9 月 27 日。

有利于提高"三农"的内生发展能力，是改造传统农业的必由之路。中国"三农"实现跨越发展，一个重要的原因，就是通过对农业的社会主义改造，建立起农村土地农民集体所有制，在此基础上探索共同发展道路和现实组织化规模经营的形式。

新中国成立后，中国共产党和人民政府从建立社会主义制度出发，同时也是从解决土地改革后分散的一家一户在农业生产中遇到的困难出发，号召农民组织起来，并在这一进程中完成了由农村土地农民所有向农民集体所有的改造。这一农村土地公有制自建立之日起，一直坚持至今，只是进行调整和完善而已。其中较大的变化是，在改革开放初期，在坚持农村土地农民集体所有制不变的情况下，对土地实行家庭承包经营；党的十八大以来，实行农村土地所有权、承包权、经营权分置改革。

农村土地农民集体所有制的建立和坚持完善，以此为基础所形成的农村社区集体统筹和积累机制，既有利于增强"三农"的内生发展能力而破解"三农"弱质性困扰，还保障了能够朝着共同富裕道路不断前行。在以土地农民集体所有制为基础的高级农业生产合作社、人民公社，解决了农民生产经营中遇到的困难，所形成的农村社区集体统筹和积累机制，促进了农田水利等基础设施建设、现代农业科技的推广运用、农村社会事业发展和社会保障体系的构建，也避免了农民两极分化现象的发生。改革开放以来，基于土地农民集体所有制，一些地方从适应社会主义市场经济要求出发，通过改革，对社区集体统筹和积累机制进行完善，发展成为城乡融合发展的小城镇；即便集体经济弱而积累少的村，也能通过"一事一议"促进社区集体事业的发展。基于土地农民集体所有制所形成的农村社区集体统筹和积累机制而促进"三农"发展是社会主义制度下的特色，也是中国传统乡村社区建设做法在社会主义制度下的传承发展。坚持土地农民集体所有制，还避免了无地农民涌向城市而产生贫民窟现象，为农民安心外出创业就业提供了保障，并促进了工业化和城镇化的健康推进。一些农村社区集体经济组织在实行股份合作制改造后，明确了农民在集体经济组织中的产权份额，这一组织制度的探索形成也能保障农民变市民的权益，进而有利于促进城镇化的顺利推进。

农村土地农民集体所有制的建立和坚持完善，探索形成了有中国特色的组织化规模化的多种形式。改革开放以来，在对集体土地实行家庭承包经营的基础上，尊重农民的意愿，形成了多种组织化规模化经营形式，有家庭农场，有多种类型的农民专业合作社，有专业合作社的联合社，有公司＋合作社＋农户，有党支部＋合作社＋农户等。在多种组织化规模化经营模式中，农民还可以用土地承包经营权入股。坚持土地农民集体所有制及家庭承包经营制度，探索形成组织化规模化的多种形式，有利于更充分地在组织化规模化进程中保障农民的主体地位和权益，形成与社会主义初级阶段相适应的共享发展路径，是中国的特色。

（三）从促进国家现代化和中华民族伟大复兴出发构建和完善社会主义工农城乡关系

70 年间，中国共产党和政府解决"三农"问题，不是孤立地就"三农"问题解决"三农"问题，而是从促进国家现代化和中华民族伟大复兴出发，通盘统筹促进"三农"发展与国家工业化发展，处理好工农城乡关系，呈现以下明显特征：

第一，促进工农城乡协调发展，基于工业化进程中"三农"的弱质性困扰，着力补齐"三农"发展这个短板，夯实国家现代化发展根基。在高度集中的计划经济体制下促进工业化发展过程中，发生过工业增长偏快的工农城乡发展失衡（1953—1978 年中国工农业增加值增长速度比为 5.5：1，远高于国际工业化初中期的 2.5—3：1），但中国共产党和政府都能够及时进行成功调整。如 20 世纪 60 年代初、70 年代末、80 年代末对国民经济进行调整，强化了农业的基础地位，使整个 70 年的国民经济呈现出快速增长态势。随着社会主义市场经济体制的建立和完善、国家宏观调控体系的构建和完善，整个国民经济稳健发展，避免了工农业发展严重失衡现象的发生。进入 21 世纪初，针对城市快速发展而农村发展相对滞后的问题，中共十六届五中全会起实施社会主义新农村建设。党的十八大以来，中国共产党和政府针对全面建成小康社会和中华民族伟大复兴中"三农"这一短板，相继提出"推动信息化和工业化深度融合、工业化和城镇化良性互动、城镇化和农业现代化相互协调，促进工业化、信息化、城镇化、农业现代化同步发展"[①]，重塑城乡关系，促进一二三产业融合发展、城乡融合发展，实施乡村振兴战略，明确了到2050年实现乡村全面振兴的目标。

第二，根据工业化发展阶段处理好工农城乡的"取"与"予"的关系，形成长时段视角下的相互支持、相互促进的政策体系和发展机制。在工业化初期实行农业支持工业或称农业养育工业政策，在进入工业化中期则转变为工业支持农业或称工业反哺农业，这是国际上工业化进程中带有普遍性的现象。中华民族的伟大复兴，首先要实现工业化的跨越发展。新中国工业化实现了跨越发展，只用了几十年的时间，就走完了发达国家几百年走过的工业化历程，同时也促进"三农"的跨越发展。之所以能够如此，是因为中国共产党和政府从国家现代化和中华民族伟大复兴出发，发挥中国共产党领导的政治优势和社会主义的制度优势，全国一盘棋，集中力量办大事，处理好长远与近期发展、全局与局部发展关系。在推进国家工业化这样一个历史性进程中，中国成功地实现工业化所需资本的快速积累，这不仅是因为国家号召全国人民艰苦奋斗及选择高积累、低消费的政策取向，还因为国家顺利地实施了农业养育工业的政策。中国尽管实施农业养育工业的政策，但从一开始就注重处理好工农城乡关系，把握好对农民"取"的度，并通过粮食定产定购定销（简称粮食"三定"）、工农业产品价格比价、税收、农用工业等，保障农民的基本利益和促进"三农"发展。在高度集中的计划经济体制下，尽管实行农业养育工业政策和城乡二元体制，但工农城乡差距可控，仅以城乡居民收入倍差为例，1978年为2.57∶1。1979年起至世纪之交，城乡差距由缩小演变为扩大。20世纪70年代末至1984年，农村改革率先成功突破，农业农村快速发展，缩小了农村与城市的差距，如城乡居民收入倍差缩小至1984年的1.84∶1。自20世纪80年代中期起，城乡差距拉大，这是由于在市场条件下的马太效应所致，城乡居民收入差距持续扩大，到2009年高达3.33∶1。可见，市场机制使工农城乡差距拉大。21世纪初起，中国共产党和政

[①]《十六大以来重要文献选编》上，中央文献出版社2014年版，第16页。

府基于工业化进入中期阶段,将农业养育工业的政策调整为工业反哺农业,并推进城乡二元结构向一体化发展的改革。党的十八大以来,践行共享发展理念,探索通过股份合作而形成风险共担、利益共享的一二三产业融合发展模式,总结推广"订单收购+分红""保底收益+按股分红""土地租金+务工工资+返利分红"等农民能够分享融合发展成果的多种实现形式。在建设社会主义强国和实现中华民族伟大复兴的进程中,应坚持这种有益探索,促进以共享发展为取向的新型工农发展关系的构建和完善,这也是新中国70年促进"三农"发展的基本经验之一。

综上所述,70年间,中国"三农"实现了历史性转型发展,这缘于中国共产党和政府不回避问题,而是勇于正视问题,并基于这种强烈的问题意识,针对弱质的农民发展诉求表达难的问题,发挥中国共产党领导的政治优势和社会主义的制度优势,主动施策,探索形成了破解弱质性困扰的"三农"问题之路。

[原载《当代中国史研究》2019年第5期]

由承接国际产业转移向自主创新发展的突围
——着眼于深圳、浦东对雄安新区建设启示的历史考察

由于深圳经济特区、浦东新区试验为改革开放和现代化建设探路的国家战略定位,以及试验的成功,学界对于深圳经济特区、浦东新区的研究一直是热点,国际上也把深圳、浦东作为观察中国改革开放的窗口。就经济史视角的研究而言,主要集中在这样几个方面:深圳经济特区、浦东新区实施不同于当时全国的经济政策演变,由单项到综合、由特许到可复制制度的改革探索历程及其分析[1];深圳经济特区、浦东新区改革开放试验的历史地位,如对于促进由社会主义计划经济向社会主义市场经济转变和扩大对外开放,并更好参与、推进经济全球化等方面的制度性成果[2];创新发

---

[1] 梁文森:《深圳十年总结和未来战略》,《特区实践与理论》1990年第4期。钟坚:《深圳经济特区改革开放的历史进程与经验启示》,《深圳大学学报(人文社会科学版)》2008年第4期。胡谋、田俊荣:《开路先锋再出发——写在深圳经济特区建立三十周年之际》《浦东开发开放20周年——在更高起点上实现快速发展》,《人民日报》2010年4月18日。谢国平:《浦东故事:这样的梦想更中国》,新世界出版社2015年版。赵启正、邵煜栋:《浦东奇迹》,五洲传播出版社2017年版。

[2] 陈必生:《我国特区经济性质问题的几种不同观点——〈经济特区问题探索〉一书评介》,《福建论坛》1982年第6期。王爱珠:《从生产资料所有制结构看深圳特区经济的性质和特点》,《社会科学战线》1985年第4期。梁文森:《深圳特区所有制结构问题》,《经济学家》1990年第4期。谢国平:《财富增长的试验:浦东样本(1990—2010)》,上海人民出版社2010年版。张维为:《中国超越:一个"文明型国家"的光荣与梦想》,世纪出版社、上海人民出版社2014年版。[英]马丁·雅克:《大国雄心:一个永不褪色的大国梦》,孙豫宁、张莉译,中信出版集团2016年版。

展和转型升级的历程[①]。2017年4月1日,中共中央、国务院作出设立雄安新区的决定,并将建设雄安新区定位为继深圳经济特区、浦东新区之后的事关国家千年大计的又一重大战略,这给经济史的研究提出了雄安新区建设从深圳经济特区、浦东新区改革开放试验中可以得到什么启示的新课题。基于这样的研究视角发现,深圳经济特区、浦东新区在改革开放试验中突破强势的跨国资本及与之融合的高科技垄断,由承接国际产业转移(主要是承接发达国家产业转移)向自主创新发展转变,这种由引进模仿向自主创新甚至在一些领域引领的突围,可供把经济社会发展基础相对较弱的雄安新区打造成为北京非首都功能疏解集中承载地和自主创新发展高地借鉴。

一、深圳、浦东改革开放试验促进由起步时的承接国际产业转移向自主创新发展突围的演变

新中国成立至改革开放前,中国作为发展中国家,无论经济实力还是科技和产业水平,都远远落后于发达国家。这期间,中国出口产品主要是农产品及其初级加工品,以此换取外汇,用以购买国外先进技术设备。这样的对外商品贸易结构,反映出中国与国际在产业和技术发展水平上的差异,以及在国际产业分工中所处的低端层次。其中,1973年开始实施向美国、联邦德国等发达国家引进价值达43亿美元的成套技术设备的计划(简称"四三方案")。

无论是于1980年起步的建设深圳等四个经济特区,还是10年后1990年启动的开发开放浦东新区,就产业而言,都是承接国际产业转移。两者的差别是,深圳经济特区建设起步时,主要是开展来料加工、来样加工、来件装配和补偿贸易(简称"三来一补");浦东新区开发开放起步时,是在经济全球化加快的情况下,由于发达国家加大其产业向发展中国家转移的速度,加之在改革开放十余年后国内产业发展能力已

---

① 梁文森:《论深圳特区经济由"速度型"向"效益型"的转变》,《经济科学》1991年第2期。袁易明、姬超:《资源约束下的经济增长转型路径——以深圳经济特区为例》,《经济学动态》2014年第10期。《深圳已成为创新温室》,英国《经济学家》2017年4月8日。

有提升，因而起步时相对较高，演进为水平更高、相对完整产业的承接。这种对国际产业转移的承接，与美国、英国等发达资本主义国家针对经济滞胀实施供给学派政策走出困境相遇，使得全球产业竞争更为激烈。中央基于这样一种国际竞争及长远发展，明确了深圳、浦东在创新发展中的战略定位。1997年，党的十五大报告提出进一步办好经济特区、浦东新区，鼓励其在扩大开放、体制创新、产业升级等方面继续走在前面，发挥对全国的示范和辐射带动作用。2002年，党的十六大报告提出，鼓励经济特区和浦东新区在扩大开放和制度创新等方面走在前列。2007年，党的十七大报告提出，更好发挥经济特区、浦东新区、滨海新区在改革开放和自主创新中的重要作用。在实践中，深圳、浦东在发展中积蓄和提升创新发展能力，成为全国自主创新和产业升级高地，创造了在世界工业化、城市化、现代化发展史上的奇迹。

（一）深圳经济特区基于"三来一补"形成自主创新产业体系的演进

1979年4月，邓小平在中共中央工作会议期间，赞同习仲勋等提出的在邻近香港、澳门的深圳等兴办出口加工区的意见，并说中央没有钱，可以给些政策，你们自己去搞，杀出一条血路来。[①] 这年7月15日，中共中央、国务院批转中共广东、福建省委关于对外经济活动实行特殊政策和灵活措施的报告，要求广东、福建抓紧有利的国际形势，先走一步，把经济尽快搞上去，并决定在深圳、珠海、汕头、厦门试办出口特区。1980年5月，中共中央、国务院批转《广东、福建两省会议纪要》，"出口特区"被正式命名为"经济特区"，提出把深圳建成兼营工业、商业、农牧业、住宅、旅游等事业的综合性经济特区。1980年8月，第五届全国人大常委会第十五次会议批准在深圳、珠海、汕头、厦门建立经济特区，并通过《中华人民共和国广东省经济特区条例》，这一立法程序的完成标志着经济特区的正式诞生。作为第一批经济特区之一的深圳，由于

---

① 中共中央文献研究室编：《邓小平年谱（1975—1997）》上，中央文献出版社2004年版，第510页。

比邻香港、澳门，可以经香港、澳门融入国际经济发展体系，因而一开始就将建设深圳经济特区定位为对外开放的窗口、桥梁。敢于成为"第一个吃螃蟹"的国际、港澳台及华侨资本之所以选择到深圳落户发展，是因为在美国、英国等经济滞胀的情况下，过剩资本在全球范围寻找新的投资机会，这些资本特别看好作为人口大国的中国处于短缺经济时期具有极大的潜在市场。在这样一种国内外因素的历史性相遇下，深圳成为中国经济对外开放的试验地，也成为国际资本进入中国的试水池。在中国与发达国家生产力水平存在较大差距的情况下，深圳经济特区通过允许办实业性中外合资经营企业、中外合作经营企业、外商独资经营企业（简称"三资"企业），把引入外国资本、先进技术（尽管主要是"三来一补"，但其技术在大陆是高水准的）、管理经验结合起来，加之给予"三资"企业在土地使用、税收等比国内企业优惠的政策，以及劳动力、土地等生产要素价格较低的成本优势，由此形成的深圳速度、深圳效益给全国带来极大震动，对全国改革开放发挥了示范和引领效应。然而，在深圳经济特区建设初期，国外资本从保持竞争优势出发，在入驻时没有输入最核心的先进技术，而是以"三来一补"的较低层次的外向型加工为主。

深圳经济特区基于改革激发的活力和动力，逐步提升自主创新发展的内生能力，勇敢地向起步时被动的以"三来一补"为主的产业分工突围，成为世界上最具创新力的城市之一。缺乏核心技术和自主品牌的低层次的加工贸易型企业，在全球，即便是在国内的竞争中，其发展也难以持续。深圳面对市场优胜劣汰的强大压力，没有满足于依赖从事出口的"外贸通"，而是选择了创新发展之路，逐步形成以基础研究为引领、产业为导向、企业为主体的开放合作、民办公助的创新体系，突破了被动的"三来一补"产业分工，走出了"血汗工厂"的发展阶段，成长出了华为、中兴、比亚迪、腾讯等具有较强国际竞争力的自主创新企业，也涌现出大批成长性强的中小科技型企业，形成了高新技术产业、先进制造业、现代服务业互为支撑的自主创新产业体系。《福布斯》对2014年中国大陆城市创新力的评选结果显示，深圳位居中国大陆城市创新力排行榜之首。每万人口发明专利拥有量达 66.2 件，为全国平均水平的

16倍。2016年，深圳国际专利申请量超过1.8万件，连续13年位居内地各大中城市之首。2016年新增认定国家级高新技术企业1523家，累计8037家。在境内外交易所上市企业有346家，中小板创业板上市企业数连续9年居国内之首。① 2014年5月，深圳获批成为国家自主创新示范区。创新发展增强了国际竞争力，深圳从进口型转变成出口型，出口额自1983年起连年位居全国城市第一。2016年4月8日出版的《经济学家》（英）发表题为《深圳已成为创新温室》的特别报道，称深圳已成为世界创新和发明的"皇冠上的明珠"，给深圳加冠了比硅谷还传神的美名——"硅洲"。1980—2016年期间，深圳的GDP年均增长22%。②

（二）浦东新区基于承接国际产业转移向自主创新基地和重装备建设基地的演进

开发开放浦东新区启动之时，与建设深圳经济特区启动时相比，国内外经济发展条件和环境都发生了较大变化。就国内而言，在经济快速增长后，短缺经济问题明显缓解，并开始向供需平衡过渡。就国际而言，美国、英国等发达国家走出经济滞胀困境，经济增长再次步入快车道，高新技术的发展和跨国资本实力的进一步增强，以及其国内资源环境压力，制造业等向外转移步伐加快，这给中国通过承接发达国家产业转移，实现产业升级提供了机遇。徐匡迪如此表述过浦东开发的思路：核心是抓住经济全球化机遇，依托长江三角洲的地缘优势和人才资源，主动承接发达国家产业梯度转移，并根据上海的条件，把承接产业的水平定位在中高端，把浦东新区建设成为国际国内两个市场、两种资源的交汇点、聚合区。③ 在经历1989年北京政治风波后，中央作出开发开放浦东新区的战略决策，实际上也是向全世界表明，中国实行对外开放政策不会变，而且还会扩大和深化。

---

① 参见闻坤：《新兴产业成深圳经济发展主引擎》，《深圳特区报》2017年4月4日。
② 参见《深圳已成为创新温室》，英国《经济学家》2017年4月8日。
③ 参见谢国平：《财富增长的试验：浦东样本（1990—2010）》，上海人民出版社2010年版，第99页。

浦东新区的开发开放承载着扩大开放而不断提高外向型经济层次[①]的国家战略，融合推进开放和创新，以开放促改革、促创新发展，向起步时的承接国际产业转移的产业分工突围，成功地转向建设自主创新基地、重装备基地的创新发展。浦东新区开发开放与深圳经济特区建设启动时有所不同，在启动之前有一个较长时间的谋划过程。1984年12月上海市政府、国务院改造振兴上海调研组上报的《关于上海经济发展战略的汇报提纲》提出了创造条件开发浦东的设想。1986年4月，上海市政府在向中央报送的《上海市城市规划方案汇报的提纲》提出了开发浦东的初步方案。1986年10月，国务院批复的《上海城市总体规划方案》明确提出有计划地把浦东地区建设和改造成为现代化新区。1987年，开发浦东咨询小组成立并开展了可行性研究。1988年5月，上海举行浦东开发国际研讨会，有140多名中外专家参会并献计献策。这次会议针对近30年上海"削弱了经济贸易中心的功能和对外对内枢纽的功能"[②]，提出结合老城区改造，建设一个现代化新区的方针。在形成浦东开发开放的基本构想后，中共上海市委、市政府于1990年2月向中央报送《关于开发浦东的请示》。经过较长时期的谋划，浦东新区形成了产业发展空间布局图，这有利于在承接发达国家产业转移时形成产业的合理布局，也为之后向自主创新发展转变奠定了基础。在2008年国际金融危机爆发前，浦东新区实现了快速增长。浦东金桥出口加工区在承接20世纪90年代国际先进制造业转移的过程中，集聚了通用、索尼、拜耳、松下、夏普、东芝、西门子等世界制造业巨头，1990—2009年经济年均增长43%。张江高科技园区在承接21世纪初互联网泡沫破灭后国际先进科技转移中，建设自主创新基地，快速推进生物医药、集成电路、软件和信息服务业的发展，过去由发达国家控制的核心技术工艺、核心元器件、核心集成系统和核心装备，开始被这里的发明创造所替代。临港产业区建设重装备基地，快速形成装备产业、物流产业两轮联动的产业发展格局。21世纪初浦东新区开始转型发展，2008年爆发的国际金融危机又驱动向自主

[①] 参见《浦东开发开放20周年——在更高起点上实现快速发展》，《人民日报》2010年4月18日。

[②] 《江泽民文选》第1卷，人民出版社2006年版，第36页。

创新发展转型的步伐加快。2013年启动中国（上海）自由贸易试验区建设，进一步促进了开放与创新的融合。到2016年，浦东新区高新技术企业达1510家，每万人口发明专利拥有量达43.6件；战略性新兴产业产值在工业总产值中占28.2%；"三大三新"产业①产值占新区工业总产值的63.2%，新一代信息技术、生物医药产值分别占全上海市的41.1%、44.9%；中国商飞C919大型客机总装下线，2017年5月5日试飞成功。浦东新区地区生产总值由开发开放启动之时1990年的仅60亿元②，到2016年增加到8731.84亿元，人均值突破2万美元。伦敦政治经济学院IDEAS高级客座研究员这样描绘浦东新区：一幢幢高耸入云的摩天大楼拔地而起，展示了极为现代的城市风光，象征着一种雄心壮志和一个没有极限的世界。③

建设深圳经济特区和开发开放浦东新区的改革开放试验，及所实现的由起步时的承接国际产业转移向自主创新发展的成功突围，并成为自主创新发展和产业升级高地，对全国其他地区的创新发展和产业升级发挥了示范引领和辐射带动作用，提升了中国产业在国际上的竞争力，为中国到2010年成为全球制造业第一大国、世界第二大经济体及进入新常态引领发展作出了贡献。

二、深圳、浦东由承接国际产业转移向自主创新发展突围的经验启示

深圳、浦东由国内短缺经济时期承接国际产业转移，到国内买方市场形成、经济全球化快速推进而竞争激烈压力下向自主创新发展的转型，实际上是对跨国资本及与其融合的高科技垄断的突围，是一种内生能力

---

① "三大三新"产业是浦东重点发展的支柱产业与战略性新兴产业的总称，"三大"产业是指电子信息产品制造业、汽车制造业和成套设备制造业，"三新"产业包括生物医药、航天航空与新能源产业。
② 参见谢国平：《浦东故事：这样的梦想更中国》，新世界出版社2015年版，第44页。
③ 参见〔英〕马丁·雅克：《大国雄心：一个永不褪色的大国梦》，孙豫宁、张莉译，中信出版集团2016年版，第83页。

不断提升的结果。

（一）新区建设在所开启的社会主义市场经济试验下，没有止步于政策优惠对企业和产业的聚集，而是致力于在市场竞争下增强自主创新发展能力

无论是深圳经济特区，还是浦东新区，中央从实现它们所承担的为改革开放和现代化建设探路的国家战略目标出发，在启动初期都实施了特殊的以放活、轻赋税为主的政策和企业便捷入驻、管理的体制。就浦东新区而言，1990年，中共中央、国务院决定在浦东新区实行经济技术开发区和某些经济特区的政策。在深圳经济特区、浦东新区，由于对外资企业，也包括合资企业，实施相应的优惠政策，两地也都成为资本实力雄厚、技术先进、管理科学的外资企业的聚集池。

深圳、浦东所开启的逐步深化市场配置资源的改革试验，促进生产要素自由流动，成为自主创新发展和产业转型升级的动力。深圳、浦东建设启动之际中国还实行计划经济，深圳、浦东的改革开放试验，实际上也是摆脱计划经济思维约束的探索。这不仅有利于外资企业的入驻，对区内企业和区外入驻的国内企业也提供了新的制度和发展环境。国内企业向深圳经济特区、浦东新区入驻，一开始就是市场行为。对于国内企业，无论是当地的公有制企业，还是区外入驻的公有制企业，都主动改变计划经济下形成的等靠要思维和行为方式，致力于在竞争中向市场要效益、谋发展。深圳、浦东除聚集入驻企业外，由于就业政策的放开和外地人不受歧视，特别是经济的快速发展为其提供了较高的发展平台，也有极强的人才聚集力，由此也形成人才高地。

深圳、浦东实行市场配置资源及对企业优胜劣汰的竞争机制，给企业注入了创新发展的动力，成为基于企业为主体的自主创新发展和产业转型升级高地。深圳、浦东区内的企业，所面临的竞争对手，主要是国际先进技术支撑和雄厚资本支撑的企业，不进则退，进得慢也是退，这种机制逼迫企业必须成为创新主体，才能跻身于创新发展前沿，才能改变处于产业低端在交易中不得不接受"不平等交换"的问题，才可以追逐先进技术所带来的高额利润，进而实现持续发展。实际上，中央在深

圳经济特区和浦东新区所实施的放活和优惠政策，目的不仅是引入企业、引进外资和技术，更重要的在于实施这样的政策，增强内生发展能力。邓小平所说的"深圳的重要经验就是敢闯"，不仅是指通过改革开放试验对固化了的计划经济体制及其理论误区进行突围，也包括要探索出在市场竞争机制下求生存发展之路、创新发展之路。面对与发达国家在技术上的较大差距，中国通过引入外资并在国内办企业等方式引进技术，实际上也是以市场换技术的发展路径。然而，仅仅是单纯承接发达国家的产业转移，发展不仅受制于人，而且发展空间极为有限。深圳经济特区、浦东新区的改革开放试验不辱使命，自启动时承接国际产业转移起，在引进中消化，从中积蓄和提升创新能力，逐步探索出了由引进技术到自主创新的发展之路。深圳、浦东区内的企业，与内地企业舍不得在科技研发上进行高强度投入形成鲜明的对比，如2016年深圳全社会研发投入（R&D）超过800亿元，为GDP的4.1%[①]，比内地平均水平高1倍。深圳企业勇于担当创新主体之责，先期启动市场终端环节创新，再逐步向上游产业链递进，这种以市场需求为导向的逆向创新，突破了本地没有可以依托的知名高等院校和科研机构、缺乏高层次的科技尖端人才的束缚。在深圳，创新型企业中有90%为本土企业，研发人员有90%在企业，科研投入有90%来源于企业，研发机构有90%建在企业，重大科技项目发明专利有90%以上来源于龙头企业。

（二）新区建设在所开启的促进多种所有制企业发展和发展混合所有制经济下，要在坚持社会主义基本制度下引入国际资本，促进公有制经济与多种所有制经济共同创新发展

深圳、浦东按照解放和发展生产力的要求，不仅发展"三资"企业，还探索新的企业制度改革，不仅激发了企业的活力，也促进企业不断增强内生发展能力，也就形成了相对内地企业的先发优势，使其在中国由卖方市场向买方市场转变的过程中，能够承受住国内外竞争激烈的压力，并在竞争中实现高速发展。这与区外企业在中国转向买方市场后陷入困

---

① 参见闻坤：《新兴产业成深圳经济发展主引擎》，《深圳特区报》2017年4月4日。

境形成明显对比。

需要特别注意的现象是，在深圳特区、浦东新区建设过程中，公有制经济并没有受到冲击，而是与其他所有制经济一道，实现了共同发展。深圳、浦东建设，尤其是深圳经济特区的起步，是在全国还几乎是清一色的公有制经济下，开始了在限定地域引进外资和允许国外企业入驻的试验。深圳经济特区建设，在分歧中启动，在争论中成长，其中最引人关注的问题是深圳的公有制经济能否发展及其所处的地位，并以此判断这里的改革姓"社"还是姓"资"。深圳、浦东都形成公有制企业与多种所有制企业共同创新发展格局，这主要是能够从实际出发，形成了符合当时历史条件的改革发展路径。其中，最先启动的深圳经济特区试验，在发展公有制经济上所遇到的问题最为突出，因而下面重点对其加以考察。

第一，在坚持社会主义基本制度下推进改革开放。深圳经济特区引入外资，不仅改变了单一公有制的所有制结构，企业在市场竞争中也开始了创新发展的探索。尽管如此，即便是在特定区域内对国外企业实行开放政策，也主要在于引入资本、技术、管理，激活企业，经济社会的管理没有被强势的跨国资本所控制。

第二，自深圳经济特区、浦东新区起步之日起，公有制经济改革也随之启动。在启动深圳经济特区建设之时，国外资本对进入中国缺乏稳定预期，信心还不足。在这种情况下，国外资本既想避免有可能发生的政策变动风险，又想尽快进入中国发展，一开始还是抱以试探心态，以合作、合资等方式入驻深圳经济特区的较多。深圳经济特区对外资的开放，也促进了区内公有制企业的改革，不仅涉及政府放权使企业获得经营自主权，还涉及企业治理、用工、收益分配等方面的改革，使公有制企业较早地成为能够适应市场经济发展要求和有竞争力的市场主体。

第三，深圳、浦东的快速发展，形成了聚集效应，不仅聚集外资企业，也聚集区外的国内企业。内地的国有企业，特别是20世纪60年代中期实施三线建设项目在偏远山区兴办的企业，由于基础设施、社会事业建设滞后等，寻求搬迁发展机会。例如，三线建设中在贵州兴办的电子基地（简称083基地，现为中国振华电子集团有限公司），入驻深圳办了多个企业，即实现了新的发展。内地的国有企业向区内入驻，除了区内实行的政策和制度具有吸引力外，还有其他方面的吸引力：一是通过向深圳、浦东等入驻，在发展外向型经济时，地缘由劣势变为优势，降低了产品由内陆地区向沿海港口运输的成本。二是在市场机制下，区内发育成长起成龙配套的生产性服务业，为入驻企业解决了生产经营所需的服务问题。例如，2016年，浦东新区第三产业增加值占地区生产总值比重达到74.9%。三是在区内新办的公有制企业，没有历史上留下来的办社会、退休职工较多等沉重负担，即其起步与非公有制企业处于同一起跑线。

深圳、浦东改革开放试验的成功表明，即便是为了引进资本及与先进技术于一体的企业和产业，也不能抽象地谈论所有制结构改革，更不能为引入资本尤其是跨国资本而牺牲当地企业，甚至把国有企业低价私有化，而是从实际出发，让多种所有制企业都能够公平地实现创新发展。深圳、浦东改革开放试验也表明，国有企业是可以在激烈市场竞争中实现创新发展，成长为竞争力强的市场主体的。

（三）新区建设在开启的打造国内高端产业集群目标下，要尊重产业发展规律，既要有全球视野的向产业高端迈进的创新发展布局，还要有着眼于区内外产业的协调发展

产业转型升级有自身的规律。深圳、浦东之所以能够实现由承接国际产业转移向自主创新发展的突围，一个重要原因是遵循了产业发展规律。

第一，无论是深圳还是浦东，都注重发展高端产业，打造高端产业集群。即便两地在初期承接国际产业转移时，也是在区内打造国内的高端产业群。深圳经济特区建设初期，正是中国高档消费由原来的自行车、手表、缝纫机、收音机（简称"三转一响"）向彩色电视、冰箱、洗衣机、彩色照相机等家电产品转换升级时期。浦东新区开发开放启动时，外商投资的产业也开始有所变化，由主要是劳动密集型产业，向汽车、电子等技术密集和资本密集产业扩展。20世纪90年代中期以来，深圳重点发展计算机软件产业、通信产业、微电子及基础元器件产业、视听

产业、机电一体化产业、重点轻工产业和能源产业等主导行业，制药、医疗器械、生物技术、新材料等新兴行业快速发展。其中最值得注意的是，电子及通信设备制造业成为深圳第一大工业行业。

第二，在资源配置上，向高端产业倾斜。比如，在有限的空间内，规划出专门的高新产业区，把极为有限而宝贵的空间留给高端产业。浦东新区专门规划了张江高科技园区。深圳特区建设起步时没有来得及对产业布局进行细化规划，但在之后的厂房改造、产业置换、人口优化等方面向高端产业倾斜，以此促进产业向高端迈进和城市的创新发展。

第三，促进区域产业协调发展。开发开放浦东新区一开始就不只是浦东的问题，它是关系全上海市发展的问题，更是利用上海这个基地发展长江三角洲、长江流域的问题。[①]1992年，党的十四大报告提出，以浦东开发开放为龙头，进一步开放长江沿岸城市，尽快把上海建成国际经济、金融、贸易中心之一，带动长江三角洲和整个长江流域地区经济的新飞跃。以要素资源市场化配置为突破口，浦东新区率先全面推开土地使用权有偿转让，实现人才自由流动，国内首个保税区、首批中外合资外贸公司、首批国内跨地区的外贸子公司到此落户。这些都使浦东新区具有极强的聚集力。《浦东新区年鉴（1995）》这样记载了浦东新区1994年的对外经济活动：平均每天有2.8个新批外商投资项目，每天引进的外商合同金额为710万美元，每天的外贸商品出口总值为493万美元；平均不到4天就有一个500万美元以上的大项目签约进区，累计有44家国际知名跨国企业（包括美国的杜邦、兆华斯坦、福特、吉列，德国的西门子、巴斯夫，日本的日立、松下、夏普、胜利、丸红、森建筑，比利时的贝尔，韩国的浦项，等等）落户。[②]2005年6月21日，国务院常务会议批准浦东新区为全国首个综合配套改革试点地区。2013年9月29日，中国（上海）自由贸易试验区成立，旨在进一步推动改革开放，探索可复制的制度性成果，又一次促进了浦东新区的聚集发展。至

---

① 参见《浦东开发开放20周年——在更高起点上实现快速发展》，《人民日报》2010年4月18日。

② 参见《浦东新区年鉴》编辑委员会编：《浦东新区年鉴（1995）》，上海社会科学院出版社1995年版，第14—15页。

2016年末，中国（上海）自由贸易试验区共有企业79669户，其中内资企业62365户，涉及注册资本41403.62亿元；外资企业17304户，涉及注册资本2436.86亿美元。浦东新区的开发开放促进区域带动战略向纵深发展，既促进长江三角洲产业的发展，又使其能够更好地基于长江三角洲的产业发展打造高端产业集群。2010年7月，广东省政府办公厅印发的《珠江三角洲产业布局一体化规划（2009—2020年）》，旨在加强珠江三角洲产业横向错位融合、纵向分工协作，促进深圳与珠江三角洲其他地市，尤其是与东莞、惠州等地在产业布局的一体化。2011年1月，中共广东省委十届八次全会提出各市和省直部门明确一至两个转型升级突破点的要求。之后，于这年的3月，广东省经济和信息化委员会制定了《珠江三角洲手机产业一体化实施方案》，以促进珠三角手机产业的一体化发展。在如此产业布局下，珠江三角洲由以"三来一补"为主起步，发展形成了较为完整的产业链，成为先进的制造业集群。

（四）新区建设在所开启的市场配置资源发展模式下，既要形成通过经济社会协调发展聚集人才，还要形成能够保障公平竞争的社会环境

深圳、浦东改革开放试验表明，特殊的政策优惠、便捷的管理等，可以在新区建设启动之际形成聚集效应，而要实现持续发展，特别是形成自主创新发展高地，更是要形成经济社会协调发展机制和能够实现公平竞争的社会环境。

一是促进经济社会协调发展，形成聚集人力、高端人才机制。一个新区的建立和成长，不仅要聚集到企业，还要聚集到人，尤其是高端人才，这取决于能否以人为本，促进经济与社会协调发展。深圳经济特区建设启动及之后的成长期，正是中国人口红利释放的时期，深圳由渔村发展为大都市，人是其主要增长源。它不仅聚集了全国的农民工，更是聚集了创新发展所需的各类优秀人才。珠江三角洲在发展过程中，在聚集农民工方面存在一些隐忧，那就是因户籍及与之挂钩的福利政策，农民工的生活没有真正融入当地，由改革开放初期的因农民到发达地区打工收入可观而源源不断地供给劳动力，在区域发展不均的问题有所缓解

的时候，则在一段时期内演变成为较为严重的民工荒。浦东新区一开始就注重社会发展，成为浦东发展模式的重要组成部分。浦东新区开发开放前，浦东与浦西在基础设施和社会事业上有较大差距，也就有了"宁要浦西一张床，不要浦东一间房"的民谚。浦东新区开发开放启动之时，由于经济社会已发展到一个新阶段，具备了改变"先生产后生活""先经济后社会"发展思路的条件，不仅重视产业的发展，还形成了经济与社会协调发展的良性相动。由此，几乎是在一片农田上崛起的浦东新区，获得联合国改善人居环境最佳范例奖、中国人居环境范例奖、国家园林城区、全国文明城区等称号。深圳、浦东在经济社会协调发展基础上的高端产业的成长发展，吸引了大量的高端人才。

二是提供公平的创新发展环境。为了更好适应社会主义市场经济发展的需求，先行实施政府由管理型向服务型转变的改革。浦东新区早在开发开放之初就设置了三条"高压线"，即任何领导干部不准擅自定低价和决定对个别项目的政策优惠、不准擅自决定工程发包、不准利用职权在征地和动拆迁中为亲属好友从中获利。这些制度的实施和行政管理体制改革，所形成的公平竞争环境，有利于创新能力强的企业的引入和成长，对企业创新发展也是一种激励。

三是既要避免对改革开放试验的干扰，又要防范风险。这是深圳、浦东改革开放成功和向自主创新发展迈进的重要原因。深圳、浦东改革开放试验，尤其是最初的深圳特区建设，既有政治上的姓"社"姓"资"的干扰，也有市场的风险。在坚持国家主权下，坚持在限定的小区域内先行试验，这是具有"敢为天下先"的胆魄的前提。即便是正在进行的自贸区建设，也在监管上一开始就实行"一线逐步彻底放开、二线安全高效管住、区内货物自由流动"这样一种开放与监管并重的模式。这是风险控制的一种成功案例。此外，在深圳、浦东改革开放试验启动之初，由于以承接国际产业转移为主，没有受到投机炒作的干扰，也就没有发生改革试验成本猛升而导致后续创新发展能力减弱的问题，进而有利于试验的本来价值的实现。雄安新区一开始就明确了不炒作房地产，并实行与就业挂钩的租房政策，正是借鉴了深圳、浦东改革开放的经验。

产业由低端向中高端迈进，是中国提升在国际上的产业竞争力、在价值链上能够充分分享发展成果、跨越"中等收入陷阱"的必然选择，是现代化的基础和重要标志之一。深圳、浦东在先行先试进程中，在由国内短缺经济时期承接国际产业转移，到国内买方市场形成、经济全球化快速推进而竞争激烈压力下，向自主创新发展的转型，实际上是对跨国资本及与之融合的高科技垄断的突围。这一历史进程积累的经验有：新区建设不能止步于政策优惠对企业和产业的聚集，而是应致力于在市场竞争下增强自主创新发展能力；在坚持社会主义基本制度下引入外资，促进公有制经济与多种所有制经济共同创新发展；尊重产业发展规律，既要有全球视野的向产业高端迈进的创新发展布局，还要着眼于区内外产业的协调发展；既要形成通过经济社会协调发展聚集人才，还要形成能够保障公平竞争的社会环境。这些可供正在进行的雄安新区建设和供给侧结构性改革借鉴。

建设雄安新区与建设深圳经济特区、浦东新区相比，有可借鉴之处在于有相同之处，即都属于在经济社会发展基础相对较弱之地建设新区，都是基于承接转移（深圳、浦东是承接国际产业转移，雄安新区是北京非首都功能疏解集中承载地），并借此实现创新发展。同时，也应当看到不同之处，如在发展水平上，雄安新区建设启动之际，中国经济已不再是短缺经济，不再是单独的引入外资和技术，而是进入买方市场，具有较强的自主创新发展能力，在产能过剩下推进供给侧结构性改革；在体制上，不再是社会主义计划经济体制，而是社会主义市场经济体制。这些都是在把雄安新区打造成为北京非首都功能疏解集中承载地和自主创新发展高地过程中，借鉴深圳、浦东经验时要加以注意之处。

［原载《中国经济史研究》2017 年第 5 期］

新中国实现历史性跨越发展的经验和意义

新中国 70 年突破既有历史发展趋势、发展起点的现实困境、作为后发国家在国际上面临的劣势窘境对发展空间的锁定，用几十年时间走完发达国家几百年走过的工业化历程[①]，实现由农业社会向工业社会转型、由低收入国家向中等偏上收入国家提升、由受温饱不足困扰到小康富裕飞跃、由跟跑追赶向世界经济增长第一大引擎转变的历史性跨越。把新中国实现历史性跨越发展这一奇迹的取得纳入长时段和国际视角进行考察，可以发现，用后发优势、人口红利、比较优势、结构效应等，可以解释某些时段、某些产业、某些地区的发展，但不能解释新中国 70 年历史性跨越发展的全部历程，而最根本的贯彻始终的是在中国共产党领导下，发挥社会主义国家制度和国家治理体系的显著优势，不懈地解决发展过程中遇到的问题，在积累实践经验基础上不断完善发展道路。中国实现历史性跨越发展，所呈现的后发国家能够突破劣势窘境向优势跨越发展转变的前景及其实现路径，寓含着丰富的中国经验和重大的理论意义。

一、社会主义基本经济制度厚植起历史性跨越发展的优势

社会主义公有制的建立和完善是实现历史性跨越发展的基石。70 年

[①] 习近平：《在庆祝改革开放四十周年大会上的讲话》，载《十九大以来重要文献选编》上，中央文献出版社 2019 年版，第 728 页。

间，中国坚持以马克思主义为指导，对公有制及其有效实现形式进行了创造性探索。新中国在20世纪50年代社会主义改造中建立起生产资料公有制，实现了所有制的历史性伟大变革。在改革开放进程中，在资本主义处于强势的世界局势下，在苏联和东欧国家私有化冲击的压力下，中国坚定走中国特色社会主义道路，坚持发展公有制经济，并基于中国仍处于社会主义初级阶段的判断，促进与之相应的公有制为主体、多种所有制经济共同发展，坚持"两个毫不动摇"，积极发展混合所有制经济。社会主义公有制的建立和不断完善，为坚持中国共产党的领导，以及坚持人民当家作主、促进全体人民共同富裕、实施国家发展战略及其导向下的集中力量办大事提供了坚实的基础。公有制为主体、多种所有制经济共同发展及与之相应的按劳分配为主体、多种分配方式并存制度的确立和完善，丰富和发展了马克思主义所有制理论和分配理论，回答了社会主义初级阶段应实行什么样的所有制和分配制度的课题，形成了激发各主体奋力发展的强劲动力。

社会主义市场经济体制的建立和改革完善促进了历史性跨越发展的实现。新中国成立初期建立起来的计划经济体制，以较强的资源动员和整合能力，破解了作为落后的农业大国的中国缺乏工业化所需要的大量资本及一盘散沙下难以快速推进工业化的问题。面对计划经济体制下经济发展缺乏活力、难以走出"一管就死，一放就乱"的怪圈，以及这一体制下求快冲动的投资饥渴和结构性失衡问题，在建立起独立的比较完整的工业体系和国民经济体系的新的生产力水平台阶上，基于邓小平南巡谈话作出的计划和市场都是手段的论断，把社会主义制度和市场经济有机结合起来，并不断完善社会主义市场经济体制，既使市场在资源配置中起决定作用，又更好发挥政府的作用，将两者有机统一于国家发展战略的实施，进而突破了之前在理论和实践中把两者对立起来的逻辑思维和理论认识。中国特色社会主义市场经济体制，活而不乱，能够统筹全局与局部发展、长远与近期发展，能够避免政府失灵，能够避免市场失灵。在中国共产党领导下，无论是在改革开放前，还是在改革开放以来，社会主义经济体制保障了国家发展战略的持续实施，将一张蓝图绘到底，这是资本主义国家不具备条件而难以做到的。

70年的实践中，正是由于公有制为主体、多种所有制经济共同发展，按劳分配为主体、多种分配方式并存，社会主义市场经济体制等社会主义基本经济制度的建立和不断完善，快速促进了先进生产力增长极的形成，迅速提升了社会生产力和综合国力，具有较强的纠错能力而纠正一些失误实现发展，抵御了西方资本主义国家禁运、封锁、"抵制"等多种形式打击，克服了国际经济危机冲击。坚持和完善社会主义基本经济制度，由此探索形成快、活、稳统一的优势跨越发展路径，彰显了中国共产党对马克思主义经济理论的丰富发展是成功的。

二、以经济建设为中心是实现历史性跨越发展的关键

新中国成立初期，在西方资本主义国家对中国实施禁运封锁的情况下，抓住苏联对中国实施援助的机会，从1953年起实施以156项重大工程项目为主的"一五"计划。"一五"计划的实施实现工业化的快速增长，增强了快速发展的信心。但此后在急于求成思想指导下，又盲目乐观地发动"大跃进"运动，开展了大规模群众性建设，导致工业上的大炼钢铁等严重失误。尽管"大跃进"是错误的，但在"大跃进"中组织农民大规模兴建的水库在经历后期完善后，长期发挥着作用。在面对西方资本主义国家的长期封锁，而中苏关系又恶化的情况下，中国自1964年起实施以备战和促进中西部地区发展为目标的三线建设。在中国技术装备仍然落后的情况下，基于中国与西方资本主义国家关系向缓和方向发展，1972年启动实施了以引进预算为43亿美元的成套生产设备为内容的"四三方案"。粉碎"四人帮"后的两年间，中国再次大规模引进国外先进技术装备。尽管有所冒进，但这些举措表明，作为落后的中国，期望实现工业化的快速发展，并在不利的国际环境下，努力抓住并争取发展机会。如果没有如此艰苦奋斗推进经济建设，在改革开放前建立起独立的比较完整的工业体系和国民经济体系是难以实现的。由于社会主义革命和建设的复杂性、艰巨性，又缺乏实践经验的充分积累，改革开放前中国的经济建设也受到干扰，最突出的是受到以阶级斗争为纲的影响。在经历实践是检验真理的唯一标准讨论基础上确立的解放思想、实事求

是的思想路线下，吸取以阶级斗争为纲冲击经济建设的教训，中共十一届三中全会明确将工作重心转移到经济建设上，之后明确提出发展是硬道理，并在实践中一以贯之地坚持以经济建设为中心。不仅如此，还推进由追求数量型增长向质量型发展的转变，注重实体经济的发展，避免产业脱实向虚而导致产业空心化的问题。这是改革开放以来的四十余年中国抓住发展的重要战略机遇期而实现跨越发展的关键。新中国 70 年的跨越发展，彰显了发展是硬道理在社会主义革命和建设中深邃的理论价值。

三、以人民为中心和满足人民对美好生活向往是实现历史性跨越发展的强大动力

以人民为中心的价值取向和满足人民对美好生活向往的目标取向，统一于中国共产党为中国人民谋幸福、为中华民族谋复兴的初心。从完成社会主义改造起至今，中国共产党虽然根据经济社会发展变化对中国社会主要矛盾的表述有所变化，但其中有一点是不变的，那就是中国共产党满足人民对美好生活向往的奋斗目标。为促进这一奋斗目标的实现，20 世纪 50 年代初至 70 年代末，中国共产党带领全国人民齐心协力，奋力推进国家工业化战略的实施；改革开放初期至 20 世纪末推进小康建设；21 世纪起开启全面建设小康社会，党的十八大明确全面建成小康社会，党的十九大提出决胜全面建成小康社会。在这样的发展进程中，实践和理论创新不断展开。在发展目标与方略上，在确立并坚持人民主体地位的基础上，明确了以人为本和促进人的全面发展，形成了以人民为中心的基本方略。在思想理念上，形成了以人民为中心的发展思想，形成并切实践行创新、协调、绿色、开放、共享发展理念。在布局上，形成并坚持统筹推进"五位一体"总体布局，促进经济建设与政治建设、文化建设、社会建设、生态文明建设相互促进；形成并坚持协调推进"四个全面"战略布局，使全面建成小康社会有了更加有力的保障。如此，形成了与社会主义初级阶段相适应的发展为了人民、发展依靠人民、发展成果由人民共享的政策体系和发展机制，在促进全体人民共同富裕进

程中形成了世界上最大的中等收入群体，按照在全面建成小康社会中一个不能少、在共同富裕路上一个不能掉队的要求，推进脱贫攻坚取得历史性成就。在各种因素综合作用下，中国实现历史性跨越发展有了和谐稳定的社会基础，历史性跨越发展有了基于人民需求增长、升级而对发展的强劲拉动，使历史性跨越发展有了不竭动力。新中国70年实现跨越发展表明，只有以人民为中心和满足人民对美好生活向往才能够提供持续而又强大的发展动力。

四、国家集中力量办成一盘散沙办不成或难以快速办成的关系国计民生的大事是实现历史性跨越发展的法宝

在新中国实施大规模经济建设初期，以毛泽东为主要代表的中国共产党人就认识到，为了保证国家建设的投资，必须有重点地使用资金，把资金主要用在对国家命运最有决定意义的事业上——重工业的建设和国防建设，反对在短期内把一切"好事"都办完的观点。这就探索形成了在资源有限的情况下，集中力量攻克重大尖端科技难题、促进先导产业发展，以形成增长极而引领整个经济社会发展的路径。中国集中力量快速推进国家工业化建设，一开始就取得了显著成效，"一五"计划期间工业增加值实际增长了1.27倍。这表明，中国通过集中力量推进工业化建设实现了预期。改革开放前，中国在集中力量办大事时，也发生了一些失误，主要是通过高度集中的计划经济体制实施，导致一些问题：一是难以抑制追求高速增长的冲动。二是导致企业生产经营缺乏自主权。三是在发展进程中发生重工业与轻工业、工业与农业，城市与农村的结构失衡。改革开放以来，随着社会主义市场经济体制的建立和不断完善，发挥国家发展战略的导向性作用，并运用多种政策工具，使集中力量办大事成效更为显著地发挥出来，进而促进了综合国力和国家竞争力的显著提升，为各市场主体竞争力和发展空间的提升提供了坚实的基础性支撑。新中国70年的实践表明，国家集中力量能够办成分散力量办不成或难以快速办成的关系国计民生的大事，是实现历史性跨越发展的法宝。

五、基于独立自主推进对外开放为实现历史性跨越发展赢得了机会和拓展了空间

中国注重处理好独立自主与开放发展的关系，不断地艰辛地推进对外开放。第二次世界大战后，形成以美国为首的西方资本主义国家和以苏联为代表的社会主义国家两大阵营，在这样的国际政治背景下，西方资本主义国家对中国实施禁运、封锁，中国除与苏联等社会主义国家开展合作外，没有别的选择。当时的实际情况是，中国不是自己搞封闭，而是被西方资本主义国家禁运、封锁。中华民族有一股劲，越是禁运、封锁，越是拧成一股绳，自力更生奋力推进建设发展。同时，西方资本主义国家对中国的禁运、封锁与其自身发展的利益冲突，其盟员或明或暗地试图突破对中国禁运封锁的"盟约"。至 20 世纪 70 年代初，作为资本主义国家盟主的美国在国际上要与苏联争霸，在国内又面临长期实施凯恩斯主义政策而发生经济滞胀，也按捺不住为其过剩资本和产品找出路，在中国主动发起乒乓外交后，艰难地实现了中美关系的破冰。1978年，中国对世界开放，世界也对中国开放，这是历史的交汇。改革开放以来，中国在坚持独立自主的同时，突破长期受抵抗资本主义及西方国家霸权等历史条件下所形成的批判"洋奴哲学""崇洋媚外""买办资产阶级"等的干扰，坚定地走出对外开放的发展路径。中国实行对外开放，不仅促进了中国的发展，也给整个世界的发展带来新的机会，促进了产业链在全球的重构，助推全球经济的新一轮增长，而不是仅仅依靠实施供给学派的政策主张让美国走出了滞胀的困境。中国实施对外开放，抓住全球化的发展战略机遇，引进国外和华侨资本弥补国内资本不足的问题，学习发达国家的先进技术和管理经验，使中国的后发优势充分发挥出来。中华民族善于学习，在技术上进行引进、消化吸收、创新发展，而不是有人简单概括的以中国的大市场换国外先进技术。中国是在全球化进程中实现发展的，中国也在全球化进程中与世界分享发展成果。中国经济的快速增长与世界发展的相互促进表明，中国的发展离不开世界，世界的发展也离不开中国。在这样的实践基础上，党的十八大以来，习

近平总书记提出构建人类命运共同体，倡导共建"一带一路"，一方面给世界带来新的发展机遇，另一方面开创了共商共建共享原则，由此开启各国合作共赢新机制的探索构建，为破解国际间的零和博弈、"丛林法则"竞争痼疾作出了重大实践和理论贡献。

[原载《红旗文稿》2019 年第 20 期]

道路探索与
政策选择

开辟社会主义市场经济之路的历史进程

中国突破社会主义不能实行市场经济的理论，创造性地把社会主义与市场经济有机结合起来，成功地开辟社会主义市场经济之路，是经历了三个阶段才得以实现的。陈云关于社会主义必须有两种经济的论断，解决了社会主义要不要市场调节的问题。邓小平关于计划和市场都是经济手段的论断，解决了社会主义可不可以引入市场手段的问题。党的十四大以来形成了社会主义市场经济理论体系，解决了选择资本主义自由市场经济还是社会主义市场经济的问题。这"一大突破、一大创造、三个阶段"成为开辟社会主义市场经济之路的丰碑。

一、社会主义要不要市场调节问题的解决

社会主义实行计划经济，这是新中国成立后建立社会主义经济制度的理论依据。陈云对社会主义排斥市场调节的观念提出了挑战，并经历了由政策主张到理论判断的过程。

陈云的这一挑战，起于1956年提出实行国家市场领导下的自由市场的政策主张。中国社会主义改造完成后，实行计划经济，排斥市场调节，把市场搞得很死，由此导致产品品种减少、质量下降等现象。负责全国财经工作的陈云发现这一问题后，针对成因及可能导致更为严重后果的判断，提出了实行国家领导下的自由市场的新的政策主张。1956年8月23日，陈云在国务院有关部门参加的关于工商业改造的组织形式问题座

谈会上分析指出:"商业方面是国家一家垄断。这种垄断商业,过去用来对付资本主义是对的,但是到社会主义改造高潮之后就不适应了。不要商业,工业就要停产。苏联十月革命后,市场完全死了。我们今天也把市场搞得很死,若不注意解决这一问题,天下就会大乱。"陈云有针对性地分析指出:"一九五三年以后,对工业实行统购包销,商业自上而下派货,农产品独家收购,市场管理很严格,带来了消极因素。主要是产品品种减少,质量下降。这种消极因素过去就有,现在应该取消。过去只有国家市场,没有自由市场,现在要有国家市场,也要有在国家市场领导下的自由市场。如果没有这种自由市场,市场就会变死。这种自由市场不同于资本主义国家的自由市场,因为它不是盲目的市场,而是国家市场的助手。"陈云还明确提出市场调节的领域:在工业方面,"今后,计划统计制度要改变,来一个'大计划'(指钢铁、棉纱等),'小自由'(指小工业、手工业)"。在农业方面,"除粮食、棉花及其他主要经济作物由国家掌握外,其他都可由农民自由经营,可以到自由市场出售。由于中国劳动力多,土地少,这样做是适合我国情况的"。"农业除粮食、油料、棉花等主要作物及猪以外,一律开放。"[①]同年9月20日,陈云在党的八大上的发言中,把国家市场领导下的自由市场作为"三个主体、三个补充"新经济体制构想的组成部分。

1979年3月8日,陈云在所写的《计划与市场问题》中,基于国内外实践的经验教训,再次向社会主义排斥市场调节的观念进行了挑战。陈云分析指出:"在社会主义革命还没有在一个国家胜利以前,马克思就设想过社会主义经济将是有计划按比例的发展的,这个理论是完全正确的。"在这篇文献中,陈云肯定马克思有计划按比例发展的设想,旨在强调1917年后苏联的经济计划和1949年后我国的经济计划存在的问题,指出:"当时苏联和中国这样做是完全对的,但是没有根据已经建立社会主义经济制度的经验和本国生产力发展的实际状况,对马克思的原理(有计划按比例)加以发展,这就导致现在计划经济中出现的缺点。"陈云进一步明确指出:"六十年来,无论苏联或中国的计划工作制度中出现

---

① 《陈云文集》第3卷,中央文献出版社2005年版,第98—102页。

的主要缺点：只有'有计划按比例'这一条，没有在社会主义制度下还必须有市场调节这一条。"①

陈云不仅坚持国家市场领导下的自由市场的政策主张，还对其进行了理论概括，提出了社会主义时期必须有两种经济的论断。陈云指出，整个社会主义时期必须有两种经济：（1）计划经济部分（有计划按比例的部分）；（2）市场调节部分（即不作计划，只根据市场供应的变化进行生产，即带有盲目性调节的部分）。第一部分是基本的主要的；第二部分是从属的次要的，但又是必需的。②

陈云之所以提出社会主义时期必须有两种经济的论断，除了实践发展的需要外，还因为过去我们从理论层面分析了忽视市场调节与忽视价值规律之间的关系。陈云指出："所谓市场调节，就是按价值规律调节，在经济生活的某些方面可以用'无政府'、'盲目'生产的办法来加以调节。""忽视了市场调节部分的另一后果是，同志们对价值规律的忽视，即思想上没有'利润'这个概念。这是大少爷办经济，不是企业家办经济。"为此，陈云尖锐地指出："直到现在我们还不是有意识地认识到这两种经济同时并存的必然性和必要性。"③

陈云关于社会主义时期必须有两种经济的论断，尽管强调计划经济是基本的，市场调节是从属的次要的，但他对市场调节的必然性和必要性的理论判断，解除了社会主义不能实行市场调节的理论束缚，解决了社会主义要不要市场调节的问题。

随着实践的发展，中共十二届三中全会作出了"商品经济的充分发展，是社会经济发展的不可逾越的阶段，是实现我国经济现代化的必要条件"的论断，并提出"改革计划体制，首先要突破把计划经济同商品经济对立起来的传统观念，明确认识社会主义计划经济必须自觉依据和运用价值规律，是在公有制基础上的有计划的商品经济"④，这就突破了把计划经济同商品经济对立起来的观念，实现了马克思主义经济理论的重

---

① 《陈云文选》第3卷，人民出版社1995年版，第244—245页。
② 《陈云文选》第3卷，人民出版社1995年版，第245页。
③ 《陈云文选》第3卷，人民出版社1995年版，第245—246页。
④ 《十二大以来重要文献选编》中，人民出版社1986年版，第568页。

大发展。基于这一理论发展，这次全会提出计划经济为主、市场调节为辅的原则。

二、社会主义可不可以引入市场手段问题的解决

社会主义可不可以引入市场手段之所以成为问题，是因为一些人长期以来形成了市场属于资本主义社会范畴的观念。

事实上，在很长时期内，东西方在社会主义实行计划调节和资本主义实行市场调节上形成了共识。马克思提出："生产资料的全国性的集中将成为自由平等的生产者的各联合体所构成的社会的全国性的基础，这些生产者将按照共同的合理的计划进行社会劳动。这就是19世纪的伟大经济运动所追求的人道目标。"[1] 恩格斯提出："大工业使建立一个全新的社会组织成为绝对必要的，在这个新的社会组织里，工业生产将不是由相互竞争的单个的厂主来领导，而是由整个社会按照确定的计划和所有人的需要来领导。"[2] 列宁提出："只要还存在着市场经济，只要还保持着货币权力和资本力量，世界上任何法律都无法消灭不平等和剥削。只有建立起大规模的社会化的计划经济，一切土地、工厂、工具都转归工人阶级所有，才可能消灭一切剥削。"[3] 此外，经济学家帕累托在1902—1903年出版的两卷本《社会主义制度》中，也提出了"社会主义生产部"所实行的计划经济在理论上可以达到与市场均衡力量完全一样结果的假设。如此，在很长时期内，社会主义实行计划调节而排斥市场经济成为无须置疑的理论。

市场经济属于资本主义社会范畴，在很长时期内不仅是马克思主义的观点，也是西方经济学的观点。英国经济学家在《现代经济学词典》中对市场经济做出了这样的定义：市场经济，一种经济制度，在这种制度下，有关资源配置和生产的决策是以价格为基础的，而价格则是由生产者、消费者、工人和生产要素所有者之间的自愿交换产生的。这种经

---

[1] 《马克思恩格斯选集》第3卷，人民出版社1995年版，第130页。
[2] 《马克思恩格斯选集》第1卷，人民出版社1995年版，第237页。
[3] 《列宁全集》第13卷，人民出版社1987年版，第124页。

济的决策是分散的决策，就是说，经济决策是由该经济的一些组织和个人各自独立地决定的，而不是由中央计划当局决定的。市场经济通常也包含着生产资料私人所有制，即资本主义经济。①

中国在市场调节姓"社"或姓"资"的问题上，在认识上经历了国家统一市场下的自由市场、市场作为社会主义经济的补充、社会主义与市场不存在根本矛盾、计划和市场都是经济手段的轨迹。

陈云早在1956年就敢于提出实行在国家市场领导下的自由市场的政策主张，是因为提出了社会主义统一市场的概念，以此解决了作为补充部分的自由市场的姓"社"姓"资"的问题。这年9月20日，陈云在党的八大上的发言中指出："我国的市场，绝不会是资本主义的自由市场，而是社会主义的统一市场。在社会主义的统一市场里，国家市场是它的主体，但是附有一定范围内国家领导的自由市场。这种自由市场，是在国家领导之下，作为国家市场的补充，因此它是社会主义统一市场的组成部分。"②

尽管如此，由于没有从根本上解决市场调节的姓"社"姓"资"问题，在20世纪60—70年代，实行国家领导下的自由市场的主张与当时的社会主义经济理论没有完全确立起来，甚至在"文革"中还受到奉行极左观点者的批判。

改革开放初期，陈云在《计划和市场问题》中，再次强调市场调节在社会主义经济中的有益补充的作用，指出：既掌握了政权，又有了计划经济，就能够建设社会主义。市场调节部分只能是有益的补充（基本上是无害的）。③

实践的发展要求进一步解决社会主义与市场经济不容的认识问题。邓小平一步一步地解决了这一问题。邓小平先是作出两者不存在根本矛盾的论断。1985年10月23日，邓小平在会见美国时代公司组织的美国高级企业家代表团回答提问时指出："社会主义和市场经济之间不存在根本矛盾。问题是用什么方法才能更有力地发展社会生产力。我们过去一直搞计划经济，但多年的实践证明，在某种意义上说，只搞计划经济

---

① ［英］戴维·皮尔斯编：《现代经济学词典》，上海译文出版社1988年版，第375页。
② 《陈云文选》第3卷，人民出版社1995年版，第13页。
③ 《陈云文选》第3卷，人民出版社1995年版，第245页。

会束缚生产力的发展。把计划经济和市场经济结合起来，就更能解放生产力，加速经济发展。"邓小平还分析指出："多年的经验表明，要发展生产力，靠过去的经济体制不能解决问题。所以，我们吸收资本主义中一些有用的方法来发展生产力。现在看得很清楚，实行对外开放政策，搞计划经济和市场经济相结合，进行一系列的体制改革，这个路子是对的。"①在此时，邓小平明确，社会主义和市场经济之间不存在根本矛盾，将其作为资本主义的方法加以学习。在实践的推动下，党的十三大提出："社会主义有计划商品经济的体制，应该是计划与市场内在统一的体制。"②中共十三届四中全会后，提出建立适应有计划商品经济发展的计划经济与市场调节相结合的经济体制和运行机制。③

邓小平南方谈话，作出了计划和市场都是经济手段的论断，从根本上解除了长期把计划经济和市场经济当作社会基本制度范畴的思想束缚。邓小平指出："计划多一点还是市场多一点，不是社会主义与资本主义的本质区别。计划经济不等于社会主义，资本主义也有计划；市场经济不等于资本主义，社会主义也有市场。计划和市场都是经济手段。"④这一论断解决了社会主义可不可以引入市场手段的问题。在这一论断下，党的十四大提出："实践的发展和认识的深化，要求我们明确提出，我国经济体制改革的目标是建立社会主义市场经济体制，以利于进一步解放和发展生产力。"⑤

三、选择资本主义自由市场经济还是社会主义市场经济问题的解决

中国是选择"新自由主义"所主张的以私有制为基础的资本主义自

---

① 《邓小平文选》第3卷，人民出版社1993年版，第148—149页。
② 《十一届三中全会以来党的历次全国代表大会中央全会重要文献选编》上，中央文献出版社1997年版，第461页。
③ 《江泽民文选》第1卷，人民出版社2006年版，第226页。
④ 《邓小平文选》第3卷，人民出版社1993年版，第373页。
⑤ 《江泽民文选》第1卷，人民出版社2006年版，第226页。

由市场经济,还是选择以公有制为基础的社会主义市场经济,对此,是必须作出明确回答的问题。

党的十四大在"市场经济"之前加了"社会主义"四个字,即选择了社会主义市场经济,这一抉择承受了"新自由主义"思潮及苏联和东欧国家放弃社会主义而实行以私有制为基础的资本主义自由市场经济的压力。"新自由主义"是传承古典自由主义所形成的理论体系,两者都以通过市场机制自发作用的调节就可以自然而然地使社会资源获得最优配置的假设(或者说是信奉市场万能)为基础。基于这种假设,无论是古典自由主义还是"新自由主义",都主张私有化和市场化,反对政府干预经济;都服务于资本主义,所不同的是因为所处的阶段不同,古典自由主义是服务于自由资本主义,"新自由主义"则是服务于国际垄断资本主义。古典自由主义市场万能的假设没有通过检验——20世纪30年代资本主义世界爆发了经济大危机,随之以扩大政府支出创造需求和通过政府干预推动经济增长的凯恩斯主义上升为西方主流经济学理论。凯恩斯主义的实践使资本主义世界走出了30年代的经济危机,但70年代末至80年代资本主义国家发生失业与通货膨胀并存的"滞胀"问题又使其陷入困境。鉴于此,"新自由主义"则对古典自由主义进行修改而成为新的药方,到80年代末则进一步形成了被视为政策性宣言的"华盛顿共识"。苏联和东欧社会主义国家纷纷接受"华盛顿共识"药方而选择了资本主义,拉美国家也接受这一药方而进一步推进市场化。1991年,英国前首相撒切尔夫人访华时曾明确提出:"社会主义和市场经济不可能兼容,社会主义不可能搞市场经济,要搞市场经济就必须实行资本主义,实行私有化。"[1] 这些都给我国市场经济的选择构成了极大的压力。我国经受住了如此国际环境的压力,也没有被有着华丽外表的"华盛顿共识"所迷惑。

党的十四大作出社会主义市场经济的选择,是对我国实践经验的总结及偏差的校正。在经历计划经济下"一统就少""越少越统"的恶性循环历史后,改革开放初期,我国局部放开市场的改革获得极大成功,致

---

[1] 任仲平:《改变中国命运的历史抉择——写在社会主义市场经济体制确立20周年之际》,《人民日报》2012年7月10日。

使人们期望完全放开市场。在这种思维下，我国也曾一度学习西方市场经济进行改革。1988年10月8日，陈云同中央负责人谈话时提出了告诫和批评，指出："在我们这样一个社会主义国家里，学习西方市场经济的办法，看来困难不少。"①陈云还进一步说："我在一九七九年三月说过，六十年来，无论苏联或中国的计划工作制度中出现的主要缺点：只有'有计划按比例'这一条，没有在社会主义制度下还必须有'市场调节'这一条。所以，我们需要改革。但在改革中，不能丢掉有计划按比例发展经济这一条，否则整个国民经济就会乱套。"②1988年试图通过"价格闯关"来终结价格"双轨制"而实行自由市场经济不符合社会主义国情，在实施中引发恐慌，"抢购风"席卷全国，导致严重的通货膨胀（1988年、1989年居民消费价格指数分别达18.8%和18%③），最终以失败告终。

党的十四大作出社会主义市场经济的选择，以坚持社会主义、解放和发展生产力为根本出发点。邓小平南方谈话作出计划和市场都是经济手段的论断，也就进一步强调了市场只是手段而不是目的，这与同期俄罗斯将市场化作为改革目标是完全不同的。在苏联和东欧国家放弃社会主义的国际环境下，我国旗帜鲜明地坚持社会主义。既然计划和市场都只是手段，就不能因为实施市场经济改革而动摇社会主义制度，市场手段的应用就应当服务和服从于邓小平南方谈话所指出的"解放生产力，发展生产力，消灭剥削，消除两极分化，最终达到共同富裕"④这一社会主义本质的内在要求。党的十四大明确指出，建立社会主义市场经济体制，旨在"以利于进一步解放和发展生产力"。尽管如此，至今尚有人片面甚至有意识地断章取义地解释邓小平关于计划和市场都是经济手段的论断，只强调计划和市场都是经济手段，而无视经济手段要服务和服从于社会主义这个目的。

党的十四大作出社会主义市场经济的选择，解决了选择资本主义自

---

① 《陈云文选》第3卷，人民出版社1995年版，第365页。
② 《陈云文选》第3卷，人民出版社1995年版，第367页。
③ 国家统计局国民经济综合统计司编：《新中国五十五年统计资料汇编》，中国统计出版社2005年版，第32页。
④ 《邓小平文选》第3卷，人民出版社1993年版，第373页。

由市场经济还是社会主义市场经济的问题。

根据上述对开辟社会主义市场经济之路三个阶段的分析，可以进一步得出这样一些认识：第一，中国社会主义市场经济之路的开辟，不是主观意志的选择，而是实践发展的需要，是马克思主义中国化的成果。第二，在开辟社会主义市场经济之路这一问题上，陈云所作出的第一次理论突破和邓小平所作出的第二次理论突破，两者所解决的问题不同，不是一种对立、否定、替代的关系，而是一种循序渐进的历史逻辑关系。第三，我国开辟社会主义市场经济之路所经历的三个阶段，解决了这条发展之路中三个方面的问题，即解决了社会主义要不要市场调节的问题、社会主义可不可以引入市场手段的问题、选择资本主义自由市场经济还是社会主义市场经济的问题。这三个问题的解决，完整地开辟了社会主义市场经济之路。

四、突破与创新

我国开辟的社会主义市场经济之路，突破了市场经济属于资本主义范畴的断语，突破了社会主义不能实行市场经济而必须实行计划经济的观念。这一发展之路形成所遇到的传统观念障碍是巨大的。基于实践发展要求，经历陈云关于社会主义必须有两种经济的论断、邓小平关于计划和市场都是经济手段的论断、党的十四大以来的社会主义市场经济理论和实践探索，逐步突破了传统观念的约束，解决了社会主义要不要市场调节的问题、社会主义可不可以引入市场手段的问题、选择资本主义自由市场经济还是社会主义市场经济的问题，构成了中国特色社会主义市场经济理论体系，成为马克思主义中国化理论成果的重要组成部分，丰富和发展了马克思主义。

第一，突破社会主义不能实行市场调节的观念，创造性地把社会主义与市场经济有机结合起来，创新性地提出了"社会主义市场经济"这一概念，这不同于马克思、恩格斯当时所设想的社会主义经济，不同于苏联社会主义经济，不同于改革前我国的社会主义经济，不同于苏联和东欧国家放弃社会主义而实行以私有制为基础的资本主义自由市场经济。

党的十七大将建设社会主义市场经济纳入中国特色社会主义道路的重要组成部分[①]，这既是对社会主义市场经济的高度肯定，也强调了发展市场经济要坚持社会主义的方向。

第二，突破公有制与市场经济不容的观念，创造性地把公有制与市场经济有机结合起来，开辟了以公有制为基础的市场经济模式。1985年9月23日，邓小平明确指出："改革是社会主义制度的自我完善。"还明确指出："在改革中，我们始终坚持两条根本原则，一是以社会主义公有制经济为主体，一是共同富裕。"[②]1992年邓小平南方谈话强调："要坚持党的十一届三中全会以来的路线、方针、政策，关键是坚持'一个中心、两个基本点'。不坚持社会主义，不改革开放，不发展经济，不改善人民生活，只能是死路一条。基本路线要管一百年，动摇不得。"[③]基于坚持党的基本路线不动摇，党的十四大提出："社会主义市场经济体制是同社会主义基本制度结合在一起的。在所有制结构上，以公有制包括全民所有制和集体所有制经济为主体，个体经济、私营经济、外资经济为补充，多种经济成分长期共同发展，不同经济成分还可以自愿实行多种形式的联合经营。国有企业、集体企业和其他企业都进入市场，通过平等竞争发挥国有企业的主导作用。在分配制度上，以按劳分配为主体，其他分配方式为补充，兼顾效率与公平。运用包括市场在内的各种调节手段，既鼓励先进，促进效率，合理拉开收入差距，又防止两极分化，逐步实现共同富裕。"[④]在建立社会主义市场经济体制进程中，我国从实际出发，探索出了适应市场经济要求的多种公有制实现形式，公有制企业已成为产权清晰、自负盈亏、自主经营而富有生命力和活力的市场主体，进而验证了公有制与市场经济是相容的。

第三，突破政府宏观调控与市场调节对立的观念，把政府宏观调控与市场调节有机结合起来，形成了在社会主义国家宏观调控下充分发挥

---

① 胡锦涛：《高举中国特色社会主义伟大旗帜　为夺取全面建设小康社会新胜利而奋斗——在中国共产党第十七次全国代表大会上的报告》，《人民日报》2007年10月25日。
② 《邓小平文选》第3卷，人民出版社1993年版，第142页。
③ 《邓小平文选》第3卷，人民出版社1993年版，第370—371页。
④ 《江泽民文选》第1卷，人民出版社2006年版，第226—228页。

市场对资源配置起基础性作用的市场经济模式。党的十四大明确提出："我们要建立的社会主义市场经济体制，就是要使市场在社会主义国家宏观调控下对资源配置起基础性作用，使经济活动遵循价值规律的要求，适应供求关系的变化；通过价格杠杆和竞争机制的功能，把资源配置到效益较好的环节中去，并给企业以压力和动力，实现优胜劣汰；运用市场对各种经济信号反应比较灵敏的优点，促进生产和需求的及时协调。"这次全会还针对市场调节的缺陷，论述了国家宏观调控的必要性及其改进完善的方向，即"同时也要看到市场有其自身的弱点和消极方面，必须加强和改善国家对经济的宏观调控"。"在宏观调控上，我们社会主义国家能够把人民的当前利益与长远利益、局部利益与整体利益结合起来，更好地发挥计划和市场两种手段的长处。国家计划是宏观调控的重要手段之一。要更新计划观念，改进计划方法，重点是合理确定国民经济和社会发展的战略目标，搞好经济发展预测、总量调控、重大结构与生产力布局规划，集中必要的财力物力进行重点建设，综合运用经济杠杆，促进经济更好更快地发展。"党的十七大指出："要深化对社会主义市场经济规律的认识，从制度上更好发挥市场在资源配置中的基础性作用，形成有利于科学发展的宏观调控体系。"[1] 党的十八大进一步指出："经济体制改革的核心问题是处理好政府和市场的关系，必须更加尊重市场规律，更好发挥政府作用。"[2] 我国把政府宏观调控与市场调节有机结合起来，既可以解决单一计划经济产生的问题，又可以避免单一自由市场经济的缺陷。当然，这仍是一个需要在实践中不断探索完善的问题。

1992年党的十四大决定建立社会主义市场经济体制起的阶段性实践证明，我国选择社会主义市场经济是正确的。从国际上看，苏联和之后的俄罗斯按照"华盛顿共识"所进行的改革，结果不是使重工业优势地位得以强化，反而是去工业化，庞大的重工业体系遭受解构，不得以选择和实施资源大国战略，依赖石油、天然气价格上涨实现经济增长，这

---

[1] 胡锦涛：《高举中国特色社会主义伟大旗帜　为夺取全面建设小康社会新胜利而奋斗——在中国共产党第十七次全国代表大会上的报告》，《人民日报》2007年10月25日。

[2] 胡锦涛：《坚定不移沿着中国特色社会主义道路前进　为全面建成小康社会而奋斗——在中国共产党第十八次全国代表大会上的报告》，人民出版社2012年版，第20页。

也使其在一定程度上发生"荷兰病"问题，进一步抑制了其工业的发展；拉美国家由于国际垄断资本对其实施控制和收益索取，在较长时期没有走出"中等收入陷阱"。换言之，"新自由主义"如愿了，实现了服务于国际垄断资本主义的目的。对于"新自由主义"的美丽陷阱的诱惑，我们应当看清其实质。即便是向全球输出"华盛顿共识"的美国，也因为政府对经济缺乏应有的管制，导致雷曼兄弟公司于2008年在次级抵押贷款市场危机加剧的形势下破产，进而引发世界金融危机，也验证了"新自由主义"是不可行的。相反，我国走社会主义市场经济发展之路，克服了1997年亚洲金融危机的影响，战胜了2003年的"非典"，2008年"5·12"汶川大地震后成功地重建家园，经受住了2008年开始的世界金融危机冲击并为全球经济的恢复作出了重大贡献，到2010年成功跃居世界第二大经济体，彰显了社会主义市场经济的活力和效能。我国社会主义市场经济的成功实践为国际社会广泛关注，国外学者正视这条新的发展之路及所提供的经验，将这条道路和经验概括为第三条道路、"北京共识"等。

[原载《中国经济史论丛（2013）》，武汉出版社2013年版]

坚持社会主义市场经济改革方向是中国道路的要义

中共十八届三中全会强调"坚持社会主义市场经济改革方向"。这是对中国特色社会主义道路探索实践及其成功经验的总结和肯定，进一步明确了中国社会主义经济改革的方向和中国道路的要义。

一、推进社会主义市场经济改革是我国经济快速增长的重要原因

从全球视野考察，改革开放以来中国经济实现了跨越式发展，1979—2012年国内生产总值年均增长9.8%，比同期世界经济年均增长2.8%高出7个百分点。中国的经济总量由1978年的居世界第11位跃升至从2010年起的居第2位，经济总量占世界的份额由1978年的1.8%提高到2012年的11.5%，由低收入国家跃升至上中等收入国家（按照世界银行的划分标准）。

对于改革开放以来中国经济快速增长原因的分析，以下几个问题是不容歪曲的：

第一，不能将改革开放以来我国经济的快速增长单一归功于市场手段发挥作用的贡献。党的十八大报告指出："经济体制改革的核心问题是处理好政府和市场的关系，必须更加尊重市场规律，更好发挥政府作

用。"① 这是改革开放以来中国所积累的宝贵经验。如果不认识到这一经验，而是简单地认为改革开放以来我国经济快速增长完全是市场手段发挥作用的成果，甚至简单地认为是中国学习资本主义市场经济而进行改革的成果，那就是对历史的误读。如此，就难以解释苏联解体后的俄罗斯、东欧国家经济增长速度低于我国的原因，恰恰是这些国家按照资本主义市场经济推进改革而更多地发挥市场手段作用；也无法解释中国的经济发展速度快于本来就是实行市场经济的资本主义国家。

第二，不能将改革开放以来我国经济的快速增长单一归功于非公有制经济的贡献。无疑，改革开放以来，非公有制经济的发展不仅作出了就业、税收和 GDP 等方面的贡献，也给经济带来了活力，以及促进了竞争创新和市场体系的完善。同时，不能否认国有经济在国民经济中的主导作用，也不能否认国有经济在保障国民经济平稳持续快速增长中的支撑带动作用。例如，我国能够在克服 2008 年国际金融危机过程中成为带动世界经济复苏的重要引擎，2008—2012 年对世界经济增长的年均贡献率超过 20%，与大型国有企业有较强抗冲击能力而发挥重要的支撑带动作用不无相关。

第三，不能否认政府对促进改革以来中国经济快速增长的贡献。随着社会主义市场经济改革的深化，市场在资源配置上的作用日益明显，但是，市场也有失灵之处，政府也应当发挥作用。正因为如此，在推进社会主义市场经济改革进程中，我国逐步建立起适应市场经济发展的政府宏观调控体系。我国在这一改革过程中付出过代价，也积累了成功的经验。在付出代价方面，曾表现在政府宏观调控体系不健全而难以避免经济运行的大波动，如 1988 年在宏观调控体系没有建立起来的时候推行全面放开价格的"价格闯关"改革，结果导致严重的通货膨胀，也就不得不叫停"价格闯关"改革，而转变为对国民经济进行治理整顿。政府在中国经济快速增长上的作用，一方面，突出地体现在政府推进改革开放，组织实施中长远经济计划或规划，并通过具体的政策措施，引导资

---

① 胡锦涛：《坚定不移沿着中国特色社会主义道路前进　为全面建成小康社会而奋斗——在中国共产党第十八次全国代表大会上的报告》，人民出版社 2012 年版，第 20 页。

源向关系国计民生的领域进行配置；另一方面，解决市场失灵问题，如引导资源向中西部地区、乡村配置，以解决区域、城乡发展不协调等问题。同时，还促进经济的平稳运行，其中较为突出地体现在通过政府作用的发挥，克服了1997年亚洲金融危机和2008年国际金融危机，不仅如此，还在这一过程中赢得发展机会，实现了快速发展，提升了我国在世界经济格局中的位势。

二、不能因为坚持社会主义市场经济改革方向而完全否定改革前的计划经济

中共十八届三中全会强调坚持社会主义市场经济改革方向后，是否在重新审视历史时，就可以据此对改革前的计划经济予以完全否定呢？对于改革前后两个历史时期分别选择计划和市场两种经济体制的评判这一问题，不能孤立地就我国的情况简单下结论，而应当将我国纳入世界范围内考察，其中起决定因素的是我国在现代化进程中属于后发国家，这一特定的生产力格局和实现赶超发展战略目标的确定，也就决定了新中国成立初期实行计划经济体制是一种择优方案。我国作为后发国家，必然选择赶超战略，才能缩小与发达国家之间的差距。然而，后发国家的发展进程中却有一道鸿沟，即发展经济学所说的"贫困陷阱"——发展中国家由于恶性循环而难以摆脱贫困。对于新中国而言，困境还不仅如此，还面临资本主义国家的封锁。在这般历史条件下，我国走上了一条通过政府的计划调节来集中配置资源，以推进工业化的发展来突破"贫困陷阱"的路子。如果不实行计划经济，完全依靠市场手段，"一五"计划时期顺利实施以156项为重点的工业建设项目难以想象，20世纪60年代起顺利实施重大经济战略举措——三线建设也难以想象。也正因为通过计划手段集中配置资源，我国才在短时期内取得成功研制"两弹一星"和建立起独立的工业体系等辉煌成就，才有了国际地位的提升，也才有了资本主义国家放弃对我国的封锁而开始向合作发展的转变。实践已经证明，计划经济体制对于我国实施赶超战略而建立起独立的工业体系和国民经济体系发挥了重要作用，其功绩不可磨灭。还应当认识到，

实行计划经济应当作为后发国家实施赶超发展战略的重要经验，而不应以坚持社会主义市场经济改革方向来审视历史而对计划经济予以完全否定。

如果说计划经济是后发国家实施赶超战略之成功经验，那么是否就没有必要实行市场经济改革呢？这也是一种非历史的逻辑推断。我国在通过实施计划经济而快速建立起独立的工业体系和国民经济体系后，经济体制僵化而缺乏活力的缺陷也日益凸显。例如，不能很好反映价值规律而导致不按经济规律办事现象时有发生、缺乏竞争而影响效率的提高、难以反映供求关系而陷入"多了刀子砍，少了鞭子赶"和"少了少了多了多了"的怪圈，结果导致经济短缺问题长期得不到很好解决。鉴于此，对计划经济体制实施改革，实行社会主义市场经济改革也是历史的必然选择。

1978 年以来我国的经济改革，并不是另起炉灶，而是实行渐进式改革，即在长期实行的社会主义计划经济体制后推进社会主义市场经济改革，这种改革呈现出前后并非完全割裂或对立而是一种明显的路径依赖关系，在这种转变过程中因时而进处理政府与市场的关系，发挥好市场与政府两个方面的作用，这也就构成了我国社会主义市场经济的特色。仅就政府与市场、企业的关系而言，我国社会主义市场经济也不同于英国、美国等实行的"盎格鲁－撒克逊模式"，也不同于德国、法国等实行的"莱茵模式"。[①] 换言之，改革开放前的计划经济不仅为改革开放以来我国经济的快速增长奠定了坚实基础，而且成为社会主义市场经济改革的路径依赖，从这种历史统一性和内在关联性分析，也不能对计划经济予以完全否定。

三、坚持社会主义市场经济改革方向旨在实现社会主义本质要求

市场只是手段，实现由市场资源配置并不是改革的最终目的。改革

---

① 成思危：《正确处理政府与市场的关系》，《新京报》2013 年 11 月 15 日。

开放以来，我国着力发挥市场手段的作用，就是要更好地运用市场手段，实现解放生产力、发展生产力、消灭剥削、消除两极分化而最终达到共同富裕的社会主义本质要求。中共十八届三中全会鲜明地指出，改革开放的成功实践为全面深化改革提供的重要经验是，要"坚持党的领导，贯彻党的基本路线，不走封闭僵化的老路，不走改旗易帜的邪路，坚定走中国特色社会主义道路，始终确保改革正确方向"。这次全会在明确经济改革的指导思想和目标时强调："紧紧围绕使市场在资源配置中起决定性作用深化经济体制改革，坚持和完善基本经济制度，加快完善现代市场体系、宏观调控体系、开放型经济体系，加快转变经济发展方式，加快建设创新型国家，推动经济更有效率、更加公平、更可持续发展。"这些都明确了坚持社会主义市场经济改革方向的要义。同时，这次全会还在理论和重大举措上进行创新，以更好地坚持社会主义市场经济的改革方向。

第一，在改革的目标上既强调解放和发展生产力，又强调让发展成果更多更公平惠及全体人民。中共十八届三中全会强调："全面深化改革的总目标是完善和发展中国特色社会主义制度，推进国家治理体系和治理能力现代化。必须更加注重改革的系统性、整体性、协同性，加快发展社会主义市场经济、民主政治、先进文化、和谐社会、生态文明，让一切劳动、知识、技术、管理、资本的活力竞相迸发，让一切创造社会财富的源泉充分涌流，让发展成果更多更公平惠及全体人民。"这里在阐述全面深化改革总目标时，突出强调了三个"让"，旨在一方面通过使市场在资源配置中起决定性作用，激发经济活力，推动经济更加有效率，另一方面又让发展成果更多更公平地惠及全体人民，而不是让少数人独占发展成果，进而永葆经济发展的动力。

第二，进一步明确了坚持和完善社会主义初级阶段基本经济制度与市场经济的关系。中共十八届三中全会强调："公有制为主体、多种所有制经济共同发展的基本经济制度，是中国特色社会主义制度的重要支柱，也是社会主义市场经济体制的根基。"这与党的十四大报告提出的"社会主义市场经济体制是同社会主义基本制度结合在一起的"[①]相比，对基本

[①] 《江泽民文选》第 1 卷，人民出版社 2006 年版，第 227 页。

经济制度与市场经济的关系又有了进一步的明确和深化。将基本经济制度明确为社会主义市场经济体制的根基，使坚持社会主义市场经济改革方向有了根本的遵循。不仅如此，这次全会还创新性地提出了"混合所有制经济"的概念，并提出要积极发展混合所有制经济，这就为社会主义初级阶段基本经济制度提供了重要实现形式。

第三，明确提出"使市场在资源配置中起决定性作用"。这一重大理论创新，一方面是尊重了市场经济应由市场决定资源配置的一般规律，另一方面又是基于现阶段市场体系不完善、政府干预过多和监管不到位问题而提出的。为此，中共十八届三中全会进一步提出："必须积极稳妥从广度和深度上推进市场化改革，大幅度减少政府对资源的直接配置，推动资源配置依据市场规则、市场价格、市场竞争实现效益最大化和效率最优化。"

第四，强调要更好发挥政府作用，并将促进共同富裕明确为政府的职责和作用。对于政府在经济发展中的作用，有较大分歧。一般而言，主张政府在市场经济中应当发挥作用，其目的也主要是弥补市场失灵。中共十八届三中全会同时强调发挥市场和政府的作用，而不是有所偏颇，即"经济体制改革是全面深化改革的重点，核心问题是处理好政府和市场的关系，使市场在资源配置中起决定性作用和更好发挥政府作用"。不仅如此，还进一步明确了政府的职责和作用，即"政府的职责和作用主要是保持宏观经济稳定，加强和优化公共服务，保障公平竞争，加强市场监管，维护市场秩序，推动可持续发展，促进共同富裕，弥补市场失灵"。这里将"促进共同富裕"明确为政府的职责和作用，更加鲜明地明确了推进社会主义市场经济的改革方向，也彰显了社会主义本质的要求和社会主义市场经济的特质。

[原载《当代中国史研究》2014 年第 1 期]

坚定迈向全体人民共同富裕

不断促进全体人民共同富裕是习近平新时代中国特色社会主义思想的重要组成部分。习近平总书记在党的十九大报告中指出，中国特色社会主义新时代是逐步实现全体人民共同富裕的时代，要不断促进全体人民共同富裕，从2020年到2035年全体人民共同富裕迈出坚实步伐，从2035年到本世纪中叶全体人民共同富裕基本实现。党的十八大以来，按照习近平总书记在十二届全国人大一次会议上提出的"在经济社会不断发展的基础上，朝着共同富裕方向稳步前进"[①]的要求，我国促进共同富裕的步伐坚定有力，发展成果更多更公平地惠及全体人民。

科学辨识中国特色社会主义新时代是促进全体人民共同富裕的历史起点，洞悉经济社会发展的积极因素，坚定了朝着实现全体人民共同富裕不断迈进的自觉和自信。能不能正确认识当代中国促进共同富裕的历程，关系到能否坚定朝着实现全体人民共同富裕不断迈进。在改革进程中，通过完善基本经济制度，完善公有制实现形式和实行按劳分配为主、多种生产要素参与分配的政策，统筹兼顾公平与效率，让一部分地区、一部分人先富起来，先富带后富，使整个经济社会充满生机和活力，中国也因此取得了举世瞩目的发展奇迹。2016年9月3日，习近平总书记在2016年二十国集团工商峰会开幕式上鲜明地指出，中国改革开放的伟大进程，是共同富裕的进程。发展为了人民、发展依靠人民、发展成果

---

① 《十八大以来重要文献选编》上，中央文献出版社2014年版，第236页。

由人民共享,这是中国推进改革开放和社会主义现代化建设的根本目的。[①]改革开放以来,中国有 7 亿多人口摆脱贫困,13 亿多人民的生活质量和水平大幅度提升,用几十年时间完成了其他国家几百年走过的发展历程。这一基于事实的重大判断,不仅回答了中国改革开放的实践是否促进了共同富裕,更重要的是,揭示了把发展为了人民、发展依靠人民、发展成果由人民共享作为推进改革开放和社会主义现代化建设的根本目的。并基于所处经济社会发展阶段及其主要矛盾,探索完善促进全体人民共同富裕的有效实现路径和政策体系,促进全体人民共同富裕能够稳步实现。

以共享发展理念为引领,将促进全体人民共同富裕贯穿于经济社会发展的各个环节,坚定了探索完善促进全体人民共同富裕有效实现路径的自觉和自信。促进全体人民共同富裕与实现经济社会发展不可偏颇,也不能孤立推进,而是要相互促进,其中关键是能否探索出两者统一和相互促进的实现路径。针对发展、收入不均衡问题,从改革初期大力扶助老少边穷地区脱贫致富,到世纪之交先后实施西部大开发、东北地区等老工业基地振兴战略、中部崛起战略等,促进了区域由非均衡向均衡发展的方向转变。习近平总书记把共享与创新、协调、绿色、开放一并列为关系发展全局的深刻变革的新理念,指明了发展为了人民、发展依靠人民、发展成果由人民共享这样一个以人民为中心的价值目标取向和实现路径,更好地把发展与发展成果由人民共享统一起来,实现了促进全体人民共同富裕政策与发展经济社会政策的有机耦合。

坚持发展公有制经济,放大国有资本功能、集体资本功能,坚定了发展壮大公有制经济促进全体人民共同富裕的自觉和自信。生产资料私有制是贫富两极分化的根源。资本主义社会中财富向少数人集中这样一个事实,已经对私有制下不可能朝着共同富裕的方向发展,给予了长时段的极为充分的验证。中国特色社会主义实践验证了坚持公有制主体地位和完善公有制有效实现形式,是破解财富向少数人集中及其所引发重重矛盾这一世界性难题的必然选择。党的十八大以来,从实现经济社会发展和促进共同富裕等多重目标出发,迈出了发展公有制经济的坚定步

[①] 《十八大以来重要文献选编》上,中央文献出版社 2014 年版,第 236 页。

伐。中共十八届三中全会提出积极发展混合所有制经济和允许在混合所有制经济体中实行员工持股，并明确将有利于国有资本放大功能作为改革的重要目标。2015年11月23日，习近平总书记主持中共中央政治局集体学习马克思主义政治经济学基本原理和方法论时，对坚持和完善公有制的重大意义进行了深刻阐述。在发展农村集体经济方面，习近平总书记在主持2014年9月29日召开的中央全面深化改革领导小组第五次会议时强调，积极发展农民股份合作、赋予集体资产股份权能改革试点的目标方向，是要探索赋予农民更多财产权利，明晰产权归属，完善各项权能，激活农村各类生产要素潜能，建立符合市场经济要求的农村集体经济运营新机制。2016年4月，习近平总书记在凤阳县小岗村主持召开农村改革座谈会时强调，着力推进农村集体资产确权到户和股份合作制改革。积极发展混合所有制经济和对农村集体经济实行股份合作制改革，有利于国有企业和集体经济组织治理结构的完善、活力的增强，有利于实现国有资本功能和集体资产功能的放大，由此公有制经济日益发展壮大就可以为促进全体人民共同富裕提供根本保障。

更好发挥政府促进全体人民共同富裕的作用，着力破解市场机制下马太效应循环积累因果效应所致的两极分化难题，坚定了缩小收入差距促进全体人民共同富裕的自觉和自信。中共十八届三中全会将促进共同富裕明确为政府的主要职责和作用之一，这是坚持社会主义市场经济方向的要求，融合了当代中国促进共同富裕的历史智慧，可以破解完全依赖市场机制解决不了的缩小收入差距的难题，回答了使市场在资源配置中起决定性作用下，政府在促进共同富裕上是否要发挥作用的问题。党的十八大以来，我们党不仅致力于促进社会公平正义、改革收入分配制度、推进基本公共服务均等化、更好地保障和改善民生，还作出实施打赢脱贫攻坚战的决策。2015年6月18日，习近平总书记在贵州省召开部分省区市党委主要负责同志座谈会时强调：消除贫困、改善民生、实现共同富裕，是社会主义的本质要求，是我们党的重要使命。[①]2015年

---

① 《谋划好"十三五"时期扶贫开放工作　确保农村扶贫人口到2020年如期脱贫》，《人民日报》2015年6月20日。

11月29日，中共中央、国务院印发《关于打赢脱贫攻坚战的决定》。《中华人民共和国国民经济和社会发展第十三个五年规划纲要》设专章对"缩小收入差距"进行了规划。2016年11月，国务院还专门印发了《"十三五"脱贫攻坚规划》，对脱贫攻坚作出精准规划。党的十九大提出要做到脱真贫、真脱贫。这些都体现了党中央破解缩小收入差距难题促进全体人民共同富裕的决心和信心。在强有力的组合政策下，经过全国各方面共同努力，破解缩小收入差距难题取得显著成效。

全面从严治党，构建起以人民为中心的政治生态，坚定了党更好担当促进全体人民共同富裕使命的自觉和自信。利用职权贪污腐败、寻租侵吞财富，不仅增加市场交易费用、扰乱市场秩序、发生劣币驱逐良币现象而严重阻碍经济社会的发展，更败坏党风，还有可能造成全体人民共同富裕道路被冲毁。党的十八大以来，中央把全面从严治党纳入"四个全面"战略布局加以协调推进，中共十八届六中全会对全面从严治党进行了新的部署，形成了《关于新形势下党内政治生活的若干准则》《中国共产党党内监督条例》，把党内政治生活和党内监督制度化、规范化、程序化提升到了新的水平。党的十九大提出坚持全面从严治党，全面净化党内政治生态，促进共同富裕有了保障。

要深入学习贯彻党的十九大精神，不忘初心，牢记使命，深入贯彻以人民为中心的发展思想，更加坚定促进全体人民共同富裕的自觉和自信，为不断完善促进全体人民共同富裕的实现路径和政策体系提供研究支持。

[原载《社科院专刊》2017年10月27日]

清除有碍"两个毫不动摇"的陷阱

改革开放以来的历史进程，是在坚持社会主义初级阶段基本判断下，跳出公有制经济与非公有制经济对立替代思维并进一步发展为"两个毫不动摇"的进程、公有制经济与非公有制经济效能各有侧重和互为补充的进程、公有制经济与非公有制经济互学互鉴并不断适应社会主义市场经济的进程。2016年3月4日，习近平总书记参加全国政协十二届四次会议民建、工商联界委员联组会时，针对公有制经济和非公有制经济存在的困难和认识上的偏废指出："公有制经济也好，非公有制经济也好，在发展过程中都有一些矛盾和问题，也面临着一些困难和挑战，需要我们一起来想办法解决。但是，不能一叶障目、不见泰山，攻其一点、不及其余。任何想把公有制经济否定掉或者想把非公有制经济否定掉的观点，都是不符合最广大人民根本利益的，都是不符合我国改革发展要求的，因此也都是错误的。"[①] 中国在探索形成社会主义初级阶段基本经济制度基础上，提出并坚持"两个毫不动摇"，即"毫不动摇巩固和发展公有制经济"和"毫不动摇鼓励、支持、引导非公有制经济发展"，这是对我国基本经济制度的丰富和发展。然而在坚持和落实"两个毫不动摇"的过程中，也受到了形式多样的错误观点的干扰。有直接的，如直接主张私有化，把公有制经济在国家经济中的份额降低至10%以下，或将消灭

---

① 习近平：《毫不动摇坚持我国基本经济制度 推动各种所有制经济健康发展》，《人民日报》2016年3月9日。

私有制教条化;有隐蔽的,如刻意强调或认为国有企业效率低,垄断僵化,不能与市场经济融合,应限于公益性领域和退出竞争性领域,刻意强调或认为民营企业落后,一段时期内放大少数民营企业违法乱纪现象,脱离历史场景抽象地讨论"国进民退"还是"民进国退"等。为纠正这些错误观点,我们有必要还原历史本来,用改革开放以来真实的历史,清除有碍公有制经济或有碍非公有制经济发展的陷阱,以增强坚持"两个毫不动摇"的自觉和自信。

一、不能掉入用暂时局部波动评判谁退谁进的陷阱

无论是改革开放前还是改革开放初期,社会主义理论和资本主义理论在公有制经济与私有制经济对立替代的认识是一致的。第二次世界大战后,由于社会主义与资本主义两大阵营的对立,使公有制经济与私有制经济的对立替代不只是一国内部的矛盾,还成为范围更大的两大社会形态阵营的矛盾。新中国成立后,西方资本主义国家对中国实行禁运、封锁,试图以此遏制中国的发展。1989年,从实现资本主义国家及其跨国资本利益出发而形成的"华盛顿共识",引发了20世纪90年代俄罗斯和东欧国家的全面私有化,对逼迫中国选择私有化形成强大的围攻。不仅如此,还主张对中国实施直接渗透干扰。美国前总统尼克松直截了当地说:"在经济方面,中国朝自由市场制度前进的过程已经走了一半。现在,它的两种经济——一种私有,一种公有——正在进行殊死的竞争。""虽然这段时期内双方都有进展也有挫折,但是战斗还远远没有结束。""在中国双重经济的前途正处在紧要关头的时候,我们不能袖手旁观。""如果我们继续介入中国的经济,就能在帮助私营经济逐步消蚀国营经济方面扮演重要的角色。"[①] 可见,一些资本主义国家要将中国私有化的意图及实现路径的设计是非常清楚的。

改革开放以来,中国在实践的基础上,跳出了公有制经济与非公有

---

① [美]理查德·尼克松:《透视新世界》,刘庸安、李烨、王爱霞译,中国言实出版社2000年版,第162—163页。

制经济对立替代的逻辑。这一逻辑的跳出有历史基础，即 1956 年陈云在党的八大提出"三主三辅"的经济构想①。改革开放以来，首先是从实践方面进行突破。改革初期，允许发展个体私营企业，允许发展"三资"企业。在这些成功实践的基础上，党的十三大作出中国仍然处于社会主义初级阶段的重大判断，为更加积极地发展非公有制经济奠定了认识基础。党的十五大明确了公有制为主体、多种所有制经济共同发展的基本经济制度。2013 年 11 月，在中共十八届三中全会上，习近平总书记明确了"公有制经济和非公有制经济都是社会主义市场经济的重要组成部分，都是我国经济社会发展的重要基础"②的定位。2016 年 3 月 4 日，习近平总书记参加全国政协十二届四次会议民建、工商联界委员联组会时强调："我们党在坚持基本经济制度上的观点是明确的、一贯的，而且是不断深化的，从来没有动摇。中国共产党党章都写明了这一点，这是不会变的，也是不能变的。"③

在社会主义初级阶段及其基本经济制度下，也是在适应社会主义市场经济发展要求下，公有制经济与非公有制经济的发展也有暂时和局部的波动现象。就公有制经济而言，在 20 世纪 90 年代中后期，由于市场配置资源易于推进与国有企业改革复杂需要一定时间的不对称，加之国有企业承担了非公有制企业不承担的办社会负担，国有企业发展面临一些困难。由此，1995 年 10 月召开的中共十四届五中全会提出了"抓大放小"推进国有企业改革的思路。根据这一思路，国家对国有经济实施战略调整，一方面支持关系国计民生的大型国有企业做大做强，另一方面将一些属于配套服务的中小型国有企业民营化。根据国资委的统计，全国各种类型国有中小企业的数量，由 1995 年的 31.8 万家，减为 2006 年的 11.6 万家。就非公有制经济而言，非公有制企业由于是在市场经济中发育起来的，再加上国家出台了促进非公有制经济发展的支持政策，机制灵活，在改革中实现了快速发展。同时，大量中小型非公有制企业技

---

① 《陈云文选（1956—1985 年）》，人民出版社 1986 年版，第 13 页。
② 《习近平谈治国理政》第 1 卷，外文出版社 2018 年版，第 79 页。
③ 习近平：《毫不动摇坚持我国基本经济制度　推动各种所有制经济健康发展》，《人民日报》2016 年 3 月 9 日。

术装备水平不高，基本属于劳动密集型，吸纳了大量国有企业下岗职工就业，避免了国有企业职工下岗导致经济社会严重动荡的危机，为国有企业改革起了支撑作用，人民的总体福利没有因实施这一改革而下降，反而呈持续上升态势。

尽管如此，公有制经济与非公有制经济对立替代说仍然存在，在一些时候还较为突出，只是表现形式不同而已。进入21世纪，国家以告别长期短缺经济为契机，实施生产方式由粗放型向集约型转变，开始着手淘汰安全隐患重、能耗高、污染重的落后产能，在这样一种一视同仁的政策下，国有企业的落后产能有退出，但总体呈稳步发展态势，而有的非公有制企业，由于实力弱，难以完成转变而停滞不前，甚至一些行业或地区的非公有制企业还较多退出。最明显的是个私小煤矿在淘汰落后产能过程中停业，也有的由国有企业收购。这些暂时、局部波动本来只是市场机制促进持续健康发展的结果，却被转移至"国进民退"还是"民进国退"的争论中。这一争论的目的不在于"国进民退"是事实还是"民进国退"是事实，而是为私有化营造舆论。在主张私有化的人看来，公有制经济就是不能存在，发展不好无疑是问题，如认为国有企业经济效益低在于公有制，而发展好了也是问题，如将效益高归于垄断利润而与民争利。实际上，进入21世纪，国家进一步加大对非公有制企业的支持，国务院于2005年2月19日发出《关于鼓励支持和引导个体私营等非公有制经济发展的若干意见》（简称非公经济36条），5年后，于2010年5月7日又发布《关于鼓励和引导民间投资健康发展的若干意见》（简称新36条）。党的十六大明确提出"两个毫不动摇"，以避免"国进民退""民进国退"争论中把公有制经济与非公有制经济视为对立替代关系的问题。

党的十八大以来，习近平总书记把坚持社会主义基本经济制度与"两个毫不动摇"统一起来，丰富和发展了基本经济制度的内涵。2014年3月5日，习近平总书记参加全国人大上海代表团审议时强调，深化国有企业改革是大文章，国有企业不仅不能削弱，而且还要加强。2016年3月4日，习近平总书记参加全国政协十二届四次会议民建、工商联界委员联组会时强调："各地区各部门要从实际出发，细化、量化政策措施，制定相关配套举措，推动各项政策落地、落细、落实，让民营企业真正从政策中增强获得感。"①2018 年 10 月 20 日，习近平总书记给"万企帮万村"行动中受表彰的民营企业家回信指出，支持民营企业发展，是党中央的一贯方针，这一点丝毫不会动摇。②坚持"两个毫不动摇"，并通过制定和实施与之配套的政策，激发了各类投资的激情，公有制经济与非公有制经济不再被视为对立替代的此消彼长关系，还通过发展混合所有制经济促进融合发展，通过上下游产业链的联结朝着互相依存、互为唇齿方向发展。正因为如此，改革开放以来公有制经济和非公有制经济都实现了快速发展。截至 2017 年年底，全国国有资产监管系统企业资产总额突破 160 万亿元，实现营业收入 50 万亿元；非公有制经济由无到有、由小到大、由弱到强，民营经济贡献了 50% 以上的税收、60% 以上的 GDP、70% 以上的技术创新、80% 以上的城镇劳动就业、90% 以上的新增就业和企业数量。③"两个毫不动摇"使科学社会主义在 21 世纪的中国更加充满生机和活力。

由上可见，改革开放的历史进程，是跳出公有制经济与非公有制经济对立替代思维，进一步发展为"两个毫不动摇"的进程，不能掉入用暂时、局部波动评判谁退谁进的陷阱。

二、不能掉入单纯以经济效益高低评判谁优谁劣的陷阱

对于公有制企业，作为市场主体，应考量其经济效益，同时还应从它是中国特色社会主义的重要物质基础和政治基础、中国共产党执政兴国的重要支柱和依靠力量，以及以下三个具体方面加以考量：一是承担实施国家战略的重大使命。尤其是不少国家战略任务是难以在短期得到

---

① 习近平：《毫不动摇坚持我国基本经济制度 推动各种所有制经济健康发展》，《人民日报》2016 年 3 月 9 日。
② 《习近平回信勉励广大民营企业家 心无旁骛创新创造 踏踏实实办好企业》，《人民日报》2018 年 10 月 22 日。
③ 《中共中央政治局委员、国务院副总理刘鹤接受采访——谈当前经济金融热点问题》，《人民日报》2018 年 10 月 20 日。

相应经济收益回报的，有的由于在初创阶段效益低而风险大，有的还有很强的外部性而私人部门只愿"搭便车"，国有企业在这些方面都能勇于担当，不辱使命。例如，大型国有企业不仅注重应用技术研发，还承担国家产业发展战略中的前沿基础研究，把应用技术研究与前沿基础研究统筹结合起来，这是在很长时期内中小型非公有制企业不愿意做的，或是没有能力承担的；大型国有企业攻克重点领域或关键技术的瓶颈，担当起培育国家战略性新兴产业重任，引领战略性新兴产业发展；大型国有企业在日益开放的经济体系中，在保障国计民生上发挥支柱性作用，承担起保障国家重要产业安全的功能。二是承担办社会的责任。公有制企业曾经有人员过多而导致成本高的问题，但更主要的是承担办社会的责任。在改革初期的20世纪80年代，在短缺经济下，受需求拉动，国有企业产销两旺，经济效益较好，办社会的负担能够承受消化。也因为办社会的能力强，而非公有制企业还处于发育成长阶段，在这种情况下存在较普遍现象——国有企业有很强的吸引力，相对于个私企业，人们在就业时往往优先选择国有企业。90年代后期，随着公有制经济和非公有制经济的快速发展，短缺问题得到基本解决，市场竞争日益激烈，国有企业办社会与非公有制企业不承担办社会负担的政策差异，使国有企业办社会负担重的问题开始显现，加之计划经济下发展起来的国有企业的经营机制不如市场经济下发育起来的非公有制企业灵活，导致国有企业发展困难。中央对公有制经济的作用和地位有高度认识，对于国有企业，特别是关系国计民生的大型国有企业，没有以经济效益作为唯一目标，还考虑从长远的实施国家发展战略和短期的社会稳定发展出发，在对其实施改革的同时，也解决其办社会负担重等问题。随着国有企业分离社会事业改革的推进，国有企业办社会负担重的压力得以缓释，但至今还没有完全解决。2016年国务院印发的加快剥离国有企业办社会职能和解决历史遗留问题工作方案，正视了这一问题，分析指出，目前全国范围内仍然存在大量国有企业办社会机构，离退休人员社会化管理、厂办大集体改革等历史遗留问题较为突出，人员管理、运营费用负担沉重，已经严重制约国有企业的改革发展。实践表明，大型国有企业渡过了暂时的困难，在攻克科技前沿课题、发展战略新兴产业、推进"一带一路"

倡议等国家发展战略方面，发挥着不可替代的作用。三是国有企业要承担与非公有制企业不同内涵的社会责任。非公有制企业承担的社会责任，与国际通行的企业社会责任大体一致。非公有制企业承担社会责任，主要目的在于打造企业形象和品牌，是实现更好营利的举措之一，而公有制企业承担的社会责任，除非公有制企业承担的社会责任外，还分担不以营利为目标的政府责任。例如，国有文化企业需要把社会效益放在首位，保障意识形态安全和促进正能量的形成，在此前提下实现社会效益和经济效益的统一①；国有企业在减少职工时，如20世纪90年代国有企业职工下岗和近期供给侧结构性改革中分流部分职工时，从再就业技能培训、创造新的就业岗位、安置补偿等方面给予一定支持；国有企业要参与到不以营利目标的扶贫攻坚等战略的实施。实践表明，公有制经济在促进跨越发展②、改善民生、促进公平正义、促进共同富裕中，已经而且仍将继续发挥重大作用。2014年8月18日，习近平总书记在中央全面深化改革领导小组第四次会议上对国有企业的效能进行了高度概括，强调指出："国有企业特别是中央管理企业，在关系国家安全和国民经济命脉的主要行业和关键领域占据支配地位，是国民经济的重要支柱，在我们党执政和我国社会主义国家政权的经济基础中也是起支柱作用的，必须搞好。"③简言之，公有制经济有多种效能，不能掉入脱离当时经济社会发展对其要求及较好实现的事实、单纯以经济效益高低评判优劣的陷阱。

改革开放以来，中国已发育成长起了华为、腾讯、百度、吉利、三一重工等创新能力强、具有较强国际竞争力的非公有制企业，它们也具有较强参与实施国家发展战略的能力。同时，也应看到，生产经营规模小、技术研发能力弱、创新能力不强、处于产业链低端和价值链低端

---

① 中共中央办公厅、国务院办公厅：《关于推动国有文化企业把社会效益放在首位、实现社会效益和经济效益相统一的指导意见》，《人民日报》2015年9月15日。

② 郑有贵：《公有制的建立是新中国经济发展奇迹的基石——基于社会主义改造历史地位的分析》，《马克思主义研究》2016年第7期。

③ 《共同为改革想招一起为改革发力 群策群力把各项改革工作抓到位》，《人民日报》2014年8月19日。

的非公有制企业为数众多，尽管如此，不能仅以此评判非公有制企业存在的必要性。实际上，正是中小型非公有制企业这些特性，与资本密集、技术密集的企业相比，在促进就业、改善民生和满足人民多样化需求等方面作出了不可或缺的贡献。习近平总书记给"万企帮万村"行动中受表彰的民营企业家回信中指出："改革开放40年来，民营企业蓬勃发展，民营经济从小到大、由弱变强，在稳定增长、促进创新、增加就业、改善民生等方面发挥了重要作用，成为推动经济社会发展的重要力量。民营经济的历史贡献不可磨灭，民营经济的地位作用不容置疑，任何否定、弱化民营经济的言论和做法都是错误的。"① 例如，党的十八大以来实施大众就业、万众创新中，所孵化的微小农产品电商企业，促进了就业，培育了振兴乡村的带头人，也促进了人民多样化需求的满足。换言之，非公有制经济有吸纳就业能力强和满足人民多样化需求等功能，不能掉入单纯以生产技术或技术装备水平高低将其评判为落后企业的陷阱。

习近平总书记强调："我们强调把公有制经济巩固好、发展好，同鼓励、支持、引导非公有制经济发展不是对立的，而是有机统一的。""公有制经济、非公有制经济应该相辅相成、相得益彰，而不是相互排斥、相互抵消。"② 改革开放以来公有制经济和非公有制经济在中国经济社会发展中互为补充的效能，正是"两个毫不动摇"的必要性所在。

由上可见，改革开放的历史进程，是公有制经济和非公有制经济效能各有侧重和互为补充的进程，不能脱离经济社会发展的要求，掉入单纯以经济效益高低评判哪类所有制企业优劣、谁适合竞争性谁适合公益性逻辑的陷阱。如果不认识到社会主义初级阶段基本经济制度下公有制经济与非公有制经济在效能上各有侧重而相互补充的真实历史，而仅仅从单个企业的经济效益和谁适合公益性或竞争性考量，或仅仅从生产力水平考量，要么会掉入否定国有企业的陷阱，要么会掉入否定为数众多的中小型非公有制企业的陷阱。

---

① 《习近平回信勉励广大民营企业家　心无旁骛创新创造　踏踏实实办好企业》，《人民日报》2018年10月22日。
② 习近平：《毫不动摇坚持我国基本经济制度　推动各种所有制经济健康发展》，《人民日报》2016年3月9日。

三、不能掉入脱离历史场景和历史逻辑而片面评判谁先进谁落后的陷阱

改革开放以来，中国的公有制经济与非公有制经济互学互鉴，缘于历史发展的逻辑，是实现各自更好发展的内在要求。

在治理机制方面，公有制企业与非公有制企业互学互鉴，呈现阶段性特征。改革初期，公有制企业学习非公有制企业机制灵活的经验。在长期实行高度集中的计划经济体制下，公有制企业是在自上而下的计划下从事生产经营的，与之对应的，还形成了职工能进不能出的"铁饭碗"、干部能上不能下的"铁椅子"用人制度。在搞活经济改革进程中发育成长起来的非公有制企业，自主经营，自主聘用员工，自主分配，这些灵活的机制，给企业带来活力，以此为借鉴，国家对公有制企业实行逐步增强企业自主经营权的改革。随着社会主义市场经济体制的建立和优胜劣汰机制的逐步形成，公有制企业和非公有制企业都加快了推进现代化企业制度建设的进程。针对公有制企业在市场竞争中面临的困难，政府推动了构建产权清晰基础上的现代企业治理结构改革，公有制企业由此也逐步与市场经济相融合；同期，非公有制企业中的一些家族企业在实现一定发展后，遇到了产权封闭、家庭成员间产权不清晰、治理能力较弱、难以吸引社会资本等发展瓶颈，为走出困境，一些家族企业在国家建立现代企业制度的引导下，也选择了建立现代企业制度。同时，非公有制企业还学习公有制企业，建立党组织，发展社会主义企业文化，增强企业发展的凝聚力。

在创新发展方面，公有制企业与非公有制企业互学互鉴。改革开放前，国有企业注重人才建设、研发创新、科学管理，并经历长期积淀，具有较强的研发能力、创新发展能力和管理能力。改革开放以来，国有企业一直坚持这些做法，加之体量大，也有一定经济实力支撑技术研发的开展。国有企业从实施赶超发展的追赶者，发展成为与国际强大企业同台竞争的并行者，在很多领域还成为领跑者。公有制企业人才、技术、管理的优势，对于改革初期处于发育期的非公有制企业发挥了引领带动

作用。先期是请国有企业的"星期天"工程师帮助。①随着人才、技术市场的发育形成，非公有制企业可以从市场上招聘成熟高端人才和购买先进技术，其中不少高端科技和管理人才就是由国有企业培养输送的。现今，公有制企业与非公有制企业创新发展形成新的格局。一方面，面对市场竞争激烈而产品更新换代加速，非公有制企业注重长期培育人才、研发、管理，但总体而言，规模小的非公有制企业为数众多，支撑长期培育研发人才、统筹推进基础性研究与应用性研究的能力仍然有限，国有企业在很多方面仍发挥着引领和带动作用。另一方面，非公有制企业在人才引进和使用上具有灵活性，加之给予相应的高报酬，规模较大的非公有制企业，成为技术和产品研发创新的引领者。国有企业也开始学习借鉴非公有制企业的人才引进和使用机制，对通过市场机制招聘的高端科技人才实行相应的激励政策。

由上可见，改革开放的历史进程，是公有制经济与非公有制经济互学互鉴，并不断适应社会主义市场经济的进程，不能脱离历史场景和历史逻辑，掉入片面评判谁先进谁落后讨论的陷阱。

四、不能掉入脱离坚持党的领导及公有制主体地位的历史而抽象探讨发展公有制经济还是发展非公有制经济的陷阱

改革开放以来，坚持党的领导和公有制主体地位，是因为吸取了国内外教训。资本主义的逻辑起点是资本至上，视公有制经济与私有制经济对立替代，害怕公有制经济发展，形成了与资本至上相对应的国家治理体系。新中国政权建立初期，仍然是私有制，资本家利用拥有大量资本的优势，在上海等地控制金融市场，对粮食、棉花、煤炭搞囤积居奇，以牟取暴利，最终达到动摇共产党领导的人民政权的目的。由于中国共产党执政，动员各方力量，打赢了资本家掀起的这场经济战。20世纪90年代初，苏联解体，俄罗斯放弃共产党的领导，在公有制经济与私有制

---

① 邬鸣飞、李志勇：《上海"星期天工程师"忧喜录》，《瞭望周刊》1988年第16期。

经济对立替代逻辑下,将公有制经济全面私有化。

改革开放以来,中国有共产党的坚强领导,有对公有制主体地位的坚持,才有了提出和坚持"两个毫不动摇"的政治勇气。改革初期发展个私企业和"三资"企业,无疑是在公有制主体的条件下推进的。针对有人怕发展非公有制经济会发展成为资本主义时,邓小平南方谈话非常坚定地指出:"从深圳的情况看,公有制是主体,外商投资只占四分之一,就是外资部分,我们还可以从税收、劳务等方面得到益处嘛!多搞点'三资'企业,不要怕。只要我们头脑清醒,就不怕。我们有优势,有国营大中型企业,有乡镇企业,更重要的是政权在我们手里。"[①] 针对改革开放以来中国公有制经济比重的变化,习近平总书记强调指出:"改革开放以来,我国所有制结构逐步调整,公有制经济和非公有制经济在发展经济、促进就业等方面的比重不断变化,增强了经济社会发展活力。在这种情况下,如何更好体现和坚持公有制主体地位,进一步探索基本经济制度有效实现形式,是摆在我们面前的一个重大课题。"[②]

改革开放以来,能够从公有制经济和非公有制经济对立替代思维跳出,创新性地提出和坚持"两个毫不动摇",两者能够互学互鉴、效能各有侧重而相互补充,是因为在坚持党的领导及公有制主体地位的条件下实现的。在中国共产党领导下,形成了坚持人民的主体地位和以人民为中心的国家治理体系,并通过国家发展战略、具体制度和政策促进多种所有制经济发展,也积极探索多种所有制资本服务人民和社会主义的有效实现形式。不仅如此,党的十八大以来,通过积极发展混合所有制经济,改变了以往公有制经济与非公有制经济非此即彼的逻辑和政策体系,促进了公有制经济与非公有制经济的融合发展。国内外实践表明,公有制经济与非公有制经济是对立替代还是共同发展,是与哪种经济成分占主体地位联系起来的,只有坚持公有制为主体,两者统一于社会主义经济才有保障,实现两者效能互补也才有保障。[③] 实践还表明,"毫不动摇巩固和发展公有制经济"与"毫不动摇鼓励、支持、引导非公有制经济发

---

① 《邓小平文选》第3卷,人民出版社1993年版,第372—373页。
② 《习近平谈治国理政》第1卷,外文出版社2018年版,第78页。
③ 王佳菲:《摒弃"零和"思维 坚持"两个毫不动摇"》,《红旗文稿》2012年第12期。

展"是不可割裂的，忽视公有制主体地位就会落入私有化的陷阱，忽视非公有制经济的发展就会陷入经济活力不足的困境。

由上可见，改革开放的历史进程，是坚持和不断完善基本经济制度的进程，不能掉入脱离坚持党的领导及公有制主体地位的历史，抽象探讨发展公有制经济还是发展非公有制经济的陷阱。

改革开放以来，中国共产党在推进马克思主义中国化进程中，对所有制结构进行了艰辛探索，作出中国仍处于社会主义初级阶段的重大判断，明确这个阶段坚持公有制为主体、多种所有制经济共同发展的基本经济制度，提出并坚持丰富发展了基本经济制度内涵的"两个毫不动摇"，开拓了马克思主义新境界。这些实践和理论的创新发展，正是中国公有制经济与非公有制经济互学互鉴、效能各有侧重而充分发挥，进而实现不断发展的理论支撑和实践基础。

[原载《世界社会主义研究》2018 年第 9 期]

坚持共享发展和国有资本放大功能是国有企业改革的基本方向

发展混合所有制经济的不同路径，会产生不同的结果。国有企业与非国有企业之间如何参股、如何实现职工持股，事关国有资本功能放大还是萎缩、活力是被激发还是被窒息。本文基于20世纪90年代以来国有企业产权制度改革实践的经验教训，就在实施国有企业与非国有企业相互参股、职工持股改革中如何实现国有资本放大功能和共享发展的思路及应避免的问题进行探讨。

一、国有企业混合所有制改革应有利于国有资本放大功能机制的形成

国有企业改革不能偏离共享发展和国有资本放大功能的方向。在积极发展混合所有制经济时，要实现中共十八届三中全会关于"有利于国有资本放大功能、保值增值、提高竞争力，有利于各种所有制资本取长补短、相互促进、共同发展"的混合所有制改革目标，应当在具体政策上明确对哪些做法予以积极鼓励和支持，对哪些做法加以控制和规范，以避免走偏。在国有企业引入合作者、增量或存量资本改革、主业与辅业产权改革及利益关系处理等方面，如果方向模糊，就有可能发生有人借机浑水摸鱼、偷梁换柱现象，不仅造成国有资产流失，还导致国有企业转型升级和创新发展能力、核心竞争力削弱，进而导致国有资本功能

萎缩，不利于社会主义初级阶段基本经济制度的坚持和完善，对沿着中国特色社会主义道路前行构成严重干扰。

（一）引入合作者时避免单纯引资的做法，而应有利于国有企业转型升级和创新发展

国有企业实行混合所有制改革时所引入的合作者，如果能够相互取长补短、相互促进，将有利于完善治理结构、增强市场开拓能力和创新发展能力，促进国有企业转型升级和各类所有制经济共同发展。

在实践中，应吸取单纯引入资本的教训。在这方面，20世纪90年代以来，已经有很多引入的战略投资者实际为战略投机者的教训。中国石化在香港上市时，引进英国石油公司、荷兰皇家壳牌集团和美国埃克森美孚公司三大外国战略投资者。当中国石化和中国石油股价处于高位时，这些所谓的战略投资者抛售股票大捞一笔后，溜之大吉。埃克森美孚公司以每股1.16港元买进中国石化，在股价高位时陆续抛出，获利112亿元港元。2004年的头两个月，英国石油公司抛售35亿股中国石油和18.3亿股中国石化，获得108亿港元的收益。皇家壳牌集团也先后抛售持有的约19亿股中国石化股票，获利58亿港元。[①] 不仅如此，国际资本还通过唱空中国经济、国有企业、股市，在中国股市低迷之际，被奉为战略投资者，让其低价参股购买国有商业银行等国有企业资产，在股价升到较高时抛售股票，悄然而退。一些国内非国有资本也采取类似做法，如借机甚至创造机会打压股价，以便低价入股，然后通过营造多种"利好"来推高股价，获取暴利后退出。可见，单纯以引入资金为目的混合所有制改革，引入的很可能不是战略合作伙伴，而是战略投机者，在不经意间，财富就被如此"战略合作者""合法""取"走。在调研中，被访企业负责人对既不能带来先进技术、先进管理理念和方法，又无助于市场开拓、产业链的连接和延伸、产业的转型升级和创新发展的混合所有制改革，表示了深切担忧。实践反复证明，国有企业如果为"混"而"混"，只是多了一个分蛋糕者，甚至是投机者"取"走全民和国有企业利益，不仅对于国有企业的发展不

---

① 参见郑良芳：《对引进境外战略投资者的几点看法》，《银行家》2005年第11期。

利，对于整个国家经济社会的持续稳定发展也不利。

为"混"而"混"的改革，与国有企业已成为充满生机和活力、有较强竞争力的市场主体的地位不相符。20世纪90年代，在建立社会主义市场经济体制改革进程中，市场的放开速度相对较快，国有企业建立现代企业制度的改革复杂而艰难，不可能一蹴而就，加之国有企业办社会的沉重负担还未来得以及剥离，与非公有制企业不是站在同一条起跑线上。如此，有的国有企业陷入困境，少数甚至濒临破产。基于这种态势，国家在国有企业改革上抓大放小，引入外资和民间资本对国有企业进行股份制改造，或把小型国有企业改成非公有制企业，很多地方在执行中还走偏，实行"靓女先嫁"。而今天，续存下来的国有企业通过建立现代企业制度的改革，治理结构及机制逐步完善，独立经营能力日益增强，加之办社会的沉重负担逐步得以剥离，形成了适应市场经济的发展机制，特别是在克服2008年国际金融危机中显示出较强的生命力，从中还很好地抓住了机遇而实现了新的发展。美国《财富》杂志发布的2015年世界500强企业名单，中国上榜企业106家，仅国务院国有资产监督管理委员会监管下的中央企业就占据了47席。[①] 如此，单纯以引资为目的的混合所有制改革的紧迫性和必要性已不存在。

国有企业通过实施混合所有制改革，促进转型升级和创新发展是应有之义。就整个国家而言，中国产业仍处于世界经济价值链的中低端。国有企业通过与非国有企业开展合作，着力产业链与价值链的融合发展，逐步构建整个产业向高端迈进的机制。不少国有企业步入这样的发展路径，促进产业的整合、研发的整合、品牌的整合、市场的整合，促进整个产业步入转型升级和创新发展之路。这才是国有企业实施混合所有制改革应实现的目标。

（二）完善产权结构时避免造成国有资产流失的做法，而应鼓励和支持增量资产改革

国有经济既有量的问题，也有质的问题。在量的方面，对国有企业

---

① 参见王俊岭:《国企改革关键期须防三大误区》,《人民日报（海外版）》2015年7月24日。

实施抓大放小改革以来，国有经济在整个国民经济的份额已明显下降。而今，在实施混合所有制改革时，对于国有经济量的多与少，是"国进民退"还是"民进国退"，都不能用扭曲市场的办法，而应当尊重市场规律，遵守宪法关于社会主义的公共财产神圣不可侵犯、公民的合法的私有财产不受侵犯的规定。

现在，一些地方在实施国有企业混合所有制改革时，仍然沿袭以往的思维方式，热衷于在存量资产上做文章，而不主动从增量资产上着手。其动因是，将国有资产转让给非公有制企业，不再是因为国有企业生存困难而"甩包袱"，而是地方政府可以从中获得利益。这样的改革，不区分国有企业经营发展情况的好坏，把经营状况和效益较好的国有资产采取一卖了之的办法，实际上是把混合所有制改革当作私有化的机会。当然，不是国有企业存量资产不可以进行混合所有制改革，而是应当区别企业所属产业是否关系国计民生、经营状况、改后国有资产在企业资产中所占比重等。

由于中国仍处于发展战略机遇期，在新常态下，经济发展空间仍然较大，国有企业也同样有较大发展机遇。鉴于此，应当鼓励在新的发展项目中，通过引入合作者，集聚增量资产。如此，既可以避免国有资产流失的问题，又可以促进国有资产保值增值，实现股权结构和治理机制的完善，以及实现资金、技术、市场、品牌的优化整合。不仅如此，在市场机制下，国有企业参股非公有制企业发展混合所有制经济，也应当给予积极的政策支持，而不是扭曲市场而硬推"国退民进"。否则，与中共十八届三中全会将发展混合所有制经济定位为基本经济制度的重要实现形式、国有资本保值增值和功能放大的要求不符，也就掉入"新自由主义"主张私有化的陷阱中。

（三）存量资本盘活时避免削弱国有企业主业和核心竞争力的做法，而应有利于发展优势的厚植

国有企业实施混合所有制改革是否适宜或区分公益性与非公益性、垄断性与竞争性成为讨论的焦点。这种讨论确实有现实意义，但也存在一些问题，如没有触及改革目的如何实现，即发展混合所有制经济是基

本经济制度的重要实现形式和有利于国有资本放大功能,由此也可能把讨论引向实质为私有化的政策主张等。怎么样才能实现中共十八届三中全会关于发展混合所有制经济是基本经济制度的重要实现形式、有利于国有资本放大功能的定位这个目标,还需要有一个实践探索的过程。在实施国有企业混合所有制改革时,除了保障国有资产保值增值外,还应当对以下问题加以注意和探索解决:

第一,实行混合所有制改革不能削弱国有企业的核心竞争力,而是要更加有利于核心竞争力的增强。国有企业保值增值,不仅体现在资产的数量上,还应当体现在资产的质量上,以及其发挥出的效益上,两者不能偏颇。实施混合所有制改革,一方面,不仅要发挥规模经济的竞争优势,还要促进国有企业致力于产业向高端化迈进;另一方面,还要发挥国有企业长期注重人才培养和研发积累的机制及其优势,不能弃之而步入主要依赖高薪揽人才和买技术的创新发展之路。

第二,在集团化和专业化统分结合的经营中,实施混合所有制改革不能导致主业发展能力弱化现象的发生。集团化的国有企业在对其下的专业化辅助企业实施混合所有制和职工持股改革时,要处理好主业与辅业的关系,避免由于利益驱动而导致在利益分配时偏向职工持股的辅助企业,进而导致辅助企业侵蚀主业企业利益现象的发生。实际上,国有企业自探索产权制度改革起,至现今的混合所有制和职工持股改革,较为普遍地存在这样的问题。例如,中国航空集团公司即发生职工持股企业"靠山吃山",职工持股企业与主业企业发生业务关系违反国家规定,严重损害国有企业利益的问题。如此,将不利于国有企业核心竞争力的提升和国有资本功能的放大。

二、国有企业职工持股改革应有利于共享发展机制的形成

国有企业职工持股改革,可以让职工在获得劳动收入的同时,也随着企业的发展而获得一份财产性收益,可以把中共十八届五中全会提出的共享发展理念落到实处,是改善收入分配、走向共同富裕的现实路径。国有企业职工持股改革的方向若正确,可形成资本所有者和劳动者利益

共同体，增强职工的主人翁意识、责任感、主动性、积极性和创造性，增强国有企业的凝聚力和职工参与企业发展的动力，促进国有企业治理机制的完善。但是，这一改革不是简单地让职工持有一些所在企业的股份，而是有较复杂的利益关系要处理好，如果处理不当，将带来诸多负面影响。鉴于此，应正视改革中遇到的难题，在区别用增量还是存量资产让职工持股、职工持股结构和实现方式、职工持股权益等方面进行适宜的政策和制度安排。

（一）国有企业职工持股改革的难题

无论是以往的国有企业股份制改革、上市公司高层管理人员股票期权改革，还是新近的混合所有制改革，都对职工持股改革进行了实践探索，有成功的经验，也有值得吸取的教训。从改革历史和现实实践看，国有企业职工持股改革有以下难题：

一是如何处理好国家与职工的权益关系。国有企业职工持股改革要实现国有资产保值增值与调动职工积极性的有机统一。在用存量资产实施职工持股改革时，存在国有资产流失的可能。20 世纪 90 年代，国家对国有企业实行"抓大放小"，建立以明晰产权为核心的现代企业制度。这一改革使国有企业逐步成为能够独立经营的适应市场经济的市场主体，同时也在一定程度上存在国有资产流失的问题。除有的国有企业资产被低估外，还在实行职工入股改革时，由于企业处于工资都得不到全额发放的困难境地，职工完全交纳现金入股，不仅能力有限，还对企业发展缺乏预期，因而职工现金入股的积极性不高，只好采取一些所谓"变通"办法。例如，有的国有企业将计划工资总额与实际工资总额之间的差额，折算为职工现金入股，使职工持股烙上了明显的身份股的痕迹，也在一定程度上导致国有资产的流失。现在有的国有企业或国有控股企业用存量资产进行职工持股改革，也存在国有资产流失的可能。例如，上市公司通过二级市场回购股票方式，让职工持股。其中，如果是职工出资，就不存在国有资产流失的问题；如果是由上市公司出资，不仅导致国有资产流失，还导致二级市场投资者权益的损失。对此，在认识上不能模糊。

二是如何处理好骨干职工与一般职工、老职工与新职工的权益关系。国有企业职工是平均持股，还是差异化持股？职工平均持股存在吃"大锅饭"的问题，对职工数量大的企业，可以实现有福可共享，但不能很好解决有难共担的问题，一般职工和骨干职工的积极性都难以充分调动起来，会导致高端人才难以引进和流失的问题。如果国有企业仅仅实行骨干职工持股，于理于法都难以成立。一方面，国有企业职工持股本来就会对其全民所有属性构成冲击，即将本是全民所有的财产，划转为职工所有，在一定程度上导致国有资产的流失。另一方面，仅让少数骨干职工持股，将国有资产划转到更小的群体范围，剥离了一般职工的权益，一般职工只有劳动收入，结果会在企业内部导致收入差距拉大的问题。那么，国有企业在促进共同富裕的道路上，不仅没有担当起其使命，还朝着相反的方向发展。另外，由于国有企业职工持股一般是在改革时一次性完成，如此，改革前后职工存在不同的待遇，前者持股，后者不持股，对后者缺乏激励，对此也需要正视。

三是如何处理国有企业职工持股与社会投资者持股的权益关系。这两者持股存在诸多差别，根本缘于在不同历史条件下持股实现方式及其功能不同。第一，解决资金约束困难的历史背景不同。在20世纪90年代，很多国有企业在生存发展困难之际，难以获得银行贷款，而资本市场发育又不充分，通过职工出资入股成为解决企业资金短缺困境的现实途径之一。现在，国有企业自身发展态势良好，加之资本市场的发展也为其融资提供了更多机会。换言之，前一时期职工入股对国有企业解决资金短缺问题是雪中送炭，而后一时期则只是锦上添花。第二，实施激励的程度不同。20世纪90年代与现在也存在较大差别，前一时期是国有企业职工出资入股使企业摆脱资金短缺困境，即在一定程度上是一种责任担当。现在国有企业职工持股，是在多种所有制经济发展起来后，面对各类企业高薪揽人才、资本收益丰厚的新情况，更多的是解决付出与回报不对称而导致激励不充分的问题。

正是这样一些具有时代特征的背景和功能的差异，相应地也带来股权获得条件和处置方式不同等问题。国有企业职工获得的股权，有的是产权制度改革初期获得的股权，有的是激励高层管理人员的股票期权，有的是从二级市回购的股权，其中或多或少是与国有企业职工身份对应的制度安排或政策惠及；社会投资者入股，除了有利益输送的不正常交易外，一般是在市场交易中获得，价格随行就市。尽管获得股权的条件不同，但同股同权，国有企业上市后，职工也与社会投资者一样，可在二级市场上卖出所持股票，这就使职工持股的功能发生变化，劳动者和资本所有者利益共同体被解构，职工也变成了单纯的投资人，有的还变成了投机者，有的企业高层管理人员甚至利用与社会投资者在信息上的不对称，从中渔利，损害社会投资者的利益。

（二）实现国有企业职工持股改革预期目标的思路

破解国有企业职工持股改革中遇到的难题，实现预期目标，可从以下方面完善政策和制度：

一是区分用增量还是存量资产让职工持股的不同情况，鼓励支持前者，严格规范控制后者。国有企业现今实行职工持股改革，目的不再是因生存发展陷入困境情况下"甩包袱"，而是为增强激励以促进资本所有者和劳动者利益共同体的形成，实现共享发展。鉴于此，从实现国家发展国有企业的战略目标出发，对用增量资产让职工持股的改革给予积极鼓励和支持，如鼓励支持上市公司向职工进行定向增发发展新的项目。为了避免国有企业职工持股改革对社会投资股东权益的稀释，又从职工持股带有一定程度的身份股、贡献股性质，在职工现金入股的基础上，用国有企业上缴的部分利润，对职工持股予以少量的补贴，以促进劳动者和资本所有者利益共同体的形成，也可探索。相反，在用存量资产让职工持股时，包括上市公司在二级市场回购股票等，都应吸取以往国有资产流失和社会投资者权益稀释的教训，采取区别对待、规范控制和限制权益等配套措施。

二是完善职工持股结构和实现方式。在职工持股结构的问题上，要以实现共享发展为方向，让发展成果更多更公平惠及全体人民，调动各类职工的积极性。鉴于职工平均持股、完全由骨干职工持股各自的弊端，需要探索骨干职工与一般职工持股结构的均衡点，并加以规范。可通过新增发展项目，在自愿的基础上，对职工进行普惠性持股，并对骨干职工持股实行一定程度的倾斜。通过职工持股结构的完善，避免吃"大锅饭"现象，形成对各类职工的激励，发挥好高端人才在企业创新发展中的引领和推动作用。

三是规范职工持股权益。国有企业职工与社会投资者理应同股同权。然而，由于国有企业职工持股与社会投资入股在功能和获得条件上不一定是一样的，从保障各类投资者权益和更好发挥职工持股作用出发，对职工持股权益不能一刀切。对职工出资进行定向增发获得股权的，应与社会投资者权益相同。对通过股票期权和上市公司从二级市场回购股票后划作职工持股的，由于其带有一定程度的身份股、贡献股性质，同时要正视其因使用企业资金而在一定程度上稀释了包括国家在内的所有投资人的权益。鉴于此，应当对后者加以研究，作出规范，如除享受分红的收益权外，其在二级市场上出售、向他人转让等，应当有一定的控制和规范，甚至与是否在职在岗挂钩，形成国有资产无事实上的流失或稀释机制，也形成有利于新职工的激励机制。对上述所说通过少量补贴实现职工持股的，也要作相应的政策安排。如果职工持股完全与社会投资者一样，不分股权如何取得，不分其功能，那就形同炒股，在国内外资本市场已发展到现今体量和范围较大的程度，实行职工持股改革的意义也就丧失了。

综上所述，现今国有企业实施混合所有制和职工持股改革，与20世纪90年代国有企业产权制度改革面临的问题和所要实现的目标有所不同，应吸取以往的经验教训，摒弃惯性思维，以促进共享发展和国有资本放大功能为政策目标，而不能将目标与手段本末倒置，为"混"而"混"，那将有意或无意地步入私有化之路。国有企业实施混合所有制和职工持股改革，促进国有企业治理机制完善、转型升级和创新发展动力增强、竞争和发展优势厚植路径的形成，应避免引入合作者时单纯引资、完善产权结构时造成国有资产流失、存量资本盘活时削弱国有企业主业和核心竞争力等做法。国有企业在实施混合所有制改革时，无论是与非国有企业相互参股，还是职工持股，实现国有资本放大功能和共享发展是基本的政策目标。对此，不能有丝毫的回避，并在理论和实践中加以积极探索。

[原载《毛泽东邓小平理论研究》2016年第5期]

邓小平南方谈话的两个论断不可分割

邓小平南方谈话中关于计划和市场都是经济手段的论断，突破了计划经济和市场经济属于社会基本制度范畴的认识，成为我国建立社会主义市场经济体制的理论依据。以往对邓小平关于计划和市场都是经济手段论断的研究，没有将其与邓小平关于社会主义本质的论断联系起来，甚至"新自由主义"信奉者有意断章取义，断定公有制与市场经济不相容，进而主张实施市场经济改革就要实行私有化和政府不干预经济。本文针对把邓小平关于计划和市场都是经济手段的论断与社会主义本质的论断分割开来，甚至有意断章取义的问题，从邓小平关于社会主义本质的论断视角，对在市场手段运用上中国特色社会主义不同于"新自由主义"主张的三个问题进行探讨，提出市场手段的运用要服务和服从于社会主义，不能否定公有制为主体、多种所有制经济共同发展的基本经济制度，不能排斥政府在发展经济中发挥作用。

一、市场手段的运用要服务和服从于社会主义

针对长时期内主流意识把计划经济当作社会主义经济的本质特征和把市场经济当作资本主义经济的本质特征的认识阻碍着市场经济改革这一关键问题，邓小平在南方谈话中提出计划和市场都是经济手段的论断，指出："计划多一点还是市场多一点，不是社会主义与资本主义的本质区别。计划经济不等于社会主义，资本主义也有计划；市场经济不等于资

本主义，社会主义也有市场。计划和市场都是经济手段。"[1] 这一论断终结了关于市场经济姓"社"还是姓"资"的争论，解决了事关社会主义市场经济改革的重大理论问题。基于这一论断，党的十四大在历史上第一次明确提出我国经济体制改革的目标是建立社会主义市场经济体制。把社会主义和市场经济结合起来，建立社会主义市场经济体制，这是我国的伟大创举，成为中国特色社会主义道路的重要组成部分。

坚持中国特色社会主义道路，既不走封闭僵化的老路，也不走改旗易帜的邪路，就要求对市场手段的运用必须服务和服从于社会主义本质的内在要求。在对邓小平关于计划和市场都是经济手段论断的认识上，存在片面性，把作为经济手段的计划和市场与所服务和服从的目标分割开来，没有把经济手段与社会主义本质要求的目标有机联系在一起。既然计划和市场都是经济手段，那么，无论是计划还是市场，都应当有其服务和服从的目标。这个目标即是邓小平南方谈话所揭示的关于社会主义本质的内在要求。邓小平指出："社会主义的本质，是解放生产力，发展生产力，消灭剥削，消除两极分化，最终达到共同富裕。"[2] 作为服务和服从于社会主义本质内在要求的市场手段，其运用的出发点和落脚点应当是：一方面，以解放和发展生产力为出发点和落脚点。1985年邓小平就明确指出："社会主义和市场经济之间不存在根本矛盾。问题是用什么方法才能更有力地发展生产力。过去我们一直搞计划经济，但多年的实践证明，在某种意义上说，只搞计划经济会束缚生产力的发展。把计划经济和市场经济结合起来，就更能解放生产力，加速经济发展。"[3] 邓小平南方谈话提出"革命是解放生产力，改革也是解放生产力"[4] 的论断，将解放和发展生产力作为社会主义本质之一，还将"是否有利于发展社会主义社会的生产力"作为判断各方面工作是非得失的标准。这些都表明，邓小平关于计划和市场都是经济手段的论断，包含了市场手段的运用必须以解放和发展生产力为出发点和落脚点。另一方面，以"消灭剥削，

---

[1] 《邓小平文选》第3卷，人民出版社1993年版，第373页。
[2] 《邓小平文选》第3卷，人民出版社1993年版，第373页。
[3] 《邓小平文选》第3卷，人民出版社1993年版，第148页。
[4] 《邓小平文选》第3卷，人民出版社1993年版，第370页。

消除两极分化，最终达到共同富裕"为出发点和落脚点。邓小平南方谈话强调："要坚持党的十一届三中全会以来的路线、方针、政策，关键是坚持'一个中心、两个基本点'。不坚持社会主义，不改革开放，不发展经济，不改善人民生活，只能是死路一条。基本路线要管一百年，动摇不得。"① 还强调指出："如果富的愈来愈富，穷的愈来愈穷，两极分化就会产生，社会主义制度就应该而且能够避免两极分化。"② 既然市场是经济手段，那么市场手段的运用就应当服务和服从于最终达到共同富裕这一社会主义本质的内在要求。

市场手段的运用要服务和服从于社会主义本质的内在要求，这就与排除限制资本横暴的"新自由主义"主张有着本质的不同。

二、市场手段的运用不能否定公有制为主体、多种所有制经济共同发展的基本经济制度

巩固和完善公有制为主体、多种所有制经济共同发展的基本经济制度，是最终达到共同富裕的基础。马克思在《哥达纲领批判》中指出："消费资料的任何一种分配，都不过是生产条件本身分配的结果。"③ 基于生产资料占有状况对收入分配的影响，在社会主义初级阶段要避免两极分化，就必须巩固和完善以公有制为主体、多种所有制经济共同发展的基本经济制度。在私有制基础上的市场经济，资本处于控制地位，不仅廉价雇佣劳动力，还"绑架"政府，从政府那里获得多种政策性资源的偏斜性支持，如美国政府在近年发生金融危机时用纳税人的钱救助富豪掌控的大公司、为垄断资本的全球化扩张铺平道路，这些都使得资本愈加集中，致使两极分化日益严重。自 2009 年以来，美国年收入超过 100 万美元的富人增加 18%，最富有的 1% 的人口拥有 42% 的财富，最富有的 5% 的人口拥有 70% 的财富，社会财富向少数人集中的趋势日渐明显。④ 这种资

---

① 《邓小平文选》第 3 卷，人民出版社 1993 年版，第 370—371 页。
② 《邓小平文选》第 3 卷，人民出版社 1993 年版，第 374 页。
③ 《马克思恩格斯选集》第 3 卷，人民出版社 1995 年版，第 306 页。
④ 张德勇：《贫富差距恶化是"占领华尔街"主要原因》，《中国青年报》2011 年 11 月 7 日。

本集中引发了"占领华尔街运动","我们都是99%"也就成为抗议少数人对社会财富的贪婪与不公平占有运动的标志性口号。这也从实践的层面证明,"新自由主义"所主张的自由市场经济,任由市场这只"无形的手"调节经济,实质是偏袒资本势力乃至放任资本横暴,劳工和弱者利益也就难以保障,两极分化也就成为一种必然。实践不断证明,不以公有制为主体是断然不能实现"消灭剥削,消除两极分化,最终达到共同富裕"这一目标的。

根据邓小平关于计划和市场都是经济手段的论断而推进社会主义市场经济改革,不能将其理解为"新自由主义"所主张的以私有制为基础的市场化,进而否定以公有制为主体、多种所有制经济共同发展的基本经济制度。1985年9月23日,邓小平就明确指出:"改革是社会主义制度的自我完善。"还明确指出:"在改革中,我们始终坚持两条根本原则,一是以社会主义公有制经济为主体,一是共同富裕。有计划地利用外资,发展一部分个体经济,都是服从于发展社会主义经济这个总要求的。鼓励一部分地区、一部分人先富裕起来,也正是为了带动越来越多的人富裕起来,达到共同富裕的目的。"[①]同年10月23日,邓小平在会见美国时代公司组织的美国高级企业家代表团时,论述了加强公有制经济与吸收外资和允许个体经济发展的关系,指出:"我们在改革中坚持了两条,一条是公有制经济始终占主体地位,一条是发展经济要走共同富裕的道路,始终避免两极分化。我们吸收外资,允许个体经济发展,不会影响以公有制经济为主体这一基本点。相反地,吸收外资也好,允许个体经济的存在和发展也好,归根到底,是要更有力地发展生产力,加强公有制经济。只要我国经济中公有制占主体地位,就可以避免两极分化。"[②]邓小平南方谈话指出:"从深圳的情况看,公有制是主体,外商投资只占四分之一,就是外资部分,我们还可以从税收、劳务等方面得到益处嘛!多搞点'三资'企业,不要怕。只要我们头脑清醒,就不怕。我们有优势,有国营大中型企业,有乡镇企业,更重要的是政权在我们手里。"[③]邓小

---

① 《邓小平文选》第3卷,人民出版社1993年版,第142页。
② 《邓小平文选》第3卷,人民出版社1993年版,第149页。
③ 《邓小平文选》第3卷,人民出版社1993年版,第372—373页。

平这些话,既分析指出了我国大胆引进外资的信心来自公有制经济占主体地位的客观现实,也提出了要有坚持公有制经济主体地位的清醒头脑。这些都给实施运用市场手段的改革指明了方向,即要牢牢把握改革的社会主义方向。

"新自由主义"主张实施市场化改革必须实行私有化,是基于公有制与市场经济不相容的判断。然而,市场经济排斥公有制,无论从理论上还是实践上,都难以成立。

从理论上分析,公有制与市场经济是否相容,不在于企业产权的公有还是私有性质,而在于企业是否能够真正成为市场主体。西方经济学家萨缪尔逊对此都予以确认,认为市场主体的最基本特征是自负盈亏,只要分清了企业的所有权和管理权,实现真正的自负盈亏,就可以形成一个正常的市场主体,而与其所有制性质并无直接关系,公有与私有都是没有区别的。[①] 换言之,公有制企业尽管与私有制企业在所有制性质上有所不同,但并不影响其市场主体地位。改革以来,我国致力于探索适应市场经济要求的公有制实现形式,现阶段公有制企业已不是改革前那种没有经营自主权的组织,已成为产权清晰、自负盈亏、自主经营的市场主体,即在市场主体地位上与私有制企业是一致的。当然,这并不是说我国公有制企业已很完善,还应当深化改革,以适应市场经济的要求。

从实践上分析,公有制与市场经济是可以相容的。西方经济学家科斯对此都没有予以否认,分析说,由于西方经济学的整个理论体系是以私有制度已经存在为假定前提的,这就很容易推出私有制是市场经济唯一前提的结论。而我们现在能看到的市场经济的制度基础也只有私有制一种,但历史并没有对公有制基础上的市场经济作出证伪。所以,科斯提出,如果中国把公有制与市场经济结合起来,这才是真正的中国特色。[②] 就我国实践而言,公有制企业按照市场经济的要求进行改革而实现健康发展,已经证明公有制可以与市场经济结合,发展市场经济必须实

---

① 转引自周新城的《对否定社会主义国有经济的几种观点的辨析》,《当代经济研究》2011年第7期。

② 转引自周新城的《对否定社会主义国有经济的几种观点的辨析》,《当代经济研究》2011年第7期。

行私有化是一个理论误区。在公有制基础上发展市场经济这一伟大创举，使中国特色社会主义道路愈加宽广。

三、市场手段的运用不能排斥政府在发展经济中发挥作用

关于政府是否应当干预经济的问题有不同的主张，也有过多次反复，至今仍存在较多分歧。在计划经济时期，我国过于强调政府的作用，政府对国有企业通过计划手段实行直接经营和统负盈亏，企业没有经营自主权和独立经济利益，实际上成为国家机关的附属物，使得企业缺乏活力和积极性。在国际上，亚当·斯密的古典自由主义思想的实践给资本主义经济带来过活力，但20世纪二三十年代资本主义世界经济危机则对其形成巨大冲击，其统治地位被主张政府干预经济的凯恩斯主义所取代。1973年美国发生经济危机以后，资本主义国家普遍发生低经济增长与通货膨胀并存的滞胀问题，使凯恩斯主义受到冲击，"新自由主义"思潮在如此背景下重新抬头。"新自由主义"是以亚当·斯密古典自由主义思想为基础的理论体系，强调小政府，反对政府对经济进行干预。

然而，按照"新自由主义"的主张而单一运用市场手段，不仅依然不能解决失业和经济周期问题，还由于市场主体的"唯己性""利己性"而难以解决经济的外部性问题，尤其是资本的主宰地位必然导致两极分化。2008年9月雷曼兄弟公司破产所引发的世界性金融危机，正是"新自由主义"所主张的政府不干预经济所带来的恶果，它也标志着"新自由主义"的终结。[1]巴西前总统卢拉分析这次世界金融危机的原因时说，造成这场危机的，是蓝眼睛的白人。[2]这场全球金融危机告诉我们，在运用市场手段时，信仰市场万能而放弃政府应有的作用，而实行小政府、去规管的自由市场经济将导致灾难。这次金融危机让人们重新认识"新自由主义"的理论基础——古典经济学所暗含的充分竞争和信息完整假设存在的问题。林毅夫对此分析指出，新古典经济学建立在很多暗含假

---

[1] [日]服部茂幸：《美国新自由主义经济理论的终结》，《光明日报》2011年12月31日。
[2] [美]南希·伯索尔、弗朗西斯·福山：《后华盛顿共识：次贷危机之后的发展》，《经济社会体制比较》2011年第4期。

设上，比如充分竞争、信息完整等，这些条件现在需要重新思考。①实践反复证明，应当充分发挥市场在资源配置中的决定性作用，但又不能迷信市场，不能什么都交给市场，政府对经济应当实施必要的干预。发展社会主义市场经济，政府对经济实施干预，不仅要防止金融危机等风险的发生，还要促进社会公平和共同富裕的实现。

邓小平南方谈话在作出计划和市场都是经济手段论断而为社会主义市场经济改革指明方向的同时，还在多处强调要发挥政府在发展经济中的作用，这与"新自由主义"主张的自由市场经济而政府不干预经济的主张不同。

在资源配置上，邓小平强调要集中力量办大事。对于发展中国家而言，政府在引导投资和资本积累上发挥作用极其重要。早期发展经济学针对发展中国家资本稀缺而成为制约经济增长的主要因素的问题，指出政府对经济不加干预和计划安排，仅靠市场的自发调节，就不可能迅速地积累尽可能多的资本和促进工业部门的扩张，因而主张发展中国家要摆脱贫穷和赶上发达国家，就应当实施国家计划，将有限资源较多地配置到工业部门，以增加资本积累。我国快速推进国家工业化和经济迅速崛起而成为世界第二大经济体这一成就的取得，其原因之一即是发挥了社会主义国家集中力量办大事的制度优势。1982年7月26日，邓小平在同国家计委负责人谈"六五"计划和长期规划问题时指出：集中使用资金势在必行。社会主义同资本主义比较，它的优越性就在于能做到全国一盘棋，集中力量，保证重点。缺点在于市场运用得不好，经济搞得不活。计划与市场的关系问题如何解决？解决得好，对经济的发展就很有利，解决不好，就会糟。苏联在这方面也没有解决好。集中力量办大事这个决心要下，明年就要开始。现在资金太散。我们历来解决困难，最后落实到集中统一。要真想搞建设，就要搞点骨干项目，没有骨干项目不行。②邓小平南方谈话进一步指出："从国际经验来看，一些国家在发展过程中，都曾经有过高速发展时期，或若干高速发展阶段。日

---

① 转引自钟加勇的《中国主流经济学家开始寻找第三条路》，《商务周刊》2006年第1期。
② 《邓小平年谱（一九七五——一九七九）》下，中央文献出版社2004年版，第832页。

本、南朝鲜、东南亚一些国家和地区，就是如此。现在，我们国内条件具备，国际环境有利，再加上发挥社会主义制度能够集中力量办大事的优势，在今后的现代化建设长过程中，出现若干个发展速度比较快、效益比较好的阶段，是必要的，也是能够办到的。我们就是要有这个雄心壮志！"①从中我们可以清晰地看出，邓小平主张运用市场手段，同时也坚持要发挥社会主义国家集中力量办大事的制度优势。我国的实践表明，市场手段的运用与集中力量办大事是可以很好地统一的，即在更好地发挥社会主义国家集中力量办大事的制度优势上，一方面要坚持公有制经济的主体地位和政府对经济实施必要的干预，另一方面也要避免"权力过分集中"，充分让市场对资源配置起基础作用。这是新中国成立以来积累的重要经验。

在实现地区间共同富裕上，邓小平指出："共同富裕的构想是这样提出的：一部分地区有条件先发展起来，一部分地区发展慢点，先发展起来的地区带动后发展的地区，最终达到共同富裕。"他还特别强调政府要针对可能产生两极分化的问题及时改进政策，指出："解决的办法之一，就是先富起来的地区多交点利税，支持贫困地区的发展。当然，太早这样办也不行，现在不能削弱发达地区的活力，也不能鼓励吃'大锅饭'。什么时候突出地提出和解决这个问题，在什么基础上提出和解决这个问题，要研究。可以设想，在本世纪末达到小康水平的时候，就要突出地提出和解决这个问题。到那个时候，发达地区要继续发展，并通过多交利税和技术转让等方式大力支持不发达地区。不发达地区又大都是拥有丰富资源的地区，发展潜力是很大的。总之，就全国范围来说，我们一定能够逐步顺利解决沿海同内地贫富差距的问题。"②

在制度建设上，邓小平强调要坚持和完善基本制度，指出："恐怕再有三十年的时间，我们才会在各方面形成一整套更加成熟、更加定型的制度。在这个制度下的方针、政策，也将更加定型化。"③还强调："依靠

---

① 《邓小平文选》第3卷，人民出版社1993年版，第377页。
② 《邓小平文选》第3卷，人民出版社1993年版，第373—374页。
③ 《邓小平文选》第3卷，人民出版社1993年版，第372页。

无产阶级专政保卫社会主义制度,这是马克思主义的一个基本观点。"①

在改革试错问题上,邓小平在列举运用证券、股市等手段的改革时,强调政府要起决定性作用,指出:"证券、股市,这些东西究竟好不好,有没有危险,是不是资本主义独有的东西,社会主义能不能用?允许看,但要坚决地试。看对了,搞一两年对了,放开;错了,纠正,关了就是了。关,也可以快关,也可以慢关,也可以留一点尾巴。"②

在经济社会秩序上,邓小平强调要"两手抓",指出:"要坚持两手抓,一手抓改革开放,一手抓打击各种犯罪活动。这两只手都要硬。打击各种犯罪活动,扫除各种丑恶现象,手软不得。广东二十年赶上亚洲'四小龙',不仅经济要上去,社会秩序、社会风气也要搞好,两个文明建设都要超过他们,这才是有中国特色的社会主义。"③

2008年以来,新兴市场国家受世界金融危机冲击的影响较小,经济增长势头明显好于发达国家,重要原因之一即是这些国家都累积了巨额外汇储备,加之对银行体系予以管制,成为隔离全球经济波动的防火墙。这些实践也印证了在市场经济条件下政府对经济实施必要干预的重要性。

党的十八大报告指出:"经济体制改革的核心问题是处理好政府和市场的关系,必须更加尊重市场规律,更好发挥政府作用。"④这既是改革以来所积累的宝贵经验,也为正确处理政府与市场的关系指明了方向。

总之,由于运用市场手段所服务和服从的目标不同,也就必然决定了相关制度的不同。首先,中国对市场手段的运用是与社会主义的基本制度联系在一起的,而"新自由主义"主张的市场化则是与资本主义基本制度联系在一起的。其次,在市场功能定位上,中国是要使市场在社会主义国家宏观调控下对资源配置起基础性作用,政府应当针对市场自身的弱点和消极方面,加强和改善国家对经济的宏观调控,以避免有碍于解放和发展生产力、最终达到共同富裕目标的实现;而"新自由主义"

---

① 《邓小平文选》第3卷,人民出版社1993年版,第379页。
② 《邓小平文选》第3卷,人民出版社1993年版,第373页。
③ 《邓小平文选》第3卷,人民出版社1993年版,第378页。
④ 胡锦涛:《坚定不移沿着中国特色社会主义道路前进 为全面建成小康社会而奋斗——在中国共产党第十八次全国代表大会上的报告》,人民出版社2012年版,第20页。

则主张自由市场经济，反对政府对经济的干预。1989年，在"新自由主义"思潮下所形成的"华盛顿共识"，向俄罗斯和拉美国家开出了以自由市场经济、私有化、政府不干预经济为主要内容的"药方"。实践证明，这是一个"陷阱"，俄罗斯在"休克疗法"中经济快速萎缩，拉美国家则在长时期内未能跨越"中等收入陷阱"，国际垄断资本主导的"全球一体化"秩序向前推进，"新自由主义"隐蔽的预期目标也就变成了明显的事实。如果对此视而不见，将不利于中华民族伟大复兴的中国梦的实现。

[原载《毛泽东邓小平理论研究》2013年第6期]

对社会主义排斥市场调节的理论突破
——陈云关于社会主义时期必须有两种经济论断的形成及其意义

在市场经济是资本主义特有的东西、计划经济才是社会主义经济的基本特征的传统观念[①]下，陈云基于他1956年创造性地提出实行计划经济也要有自由市场补充以搞活经济，也基于对计划经济实践中忽视价值规律和市场调节的盲目性缺陷的认识，在1979年3月8日写的《计划与市场问题》中指出，"直到现在我们还不是有意识地认识到这两种经济同时并存的必然性和必要性"，并作出了"社会主义时期必须有两种经济"的重大论断。[②]这是对社会主义实行单一计划经济而排斥市场调节的重大理论突破，为中国成功走出社会主义计划经济与市场经济结合之路奠定了思想基础，成为中国特色社会主义市场经济理论的重要组成部分。

一、社会主义时期必须有两种经济论断的形成[③]

陈云关于社会主义时期必须有两种经济的论断，其形成起于1956年关于计划经济也要有自由市场的补充的创造性探索。经过一段时间的探索，到1956年9月20日，陈云在党的八大上的发言中，在国家市场领

[①] 《江泽民文选》第1卷，人民出版社2006年版，第225页。
[②] 《陈云文选》第3卷，人民出版社1995年版，第245页。
[③] 本书对这一部分做了大幅删减。

导下的自由市场、"大计划，小自由"等政策主张基础上，提出了关于生产（计划生产与自由生产）、商业经营主体（国家或集体经营与个体经营）、市场（国家市场与自由市场）的"三个主体、三个补充"的新经济体制的构想。改革开放初期，也就是在提出"三个主体、三个补充"经济体制构想的23年后的1979年，陈云在所写的《计划与市场问题》中，明确提出社会主义时期必须有两种经济的论断。他指出，整个社会主义时期必须有两种经济：（1）计划经济部分（有计划按比例的部分）；（2）市场调节部分（即不作计划，只根据市场供应的变化进行生产，即带有盲目性调节的部分）。第一部分是基本的主要的；第二部分是从属的次要的，但又是必需的。既掌握了政权，又有了第一部分经济，就能够建设社会主义。第二部分只能是有益的补充（基本上是无害的）。[①]陈云关于社会主义时期必须有两种经济的论断是对社会主义"三个主体、三个补充"思想的一以贯之，而两种经济同时并存贯穿整个社会主义时期（陈云在"整个社会主义时期必须有两种经济"这句话的"整个"两个字下面还特意加了着重符），以及其后明确反对照搬西方市场经济和实行市场调节要把握好若干重大问题等，更是对"三个主体、三个补充"思想的深化和发展。

二、社会主义实行市场调节必然性和必要性的思想及其历史地位

陈云关于社会主义时期必须有两种经济的论断，是在社会主义只能实行单一计划经济而排斥市场调节理论背景下提出的，旨在让人们从理论上认识到市场调节的必然性和必要性，排除社会主义不能实行市场调节的理论束缚，为推动搞活经济的改革提供理论指导。陈云在《计划与市场问题》中不仅指出两种经济同时并存的必然性和必要性，还针对计划管理范围过宽的问题，指出当时是"该宽的不宽"，如"计划权力太集中"，"农业的非计划部分现在还太紧、太死，无论是集体的还是个人

[①] 《陈云文选》第3卷，人民出版社1995年版，第245页。

的","地方财力用于建设太热心,因此地方财力真正机动的太少"。①1982年12月2日,陈云在同出席五届全国人大五次会议的上海代表团部分代表座谈中说:党的十一届三中全会以来,实行搞活经济的政策,效果显著。今后要继续实行搞活经济的政策,继续发挥市场调节的作用。②自1956年起,陈云对社会主义实行市场调节的必然性和必要性进行了多方面的论述。

基于社会主义改造已经基本完成的实际。1956年8月23日,陈云在国务院有关部门参加的关于工商业改造的组织形式问题座谈会上指出:"国家垄断商业,就是为了节制资本。定息③停止以后,这个任务完成了。节制资本在历史上曾经起过积极的作用,但是也存在着副作用。特别是一九五三年以后,对工业实行统购包销,商业自上而下派货,农产品独家收购,市场管理很严格,带来了消极因素。主要是产品品种减少,质量下降。这种消极因素过去就有,现在应该取消。"④同年10月28日,陈云在国务院第五办公室召开的农村市场汇报会议上指出:"大宗商品国家已经掌握,资本主义工商业的改造已经基本完成,即使这类物资的价格可能有些波动,但是其价值不大,无妨大局。因此,一般地涨点价可以不管,以刺激这类物资的增产。"⑤

基于适应小生产和小私有发展的实际。在当时生产力水平下,陈云主张保留很大一部分的小生产和小私有。1956年9月20日,陈云在党的八大上的发言中指出:"工业、手工业、农业副产品和商业的很大一部分必须分散生产、分散经营,纠正从片面观点出发的盲目的集中生产、集中经营的现象。"⑥在工商业方面,陈云指出:"不论是工业、商业和手

---

① 《陈云文选》第3卷,人民出版社1995年版,第246页。
② 《陈云文选》第3卷,人民出版社1995年版,第320页。
③ 根据《陈云文集》第3卷第102页注,定息是指我国在资本主义工商业实行全行业公私合营后,对民族资本家的生产资料进行赎买的一种形式,即不论企业盈亏,统一由国家每年按照合营时清产核资确定的私股股额,发给资本家固定的利息——一般是年息5%,从1956年开始支付,1966年9月停止支付。
④ 《陈云文集》第3卷,中央文献出版社2005年版,第98—99页。
⑤ 《陈云文集》第3卷,中央文献出版社2005年版,第109页。
⑥ 《陈云文选》第3卷,人民出版社1995年版,第6页。

工业,盲目搞集中,搞统一计算盈亏是错误的。我们要勇敢地大胆地来设想一番,最低限度是大多数不应该搞大的。手工业绝大多数(百分之七十至百分之八十)不应该搞大社,不要统一计算盈亏;地方工业一般也不要搞大的,就是重工业也不一定都要搞大的。资本主义国家大小都有,我们一搞都是大的,这是错误的。在公私合营中,采取'先联后并,联而不并'的方针是对的。在手工业中,不仅服务性行业不能集中,就是制造性行业绝大多数也不能集中,已合并了的要退出来,已统一计算盈亏的要分出来。中国手工业应该多搞合作小组,自负盈亏,发挥其积极性,以适应市场千变万化的需要。即使个别制造性行业可以集中生产,统一计算盈亏,但是百分之七十至百分之八十的手工业社应该分散经营,各负盈亏。这样便能做到小巧玲珑,适应市场的需要。"在农业方面,陈云指出:"农业社内个体经营作为集体经营的组成部分。"[1] "为了克服由于盲目合并、盲目实行统一计算盈亏而来的产品单纯化、服务质量下降的缺点,必须把许多大合作社改变为小合作社,由全社统一计算盈亏改变为各合作小组或各户自负盈亏。""农业生产合作社的粮食、经济作物和一部分副业生产是必须由合作社集体经营的,但是许多副业生产,应该由社员分散经营。不加区别地一切归社经营的现象必须改变。许多副业只有放开手让社员分散经营,才能增产各种各样的产品,适应市场的需要,增加社员的收入。在每个社员平均占地比较多的地方,只要无碍于合作社的主要农产品的生产,应该考虑让社员多有一些自留地,以便他们种植饲料和其他作物来养猪和增加副业产品。"[2] 1956年9月11日,陈云主持国务院第37次全体会议讨论《中共中央、国务院关于加强农业生产合作社的生产领导和组织建设的指示》时,从适应小生产和小私有发展的实际出发,分析指出:"事无大小,统统计划不行。个体生产是集体所有制的补充。这种自由市场只有百分之二十五,百分之七十五都是国家统购。如果没有这个百分之二十五的自由就搞死了,这个百分之二十五的自由是必要的。现在,就是要在社会主义经济基础上,恢复一九五三

---

[1] 《陈云文集》第3卷,中央文献出版社2005年版,第100—101页。
[2] 《陈云文选》第3卷,人民出版社1995年版,第7—8页。

年的情况，搞死了不行。应该是大的方面计划，小的方面自由。"①

基于满足人民群众需要的实际。1956年8月23日，陈云在国务院有关部门参加的关于工商业改造的组织形式问题座谈会上指出："从节制资本到建设社会主义，究竟如何做，大家要胆子大一些，特别是多从消费者方面着想。"②同年11月27日，陈云在各省市商业、采购厅局长和供销合作社主任会议上指出："在商业工作中存在着脱离人民群众的倾向，这种倾向在过去国营商业、合作社商业和私营商业并存的时候还不显著。现在统一了全部市场，商品的收购和销售都由社会主义商业独家经营，如果工作方法不改进，做不好，就可能发生严重脱离人民群众的危险。"③1982年11月22日，陈云在中共中央政治局会议上基于搞活改革给人民生活带来改善绩效的实际，强调"搞活经济很重要"："这三年来的情况有很大的变化，在街上可以看到，百货商店的东西多得很，卖的东西多得很。现在的市场是买方市场，票子拿在我手里，好的就买，不好的就不买。这么好的形势，我好久没见过就是了。'大跃进'以后到现在，没有出现过这样的现象。现在，猪肉敞开供应，肥肉不好卖了，这也是很好的现象。那个时候，管你什么肥肉、瘦肉，买下再说。最近，我在上海的一个朋友写信给我，他说瘦肉涨了价，一斤一块六角五，肥肉却降了价。我说，照你这个说法骨头怎么办？总之，猪肉敞开供应是件很重要的事情。一九七九年有人问我，什么时候可以做到猪肉敞开供应？我说，要三年的准备时间，要进口粮食、进口饲料，才能搞到这种局面。现在，市面上日用品多啊！人们宁可把票子带在身上，好的就买，不好的不买，这种情况很好。"④

基于国内外教训的实际。1956年8月23日，陈云在国务院有关部门参加的关于工商业改造的组织形式问题座谈会上指出："商业方面是国家一家垄断。这种垄断商业，过去用来对付资本主义是对的，但是到社会主义改造高潮之后就不适应了。不要商业，工业就要停产。苏联十

---

① 《陈云文集》第3卷，中央文献出版社2005年版，第103页。
② 《陈云文集》第3卷，中央文献出版社2005年版，第102页。
③ 《陈云文集》第3卷，中央文献出版社2005年版，第115页。
④ 《陈云文集》第3卷，中央文献出版社2005年版，第519—520页。

月革命后，市场完全死了。我们今天也把市场搞得很死，若不注意解决这一问题，天下就会大乱。"还指出："如果全部集中起来，统一计算盈亏，产品必然会减少。苏联也有过这方面的教训。"①1979 年，在《计划与市场问题》中，陈云坚信社会主义需要实行计划经济，指出："在社会主义革命还没有在一个国家胜利以前，马克思就设想过社会主义经济将是有计划按比例的发展的，这个理论是完全正确的。"尽管如此，陈云没有回避 1917 年后苏联的经济计划和 1949 年后我国的经济计划的问题，分析指出："当时苏联和中国这样做是完全对的，但是没有根据已经建立社会主义经济制度的经验和本国生产力发展的实际状况，对马克思的原理（有计划按比例）加以发展，这就导致现在计划经济中出现的缺点。""六十年来，无论苏联或中国的计划工作制度中出现的主要缺点：只有'有计划按比例'这一条，没有在社会主义制度下还必须有市场调节这一条。"②

基于单一计划经济实践中存在忽视价值规律的实际问题。经历长时期的单一计划经济后，到 1979 年，陈云在《计划与市场问题》中，更加深化了对忽视市场调节问题的认识。他指出："所谓市场调节，就是按价值规律调节，在经济生活的某些方面可以用'无政府'、'盲目'生产的办法来加以调节。""忽视了市场调节部分的另一后果是，同志们对价值规律的忽视，即思想上没有'利润'这个概念。这是大少爷办经济，不是企业家办经济。"③

陈云关于社会主义时期必须有两种经济的论断，指出了市场调节的必然性和必要性，有着重要的历史地位：在社会主义经济理论体系构建方面，实行计划经济也要有自由市场补充的政策主张和其后的社会主义时期必须有两种经济论断，突破了苏联社会主义计划经济模式，突破了社会主义只能实行单一计划经济的理论，是社会主义经济理论的创新和发展；在推进搞活经济的改革方面，实行计划经济也要有自由市场补充的政策主张和其后的社会主义时期必须有两种经济论断的形成及其实践，

---

① 《陈云文集》第 3 卷，中央文献出版社 2005 年版，第 98、100 页。
② 《陈云文选》第 3 卷，人民出版社 1995 年版，第 244—245 页。
③ 《陈云文选》第 3 卷，人民出版社 1995 年版，第 245—246 页。

以及改革开放初期指出农业的非计划太紧、太死的问题，为实施搞活的改革指明了突破方向，这也是农业实施家庭承包经营和逐步放开农产品市场的改革率先成功突破的重要因素；在推动社会主义市场经济改革方面，实行计划经济也要有自由市场补充的政策主张和其后的社会主义时期必须有两种经济论断的形成及其实践，成为我国改革开放和走出社会主义与市场经济结合之路的思想和实践基础，成为中国特色社会主义市场经济理论的重要组成部分。

三、实行市场调节不能离开国家计划的现实意义

陈云提出社会主义时期必须有两种经济论断中所设想的经济制度，既不排斥市场调节而不同于传统的社会主义经济制度，也不排斥计划调节又不同于自由市场经济制度。

陈云在社会主义改造完成后提出在我国实施的自由市场，与资本主义的自由市场，无论在实施范围还是在功能上都是不同的。首先，两种自由市场的实施范围不同。1956 年 7 月 23—26 日陈云在上海五和织造厂、上海公胜染织厂、上海新亚药厂、天津仁立毛纺织厂、北京朝阳电机厂、开封农具厂、沈阳棉织公司七个公股代表（厂长或经理）座谈会上指出："过去，商业上加工订货是利用、限制、改造的措施，现在要转变为社会主义的措施。就是说，现在应该来一个社会主义基础上的计划经济范围内的自由市场。资本主义生产是无政府状态，在大范围内不合理，在小范围内还是合理的。社会主义生产，在大范围内合理，在小范围内还有不合理之处。我们要做到既在大范围内合理，又在小范围内合理。"[①] 同年 9 月 11 日，陈云主持国务院第 37 次全体会议讨论《中共中央国务院关于加强农业生产合作社的生产领导和组织建设的指示》时进一步指出："资本主义国家是小计划、大自由。他们是大的方面生产力和生产关系不相适应，而小的方面比如一个工厂却是有计划的。我们是大

---

① 《陈云文集》第 3 卷，中央文献出版社 2005 年版，第 74 页。

的方面有计划，小的方面常碰头。"① 其次，两种自由市场的功能不同。同年8月23日，陈云在国务院有关部门参加的关于工商业改造的组织形式问题座谈会上指出，国家市场领导下的自由市场"不同于资本主义国家的自由市场，因为它不是盲目的市场，而是国家市场的助手"②。同年9月20日，陈云在党的八大上进一步明确指出我国的市场绝不会是资本主义的自由市场，而是社会主义统一市场的组成部分。

在改革开放时期，陈云倡导实行市场调节，对排斥国家计划而完全按照西方市场经济进行改革的主张予以坚决反对。1988年10月8日，陈云同中央负责人谈话直截了当地说："在我们这样一个社会主义国家里，学习西方市场经济的办法，看来困难不少。"③ 据中共中央文献研究室所著《陈云传》说，陈云以往也用过"市场经济"的提法，这次特意加了"西方"两个字，意思是指在经济体制改革中，照搬"西方市场经济"的办法，脱离中国是一个社会主义国家的实际，一定会遇到不少困难，是行不通的。④ 实际上，陈云在这次谈话中反对搞西方市场经济是非常明确的，指出："我在一九七九年三月说过，六十年来，无论苏联或中国的计划工作制度中出现的主要缺点：只有'有计划按比例'这一条，没有在社会主义制度下还必须有'市场调节'这一条。所以，我们需要改革。但在改革中，不能丢掉有计划按比例发展经济这一条，否则整个国民经济就会乱套。"⑤ 当时我国学习西方市场经济所进行的"价格闯关"等改革导致严重的通货膨胀而不得不进行治理整顿的事实，与其说是被陈云言中，倒不如说陈云所指出的自由市场调节存在盲目性缺陷又一次被实践验证。

陈云主张实行的市场调节，有别于西方市场经济，其中重要区别是不能离开国家计划。陈云关于"鸟笼经济"的比喻，生动地道出了其缘由。1982年11月22日，陈云在中共中央政治局会议上说："我在同宋平、柴树藩同志谈话中把计划经济和搞活经济的关系，比作笼子和鸟的

---

① 《陈云文集》第3卷，中央文献出版社2005年版，第103页。
② 《陈云文集》第3卷，中央文献出版社2005年版，第99页。
③ 《陈云文选》第3卷，人民出版社1995年版，第365页。
④ 《陈云传》下，中央文献出版社2005年版，第1794页。
⑤ 《陈云文选》第3卷，人民出版社1995年版，第367页。

关系。这个话不是我发明的,是黄克诚同志讲的。他说,鸟拿在手里,捏着就死了,撒开手就飞了,总得有个笼子。当然,笼子大小要合适,该多大要适当。搞活经济要有一个笼子,这个笼子就是国家计划。不一定一个省就是一个笼子,笼子也可以大到跨省跨地区。如果没有这个笼子,我们的计划就要被冲垮。应该说,我们的笼子——五年计划和年度计划,也是经常要调整的。总之,经济一定要搞活,但是不能离开国家计划。"①

陈云基于市场调节存在盲目性的缺陷,坚持实行市场调节不能离开国家计划,其现实意义就是要更好发挥政府的作用,并把握好以下重大问题:

坚持协调发展。科学发展观的要义是坚持以人为本,树立全面、协调、可持续的发展观,促进经济社会和人的全面发展。对资源实施计划配置旨在实现经济的有序协调发展。1979年3月8日,也就是在经历长时期的计划经济实践后,陈云对计划与市场问题的思考更加深刻。他分析指出:"《资本论》发现了资本主义生产是无政府状态的,生产力的发展必然与生产关系发生不可调和的矛盾,最后导致资本主义的灭亡。"②1982年1月25日,陈云在与国家计委负责同志谈话时说:人民的生活要提高,但国家只有那么多钱,这里摆多少,那里摆多少,都要有一个计划。从全局看,第一是吃饭,第二要建设。吃光用光,国家没有希望。吃了之后,还有余力搞生产建设,国家才有希望。搞建设,真正脚踏实地、按部就班地搞下去就快,急于求成反而慢,这是多年来的经验教训。③可见,陈云坚持实行国家计划,统筹全局与局部、长远与短期,旨在实现经济的有计划按比例发展,或者说实现有序协调发展,即坚持实行国家计划的出发点与科学发展观是一致的。

坚持全国一盘棋。1981年12月22日,陈云在省、自治区、直辖市党委第一书记座谈会上指出:"国家建设必须全国一盘棋,按计划办事。""该调出的物资,必须按国家计划调出。""全国建设的进度,必须

---

① 《陈云文集》第3卷,中央文献出版社2005年版,第523页。
② 《陈云文选》第3卷,人民出版社1995年版,第244页。
③ 《陈云文选》第3卷,人民出版社1995年版,第309、311页。

有先有后，有重有轻，按全国计划办事。"① 针对权力过于分散，地方主义发展，中央由于财力不足导致中央权威有被削弱的危险，陈云提出："像我们这样的国家没有这样一个集中是不行的，否则就会乱套，也不利于改革。"②

坚持集中力量办大事。1988年10月8日，陈云在总结建设经验时说："从'一五'到现在近三十六年，中间虽有曲折，但发展也不算太慢。在过去这些年里，我们搞的一百五十六项、尖端科学技术、石油自给、武钢一米七轧机、十三套大化肥、宝钢以及铁路、电力、农田水利等建设，它们的作用不能低估。"③1983年6月30日，陈云在考虑中国经济现实发展问题时指出："现在看，农业、能源、交通是重点，一批骨干企业的建设和改造是重点，科技教育事业的发展、环境污染的防治以及知识分子生活待遇的提高等等也是重点。这些是从整个国家的全局利益和长远利益出发考虑的。重点只能由中央根据全局的长远的利益，经过综合平衡来确定。""重点确定之后，就要动员全党全民集中财力物力保重点。"他特别告诫说："建设要有重点。财力物力只有那么多，不分轻重缓急，大家一齐上，你挤我，我挤你，势必因小失大，处处被动。"④实践证明，坚持集中力量办大事，保障重点，是积弱积贫的农业国快速建立起独立工业体系和跃居世界第二大经济体的重要因素。

加强中央的经济权威。1988年10月8日，陈云在同中央负责同志谈话中指出：中央的政治权威，要有中央的经济权威作基础。没有中央的经济权威，中央的政治权威是不巩固的。在经济活动中，中央应该集中必须集中的权力。搞活经济是对的，但权力太分散就乱了，搞活也难。⑤1994年2月9日，也就是在党的十四大明确"我国经济体制改革的目标是建立社会主义市场经济体制"后，陈云在同上海市负责同志谈话时进一步深刻指出："如果没有中央的权威，就办不成大事，社会也无法

---

① 《陈云文选》第3卷，人民出版社1995年版，第307页。
② 《陈云文选》第3卷，人民出版社1995年版，第279页。
③ 《陈云文选》第3卷，人民出版社1995年版，第366页。
④ 《陈云文选》第3卷，人民出版社1995年版，第323页。
⑤ 《陈云文选》第3卷，人民出版社1995年版，第366页。

稳定。"① 陈云主张在推进社会主义市场经济改革发展中加强中央的经济权威，旨在保障中央政府能够充分发挥其职能，以实现全国一盘棋和弥补市场的缺陷等。

党的十八大报告在总结实践经验的基础上，明确了"经济体制改革的核心问题是处理好政府和市场的关系，必须更加尊重市场规律，更好发挥政府作用"②的历史性命题。在正确处理政府与市场的关系上，还有很多问题需要在实践探索中不断加以解决。

[原载《中国社会经济史研究》2013 年第 1 期]

---

① 《陈云文选》第 3 卷，人民出版社 1995 年版，第 380 页。
② 胡锦涛：《坚定不移沿着中国特色社会主义道路前进　为全面建成小康社会而奋斗——在中国共产党第十八次全国代表大会上的报告》，人民出版社 2012 年版，第 20 页。

供给侧结构性改革视域下
破解资源型城市转型发展之路

以自然资源开采、加工而兴起、发展壮大的资源型城市的转型发展，既面临当地资源枯竭的约束，又面临全国相关产能过剩的挤压，已经成为供给侧结构性改革必须攻克的重点和难点地区。资源型城市作为国家的老工业基地，对新中国工业化发展提供了大量的煤炭、钢铁等重化工产品，作出了重大的历史贡献，由此也遗留了一些问题，现今又要为供给侧结构性改革作出贡献和承受较大阵痛。推进供给侧结构性改革，促进资源型城市转型发展，应当着力解决因地缘劣势、历史使命及配套政策、发展基础差等原因导致的转型发展内生能力弱的问题，解决好转型发展进程中资金、技术、人才等要素聚集能力弱的问题，解决好"一矿一市""一市一业"而结构性改革任务艰巨的问题，从而形成转型发展环境改善和产业向中高端迈进持续推进的良好态势。基于2015年中国社会科学院当代中国研究所第二研究室对内蒙古自治区乌海市、安徽省淮南市、黑龙江省鸡西市、河南省焦作市、四川省攀枝花市、贵州省六盘水市6个资源型城市的调研（本文凡引用这些地方政府和企业提供的资料和数据，一般截至调研之时，并省略相关注释），并通过与所调研的湖南省株洲市、贵州省黔东南苗族侗族自治州和遵义市、四川省德阳市、新疆维吾尔自治区乌鲁木齐市和喀什市等非资源型城市身临其境的体验和比较，以及在调研基础上于12月中旬组织召开的"新常态下资源型城市转型发展研讨会"，形成本文。

一、资源型城市兴建时的定位及必然相伴的转型命题

当代中国资源型城市的兴建和成长，有着与其他国家资源型城市不同的历史使命和政治经济体制。一方面，当代中国资源型城市的兴建一开始是国家从发展现代工业的产业功能提出并实施的，即作为后发国家，为实现赶超目标，国家在资源富集地建设工业基地，并实施以"先生产，后生活"为取向的政策，即先保障生产国家所需要的工业产品，在此基础上，再逐步改善生活条件和发展城市。另一方面，资源型城市是在社会主义计划经济体制下，按照全国一盘棋的生产力布局分工兴建和成长起来的，一般是"一矿一市""一市一业"，以及之后由于发展路径的依赖，使得资源型城市产业较为单一。这些都决定了资源型城市不断渐进转型的命题。

正是由于上述原因，我们调研的 6 个资源型城市有很多共同点，包括都曾经拥有资源富集的禀赋，都承担着与其他国家资源型城市不同的重大历史使命，都曾经历国家动员和集聚四面八方力量而迅速崛起为工业基地的峥嵘岁月（"一五"时期 156 个国家重点建设项目中有 53 个布局在资源型城市，占总投资额的近 50%），都曾经不辱使命，为建立中国独立完整的工业体系、促进国民经济发展作出了历史性的贡献（国务院印发的《全国资源型城市可持续发展规划（2013—2020 年）》显示，新中国成立以来，资源型城市累计生产原煤 529 亿吨、原油 55 亿吨、铁矿石 58 亿吨、木材 20 亿立方米），都曾经在兴建国家工业基地的基础上成长为新兴工业化城市和区域经济增长极。

乌海市、淮南市、鸡西市、焦作市都是在 20 世纪 50 年代，在国家工业生产力战略布局下，迅速由小煤矿发展为现代化煤城，为国家提供了大量的被视为工业"粮食"的煤炭。

四川省攀枝花市、贵州省六盘水市，都是在 20 世纪 60 年代中期，在国家为改变沿海与内地生产力布局不均衡、在国际冷战环境而建立国家战略纵深防御体系的背景下，所实施的三线建设战略中，动员全国力量，迅速成长起来的新兴工业基地和工业重镇。作为建设钢铁基地"得

天独厚"的攀枝花市（1965年11月，邓小平视察攀枝花时，指出在攀枝花建设钢铁基地是"得天独厚"），国家在三线建设中，把攀枝花作为战略后方基地的重点。毛泽东于1964年5月27日在北戴河召开的中央工作会议上听取国家计委领导小组汇报第三个五年计划的设想时说：在原子弹时期，没有后方不行。应该把攀枝花和联系到攀枝花的交通、煤、电的建设搞起来。[①] 攀枝花钢铁基地与重庆、六盘水构成"两点一线"的西南三线建设布局，即以攀枝花为中心，通过成昆铁路线，向重庆和六盘水两点作钟摆式辐射，六盘水的煤炭运到攀枝花，攀枝花的钢铁运到重庆，重庆的机器运到攀枝花和六盘水。在国家动员下，全国开展大协作，集聚大量人才、资金、设备等，人烟稀少、偏僻闭塞、荒山野岭的攀枝花变成了钢铁基地，再发展成为钢城；因三线建设而命名的六盘水市发展成为"江南煤都"。

新中国兴建的资源型城市，在担当国家工业化基地重任的同时，也发展成为有综合功能的重工业城市，成为经济增长引擎，造福一方。乌海市作为国家"一五"时期布局的十大煤炭基地之一，在人迹罕至的荒漠上建成新兴工业城市，成为内蒙古自治区西部的经济增长极。攀枝花钢铁基地和成昆铁路的兴建，开启了攀西地区经济社会的历史性巨变进程。[②]

当我们梳理这些难忘创业岁月和辉煌贡献时，也就理清了这样一个问题，即如今资源型城市以工矿业为主的结构性问题，是一个完成国家全局和长远战略所伴生的问题，由此一开始就伴随着转型发展的命题，并延续至今。最初的转型，是由先办某个工业基地，再到产业和城市共同发展。攀枝花、六盘水就是这样发展起来的城市。这种转型为产业发展提供了多方面的配套保障。相反，一些非资源类三线企业，孤零零地在某个山沟里封闭运行，各种社会服务功能不配套，加之职工子女上不了好的学校，所以改革开放后，只好搬迁到城市（这时的搬迁，条件也相对成熟，即随着国际上冷战时期的结束和邓小平关于和平与发展两大

[①] 陈夕总主编：《中国共产党与三线建设》，中共党史出版社2014年版，第43页。

[②] 参见郑有贵、张鸿春主编：《三线建设和西部大开发中的攀枝花——基于攀枝花钢铁基地建设和改革发展的研究》，当代中国出版社2013年版。

主题的论断，国家也对搬迁给予支持）。随后，又推进城市由单一功能向综合功能的转型，如六盘水市主要是发展煤炭产业，攀枝花市主要是发展钢铁产业，然后调整产业结构，城市功能也逐步向综合化扩展，并成为一个区域的经济增长极。

二、资源型城市面对资源枯竭约束推进转型发展的经验

面对资源枯竭约束，资源型城市开始了转型发展的新历程。与以往转型不同的是，是在市场经济体制下，国家对资源型城市的转型发展不是承担主体责任而只是倡导，不是采取行政手段，而是在市场机制下通过政策引导展开。在市场配置资源的机制下，资源型城市转型呈现出或早或迟、或主动或被动的差异。凡是资源型城市对资源枯竭危机有前瞻性认识，并力图实现可持续发展和步入更宽广路径的，它们转型发展的启动就早，也主动。无论早与晚、主动与被动，资源型城市在转型发展中都从实际出发，遵循转型发展规律，积累了经验。从调研的 6 个资源型城市转型发展的实践看，除了都在调整结构中注重培育新兴产业和推进创新发展外，还探索形成促进资源类产业的转型升级、把解决好社会民生问题作为转型发展的支点、依托工业遗产资源为转型发展营造人文环境和增强软实力等基于自身实际的特色做法及其经验。

（一）促进资源类产业的转型升级

资源型城市占主导地位的产业，一般存在提供原料和发展方式粗放两个方面的问题。导致这一现象的原因，既有体制因素，也有供求关系因素。在计划经济体制下，产业链被行政分割，资源型城市"原字号"特征明显，主要提供工业原料，产业结构相对单一，增长方式粗放。在短缺经济结束前，随着市场经济改革的深化和经济的高速增长，资源类产品供不应求，价格也快速上升，这给资源型城市及其相关企业带来较为丰厚的利润，使得这些城市对转型发展缺乏紧迫感，仍然以提供原料为主，仍然延续粗放式经营。

调研的资源型城市在调整产业结构时，大力促进新兴产业的发展，

但都不是放弃基于资源的主体产业。在推进资源类产业的转型发展时，一般从两个方面展开：其一，基于资源禀赋、产业基础等比较优势，延伸产业链，通过工矿产业退城入园，促进产业集聚，将原来单一的原料、粗加工产品输出，通过资源综合利用、循环利用、精深加工、产业一体化发展，逐步转变为原料、废弃物副品、加工转化品等多样化产业，特别是向终端消费品生产转变，实现节能、环保、增值，促进资源类产业转型升级。例如，乌海市以循环经济为理念，把自身的资源优势与承接东部产业转移有机结合起来，形成了由乌达工业园、海勃湾千里山工业园、海南西来峰工业园和低碳产业园区组成的"一区四园"的乌海经济开发区发展格局，构建起能够发挥自身优势的循环产业体系，增强了承接产业转移的集聚力和转型发展的内在动力。2013年，乌海市成为国家首批循环经济示范城市。其二，在发展方式上，着力技术创新、装备更新、管理创新，推进由粗放向集约转变。通过这样一些举措，改变了计划经济下产业链的部门和区域分割，初步实现基于资源的多元化发展，促进了产业结构的改善和产业的转型升级，促进了经济效益、社会效益、生态效益的协调统一。

（二）把解决好社会民生问题作为转型发展的支点

在转型发展上，资源型城市与非资源型城市相比，面临资源开采中机械对劳动力的替代、资源枯竭导致产业人员转岗、资源开采和加工生产中的环境污染、兴办国家工业基地中"先生产，后生活"的历史遗留等特殊问题。资源型城市通过解决转型发展中遇到的这些生态环境治理、居住条件改善、再就业等社会民生问题，为转型升级构建起和谐社会基石。

生态环境问题是资源型城市发展初期由于粗放式经营形成的一个重大问题，其严重危害也成为国内外关注和遭受批评的一个焦点。在转型发展进程中，资源型城市在国家支持转型发展并利用财政收入相对较宽裕的时机，大力改善生态环境，从点和面两个方面推进：在点上，改变过去重发展轻治理的做法，通过对资源开采技术的改进和合理布局产业园区，实现清洁生产、循环利用、综合利用，对采矿区实行生态恢复，尽力将环境污染控制在最低。在面上,对整个城市生态环境进行系统改造,着力打造生态城市。攀枝花在优化产业结构基本实现从"百里钢城"到"钒钛之都"战略升级的同时,完善城市功能,充分利用阳光和花卉两大自然要素优势,打造成阳光花城,实现从生产型工矿城市向综合型宜居宜业宜游城市的突破性转变。六盘水市积极建设生态宜居城市,从2004年开始每年举办凉都消夏文化节,2005年8月,中国气象学会向六盘水市政府颁发了"中国凉都·六盘水"证书,实现了从"煤都"到"凉都"的转变。乌海市积极开展生态建设,以"环乌海湖"为核心,打造成"水贯城中、城在水中、依水而居",实现从"乌"(煤矿业)到"海"(水上新城)的转变。焦作市在由焦家作坊到矿区、煤矿城市的快速发展过程中,曾沦为全国十大污染城市,之后成功地实现向美丽旅游城市再到中国养生城的转型。生态环境的极大改善,不仅改善了当地生产生活条件,也成为资源型城市的名片,成为聚集人才、技术、资金的重要因素。

解决棚户区和搬迁是资源型城市转型发展绕不开的难题。资源型城市矿区居民居住条件差有两个方面的原因:其一,矿区职工棚户区。资源型城市因矿而生,在发展初期由于承载国家快速推进工业化战略的重大使命,一般实行"先生产,后生活"方针,即便是在建成并实现较长时期快速发展后,不少职工仍居住在危旧的棚户区,交通和市政设施条件相对较差。其二,无论是地面采矿形成不宜居住区,还是地下采矿形成沉陷区,都不仅影响正常的生产,也影响正常的生活,这都需要实施搬迁。在转型发展中,资源型城市都采取多种措施,建设新的家园。淮南市创新性地探索出"集中式搬迁、发展式安置、开发式治理",把搬迁、就业安置、园区产业开发和沉陷区治理统筹设计,尽可能地让安置区群众由农村进入城市,由农民变成市民,分享经济发展成果。

解决从资源类产业转出人员的就业是资源型城市转型发展必须破解的命题。资源型城市除了每年新增劳动力和技术进步替代劳动力外,在转型发展中还有资源类产业劳动力需要转业、资源开采沉陷区劳动力就业的较大压力。为此,都在延长产业链、发展新兴产业、构建"大众创业,万众创新"的平台上着力。例如,鸡西市在全国首创政校联合服务大学生就业创业联合体，在全省首个建立大学生和专业技术人员创业扶持基金、全民创业网站，以促进就业问题的解决，被确定为省级创业型试点城市。

（三）依托工业遗产资源为转型发展营造人文环境和增强软实力

在社会主义制度下形成和发展起来的资源型城市，有着为社会主义事业和国家富强而舍局部、为大局的艰苦创业的感人故事，以及由此寓含的为祖国和人民奉献甚至牺牲的精神，并留下了丰富的工业文化遗产，形成了体现社会主义核心价值观的红色文化。资源型城市也都不忘这些特定历史下的创业历史，将其作为促进转型发展的历史和文化背景。六盘水市这样概括他们的历史，即"三线"历史是六盘水的"根"，"三线"企业是六盘水的"本"，"三线精神"是六盘水的"魂"。每个资源型城市也都珍视自己的创业历史，倡导弘扬这些精神，以充分释放其正能量。为此，资源型城市一般都把创业发展中留下的工业文化遗产和所寓含的精神，与当地的历史文化一道，组成充满激励向善向上的人文环境，以增强文化软实力。同时，还注重工业文化遗产资源的开发利用，形成红色文化旅游景观，并开发相关产业，实现社会价值与经济价值的统一，以促进产业的结构调整和转型升级。攀枝花在打造阳光城市时，建起了"攀枝花中国三线建设博物馆"，与"十三栋"、矿区遗址等工业遗产组成红色文化群，既发挥激励作用，又成为红色工业文化遗产游览地。焦作市发挥独特的山水自然风光和历史人文资源优势，通过打造山水焦作、太极故里两大品牌，促进煤城向旅游城市的转型。

三、破解资源型城市转型发展内生能力弱的难题

中央提出实施供给侧结构性改革，给资源型城市提出了基于自身的实际情况，探索形成创新、协调、绿色、开放、共享发展的机制，改变"一业独大"的产业结构，优化供给结构，实现经济的中高速增长和产业向中高端水平迈进的新的转型发展命题。在推进供给侧结构性改革中，

应当把资源型城市作为供给侧结构性改革的重点和难点地区,把供给侧结构性改革与资源型城市转型发展有机统一起来,着力增强资源型城市转型发展内生能力和集聚能力。

(一)资源型城市是供给侧结构性改革的重点和难点地区,把供给侧结构性改革与资源型城市转型发展有机统一起来

资源型城市现阶段的转型发展,面对的是全国相关行业产能过剩的挤压,去产能引发的转岗就业的社会问题,加之资金、技术、人才等要素聚集能力弱的老问题,由此成为去产能和补短板任务较重的地区、承受去产能阵痛较重的地区。

资源型城市是产业结构问题突出的地区。由于资源禀赋所致,资源型城市自兴建初期起即长期存在"一矿一市""一市一业"的结构问题,在计划经济时期是隐性的问题,在市场经济时期尤其是在短缺经济结束后,日益显现,在中央提出供给侧结构性改革之前即已非常突出。尽管资源型城市已积极实施产业结构调整,但以资源为依托的产业仍然占绝对主体地位。据2013年12月3日国务院新闻办公室举行的新闻发布会,全国262个城市的矿产资源开发的增加值约占全部工业增加值的25%,比全国平均水平高约1倍;第三产业比重则比全国平均水平低12%。[①]我们调研的淮南市"一煤独大",煤电行业增加值占规模以上工业增加值的八成。这表明资源型城市要在产业结构改善方面实现重大突破,需要付出长时间的艰辛努力。

资源型城市是去产能、补短板任务较重的地区。实施供给侧结构性改革,就行业而言,解决煤炭、钢铁、有色、水泥、玻璃等传统支柱产业产能过剩问题难度大、任务重,而资源型城市正是这些产业的重镇,比非资源型城市去产能和补短板的任务更重。全国资源型城市数量多、分布广,而能源资源型城市又占较大比重。解决好资源型城市转型发展中的难题,就可以从资源型城市这些重点和难点地区为供给侧结构性改

[①] 参见斯兰、薛秀泓:《资源型城市发展转型有了"风向标"》,《中国改革报》2013年12月9日;葛倩:《中国首次界定262个资源型城市 1/4资源趋于枯竭》,《南方都市报》2013年12月4日。

革奠定坚实的基础。

资源型城市是承受去产能阵痛较重的地区。现阶段国内外经济下行由产业链末端向前端传导，特别是全国相关产业产能过剩问题的产生，使其遇到了比非资源型城市更大的经济下行压力。例如，煤炭资源型城市淮南市、鸡西市，由于受全国煤炭产业产能过剩影响，地方生产总值增速大幅下滑。2015年上半年，鸡西市煤炭产业产值同比下降15.7%，向下拉动全市产值10.9个百分点。2015年上半年，淮南市、鸡西市地区生产总值同比增长不仅低于全国平均水平，也低于所在省（区）的平均水平。这又使得地方财政收入增速明显放缓，淮南市财政收入还呈负增长。这种财政收入状况使资源型城市政府促进结构调整和创新发展的能力严重不足。同时，煤炭企业发展也深陷困境，大面积亏损。同时，资源型城市去产能需要解决转岗就业人数较多。如此种种，都使资源型城市政府、企业、职工承受较大的阵痛。

推进供给侧结构性改革，有利于促进资源型城市的转型发展。在全国相关产能过剩背景下，资源型城市在去产能上表现出复杂的矛盾。如果资源型城市不果敢去产能，不仅与去产能的国策不一致，还会使全国产能过剩问题恶化。如果资源型城市大幅度去产能，当地政府短期将面临极其困难的境地，不仅要帮助企业渡过生产经营难关，还要解决去产能所导致的就业岗位减少带来的社会问题，如果不妥善处理，还可能会演变成群体事件，影响社会的稳定。在推进供给侧结构性改革中，资源型城市无论面临如何困难和复杂的局面，都应当有定力，不能左顾右盼、心存侥幸，而应把供给侧结构性改革作为转型发展的新契机，与国家推进供给侧结构性改革去产能、补短板行动一致起来。

鉴于资源型城市是产业结构问题突出地区、去产能的重点和难点地区、承受去产能阵痛较重地区，以及由于地缘劣势、计划经济下服务国家战略遗留较多历史问题而内生能力不足、生产要素聚集能力弱的老问题，国家在实施供给侧结构性改革中，应当在实施《全国资源型城市可持续发展规划（2013—2020年）》和对资源衰竭期转型发展给予支持的基础上，把供给侧结构性改革与资源型城市转型发展有机统一起来，进行试验性探索，研究和实施针对性强的支持政策和制度安排，着力增强转型发展内生能力和集聚能力，以促进转型发展和赶超发展双重使命的实现。

（二）着力增强资源型城市转型发展的内生能力

资源型城市既有短缺经济下依赖丰富资源而转型发展内在动力不足问题的延续，也有供大于需而竞争激烈下转型发展内生能力弱的问题。在供给侧结构性改革中，把政策支持聚焦到破解转型发展内在动力不足和内生能力弱的难题上，使财政支持力度日益加大的政策发挥出乘数效应。

1. 对资源型城市去产能实施配套的经济社会支持政策，增强地方政府和企业去产能的主动性。去产能需要企业完成，也需要资源型城市政府承接因去产能所致的职工转岗就业等社会问题。对于在去产能过程中资源型城市需要安置转岗就业人数较多这样一个复杂的开放性问题，如果只依靠企业去产能而不采取相配套的促进转岗就业等社会政策，将成为社会不和谐的因素。以鸡西市为例，一方面，该市存在历史上企业办社会负担的遗留问题，2001—2006年分3批接收了8个原鸡西矿务局的破产煤矿，共接收企业办社会机构347个、人员8894人，2011年国家5年补助政策到期后不再给予补助（教师、公安除外），导致大量垫付接收人员的工资、养老保险等资金缺口；另一方面，又有去过剩产能相伴的解决转岗就业的新问题，2014年地方煤矿下岗失业人员达4万人左右，这些人普遍学历不高、技能单一，再就业难度较大。针对资源型城市去产能中地方政府、企业、职工必然经历阵痛期的情况，应通过经济社会配套支持政策的实施，减轻因阵痛而存观望、侥幸心态，使之转变为主动作为。以煤炭城市为例，这些城市在改变资源型城市产品以"原字号"为主的状况时，除发挥市场作用淘汰低效企业、采取行政措施关闭达不到安全生产指标的煤矿而去产能外，国家还可建立对严重过剩产能的置换制度和实施退采计划，对主动退出采煤或调减采煤计划的城市和企业，在促进转型发展和大众创业、万众创新方面给予较大力度的支持。

2. 对资源型城市实施改善基础设施和人才支持政策，增强转型发展的生产要素集聚能力。资源型城市由于地缘上的劣势，加之基础设施落后，在市场经济条件下资金、技术、人才等不能大量流入，反而外流现象严重。在实施供给侧结构性改革中，资源型城市对产业的重构，无论是深度开发"原字号"，还是培育壮大"新字号"，都要破解资金、技术、人才等要素聚集能力弱的问题，重点突破两个方面瓶颈因素的限制。

第一，通过改善基础设施条件，增强集聚能力。资源型城市由于处于不发达地区及其相对偏远之地，无论是交通等基础设施，还是市政基础设施，一般都较其他地区落后，对承接东部产业转移并向产业中高端迈进构成约束。例如，截至2015年8月初调研时，鸡西市尚未改造的城市棚户区有309万平方米、4.89万户；供水、供气、供热管网老化，供水管网漏失率达52%，中心城区尚未实现24小时供水；矿区道路破损严重的路段达170公里；80%以上的矿区无集中供热、无燃气。加大对资源型城市基础设施的投入，改善交通状况，使其物流、人流更为便捷，可以增强对资金、技术、人才要素聚集能力，吸引东部地区产业向其转移，从而更加稳健地加快产业结构调整的步伐。

第二，通过专业人才支持政策的实施，解决人才短缺对创新发展的约束。资源型城市普遍面临人才外流的问题，高端人才难引进，引进后也难留住，导致技术创新能力弱，难以适应转型发展的需要。例如，鸡西市人才流出现象明显，黑龙江八一农垦大学和鸡西煤炭医学高等专科学校早已外迁，2014年全市考入外地的大学生8334人，同年毕业返回报到的仅2070人，其中有的报到后又外出。实施专业人才引进支撑计划，应将人才的引进与产业转型升级挂钩，使专业人才引进后能够发挥作用，避免转型发展与人才引进离散而导致引进人才被闲置浪费。

3. 推进城矿协调发展改革，构建合力推进转型发展的机制。资源型城市的转型发展，需要地方政府、企业、矿区居民等主体积极参与，并形成合力。无论是最初的工业基地向产城配套的转型，还是随后城市单一工矿配套功能向综合功能的转型，都是顺应经济社会发展而水到渠成，加之国家政策的正向促进，增进了各方面利益，因而实现了帕累托改进。面临资源枯竭，资源型城市在有国家政策的支持和引导，特别是因为自身有人才、技术、资源、装备等优势，能够实现利益的改善，一般都较为成功。产能过剩背景下资源型城市的转型发展，与以往相比，要协调的各种利益关系更为复杂，面临的难度更大。加之由于制度和体制的原因，呈现出不同层级政府的财权与事权不一致、采矿企业所获利益与其应承担的责任不对应、矿区农民利益难以得到保障等问题，使矿产资源开发中屡屡发生不利于社会和谐稳定的矛盾。在推进供给侧结构性改革中，应当贯彻落实共享发展理念，破解这样一种利益负导向的问题，按照有利于城矿协调发展推进改革，协调各方面利益关系。一是处理好各层级政府在财权与事权的关系，使各级政府在矿业权价款、矿区生态修复、沉陷区治理、矿区居民搬迁安置等财权与事权一致。二是在处理好矿产开采企业与矿区农民的关系上，通过将矿产资源与土地资源合二为一，或采矿企业按市场价格支付矿区农地和宅基地租用或征用费，保障农民的土地权益。

4. 解决好资源型城市发展中的历史遗留问题，释放转型发展的内生能力。资源型城市历史遗留问题多。据2013年12月3日国务院新闻办公室举行的新闻发布会，69个资源枯竭城市人口只占全国的4%，但是棚户区占全国的1/4。尚有近7000万平方米棚户区需要改造，约14万公顷沉陷区需要治理，失业矿工人数达60多万，城市低保人数超过180万。[①]资源型城市作为新中国的老工业基地，在实施国家工业化战略中贯彻执行了"先生产，后生活"的国策，由此也导致至今尚有不少职工居住在条件较差的棚户区，已到应全面解决之际。在某些地方采取重增长轻治理的建设模式下，加之一段时间里国家对环境污染治理的支持力度不足，导致矿山生态环境破坏严重。例如，到2013年底，焦作市工业固废煤矸石超过2600万吨，遭受破坏的耕地、林地达120平方公里。再如，乌海市在矿产开发过程中，由于剥除矿体表层土壤，造成约86平方公里地表土遭到破坏（包括采坑、渣堆、塌陷、排弃场），还污染附近的土壤。据当地国土部门测算，若仅靠乌海市财力，难以彻底改变乌海市矿区地质环境面貌、恢复矿区生态环境。在国有矿产企业一般为中央或省所属的体制下，地市政府财力有限，不能完全支撑矿区治理。企业也

---

① 参见林火灿、王薇薇：《资源型城市——转型有了"时间表"》，《经济日报》2013年12月4日。

由于承受环境指标压力，在保障良好生态环境上的成本上升。生态环境的彻底治理和全面改善，最终要通过改革来解决，一方面在生态环境方面做到财权与事权统一，避免矿产价款与环境治理费用支出的不统一而遗留更多的问题；另一方面依法加大对环境破坏的处罚力度，使破坏生态环境纳入企业成本，使生态环境保护和治理成为企业的自觉行为。对于诸多历史遗留问题，除了地方政府和企业的努力外，中央政府也应采取更有力的支持政策。

[本文是中国社会科学院当代中国研究所2015年度课题《转变经济发展方式中的问题与对策》的成果之一，发表于《开发研究》2016年第4期。主持人、执笔人：郑有贵。参加调研的有武力、王瑞芳、叶明勇、段娟、王蕾、王爱云、张金才、尹茜、吴超、沈雁昕、姬文波、张吉舜等]

构建新型工农、城乡关系的目标与政策

中共十七届三中全会对现阶段"三农"形势作出了这样的判断:"农业基础仍然薄弱,最需要加强;农村发展仍然滞后,最需要扶持;农民增收仍然困难,最需要加快。"如何理解这些判断?从历史观和大局观视角对此的理解是,中国的"三农"问题,实质是整个经济社会系统中的结构问题,即是工业与农业、城市与乡村、城镇居民与农村居民发展失衡;"三农"问题的形成及难以根本解决的原因,除历史遗留因素外,主要是由于在实施国家工业化战略中,选择了工业和城市偏向政策,以及保障这种偏向政策能够得以实施的城乡二元制度,使有限的资源向工业部门过度集中配置、城乡居民享受公共服务的条件与水平的不平等、经济社会的发展机会与发展能力存在较大差距,进而陷入城乡二元经济社会结构的困境;基于这样两方面的事实和逻辑,以及国际经验,构建新型工农、城乡关系,应当以实现工农、城乡协调和融合发展、结构的协同转换为主要政策目标,以大力发展现代农业、建设社会主义新农村为战略重点,以统筹农业现代化、工业化、城镇化和大力推进城乡经济社会一体化为战略思路,并实施强化农民的主体地位等有利于实现工农、城乡协调和融合发展、结构的协同转换的重大政策。

一、构建新型工农、城乡关系的挑战与机遇

构建新型工农、城乡关系,对于中国而言,一方面由于长期实施工

业、城市偏斜政策而使其面临独特的挑战，另一方面由于60年来工农、城乡实现了长足发展又为其提供了新机遇。

（一）构建新型工农、城乡关系的挑战

中国构建新型工农、城乡关系面临的挑战，既有来自历史沉淀形成的工农城乡发展失衡、结构转换滞后、体制和制度路径依赖的困阻，又有来自恩格尔定律对农业发展的限定，还有来自经济全球化对中国"三农"发展构成的压力。

1. 结构转换滞后的困阻

结构转换滞后——就业结构转换滞后于产业结构转换、城镇化滞后于工业化，将困阻新型工农、城乡关系的构建。

中国不仅有大量的农业富余劳动力仍滞留在农业和农村，就业结构与产业结构存在较大的结构性偏差（见表1），而且大量非农就业人口和依托非农就业人口生存的相关人口不能市民化，使得中国城镇化依然滞后于工业化。这种结构转换滞后状况的改变难度较大，主要是因为新型工业化的发展有助于实现经济和技术的跨越式发展，但资本和技术对劳动力的替代又使农民转向非农产业和城镇就业面临着新的困难。这种就业结构转换滞后于产业结构转换、城镇化滞后于工业化的非典型增长，把大量人口留在农村，把大量劳动力留在农业，农业规模经营难以发展，农业劳动生产率难以提高，以致农业现代化进程缓慢、农民增收困难、农村社会事业发展滞后，"三农"问题的解决也变得更加艰难。

表1 第一产业的就业结构与产值结构的偏差值[①]

年份	A.第一产业产值比重（%）	B.第一产业就业比重（%）	C.就业结构与产值结构偏差值（B-A）
1978	28.1	70.5	42.4
1980	30.1	68.7	38.7
1985	28.4	62.4	34.1
1990	27.0	60.1	33.1

---

① 本文数据，如无注解，均根据历年《中国统计年鉴》整理。

续表

年份	A. 第一产业产值比重（%）	B. 第一产业就业比重（%）	C. 就业结构与产值结构偏差值（B-A）
1995	19.9	52.2	32.3
2000	15.1	50.0	34.9
2005	12.2	44.8	32.6
2006	11.3	42.6	31.3
2007	11.1	40.8	29.7
2008	11.3	39.6	28.3

2. 工农业发展失衡的困阻

工农业发展失衡，农业与非农产业的劳动生产率差距扩大，将困阻新型工农、城乡关系的构建。

长时期的工业化偏斜运行，严重影响了农业现代化的顺利推进，农业现代化滞后于工业化，工农业发展失衡。更为严重的是，由于农业富余劳动力向非农产业转移滞后，农业与非农产业的劳动生产率差距扩大，这又使得工农发展失衡的格局难以扭转，反而使工农发展失衡的格局更加严峻。中国农业与非农产业劳动生产率有较大差距，两者人均创造GDP之比由1990年的1∶3.9，变为2001年的1∶5.2，再变为2008年的1∶5.3。进入工业化中期阶段后，特别是明确走新型工业化发展道路后，工业的科技含量增加较快，信息化进程加快，这有利于工业的快速发展及其劳动生产率的快速提高，这也使得在未来较长时期内农业与非农产业劳动力生产率有较大差距的格局仍将延续。工农业发展失衡，农业与非农产业的劳动生产率差距扩大，不利于城乡居民收入差距的缩小。

3. 城乡发展失衡的困阻

城乡发展失衡，将困阻新型工农、城乡关系的构建。

在快速推进经济发展和现代化中，发展中国家普遍采取城市偏向政策，由此导致了城乡差别，只是差别程度及形成原因有所不同而已。诺贝尔经济学奖获得者、美国经济学家贝克尔等人进一步将政府城市偏向的政策概括为三个方面的内容：（1）宏观经济政策（主要是贸易政策和价格政策）扭曲了经济信号，这种政策想把非农产业附加值提高到世界平均价值之上；（2）政府把投资基金主要配置在城市基础设施建设上，不考虑在非城市区域也可以获得较高回报率的可能性；（3）在城市区域（尤其是在主要的城市），公共部门的就业已经达到了那种任何一种效率标准也都无法证明其合理性的程度（保罗，2003）。[①] 中国作为发展中国家，也不例外地实施了城市偏向政策。20 世纪 50 年代初期起，国家通过从产业体系、要素配置和国民收入等多方面实施城市偏向政策及制度，形成了城市与乡村割裂和非均衡发展的格局。20 世纪 70 年代末至世纪之交，随着构建社会主义市场经济的改革的不断推进，中国进入了城乡经济关系的调整阶段。进入 21 世纪以后，国家致力于解决城市与乡村发展失衡问题，开始了城乡二元制度向一元制度的转变。中国城乡居民收入差距较大，城镇居民年人均可支配收入与农民人均纯收入之比，由 1978 年的 2.6∶1，扩大至 2008 年的 3.3∶1。这种差距，在国际上是不多见的。根据国际劳工组织对 1995 年 36 个国家的统计，绝大多数国家城乡居民收入差距均小于 1.6 倍[②]。城乡发展失衡，不仅仅是导致城乡发展能力和发展机会的差距，还导致农村生产要素大量外流，长此下去，城乡差距缩小的政策目标将落空。

4. 恩格尔定律对农业发展的限定

受恩格尔定律的作用，未来农产品需求对农业发展的拉动力弱，这不利于新型工农、城乡关系的构建。

随着经济的发展和居民消费水平的提高，影响农产品需求的恩格尔系数和食品的收入弹性系数这两个指标都呈急剧下降趋势。1978—2008 年，城乡居民恩格尔系数持续下降，城镇居民的恩格尔系数下降了 19.7 个百分点，到 2008 年只有 37.9%；农村居民的恩格尔系数下降更快，减少 24 个百分点，到 2008 年仅有 43.7%。未来城乡居民恩格尔系数还将继续呈下降趋势。换言之，未来农业的发展除受资源约束外，农产品需求制约也越来越明显。

[①] 张晓山、宋洪远、李惠安：《调整结构·创新体制·发展现代农业》，中国社会科学出版社 2007 年版，第 24 页。

[②] 吉炳轩：《加强农村精神文明建设　倡导健康文明新风尚》，《中共中央党校报告选》2006 年增刊，第 79 页。

5. 经济全球化对"三农"发展构成的压力

经济全球化，使得在国内就属于弱质的农业和处于弱势的农村、农民面临更大的压力，"三农"问题的解决更加艰难，不利于新型工农、城乡关系的构建。

在经济全球化的背景下，中国农业面临愈加强大的竞争压力，而这种压力已明显化。自 2004 年起，中国农产品贸易由顺差转为逆差，此后连年延续逆差的格局。特别是大豆、棉花净进口量较大。大豆由 1995 年的净出口 7.8 万吨，转变为 1996 年至今的连年净进口，净进口量由 1996 年的 92.1 万吨，增加至 1999 年的 411.3 万吨，再快速增加至 2007 年的 3034.6 万吨；棉花净进口量，由 2001 年的 5.3 万吨，快速增加至 2007 年的 259.1 万吨。2007 年净进口量与国内生产量之比，大豆为 2.38∶1，棉花为 0.34∶1。① 同时，国际资本也快速进入中国农业。经济全球化导致中国农业面临的压力，使"三农"的解决更加艰难。

6. 城乡一体化体制机制建立难度较大

城乡一体化实质是制度的一体化，对城乡二元制度的改革将受路径依赖影响，这将困阻新型工农、城乡关系的构建。

城乡一体化改革，不仅仅涉及统一城乡财税政策而实行城乡基本公共服务均等化的问题，更重要的是体制机制改革。受利益集团、路径依赖影响，城乡一体化体制机制的建立还有相当大的障碍。其中，较为突出的有：一是改革以"取"为核心的制度难度较大。改革服务于向"三农"实施"多取少予"的体制，显然要调整各方面的利益。然而，改革开放以来，在工业化和城镇化进程中，还形成了低价向农民征地、农民工与城市职工同工不同酬的工资差、农村资金通过金融存贷大量流向城市等多种向"三农""取"的新渠道。例如，一些地方打着城乡一体化改革的旗帜，仍以多种形式低价征收农民土地，继续对农民实施剥夺。二是管理权限及相关利益的再分配难。由于行政管理体制改革滞后，从田头到餐桌的一体化的农业管理体制尚未形成，仍是贸工农分割。

---

① 根据《中国农业发展报告（2008）》（中国农业出版社 2008 年版）整理。

（二）构建新型工农、城乡关系的条件与机遇

经济社会发展进入工业化中期阶段，以及相应的理论创新，都给构建新型工农、城乡关系提供了新的条件和机遇。

1. 确立了新型工农、城乡关系的取向

党的十六大以来，中央明确了新型工农、城乡关系的取向，主要体现在四个方面：第一，明确把着力构建新型工农、城乡关系作为加快推进现代化的重大战略。第二，明确要统筹工业化、城镇化、农业现代化发展，改变工农、城乡发展失衡的状况，把建设社会主义新农村作为战略任务，把走中国特色农业现代化道路作为基本方向，把加快形成城乡经济社会发展一体化新格局作为根本要求。第三，明确要实行以工促农、以城带乡的政策，促进城乡经济社会发展一体化。为此，一方面，提出要加快建立健全以工促农、以城带乡长效机制，调整国民收入分配格局，巩固和完善强农惠农政策，把国家基础设施建设和社会事业发展重点放在农村，推进城乡基本公共服务均等化；另一方面，提出要尽快在城乡规划、产业布局、基础设施建设、公共服务一体化等方面取得突破，促进公共资源在城乡之间均衡配置、生产要素在城乡之间自由流动，推动城乡经济社会协调发展。第四，明确要实现城乡、区域协调发展，使广大农民平等参与现代化进程、共享改革发展成果。这些政策取向的确立，是构建新型工农、城乡关系的方向和政策框架。

2. 工业反哺能力将逐步增强

未来一个时期，中国仍将处于居民消费结构升级、工业化和城镇化步伐加快的发展阶段。在科学发展观指导下，中国经济结构的调整、经济发展方式的转变、节约型社会的建立，将减少消耗、污染和浪费，获得更好的产出效益，这些将为未来经济的发展打下良好的基础；构建和谐社会和建立社会主义新农村，都将增强内需动力，成为经济发展的新契机；支持西部大开发，振兴东北老工业基地，促进中部崛起，加大解决"三农"问题的力度，这些仍是经济发展的重要因素。简言之，中国经济发展在未来仍将保持强劲的动力和巨大的潜力，全国财政收入也将随之继续保持较高增长幅度，这将为实施工业反哺农业、城市支持农村

政策，逐步加大国家财政对"三农"的投入力度，推进城乡统筹发展奠定基础。

3. 中国进入了城镇化加快发展的时期

根据城市化进程具有明显阶段性特性的国际经验判断[①]，中国已经进入城镇化加速发展的时期。20世纪80年代中期以来，随着工业化进程的加快，中国城镇化已呈加快趋势，与改革开放初期相比，2008年中国的城镇化水平由1978年的18%上升到45.7%。中国进入城镇化加快发展时期，将有利于改变城镇化严重滞后于工业化的状况，进而有利于解决好"三农"问题。

二、以工农、城乡协调和融合发展、结构的协同转换为政策目标

随着经济的发展和技术的进步，工农、城乡不仅要实现协调发展，还应当实现融合发展，以及实现工农、城乡结构的协同转换，将是构建新型工农、城乡关系的主要政策目标。

（一）实现工农协调和融合发展

实现工农协调和融合发展，既是国际经验所揭示的一般规律，也为新中国成立以来的实践所检验。工农协调发展，一方面表现为工业的发展为农业的发展提供机械、电力、化肥、农药等现代生产资料，另一方面表现为农业的发展为工业的发展提供劳动力、农产品原料和工业品市场等，即工业的发展需要以农业的发展为基础。工农融合发展，主要表现为农业与非农产业（如食品加工、纺织、生物质、文化、旅游等产业）的融合，而这种融合则因为技术的进步、需求的拉动而成为可能。农业

---

① 美国地理学家诺瑟姆通过对多个国家城市人口比重变化的研究，发现城市化进程具有明显的阶段性特性。第一阶段为城市化初期阶段，城市人口增长缓慢，当城市人口超过10%以后，城市化进程逐渐加快。当超过30%时进入第二阶段，城市化进程出现加快趋势。当城市化率在50%前后的一段时期发展最快，这种加快趋势一直要持续到城市人口超过70%以后才会趋缓。此后为第三阶段，城市化进程停滞或略有下降。

与非农产业的融合发展,既可以拓展农业的多种功能,又可以拓展农业的发展空间。

发展经济学家基于农业发展对工业发展的基础性作用,主张工农协调发展,这在他们构建和完善二元结构模型过程中,就予以了充分考虑。刘易斯在20世纪70年代发表的论文中对过去重工轻农的观点作了明显修改,主张工业和农业应平衡发展。拉尼斯和费景汉在对刘易斯的二元结构模型修正时,强调在城乡经济一体化进程中,要对农业在促进工业增长中的重要作用给予足够重视,农业劳动力转移要以由于生产率提高而出现剩余产品为先行条件;工业和农业两个部门平衡增长对避免经济增长趋于停滞是很重要的。乔根森在进一步完善的新二元经济模型中,强调农业剩余是经济发展的充要条件。

工农业协调发展,从国内外实践看,在工农业发展速度上表现出一定的量化规律。在工业化初期以及中前期阶段,工农业发展速度比值相对高一些,绝大部分国家在大多数年份里,两个产业发展速度比值约为3∶1,只有少数国家在个别年份超过3∶1。进入工业化中期阶段,或者说当经济增长进入人均GNP 800—2000美元之间,工农业发展速度比值开始明显下降,基本保持在2∶1左右[①]。因此,工农业发展速度比值,被视为衡量工农业是否协调发展的重要指标之一。新中国成立以来至21世纪初,工农业发展速度比值呈周期性波动(见表2),国民经济运行总体趋势是向工业倾斜,1952—2008年工业增加值年平均增长11.5%,农业增加值年平均增长3.4%,两者之比为3.4∶1,其中1952—1978年为5.5∶1,1979—2008年为2.5∶1。可见,由于中国的工农业发展速度比值过大,导致工农业发展失衡。

表2 工农业发展速度比值

年份	农业增加值年递增率(%)	工业增加值年递增率(%)	比例关系(以农业为1)
1949—1952	14.1	34.8	2.5∶1

---

① 农业部软科学委员会办公室:《农业发展战略与产业政策》,中国农业出版社2001年版,第87页。

续表

年份	农业增加值年递增率（%）	工业增加值年递增率（%）	比例关系（以农业为1）
1953—1957	4.5	18	4∶1
1958—1961	-6.8	9.7	
1962—1965	9.9	8.2	0.8∶1
1966—1978	2.9	10.5	3.6∶1
1979—1984	7.8	8.8	1.1∶1
1985—1988	3.1	14	4.5∶1
1989—1991	4.1	7.5	1.8∶1
1992—1995	4.6	18.5	4∶1
1996—2001	3.4	9.9	2.9∶1
2002—2008	4.5	11.9	2.6∶1

工农业发展失衡——农业现代化滞后于工业化，对工业本身和整个国民经济的发展将带来一系列负面影响。在计划经济时期，主要表现为导致国民经济发生较大的波动。新中国第一次经济大波动发生在20世纪50年代末期，为此1960年9月中共中央在批转国家计委《关于1961年国民经济控制数字的报告》时，提出了对国民经济实行"调整、巩固、充实、提高"的八字方针，开始了新中国成立后的第一次经济大调整。第二次经济大波动发生在"文化大革命"和"洋跃进"期间，1979年初召开的中共中央政治局会议和中共中央工作会议，决定从同年3月起用3年时间对国民经济进行调整，明确提出了"调整、改革、整顿、提高"的新八字方针，开始了第二次国民经济大调整。第三次经济大波动发生在80年代中后期，1988年中共十三届三中全会提出了"治理经济环境，整顿经济秩序，全面深化改革"的方针，开始了第三次国民经济大调整。应对三次国民经济大调整所选择的共同措施是，放慢工业发展速度，加强对农业的支持，以促进农业的发展，克服农业这一基础产业对国民经济的瓶颈制约。在社会主义市场经济条件下，还表现为农产品价格快速上涨，成为拉动CPI的重要因素。2007年中国的CPI涨了4.8%，其中4个百分点是由于食品价格的上涨所引起的。

随着工业化的发展，一方面农业小部门化趋势明显，另一方面工业与农业融合的趋势也日益明显，工业发展还向农业提出了拓展多种功能的要求，即农业发展对工业发展的基础性作用不但没有弱化，而是更加彰显。实践反复证明，农业是安天下、稳民心的战略产业，农业基础地位的牢固与否事关经济的发展和社会的稳定，即农业问题不仅是经济范畴的问题，同时也是事关社会、政治的重大问题。换言之，在任何时候，都应当保持工农的协调和融合发展。

综上所述，在国家现代化进程中，必须大力发展现代农业，并通过推进产加销、贸工农一体化发展和拓展农业的多种功能来促进农业与非农产业的融合发展，以夯实农业这个基础，实现工农业的协调发展。

（二）实现城乡协调、融合和一体化发展

城乡协调、融合和一体化，是通过城乡之间生产要素的自由流动、工业反哺农业和城市支持农村，逐步缩小城乡经济社会发展水平的差距，进而使城市和农村形成相互渗透、相互融合、高度依赖、共同繁荣的系统。

中国城乡发展失衡和二元经济社会结构，并非是政府所明确的政策目标[1]，而是一系列服从和服务于国家工业化战略的政策及制度安排的结果。城乡发展失衡，其弊端主要表现在两个方面：一方面，农村居民消费支出能力弱，特别是在整个城乡居民消费支出中的份额小，不利于整个经济的发展。从1984年开始，农村居民消费占国内生产总值的比重除个别年份略有回升外，总体上是呈下降趋势，由1983年的32.3%下降到2007年的9.1%。从新增GDP来源分析，农村居民消费增长对GDP增长贡献的变化趋势与最终消费增长对GDP增长贡献的变动趋势基本一致（见表3），且对GDP增长的贡献较小，20世纪末降至谷底，近年来的恢复也成为整个国民经济实现快速发展的主要原因之一。另一方面，城乡发展失衡，不仅不能使广大农民平等地分享经济社会发展的成果，还由于随着城乡信息交流的日益增多而使农民对社会差距的承受程度减弱，

---

[1] 在处理工业与农业、城市与农村关系方面，历届中央领导集体形成了城乡兼顾、缩小城乡差别、城乡互助、统筹城乡发展等认识。

原有的潜在矛盾将显性化，进而成为构建和谐社会的重大隐患。

表3 农村居民消费与GDP变化的关系

年份	消费率（%）		消费对GDP增长的贡献率（%）	
	最终消费	农村居民消费	最终消费	农村居民消费
1979	64.4	30.6	87.3	33.0
1980	65.5	30.7	71.8	31.6
1985	66.0	31.0	85.5	29.0
1990	62.5	24.2	47.8	6.7
1991	62.4	22.5	65.1	12.4
1992	62.4	21.2	72.5	15.1
1993	59.3	18.6	59.5	10.9
1994	58.2	17.7	30.2	15.2
1995	58.1	17.8	44.7	18.4
1996	59.2	18.8	60.1	24.1
1997	59.0	17.8	37.0	8.9
1998	59.6	16.7	57.1	−2.1
1999	61.1	16.0	74.7	2.4
2000	62.3	15.3	65.1	7.4
2001	61.4	14.5	50.0	6.3
2002	59.6	13.5	43.6	4.2
2003	56.8	11.9	35.3	0.2
2004	54.3	10.9	38.7	5.2
2005	51.8	10.2	38.2	5.9
2006	49.9	9.5	38.7	5.8
2007	49.0	9.1	40.6	9.1

城乡二元制度及由此而导致的城乡分割和发展失衡，必然要求通过城乡融合和一体化发展来解决，也只有如此，才能实现城乡协调发展。随着工业化的进一步发展和工业反哺农业、城市支持农村政策的实施，城乡协调、融合和一体化发展也将成为必然的趋势和结果。

（三）实现农民就业非农化与人口城镇化的协同推进

工业化，意味着产业结构和社会结构的演进，即农业在整个国民经济产出中的比重大幅度下降，伴随着这个变化，大量的资源和人口由农业和乡村向工业和城市转移，大部分农民转移到农业以外的非农产业就业，农村人口也转移到了相对集中的城镇，变成城镇居民。发展经济学中的结构转换理论认为，城市化与工业化、就业结构与产业结构之间的协同性、一致性是经济发展的关键所在。如果城市化水平没有随着工业化水平同步提高，就业结构与产业结构之间、工业化水平与城市化水平之间将表现出一种畸形偏差，将对城乡协调发展和长期增长带来不利影响。[1] 新中国成立以来中国的实践对此予以了充分证明。基于就业结构转换滞后于产业结构转换、城镇化滞后于工业化，必然要求促进农民就业非农化与人口城镇化的协同推进，以实现工农、城乡结构的协同转换。这既是实现农业现代化和社会主义新农村建设的不可或缺的重要途径，也是整个经济社会实现科学发展的途径。

三、构建新型工农、城乡关系的三项政策

实现工农、城乡协调、融合发展和结构的协同转换的目标，需要立足全局，统筹农业现代化、工业化、城镇化，大力推进城乡经济社会一体化。基于城乡二元制度是当代中国"三农"问题的起因，并约束着"三农"问题进一步解决的事实，也基于中共十七届三中全会关于农业基础仍然薄弱、农村发展仍然滞后、农民增收仍然困难的判断，在构建新型工农、城乡关系时，应当在强化农民的主体地位、探索国民收入分配向"三农"倾斜的实现路径、构建资源配置制度等方面实现新的突破，促进城乡发展机会、发展能力和享受公共服务等方面差距大和不平等问题的解决，使"三农"的发展有一个更加有效的制度和机制保障。

（一）强化农民的主体地位

构建新型工农、城乡关系，破解工农、城乡发展失衡问题，最基本的是需要通过一系列政策的制定和实施，确保农民的主体地位。否则，实现好、维护好、发展好广大农民根本利益的目标将难以实现，进而使

---

[1] H. 钱纳里、M. 塞尔昆：《发展的模式：1950—1970》，经济科学出版社1988年版。

实现工农、城乡协调和融合发展的目标也难以实现。这不是一个虚设的问题，而是一个长期没有得到很好解决的问题，如国家始终坚持以保障农民主体地位为政策取向，然而在一些具体政策措施的制定和实施时却忽视农民的主体地位，其表现形式则多样化。在高度集中的计划经济体制下，农民主体地位缺失，主要表现为政府对农村经济社会活动实行严格的计划控管，农民的生产经营自主权缺失，生产要素的配置也受到国家行政手段和政策的严格控制，农业和农村经济发展也就缺乏活力。在市场化改革进程中，渐进式实施以赋权与放活为内核的改革，进而逐步恢复农民的主体地位，农民的首创精神得以发挥，农业和农村经济有了生机和活力，农村工业化和城镇化因此而获得快速发展，初步构建起城乡互动的格局。然而，农民主体地位仍有缺失，主要表现为政府在一些公共资源的配置上缺乏农民的参与而发生需求与供给不一致的形象工程现象；在促进农村产业结构调整、基础设施建设等方面越位而替农民做主。情况更为严重的是，在现阶段的市场经济条件下，农民主体地位缺失，还表现出一些地方政府从发展一方经济出发，在各种招商引资中，大量引入工商资本而发生农民被挤出的现象。工商资本下乡，可以解决农业和农村发展缺少资金的问题，这本无可非议。然而，大规模的工商资本下乡，使弱小的农户难以与之抗争，不仅如此，一些地方政府忽视农民的主体地位，还实施了一些有利于工商资本而不利于小农的政策。例如，一些地方政府，一方面在工商资本与农民的利益平衡上，向工商资本倾斜；另一方面，制定不利于小农的政策，如政府对土地流转实行补贴，以促进流转，但只对承转方（工商资本）给予补贴，而对转出方（小农）则不给予补贴，进而使农民成为工商资本的雇佣者更容易变成现实。再如，一些政策或项目的实施，在政策资源分配上向强者（农业公司、工商资本）倾斜，即不是雪中送炭和携小扶弱，而是锦上添花和助强抑弱，这也会导致弱势农民缺乏发展起步的条件而丧失发展机会，进而失去主体地位。类似政策措施的实施，使工商资本大量进入农村，使不少农民失地而沦为工商资本的雇佣，农民的主体地位也由此弱化。这实际上是政策目标与政策措施的不一致，至少是政策目标不清晰所致。如果这一现象长期蔓延下去，在农村将形成新的二元结构——少量强势的工商资本所有者与大量的弱势小农,构建新型工农、城乡关系的预期则必然会落空。

中国在解决"三农"问题上,实施雪中送炭、携小扶弱政策,并非是保护落后,而是赋予农民发展机会的权利,它不仅是一种普惠性政策,可以做到保障农民的公平发展,也可以实现效率的提高。在城乡发展机会、发展能力和享受公共服务的差距较大的情况下,全国有2亿多农户的经营规模都较狭小。如果不考虑如此众多的弱势群体的发展权利问题,就不可能实现整个农民的公平发展。对小农实施保护政策,这是人多地少国家或地区的一般选择。印度在保护小农上实施了相应的措施,如对中小农户(户经营耕地少于2公顷为小农,2—4公顷为中农)购置农机具予以补贴,而对大农购置农机具则不予以补贴[①];对小农办奶牛合作社给予补贴,鼓励小农走向联合。日本政府限制大资本下乡,并扶持以合作金融为核心的综合农协,通过综合农协赋予农民金融发展权,既避免了大的工商资本对小农的控制,又实现了小农的组织化。在长期实施这种政策而保障了农民在农业和农村发展中的主体地位后,近年日本才开始允许工商资本下乡。韩国和中国的台湾也选择了日本综合农协的组织化模式。台湾自农民开办产销班起,即予以资助,而不是等产销班开办起来后才资助,这有利于弱势的农民有一个较好的起步条件而逐步发展壮大。日本、印度及台湾地区的实践表明,把雪中送炭、携小扶弱政策与组织化协同实施,既可以实现农民的公平发展,也可以实现效率的提高。因此,在政策的完善上,一方面,应当以保障农民主体地位为政策取向,并在具体政策措施上保障农民主体地位的实现。具体而言,就是在工商资本已大量进入农村和农业公司已获得广泛发展的情况下,更多地关注小农的生存和发展更为必要和紧迫(笔者并非无视工商资本进入农村的积极作用,而是强调小农可能被挤出现象的发生及其危害),为此需要更多地实施雪中送炭、携小扶弱政策,逐步减少直至最终放弃锦上添花、助强抑弱的政策。另一方面,还应当充分发挥组织化在确保农民主体地位中的作用,把雪中送炭、携小扶弱政策与组织化有机结合起来

---

① 根据笔者2008年10月赴印度考察整理。

实施。实践证明，在小农众多的条件下，农民专业合作经济组织是实施国家强农惠农政策的有效载体，可以收到事半功倍之效，通过对农民专业合作经济组织的支持则可以很好地保障农民的主体地位，促进农村市场主体的发育壮大，从而为解决好"三农"问题打造强大的主力军。

（二）探索国民收入分配向"三农"倾斜的实现路径，强化和完善强农惠农政策体系

工业反哺农业并非是把工业的剩余直接给农业，而是主要通过国民收入再次分配的路径，实现工业剩余向农业的转移。在长期实行城乡二元体制而形成城乡二元经济社会结构后，由于城乡发展机会、发展能力和享受公共服务的差距较大，要实现工农、城乡协调和融合发展，仅靠农民自身的力量难以实现，而需要在国民收入分配政策上实现新的突破，探索国民收入分配向"三农"倾斜的实现路径，构建起以法律作保障的工业反哺农业的政策体系。

中国在国民收入分配上向"三农"倾斜尚有较大空间。突破方向主要有：

一是推进城乡二元财政制度向一元财政制度转变，增加国家对"三农"的财政投入，强化对农业的支持保护，在基础设施和社会事业的投入上向农业和农村倾斜。在保障财政支农资金稳定增长的同时，还需要构建起适应公共财政要求，以内涵清楚、目标明确、效果直接、方法简便、规范透明、符合国情为原则，包括构建农业产业、农民收入、农村基础设施、农村社会事业在内的财政支农体系。①

二是在土地上对农民进一步赋权，通过提高征地补偿标准、实现土地承包经营权流转的市场化，并鼓励和支持农民通过股份合作等方式流转土地承包经营权，使农民增加财产性收入。

三是增加对农民的转移支付，完善对农民的各种直接补贴政策，改变城乡居民转移性收入差距较大的状况（见表4）。

---

① 柯炳生主编：《工业反哺农业的理论与实践研究》，人民出版社2008年版，第132页。

表 4   2008 年城乡居民转移性收入差距

绝对值（元）		在全部收入中的份额（%）	
城市居民	农村居民	城市居民	农村居民
3928.2	396.8	23	5.9

四是提高农民工工资水平。一方面，需要实行同工同酬，改变城乡劳动者同工不同酬的状况；另一方面，需要改变劳动收入在国民收入分配中比例下降的状况。为此，还需要改变国家财政收入政策，即降低国家财政收入在国民收入分配中比例（国家财政收入相当于国内生产总值的比重，由 1978 年以来最低值——1995 年的 10.3%，已上升至 2008 年的 20.4%）。

五是基于农产品的特性，对农产品实行最低收购价格等支持政策，健全农业生产资料价格上涨与对农民实施补贴的联动机制，确保农业实现增产与增效的双重目标，既保障农产品的有效供给，又保障农民增收的实现。在市场经济体制下，在价格政策上做出安排，使工农产品价格比价处于合理水平仍然是必然选择。近年来实施的农业生产资料价格综合补贴政策和对粮食实行最低收购价政策，以及 2008 年 10 月起国家对部分地区稻谷、玉米、大豆、油菜籽、棉花实施临时收储政策，有利于工农产品价格比价保持在相对合理的水平上，有利于保障农民的最低收益，进而有利于实现农业增产与农民增收的良性互动。

在探索国民收入分配向"三农"倾斜的实现路径的同时，还需要强化以税惠农的政策。应当从缩小城乡差距出发，在遵循公平合理原则的同时，考虑以税惠农，在城乡统一税制下，实施有利于促进农业发展的税收优惠政策。一是对纯农户实施基本不征税的政策。基于全国有 2 亿多农户、农业经营分散、绝大多数农户收入水平低、农村发展落后等国情考虑，在未来很长一个时期内，国家对纯农户应坚持基本不征税的原则，对农户自产自销农产品继续免征个人所得税和增值税。二是完善农产品加工和农业生产资料增值税和营业税政策。从长远看，应当完善农产品销售、农产品加工、农业生产资料、农业技术服务增值税、营业税政策，实行更有利于提高农产品竞争力的流转税政策。三是完善土地使用税征收政策。从实施可持续发展战略，合理利用农用土地，防止乱占滥用耕地现象的发生出发，在实行最严格的耕地保护制度的同时，还应当实施有效保护耕地的税收政策，即适当提高耕地占用税税率，扩大征收范围，缩小减免税范围。同时，考虑到中国农用土地收益普遍较低，对农用土地仍实施不征税的政策。

（三）构建工农、城乡融合和一体化的资源配置制度

农村资金和土地过度非农化、农村人口城镇化和就业非农化滞后、农村公共服务不足等问题，又导致工农、城乡失衡问题更加严峻，这是长期实行城乡二元制度及由此而形成的城乡二元经济社会结构的结果。推动工农、城乡协调和融合发展，在资源配置上，就需要建立起能够促进生产要素在工农、城乡之间自由流动和公共资源在城乡之间均衡配置的制度。

一是促进农民就业非农化与人口城镇化的协同推进。基于中国就业结构转换滞后于产业结构转换、城镇化滞后于工业化，促进工农、城乡协调和融合发展，其应有之义是，不仅要促进农村富余劳动力向非农产业转移，还需要改变农民长期在城乡之间来回流动的状况，让农民在城镇扎根，使农民真正市民化，实现农民就业非农化与人口城镇化的协同推进。这就需要在实施城乡劳动者平等就业制度的基础上，在产业、财政、税收、金融等政策上支持农民进城创业（也包括就近转移就业和返乡创业），形成城镇接纳进城就业农民及相关人口的制度上，包括将农民工纳入城镇公共服务体系、将农民工社会保障和子女入学等所需费用纳入政府财政支出，并推进城乡一元化户籍管理制度改革，为农民就业非农化与人口城镇化的协同推进构建起制度保障。

二是促进资金留乡和下乡。改变农村资金过度向非农转移的格局，促进资金留乡和下乡，满足农业和农村发展对金融的需求，是推进工农、城乡协调和融合发展不可或缺的重要举措。促进资金留乡和下乡，除健全农村金融组织体系（特别是发育新型农村金融组织）、建立和完善农村信用环境和涉农信贷风险分担机制、创新金融产品和服务外，还应当改革投融资体制。例如，在政府财政项目的实施上，可以对一些农业和农

村基本建设等财政项目与金融机构贷款项目联动配套实施，并探索财政经营性支农资金的市场化运作，建立财政资金与信贷资金联动的机制，发挥政府财政资金对金融资金的引导和对社会资金的整合作用，进而引发乘数效应。

三是促进土地资源的合理配置。围绕土地的合理配置，土地使用制度改革需要实现这样四个政策目标：第一，防止土地的过度非农化，坚决守住18亿亩耕地红线。土地在工农、城乡的配置，是工农、城乡关系的重要内容。土地使用制度的选择，既要有利于农业的发展，保障经济社会对农业发展的需求，又要有利于工业化和城镇化的推进。中国人多地少的资源禀赋，必然要求控制土地的非农化规模和速度，保障耕地数量在警戒线之上。这不仅关系当前经济社会发展，而且关系国家长远利益和民族生存根基。第二，有利于土地承包经营权的流转，促进土地适度规模经营的形成、农村富余劳动力向非农产业转移和人口的城镇化，实现资源的优化配置。第三，保障农民土地承包经营权的稳定。第四，保障农民的土地权益，使农民从征地中获得公平合理的补偿和社会保障。要实现这些政策目标，在推进土地产权制度改革、发育土地承包经营权流转市场、实行最严格的土地管理制度和完善征地补偿制度的同时，还应当促进土地流转与农业组织化的统一协调推进。例如，通过土地股份合作社、土地信用合作社等组织创新而实现土地流转与农业组织化的统一协调推进，既可以促进土地承包经营权的流转，实现农业的规模经营，又可以保障农民的土地权益。

四是促进公共资源在城乡之间均衡配置。缪尔达尔在《经济理论和不发达地区》中指出，由于经济发展带来商品、资本、人员、技术等要素的自由流动，会使先进的地区更先进，落后的地区更落后；为了避免"循环累计因果关系"的影响，防止地区发展中出现两极分化，不能消极等待市场力量发生作用，必须由政府制定相应的政策，刺激和帮助落后地区加快发展。换言之，政府实施收入分配政策和引导公共资源向农村流动对于实现城乡协调发展至关重要。长时期内公共资源在城乡之间的不均衡配置是形成城乡二元经济社会结构的重要因素。鉴于此，应当消除公共资源配置的城乡二元制度，代之以城乡一元化制度，扩大公共财政覆盖农村范围，并基于城乡公共资源差距较大的现实而对农村实施倾斜政策，以实现教育资源、文化资源、医疗卫生资源、社会保障资源、农村社区公共服务等公共资源在城乡的均衡配置和基本公共服务均等化。为此，一方面要建立起覆盖城乡的公共财政，另一方面还应当探索创新与农村发展、农民需求相适应的公共服务供给模式。

综上所述，构建新型工农、城乡关系，应以工农、城乡协调和融合发展、结构的协同转换为政策目标。工商资本大量进入农村是"双刃剑"，可以解决农村发展资金短缺的难题，也有可能使农民沦为工商资本的雇佣者而弱化农民的主体地位；发展农民专业合作经济组织，并将雪中送炭、携小扶弱政策与组织化有机结合起来实施，可以很好地确保农民的主体地位。从城乡财政体制一元化、对农民进一步赋予土地权益而增加财产性收入、增加向农民的转移性支付、提高农民工工资水平、强化以税惠农的政策等方面进行改进，实现国民收入分配向"三农"倾斜。在资源配置上，需要建立起能够促进生产要素在工农、城乡之间自由流动和公共资源在城乡之间均衡配置的制度。

[原载《教学与研究》2010 年第 4 期]

历史逻辑视域下乡村振兴战略的目标定位

党的十九大对实施乡村振兴战略作出部署，2018年1月2日，中共中央、国务院发布《关于实施乡村振兴战略的意见》（简称2018年中央一号文件），9月26日，新华社向全社会公布中共中央、国务院印发的《乡村振兴战略规划（2018—2022年）》，彰显了以习近平同志为核心的党中央实施乡村振兴战略的决心和信心。《乡村振兴战略规划（2018—2022年）》指出："实施乡村振兴战略，是解决新时代我国社会主要矛盾、实现'两个一百年'奋斗目标和中华民族伟大复兴中国梦的必然要求，具有重大现实意义和深远历史意义。"[①] 把中国促进"三农"发展纳入全球工业化发展进程、中华民族伟大复兴进程，并基于中国农业人口大国下人均耕地少的资源禀赋、新中国成立以来中国对"三农"发展路径的探索、全面建成社会主义现代化强国的要求进行考察，中共中央对实施乡村振兴战略的这一历史定位，在于促进高起点的"三农"发展、破解工业化发展进程中城乡二元结构的世界性问题、破解农业人口大国的"三农"问题、探索形成中国特色社会主义乡村振兴道路。

一、实施乡村振兴战略在于促进高起点的"三农"发展

实施乡村振兴战略，是不断发展进程中解决好高起点上的"三农"

[①] 《中共中央国务院印发〈乡村振兴战略规划〉（2018—2022年）》，《人民日报》2018年9月27日。

问题的战略。新中国成立起,中国共产党勇于担当起解决好"三农"问题的重大使命,并基于不同经济社会发展阶段国家面临的社会主要矛盾、历史条件,促进"三农"不断发展。新中国成立以来,中国"三农"发展实现了一个又一个历史性重大突破,跨上了一个又一个更高水平的台阶,这是毋庸置疑的。从新中国成立起至党的十八大前,这样一种不断发展的进程,大体经历了四个阶段。第一个阶段是1949—1952年,随着中国共产党领导的新政权的建立,在新区通过以废除地主阶级封建剥削的土地所有制、实行农民的土地所有制为内容的土地改革,使农村劳动者与土地所有者统一起来,进而破除半封建半殖民地社会对农民的桎梏,把农民从政治上的被封建地主阶级统治和经济上的依附于地主阶级中解放出来。不仅如此,中国共产党和人民政府还从开展最基础的识字运动等切入,促进农村文化教育卫生等事业发展,增强农民素质。这些都极大地解放了农民,促进了"三农"各项事业迅速恢复发展。在旧中国,农民温饱问题没有得到解决,农业的简单再生产难以为继,也就难以开展扩大再生产,在这样的经济社会发展阶段,显然不可能全面推进乡村振兴。这是20世纪30年代仁人志士兴起的乡村建设运动从对农民治病、治盲、治愚切入的原因所在。第二个阶段是1952—1978年,在实施国家工业化战略的大背景下,以促进农业发展为主,以此统领"三农"发展。这是因为,只有农业实现发展才能为国家工业化提供支撑。中华民族的伟大复兴,离不开快速推进工业化发展,而且还必须在工业上赶超先发国家。中国在这样的国际位势下,选择了有利于实现跨越发展的"先生产,后生活"的取向。从中可以清楚地看到,中国在这一发展阶段为什么选择农村产业以发展农业为主,农业又以发展粮食为主(当时提出"以粮为纲,全面发展"的方针,但在执行时,偏向发展粮食生产而忽视发展其他产业),乡村的全面振兴仍然不可能成为主要的任务。不可否认,这一阶段无论是农业还是农村、农民,都实现了快速发展,并为国家工业化的快速发展提供了农产品原料、资本积累、出口农产品换取购买工业技术装备所需外汇等方面的支撑。第三个阶段是1978—2002年,中国在已构建起独立的比较完整的工业体系的经济社会发展阶段,在解放思想、实事求是的思想路线指引下，积极推进改革开放，不仅实现农业的快速发展，还呈现农业现代化、农村工业化、农村城镇化并进态势，以此引领"三农"发展。第四个阶段是2002—2012年，针对市场机制下工业与农业、城市与农村差距的扩大，以及引发"三农"这一短板不利于整个国家经济社会的进一步发展问题，并基于已进入工业化中期的经济社会发展阶段，国家开始将农业养育工业调整为工业反哺农业。中共十六届五中全会提出建设社会主义新农村，并指出："建设社会主义新农村是我国现代化进程中的重大历史任务。要按照生产发展、生活宽裕、乡风文明、村容整洁、管理民主的要求，尊重农民意愿，扎实稳步地加以推进。"① 随着工业反哺农业政策的实施和社会主义新农村建设的推进，农村基础设施明显改善，社会事业发展大力推进，城乡居民收入增幅差距逐步缩小，特别是从2010年起农民人均纯收入增幅反超城市居民可支配收入增幅。

中国特色社会主义进入新时代，中国实施乡村振兴战略要解决的"三农"问题，是在1949—2012年实现突破性成就的更高发展台阶上的高质量发展问题。党的十九提出："按照产业兴旺、生态宜居、乡风文明、治理有效、生活富裕的总要求，建立健全城乡融合发展体制机制和政策体系，加快推进农业农村现代化。"②

从对1949—2012年解决"三农"问题而实现台阶式跨越突破的简要回顾可见，对于产业兴旺、生态宜居、乡风文明、治理有效、生活富裕五个方面的乡村振兴总要求，显然具有新时代更高要求的特征。如果静态地、孤立地对乡村振兴战略五个方面要求进行认识，而不从实施乡村振兴战略的历史逻辑进行认识，就难以准确把握实施乡村振兴战略要解决的时代命题及其应实现的目标，也就难以把握好实施乡村振兴战略的历史定位。

---

① 《十六大以来重要文献选编》中，中央文献出版社2006年版，第1066页。
② 习近平：《决胜全面建成小康社会 夺取新时代中国特色社会主义伟大胜利》，《人民日报》2017年10月28日。

二、实施乡村振兴战略在于破解工业化发展进程中二元结构的世界性问题

1949 年以来，中国在"三农"发展上，有两个现象同时存在：一方面，"三农"实现了历史上从未有过的不断向着现代化迈进的快速发展；另一方面，"三农"问题长期得不到解决，甚至在 20 世纪末还较突出而引起国内外关注。对于似乎相悖的这两种现象，如何解释？

综观工业革命以来全球现代化进程，不难发现，与工业和城市相比，"三农"呈现出明显的弱质性和边缘化。这是工业化发展进程中的问题，非中国特有的现象。诺贝尔经济学奖得主刘易斯基于工业化初期工业和城市的强劲快速发展与农业和农村弱势缓慢发展的失衡现象，提出二元结构理论。导致二元结构的原因，在于在工业化发展进程中，尽管工业和农业的效率都有快速提升，但前者高而后者与之相比偏低，这也导致投入回报的差异，在这种农业机会成本较高的情况下，农业农村的发展缺乏聚集力，农村的劳动力、资本流向工业和城市。如此，农业农村难以走出窘境，衍生出一些现象。其一，农民兼业化，借此缩小与从事非农收益的差距，即便是一些发达国家如日本也存在这一现象。其二，农场经营规模化，以获得规模效益而提高收益。然而，现今农场收益增长预期缺乏，如近年美国中西部地区农场收入恶化，威斯康星州、明尼苏达州、北达科他州、南达科他州和蒙大拿州的农场申请破产数量趋增。其三，基于城乡二元结构，农民尤其是年轻的农民有强烈的离农倾向，农村普遍存在老龄化现象。

中国在工业化发展进程中，也绕不开城乡二元结构问题。新中国成立之时仍然处于农业社会，与先发国家在工业发展上存在较大差距。新中国在国际上的如此位势，以及经受了弱肉强食逻辑下中国在近代落后挨打的深切之痛后，力争在工业这个现代化先导性产业上进行赶超，因而需要农业向工业提供大量的农产品原料、资本积累、通过出口农产品获得购买先进工业技术装备所需要的外汇等支持。在这一政策取向下，中国的"三农"尽管实现快速发展，但与工业化的快速发展相比则显缓

慢。换言之，新中国成立起至 20 世纪 70 年代后期的城乡二元结构，是两个方面的原因所致，一方面是全球共性的工业化进程中农业效率偏低而工业效率较高，另一方面是作为后发国家为摆脱落后的劣势窘境而快速推进工业化发展。尽管如此，由于中国在农村社区实行工农商学兵结合，特别是农村集体统筹和积累机制的构建，不仅促进了农业农村的发展，也为国家工业化战略的顺利实施提供了支撑。1978 年以来，市场机制激发了"三农"发展的活力，"三农"也实现了快速发展，但工业与农业、城市与农村发展不均衡而影响整个经济社会进一步发展的问题日益凸显，而且还由于马太效应而使"三农"问题的解决更为困难。

进入新时代，中共中央对城乡发展不均衡的结构性问题有着清醒的认识。2013 年 11 月，习近平就《中共中央关于全面深化改革若干重大问题的决定》向中共十八届三中全会所作的说明指出："城乡发展不平衡不协调，是我国经济社会发展存在的突出矛盾，是全面建成小康社会、加快推进社会主义现代化必须解决的重大问题。改革开放以来，我国农村面貌发生了翻天覆地的变化。但是，城乡二元结构没有根本改变，城乡发展差距不断拉大趋势没有根本扭转。"[①]《乡村振兴战略规划（2018—2022 年）》指出，经济社会发展中最明显的短板仍然在"三农"，现代化建设中最薄弱的环节仍然是农业农村。主要表现在：农产品阶段性供过于求和供给不足并存，农村一二三产业融合发展深度不够，农业供给质量和效益亟待提高；农民适应生产力发展和市场竞争的能力不足，农村人才匮乏；农村基础设施建设仍然滞后，农村环境和生态问题比较突出，乡村发展整体水平亟待提升；农村民生领域欠账较多，城乡基本公共服务和收入水平差距仍然较大，脱贫攻坚任务依然艰巨；国家支农体系相对薄弱，农村金融改革任务繁重，城乡之间要素合理流动机制亟待健全；农村基层基础工作存在薄弱环节，乡村治理体系和治理能力亟待强化。

实施乡村振兴战略在于破解工业化进程中二元结构的世界性问题。这是建成社会主义现代化强国的必然要求。2013 年 12 月，习近平在中央农村工作会议上指出："一定要看到，农业还是'四化同步'的短腿，

[①]《习近平谈治国理政》第 1 卷，外文出版社 2018 年版，第 81 页。

农村还是全面建成小康社会的短板。中国要强，农业必须强；中国要美，农村必须美；中国要富，农民必须富。农业基础稳固，农村和谐稳定，农民安居乐业，整个大局就有保障，各项工作都会比较主动。"[①]2014年12月，习近平在江苏省调研时强调："没有农业现代化，没有农村繁荣富强，没有农民安居乐业，国家现代化是不完整、不全面、不牢固的。"[②] 基于这些深刻认识，党的十九大报告提出，农业农村农民问题是关系国计民生的根本性问题，必须始终把解决好"三农"问题作为全党工作重中之重。要建立健全城乡融合发展体制机制和政策体系，加快推进农业农村现代化。《乡村振兴战略规划（2018—2022年）》指出："党的十九大提出实施乡村振兴战略，是以习近平同志为核心的党中央着眼党和国家事业全局，深刻把握现代化建设规律和城乡关系变化特征，顺应亿万农民对美好生活的向往，对'三农'工作作出的重大决策部署。""我国城镇化进入快速发展与质量提升的新阶段，城市辐射带动农村的能力进一步增强，但大量农民仍然生活在农村的国情不会改变，迫切需要重塑城乡关系。"[③] 从中可见，实施乡村振兴战略是基于城乡关系变化的新特征，鲜明地提出要"建立健全城乡融合发展体制机制和政策体系"和"重塑城乡关系"，这显然是要破解城乡二元结构和扭转"三农"弱质性。如果认识不到实施乡村振兴战略这样的核心要义，就难以实现新时代全面振兴乡村的目标。

三、实施乡村振兴战略在于破解农业人口大国的"三农"问题

综观世界工业化发展进程，工业化及与之相伴并互相促进的城镇化，是解决"三农"问题的重要途径之一。一方面，工业化和城镇化的发展能够吸纳大量农民，使农民成为工人和城镇居民，为农民提供了新的发

[①] 《十八大以来重要文献选编》上，中央文献出版社2014年版，第658页。
[②] 《习近平关于"三农"工作论述摘编》，中央文献出版社2019年版，第32页。
[③] 《中共中央国务院印发〈乡村振兴战略规划〉（2018—2022年）》，《人民日报》2018年9月27日。

展路径；另一方面，工业化和城镇化的过程也是农民非农化的过程，由此导致农民数量的减少，在一定程度上缓释了土地经营面积小而对农民发展的限定，农民经营土地的规模随之提高，进而提高农民从事农业的收益而有利于促进"三农"问题的解决。改革开放以来，中国城镇化水平显著提高，到2018年全国常住人口城镇化率达59.58%，比1978年的17.92%提高了41.66个百分点，这有力地促进了"三农"问题的解决。

中国是农业人口大国，这一国情决定了仅仅推进工业化和城镇化还不能彻底解决"三农"问题。中国尽管已经有大量农民进城就业创业，即使今后城镇化水平进一步提升10个百分点至70%，按2018年末全国人口13.95亿人计，仍有4亿多农民。对于数量如此庞大的农业人口，以及农业人口安身立命的农业农村而言，仅仅靠工业化和城镇化减少农民数量和辐射带动发展是不够的。《乡村振兴战略规划（2018—2022年）》指出，全面建成小康社会和全面建设社会主义现代化强国，最艰巨最繁重的任务在农村，最广泛最深厚的基础在农村，最大的潜力和后劲也在农村。农业强不强、农村美不美、农民富不富，关乎亿万农民的获得感、幸福感、安全感，关乎全面建成小康社会全局。实施乡村振兴战略，不断拓宽农民增收渠道，全面改善农村生产生活条件，促进社会公平正义，有利于增进农民福祉，让亿万农民走上共同富裕的道路，汇聚起建设社会主义现代化强国的磅礴力量。从中可见，在农村人口大国实现乡村全面振兴，实现全体人民共同富裕，这是一个重大创举，具有独特的意义。

实施乡村振兴战略在于破解农业人口大国的"三农"问题，要在以下方面实现历史性突破。

破解农业人口大国的"三农"弱质性，使"三农"发展呈现出全新的形态。如果"三农"仍然延续弱质性，是不能称之为解决好了"三农"问题的。2018年中央一号文件提出，让农业成为有奔头的产业，让农民成为有吸引力的职业，让农村成为安居乐业的美丽家园。到2020年，乡村振兴取得重要进展，制度框架和政策体系基本形成。到2035年，乡村振兴取得决定性进展，农业农村现代化基本实现。到2050年，乡村全面振兴，农业强、农村美、农民富全面实现。这样一个全新的"三农"发展形态，显然是不同于二元结构下受弱质性困扰的"三农"发展态势。

破解农业人口大国的"三农"发展不平衡不充分问题，实现"三农"的全面振兴和全面发展。农业农村农民问题是一个不可分割的整体。总体而言，经济发展与文化社会发展不协调，一些地方村庄缺乏人气、缺乏活力、缺乏生机，老弱妇孺留守，村庄空心化、农户"空巢化"、农民老龄化。实现乡村振兴，仅仅实现经济发展还是不充分的，应当协调推进农村经济建设、政治建设、文化建设、社会建设、生态文明建设，促进乡村全面发展，改变农村内部发展不平衡的问题。2018年7月6日，习近平强调，要坚持乡村全面振兴，抓重点、补短板、强弱项，实现乡村产业振兴、人才振兴、文化振兴、生态振兴、组织振兴，推动农业全面升级、农村全面进步、农民全面发展。[①]《乡村振兴战略规划（2018—2022年）》对实施乡村振兴战略作出全面谋划，旨在科学有序推动"三农"全面振兴和全面发展。

破解中国作为人口大国如何把饭碗牢牢端在自己手中的命题。中国始终面临能否解决好中国人的吃饭问题。在新中国成立前，西方人士断言中国政府解决不了中国人吃饭的问题。直到20世纪90年代，美国学者莱斯特·布朗还发表题为《谁来养活中国？》的文章，预测中国将面临巨大粮食缺口，中国不能养活自己，乃至全世界也养活不了中国，提出了"谁来养活中国"之问。现今中国解决粮食安全问题，与之前相比，仍面临挑战，工业化、城镇化和生态文明建设下耕地面积减少的压力没有解除，而人口增加和生活水平提高不仅对农产品数量的增加提出要求，还提出了提升农产品质量的要求。实施乡村振兴战略，促进产业兴旺，让农业强起来，才能解决好人口大国的粮食安全问题。

四、实施乡村振兴战略在于探索形成中国特色社会主义乡村振兴道路

实施乡村振兴战略，促进乡村全面振兴而实现农业全面升级、农村

[①]《把实施乡村振兴战略摆在优先位置　让乡村振兴成为全党全社会的共同行动》，《人民日报》2018年7月6日。

全面进步、农民全面发展,到 2050 年全面实现农业强、农村美、农民富,显然是对工业和城市强而农业和农村弱的二元发展态势的改变。如此发展态势能否形成,关键在于能否形成新的动力机制,这又取决于能否形成中国特色社会主义乡村振兴道路。

党的十九大以来,中共中央提出了走中国特色社会主义乡村振兴道路的命题,并明确了方向。2017 年底召开的中央农村工作会议提出,乡村振兴要走城乡融合发展之路、共同富裕之路、质量兴农之路、乡村绿色发展之路、乡村文化兴盛之路、乡村善治之路、中国特色减贫之路。2018 年中央 1 号文件和《乡村振兴战略规划(2018—2022 年)》,都明确提出"走中国特色社会主义乡村振兴道路"。

能否增强乡村发展的聚集力,是衡量中国特色社会主义乡村振兴道路成功与否的重要标志。解决"三农"问题,实现乡村振兴,根本的是要打破资金、劳动力、人才等资源单一流向工业和城市的问题,增强乡村发展聚集力,形成城乡资源双向流动,从根本上破解城乡二元结构。针对"三农"的弱质性而农村资源向外流的问题,2018 年中央 1 号文件提出,让农业成为有奔头的产业,让农民成为有吸引力的职业,让农村成为安居乐业的美丽家园。2019 年中央一号文件《中共中央、国务院关于坚持农业农村优先发展做好"三农"工作的若干意见》提出:优先满足"三农"发展要素配置,坚决破除妨碍城乡要素自由流动、平等交换的体制机制壁垒,改变农村要素单向流出格局,推动资源要素向农村流动。显然,实施乡村振兴战略下的资源配置是不同于城乡二元结构下农村资源单向外流的态势。这正是党的十九大报告提出"建立健全城乡融合发展体制机制和政策体系"的原因所在。

党的十九大以来,中共中央把实施乡村振兴战略作为解决好新时代"三农"问题的总抓手,并采取了一系列措施。在组织领导上,2018 年,习近平强调,坚持五级书记抓乡村振兴,让乡村振兴成为全党全社会的共同行动。[①]2019 年 6 月 24 日,中共中央政治局会议审议《中国共产党

[①] 《把实施乡村振兴战略摆在优先位置 让乡村振兴成为全党全社会的共同行动》,《人民日报》2018 年 7 月 6 日。

农村工作条例》。会议强调，要以实施乡村振兴战略为总抓手，加强党对农村经济建设、社会主义民主政治建设、社会主义精神文明建设、社会建设、生态文明建设的领导，健全党领导农村工作的组织体系、制度体系和工作机制，加快推进乡村治理体系和治理能力现代化，加快推进农业农村现代化，坚持把解决好"三农"问题作为全党工作重中之重，坚持农业农村优先发展，坚持多予少取放活，推动城乡融合发展，集中精力做好脱贫攻坚工作，走共同富裕道路。要加强农村党的建设，把农村基层党组织建设成为宣传党的主张、贯彻党的决定、领导基层治理、团结动员服务群众、推动改革发展的坚强战斗堡垒，发挥党员先锋模范作用，让基层党组织和基层干部更好服务群众，真正为群众排忧解难。① 有中国共产党领导的政治优势，有社会主义的制度优势，有亿万农民的创造精神，有强大的经济实力支撑，有历史悠久的农耕文明，有旺盛的市场需求，中国完全有条件有能力实施乡村振兴战略，谱写新时代乡村全面振兴新篇章。

综上所述，对于党的十九大提出的实施乡村振兴战略，有特定的历史逻辑和历史定位。认识到这一点，有助于深化进入中国特色社会主义新时代为什么要实施乡村振兴战略、乡村振兴战略的内涵是什么、实现乡村振兴的路径如何选择、振兴乡村的政策体系如何构建的认识，并从中借鉴历史经验和吸取历史智慧。

[原载《中共党史研究》2019 年第 7 期]

---

① 《审议〈中国共产党机构编制条例〉和〈中国共产党农村工作条例〉》，《人民日报》2019 年 6 月 25 日。

凯恩斯主义和供给学派排他式
主导政策选择的缺陷

2015年11月中国提出推进供给侧结构性改革起,选择需求管理还是供给管理成为学界讨论的热点,有需求管理是见效快但不能治根本的西药、供给管理是管长远治根本的中药等之说。实践表明,基于需求决定供给而注重实施需求管理政策的凯恩斯主义和基于供给创造需求而主张实施供给管理政策的供给学派,各自都有兴起的特定历史条件和适用之时,其理论及政策主张的实施解救了旧有的经济危机,但由于其假设和理论逻辑与现实不一致,导致各自政策主张实施后又衍生出新的经济危机。

一、逻辑起点:凯恩斯主义和供给学派的假设和理论逻辑与现实不一致

随着资本主义革命、发展而成长起来的西方经济学,面对不同历史时期所遇的问题,发展形成相应的理论及学派。其中,古典经济学及凯恩斯主义和供给学派及其政策主张的实施,对资本主义经济的发展及解救资本主义社会所发生的经济危机,作出过里程碑式的贡献,这种理论演进也被视为革命之革命。西方经济学所形成的边际分析、动态分析、均衡分析、投入产出分析、交易成本分析、机会成本分析、博弈论等是研究和阐释经济现象不可或缺的方法。凯恩斯主义和供给学派不同时期

在学界和政府施政中占主导地位,争论也没有终结,这种对立、排他式主导政策选择和实践及衍生新的经济危机现象,表明一方面各自有适用之时,另一方面也存在缺陷。

凯恩斯主义的逻辑起点是需求决定供给,即宏观经济的趋向会制约个人的特定行为,生产和就业的水平决定于总需求的水平。凯恩斯主义的贡献在于,揭示了不存在完全的市场自动机制,主张实施需求管理政策,政府应通过扩张投资等干预来刺激消费。这一理论及政策主张,契合了资本主义自由竞争向国家垄断阶段发展的需要。然而,无论是20世纪70年代的通胀,还是2008年国际金融危机爆发后各国政府实施扩张投资干预遗留问题,都表明凯恩斯主义存在缺陷。

第一,关于需求决定供给。凯恩斯主义与古典经济学及供给学派相比,注重需求管理政策而忽视供给管理政策。第二次世界大战后,发达国家宏观经济调控实践在较长时期取得成功,也使重视需求管理而忽视供应管理成为一种传统。① 凯恩斯主义实施扩张投资干预经济的实践成功,是解救需求不足导致20世纪二三十年代美国经济萧条危机的成功,即这种成功是当时特定历史条件下解决特定问题的成功。凯恩斯主义针对市场失灵导致经济萧条危机,主张实施需求管理政策,但又忽视乃至回避政府干预对市场信号的扭曲和政府失灵的问题。实践表明,需求的增长并不一定会造成实际产量的增加,政府一味地实施需求管理政策,很可能促成单纯货币数量的增长,无法抵抗报酬递减规律,无补于生产发展,进而引发通货膨胀和债务风险。雅可布·怀纳较早就注意到实施凯恩斯主义政策潜在的危险,指出凯恩斯经济理论的运用会造成印钞机和工会的赛跑。②

第二,关于通货膨胀与失业的替代关系。凯恩斯主义以英国经济学家菲利普斯所揭示的一种统计现象——通货膨胀和失业之间可以相互替代为前提。20世纪70年代美国经济滞胀危机的发生,表明这种替代关

---

① 参见刘伟、苏剑:《供给管理与我国的市场化改革进程》,《北京大学学报(哲学社会科学版)》2007年第5期。

② [美]赫伯特·斯坦:《美国总统经济史——从罗斯福到克林顿》,金清、郝黎莉译,吉林人民出版社2011年版,第27页。

系是不能贯穿始终的。弗里德曼分析指出,在现实经济生活中,通货膨胀和失业之间并不是一种简单替换,失业和通货膨胀之间存在三个阶段的不同情况,在最初的较短期内失业和物价之间成反比,即呈替代关系,但长期实行投资扩张性政策,这种替代关系就会消失,只能导致经济滞胀。①

　　供给学派是以萨伊提出的供给创造自己的需求为理论逻辑的起点。斯密的市场无形之手说,标志着现代市场经济理论的开启。然而,选择什么样的市场经济,却有不同的学术主张和实践分野。萨伊提出的供给创造自己的需求与斯密的市场无形之手说在理论上一脉相承,供给学派基于这一论断,面对政府长时期强干预导致的滞胀危机,主张实施供给管理,依靠看不见的市场之手激活供给主体,使经济增长以有动力的微观主体为基础,反对政府干预经济,排斥需求管理。面对美国20世纪70年代出现的滞胀危机,里根政府接受供给学派供给管理的政策主张,在政府财政严重赤字时,反而减税,以激活企业,这种减税主张及其逻辑推演,遭受美国众多政界和多学派的质疑。这一政策的实施,在经历阵痛期后,企业开始增加投资,经济开始复苏,税收也随之增加。里根政府在实践上取得的这些成效,使供给学派在学界和政府施政中上升至主导地位。供给学派因里根政府实践的成效而光耀,但并没能独享尊誉,反而有"里根经济学"之美誉。可见,供给学派是解救实施投资扩张政策导致滞胀危机的特定问题的药方。然而,这并不表示其理论没有缺陷。

　　第一,关于市场自动机制。供给创造自己的需求所暗含的前提假设是,市场经济有自我调节的作用,社会生产使总需求等于总供给,不可能产生包括国民经济所有部门的普遍性生产过剩,而只会在国民经济的个别部门出现暂时的供求失衡现象。凯恩斯在分析20世纪二三十年代那场经济萧条危机原因后得出结论,认为市场经济中不存在向完全就业发展的自动机制,缺乏政府宏观调控的市场,总是会出现失灵,导致生产与需求脱节,生产过剩是因为有效需求不足。2001年诺贝尔经济学奖获得者约瑟夫·斯蒂格利茨在2016年3月召开的中国发展高层论坛上,针

---

①　参见李义平:《凯恩斯革命之革命》,《读书》2011年第4期。

对中国关于供给侧改革和需求侧改革的讨论说,供应并不能够提升需求,需求如果结构合理的话,可以对供应侧产生积极的影响;在没有充足需求的时候,供给侧改革反而会增加失业,不会促进经济增长。他还进一步分析指出,从整体看,全球市场已经失去"方向感",在很多情况下,更多的是意识形态战略的务实主义,在讲到供给和需求的时候,就更应该在公共和私营部门之间取得平衡。市场不能按照自己的速度来修复这种平衡,需要做出一系列的机制性安排和政策调整。

第二,关于货币仅仅在瞬间起交易媒介作用。供给创造自己的需求暗含的另一个假设是,货币在以产品换钱、钱换产品的交换过程中,只是一瞬间起交易媒介的作用。萨缪尔森指出萨伊定律的理论基础是货币经济与物物交换经济之间不存在本质区别[①]。没有将货币经济与物物交换经济区别开来,是萨伊定律的缺陷。在现代经济生活中,货币不仅在瞬间起交易媒介的作用。美国依靠综合国力第一,通过采用包括非经济的多种手段,实施和维护美元霸权,试图把全球财富尽可能多地收入其中。现今,各国在全球经济一体化和市场竞争日益激烈的情况下,面临严峻的经济下行压力,为提升本国的竞争力,实施竞争性贬值,日本甚至实施负利率政策。可见,在现代经济生活中,货币不只是在瞬间起交易媒介作用,而是实现国家竞争力提升、经济霸权、敛财的工具,这也是国际经济秩序遭受极大冲击的原因之一。

上述对凯恩斯主义和供给学派的假设和理论逻辑的回顾和分析表明,两个学派把需求管理与供给管理对立起来,也在政府干预和市场手段的使用上有着分歧,互不相容,是由于假设和理论逻辑的对立,即凯恩斯主义认为需求决定供给,供给学派反而认为供给创造需求。两个学派都有自己形成的特定历史条件,是应运而生,各自有适用之时,其理论和政策主张的实施解救了旧有的经济危机。两个学派假设和理论逻辑也都有与现实不一致之处,其政策主张的实施又衍生出新的经济危机。然而,由于意识形态的原因,凯恩斯主义和供给学派导致的经济危机被忽视,

---

① 参见[美]保罗·萨缪尔森、威廉·诺德豪斯:《宏观经济学》第17版,萧琛主译,人民邮电出版社2004年版,第289页。

或被淡化，加之各自在历史上的成效所形成的光环，以及形成了革命之革命等思维定式，这些都在一定程度上屏蔽了其理论缺陷。解决现实问题，应从现实出发，不能不顾及现实中的复杂因素，以及凯恩斯主义和供给学派假设和理论逻辑与现实不一致的问题。否则，将误导理论的创新发展，由此形成的理论来左右政策选择，其实践也实现不了预期，甚至还会导致灾难性后果。

二、问题偏向：凯恩斯主义和供给学派回避资本主义生产方式及其矛盾

统一于西方经济学的凯恩斯主义和供给学派存在问题偏向，即都回避资本主义生产方式及其矛盾，都是在既定的资本主义生产方式下讨论需求、供给及相互之间的关系问题，来破解资本主义摆脱经济危机并实现发展的路径或方式，只是不同学派解决问题的路径或方式有差异。凯恩斯主义面对20世纪二三十年代的经济萧条危机，认为仅仅依靠企业的力量，不足以应对如此情形，国家必须对经济实施干预，否则会变得更糟，因而主张通过政府扩张投资干预的需求管理解决危机。[1]凯恩斯主张通过向富人征税和转移支付制度等实现收入的重新分配，也是从扩大需求出发，即鉴于收入低的群体边际消费倾向高，提高低收入群众的收入，可以提升整个社会的边际消费倾向。供应学派面对滞胀危机，主张放松国家干预，实施供给管理，让企业有较大的发展余地。货币主义者耶格尔认为，通货膨胀、衰退、周期性失业现象和收支差额等缘于不正确的货币政策，并不是资本主义的特点。[2]西方经济学不是不涉及生产方式，只是依据自己的理论加以判断，对社会主义国家和资本主义国家应研究和解决的问题选择了差异化的偏向。在古典经济学及供给学派基础上发展起来的"新自由主义"，要求社会主义国家改变生产方式，实行私有化

---

[1] 参见曹坤华：《关于供给学派的几个理论问题——与杨鲁军同志商榷》，《湖北大学学报（哲学社会科学版）》1990年第3期。

[2] 参见傅殷才、颜鹏飞：《自由经营还是国家干预——西方两大经济思潮概论》，经济科学出版社1995年版，第304页。

等。这种问题偏差的发生,主要原因有:

其一,凯恩斯主义和供给学派回避资本主义经济危机的根源在于生产社会化和生产资料私人占有之间的矛盾,都认为资本主义生产方式本身没有缺陷。无论是凯恩斯主义还是供给学派,都属于西方经济学范畴,都是基于抽象、孤立的"经济人"假设。斯密所著《国富论》中说:每个人都力图利用好他的资本,使其产出能够实现最大的价值。一般说来,他既不企图增进公共福利,也不知道他能够增进多少,所追求的仅仅是一己的安全或私利。但是,在他这样做的时候,有一只看不见的手,在引导着他去帮助实现另一个目标,尽管这一目标并非是他的本意。追逐个人利益的结果,是他经常地增进社会的利益,其效果要比他真的想要增进社会的利益时更好。[①]凯恩斯主义和供给学派都是以生产资料私人占有的资本主义制度最优为前提,也就围绕实施需求管理还是供给管理来实现供需均衡发展、采用政府还是市场手段来优化资源配置进行讨论。萨伊基于单单一种产品的生产,就为其他产品开辟了出路,演绎出生产者越多和产品越多样化那产品的销售就越多和越快、一个企业办得成功就可以帮助别的企业也达到成功等[②]与资本主义现实不符的推论。实践表明,在萨伊经济理论基础上发展起来的供给学派及其政策主张的实施,反而使资本主义固有矛盾加剧。马克思批判过萨伊经济学,称其为庸俗经济学。凯恩斯主义尽管从需求方面寻找解决经济萧条危机的办法,但回避了资本主义经济有效需求不足、不能充分就业的根本原因在于生产资料私有制和雇佣劳动制度,因而其政策主张的实施,只是在一定程度上缓解资本主义的矛盾,只是延长了危机爆发的周期跨度时间。

其二,凯恩斯主义和供给学派作为西方经济学体系中的学派,依然是在割裂商品价值和生产劳动、将价值与价格混为一谈的前提下讨论问题,视价格为价值,也就认为价值取决于供求关系,而不是由劳动决定。如此,

---

[①] 参见[美]保罗·萨缪尔森、威廉·诺德豪斯:《宏观经济学》,萧琛主译,人民邮电出版社2004年版,第20页。[英]亚当·斯密:《国富论》,郭大力、王亚南译,商务印书馆2015年版,第428页。

[②] 参见[法]让·巴蒂斯特·萨伊:《政治经济学概论》,陈福生、陈振骅译,商务印书馆1963年版,第144、147页。

抹杀了资本对劳动的剥削，就可以美化资本主义制度和市场机制，也就可以在既定的资本主义生产方式下，研究解决资本主义经济危机的具体举措。

正因为凯恩斯主义和供给学派研究问题的偏向，以及由于假设和理论逻辑与现实的不一致，使其在分析资本主义经济危机及渡过危机原因时，也忽视和回避相关问题。里根政府接受供给学派供给管理政策，核心是在滞胀的情况下，通过降低企业成本激活企业，即通过改革官僚体制大幅度减少企业税赋成本，通过放开金融和允许"高利贷"治理通胀降低企业资金成本，通过石油公司开采本国石油降低企业能源成本。撒切尔夫人在英国也采取多种方式激活企业，大规模推进国有企业私有化只是激活企业的方式之一。萨缪尔森等在所著的《宏观经济学》中说，供给学派认为，凯恩斯主义过分强调需求管理，忽视了税率和激励对总供给的影响。供给学派强调激励，主张大幅度削减税收，以促进经济增长。供给学派第一个主题是强调激励所起的关键作用，激励意味着对工作、储蓄和企业家才能给予足够的报酬；另一个主题是主张大幅度削减税收。供给学派强调不受约束的自由市场所创造出的奇迹，并力求避免由于高税率而产生的负面激励。① 然而，有人却把里根和撒切尔夫人实施供给学派主张的通过激活微观主体取得成效，简单地归结于私有化、市场化、自由化的成功。这种对20世纪80年代起美国、英国走出困境并实现新发展原因的分析，还忽视了这一时期科技进步快速提升对经济增长的贡献、在经济全球化进程中其跨国资本优势、社会主义国家尤其是中国改革开放和快速发展为其提供产品和资本市场等因素。如此解读，会错乱人们的视听。

三、实践验证：凯恩斯主义和供给学派理论及其政策主张的实施与旧有危机的解救和新危机的衍生

凯恩斯主义和供给学派主导美国一国经济政策选择及其实践，解救

---

① 参见［美］保罗·萨缪尔森、威廉·诺德豪斯：《宏观经济学》，萧琛主译，人民邮电出版社2004年版，第300页。

了旧有的经济危机，但又衍生出新的经济危机。

凯恩斯主义及其注重需求管理政策的实施，解救了20世纪二三十年代美国经济萧条危机，又导致20世纪70年代经济滞胀危机。古典经济学及其政策主张，为自由竞争资本主义经济发展提供了理论支撑。但是，在自由竞争资本主义经济发展进程中，由于市场失灵，资本主义固有矛盾日益积累，到20世纪二三十年代爆发了严重的经济萧条危机。凯恩斯分析这次经济危机的原因后，对古典经济学关于市场自动机制失灵的问题，从理论上予以否定，主张国家通过投资等对经济实施干预，刺激消费。这一注重需求管理政策主张的实施，缓解了资本主义社会的矛盾，解救了20世纪二三十年代资本主义经济萧条危机，也使资本主义经济再次步入快速发展的轨道。凯恩斯主义因为这种成功，被誉为凯恩斯革命，在20世纪30—60年代，成为西方经济学的主流，成为资本主义国家政府施政的主导理论，使基于市场自动机制而只使用市场这只"看不见的手"的古典经济学受挫。然而，凯恩斯主义注重需求管理政策的长期实施，形成经济增长对政府投资等干预的依赖，政府干预也趋向过度，投资的边际效益递减。因为经济增长对政府投资的依赖，使得政府对这种经济增长方式的修正也缺乏动力，政府也不愿放弃对经济干预。凯恩斯主义注重需求管理政策的长期实施，导致通胀，导致企业税赋高、成本高、盈余低下，企业缺乏扩大投资的动能，也就导致了前所未有的通胀和失业并存的滞胀危机。20世纪70年代滞胀这一新的经济危机，使凯恩斯主义受到多方质疑。

供给学派供给管理政策的实施，解决了长期实施凯恩斯主义需求管理政策所导致的经济滞胀危机，又加剧了财富占有分化和市场失灵风险，2008年国际金融危机是其问题积累的集中爆发。面对20世纪70年代经济滞胀危机，西方经济学各学派涌现，再次重视萨伊关于市场自动机制的论断，形成主张供给管理的供给学派。里根执政后，排除多种质疑和政治阻挠，摒弃注重需求管理的政策，选择实施了供给学派关于供给管理的政策，采取措施激活供给主体，解救了美国经济滞胀危机。撒切尔夫人在英国也采取类似政策，取得成效。实际上，供给学派供给管理政策主张的实施，带来了矛盾更为激化的经济社会问题。

一是供给学派供给管理政策的实施，加剧了财富占有的分化。据国际货币基金组织报告，美国占人口10%的最富裕阶层，控制了71%的财富。1980—2012年，美国占人口10%的最富裕阶层收入占国民总收入的份额，由30%上升为48%；占人口0.1%的顶级富翁占有财富的份额，由2.6%上升为10.4%。据美国统计局的数据，美国的基尼系数，1947—1981年徘徊在0.36左右，但1981年里根就任美国总统采纳供给学派政策主张后，开始稳步上升，1990年上升为0.396，2000年上升为0.433，2012年突破0.45，达到0.451。美国经济学家保罗·克鲁格曼指出，20世纪70年代后期以来，美国半数底层劳工的工资停滞或下降，占1%的顶端人群收入几乎翻番，收入不平等扩大的状况令人瞠目结舌。[①] 马斯·皮凯蒂所著的《21世纪资本论》一书指出，不加制约的资本主义生产方式，必然产生财富分化和不平等现象。耶鲁大学政治学家雅各布·哈克说，美国发展成为赢家通吃的经济体，一直在向资本主义寡头政治国家滑落。正如西斯蒙第针对萨伊曾阐述的"干涉本身就是坏事，纵使有其利益"[②]这一关于国家财富顺其自然的价值观所指出的，为"个人利益乃是一种强取的利益，个人利益常常促使它追求违反最大多数人的利益，甚至归根到底可以说是违反全人类的利益"[③]，自由放任的竞争会导致最终财富极度不公的恶果。[④] 财富占有差距的进一步拉大，激化了资本主义社会固有的矛盾。2011年美国民众以反抗资本寡头的贪婪不公和社会的不平等为目标，占领纽约市金融中心区的华尔街，正是社会中1%的人掌握经济和政治权力，导致绝大多数人在就业及住房、教育、医疗保险、老人保健等生活方面发生危机的反映。这些危机的蔓延，使世界经济社会动荡进一步加剧。2008年国际金融危机实质是资本主义社会固有矛盾的再次集中爆发，次贷危机仅仅是导火索。

---

① 参见廖政军：《两极分化动摇美国人逐梦信心》，《人民日报》2014年6月17日。
② ［法］让·巴蒂斯特·萨伊：《政治经济学概论》，陈福生、陈振骅译，商务印书馆1963年版，第199页。
③ ［瑞士］西斯蒙第：《政治经济学新原理》，何钦译，商务印书馆1964年版，第243页。
④ 参见贾康、苏京春：《探析"供给侧"经济学派所经历的两轮"否定之否定"——对"供给侧"学派的评价、学理启示及立足于中国的研讨展望》，《财政研究》2014年第8期。

二是在经济全球化的格局下,供给学派和"新自由主义"强调的不受约束的自由市场,成为美国及其一体化的跨国资本实现利益最大化的工具,使发展中国家难以摆脱弱势或附庸位势。美国学者诺姆·乔姆斯基所著的《新自由主义和全球秩序》一书指出,"新自由主义"的"华盛顿共识"是以市场经济为导向的一系列理论,由美国政府及其控制的国际经济组织制定,并由它们通过各种方式实施。[①]该书对美国如何通过新自由主义的实施,将国家和垄断企业一体化,进而成为一种剥夺多数人利益的机构予以揭示。结果日益清晰,俄罗斯以新自由主义的"华盛顿共识"为改革路线图,推倒重来,采取迅疾的"休克疗法",推行私有化、市场化、自由化,社会主义变成了资本主义,但这并没有使俄罗斯真正摆脱困境。美国并没有因为俄罗斯转变为资本主义国家而将其视为盟友,相反,美国基于自身利益的战略意图,采取多种方式压制俄罗斯,包括在经济上控制打压国际石油价格走低,使依赖石油、天然气出口的俄罗斯的货币大幅贬值和财富缩水。"华盛顿共识"的实践也没有改变东欧和拉美国家的困境。实践已经表明,"华盛顿共识"并不是解救俄罗斯等国的良药,其隐藏的服务于美国及其跨国资本的目的已显露无遗。

三是国际经济秩序混乱。随着全球经济一体化的发展,国际规则越来越细化,由此国际经济社会理应越来越有序。然而,由于深层次的国家经济利益驱动,货币战争持续展开,对国际经济秩序造成极大冲击。加之一些国家的政府对市场监管不到位,导致金融秩序混乱。2008年美国次贷危机爆发后,国际社会一致呼吁美国政府加大对其金融市场的监管。

随着时间的推移和实践的推进,学界对供给学派进行反思。2007年刘伟认为,里根政府接受供给学派的政策实验并未取得成功。由于供给管理政策实验失败和随着经济学对滞胀认识的深化,需求管理政策在宏观经济政策运用中重新占据主导地位。[②]2014年贾康等认为,美国政府实

---

① 参见[美]诺姆·乔姆斯基:《新自由主义和全球秩序》,徐海铭、季海宏译,江苏人民出版社2000年版,第4页。
② 参见刘伟、苏剑:《供给管理与我国的市场化改革进程》,《北京大学学报(哲学社会科学版)》2007年第5期。

施供给学派的政策主张后，宏观经济结构在很大程度上得以优化，但直到里根总统第二任期结束时，没有兑现促进宏观经济高速增长的承诺，还出现了极为严重的财政赤字和外贸赤字。里根政府时期，预算赤字依旧庞大，偏离里根竞选所许诺言，最高时达 2210 亿美元，从供给学派的减税法案颁布起的 5 年中，联邦债务也增长 1 倍多，约为 1.2 万亿美元。① 约瑟夫·斯蒂格利茨在 2016 年 3 月召开的中国发展高层论坛上也指出，20 世纪 80 年代美国的供给侧改革就是失败的。

还需要注意的是，美国、英国政府在采用凯恩斯主义和供给学派政策主张的实践中，并不是非此即彼。英国经济学家 M. 马歇尔、P. 阿里斯蒂斯分析供给学派在美国实践取得成效的原因时指出，种种迹象表明，里根政府经济上是实用主义，政治上则是教条主义。② 在 2008 年国际金融危机中，美国调控当局初期没有对雷曼兄弟公司施以援手，但随着势态的恶化和蔓延，开始动用大量公共资金，有选择地对房利美、房地美、花旗、通用等特定主体实施以援助。这也表明经济学主流教科书和实践之间存在言行不一现象。③

凯恩斯主义和供给学派在假设、理论逻辑的对立及其与现实不一致的问题不可忽视。不能只顾及两个学派成功或缺陷的一个方面，也不能以其中之一的学派，作为排他式单一主导一国经济政策选择的理论依据。一些人套用基于特定历史条件和特定假设形成的凯恩斯主义和供给学派，将需求管理比喻为见效快但不能治根本的西药，将供给管理美誉为管长远治根本的中药，对中国的改革发展开所谓的"良方"，而不是基于中国现实状况，也是不顾马克思主义政治经济学在中国的新发展而促进经济实现跨越发展的事实。主张中国实行私有化和自由化的人，因为新自由主义在中国受阻，又试图以供给学派的名义，来渗透私有化和去政府作用的自由化之主张。厘清凯恩斯主义和供给学派理论及其政策主张所解

---

① 参见 [美] 小阿尔弗雷德·马拉伯：《迷惘的预言家——当代经济学家的历史》，高德步等译，海南出版社 1997 年版，第 240 页。
② 参见 [英] M. 马歇尔、P. 阿里斯蒂斯：《供给学派与里根经济学》，《世界经济文汇》1991 年第 2 期。周军译自美《经济问题》1989 年 12 月号。
③ 参见贾康：《从"新供给"研究的视角看供给侧改革》，《光明日报》2016 年 1 月 6 日。

决的问题和局限，厘清凯恩斯主义和供给学派的理论缺陷，厘清凯恩斯主义和供给学派与马克思主义政治经济学的区别①，有助于防止借鉴西方经济学中科学因素而对马克思主义政治经济学原则的否定和替代，有助于防止新自由主义以供给学派的名义在实施供给侧结构性改革中渗透私有化和自由化的主张，有助于增强按照马克思主义政治经济学立场和原则创新性地推进供给侧结构性改革的定力。

综上所述，凯恩斯主义和供给学派都有自己形成的特定历史条件。统一于西方经济学的这两个学派，在假设和理论逻辑起点上是对立的，前者以需求决定供给为起点，后者以供给创造需求为起点，因而互不相容，把需求管理与供给管理对立起来，也在政府和市场手段的使用上存在分歧。两个学派的假设和理论逻辑与现实不一致，也存在回避资本主义生产方式及其矛盾，而主要是在既定的资本主义生产方式下讨论需求、供给及相互之间关系的偏向。这两个学派是解救不同原因所致资本主义经济危机的"药方"，它们的理论和政策主张在实践中的运用，解救了资本主义社会旧的经济危机之后，又衍生出新的经济危机。两个学派解救危机成效的光环及革命之革命的理论演进思维定式，对其假设、理论逻辑与现实不一致及导致新危机的问题有所屏蔽，对此应还其本来，也不能将其中的某个学派作为排他式单一主导一国经济政策选择的理论依据。

[原载《教学与研究》2016 年第 10 期]

---

① 参见周文：《警惕借供给侧结构性改革兜售西方理论》，《红旗文稿》2016 年第 10 期；刘元春：《论供给侧结构性改革的理论基础》，《人民日报》2016 年 2 月 25 日；刘凤义：《推进供给侧改革要抓住深层关系》，《中国社会科学报》2016 年 3 月 24 日；郭杰、于泽、张杰：《供给侧结构性改革的理论逻辑及实施路径》，中国社会科学出版社 2016 年版。

历史经验与政治经济学发展

深化中国跨越发展奇迹研究与开拓马克思主义政治经济学新境界

对中国跨越发展奇迹取得原因的分析，因为立场和方法的不同，所形成的结论也不同，有的甚至会形成理论"陷阱"，会使我们不自觉地偏离中国特色社会主义道路的方向。习近平总书记在哲学社会科学工作座谈会上的重要讲话中，提出了加快构建中国特色哲学社会科学的命题，并强调，坚持以马克思主义为指导，是当代中国哲学社会科学区别于其他哲学社会科学的根本标志，必须旗帜鲜明加以坚持。这就给我们明确提出了在经济史和经济学的研究中，既要破新自由主义等思潮，又要立当代中国马克思主义政治经济学的双重命题。

一、以人民为中心的思想为指导，深化中国跨越发展动力的研究

习近平总书记强调，我国广大哲学社会科学工作者要坚持人民是历史创造者的观点，树立为人民做学问的理想，尊重人民主体地位，聚焦人民实践创造，自觉把个人学术追求同国家和民族发展紧紧联系在一起，努力多出经得起实践、人民、历史检验的研究成果。这不仅仅是对哲学社会科学工作坚持马克思主义立场的要求，也是对遵循人民是历史创造者和经济社会发展规律做研究的要求。

当代中国跨越发展的取得，有改革极大地解放和发展社会生产力而

使我国能够发挥结构效应、比较优势、后发优势和抓住发展的战略机遇期等多方面的原因,但最根本的动力来自人民,即坚持了社会主义市场经济方向,特别是通过社会主义初级阶段基本经济制度的不断探索完善,逐步形成和完善发展为了人民、发展依靠人民、发展成果由人民共享的实现路径。中国之所以没有走资本主义化之路,就是因为没有像苏联那样形成官僚利益集团,不仅如此,在改革中更是坚持让发展成果更多更公平惠及全体人民,不是让少数人吞食社会财富而偏离共同富裕的方向。党的十八大以来,形成了使通往共同富裕之路更加清晰和坚实的共享发展理念,在产权制度上倡导员工持股,对国有企业高层管理人员过高的年薪进行合理调整和限制,着手解决行业间收入差距过大的问题,加大反腐败力度防止社会财富被侵吞,实施精准扶贫解决贫困人口发展困难和收入低的问题等,以遏制因实施市场经济改革而发生收入差距拉大的现象。在中国特色社会主义里,正因为保障人民的主体地位,并通过发展成果的更多更公平惠及全体人民,人民的积极性得到充分调动,人民和基层的首创精神得到充分发挥,在进入新常态后大众创业、万众创新也有了良好开端。这些都使社会和谐进步有了坚实的基础,也使需求与消费能够实现相对均衡,避免了经济危机的爆发,是改革开放以来中国长时期实现经济稳定发展的根本原因。习近平总书记强调哲学社会科学工作者要树立为人民做学问的理想,正是从人民是历史的创造者和经济社会发展规律出发的要求。将这一讲话贯彻落实到研究中,可以为中国特色社会主义道路的完善和增强中国特色社会主义道路自信、理论自信、制度自信、文化自信提供更多更好的学术研究成果支撑,发挥好哲学社会工作者的作用。

二、坚持马克思主义唯物史观为指导,深化中国跨越发展原因的研究

坚持马克思主义唯物史观,从以人民为中心的思想出发,深化中国跨越发展动力的研究,才能避免对中国道路、中国经验的误读。马克思主义政治经济学与西方经济学的根本区别在于如何对待人民及劳动和资

本。在西方经济学中，形成了只有资本主义制度才能实现经济社会发展的基本观点，也形成了以资本处于支配地位的制度体系。正是这样的理论观点，也主张社会主义实行资本主义化，在财产上实行私有化。以自由化、私有化和市场化为核心的新自由主义形成了"华盛顿共识"，其目的就是服务于跨国资本，但却被粉饰为一国实现发展的"灵丹妙药"，向苏联东欧拉美国家推销。其结果，俄罗斯由工业强国变为主要依靠出卖石油和天然气等资源支撑的境地，拉美国家也没有摆脱"中等收入陷阱"而依赖西方发达国家。

西方经济学解释不了中国跨越发展，把这一奇迹称为"中国之谜"，甚至认定是悖论，最根本的原因就在于西方经济学以资本为中心的理论逻辑。不但如此，还对中国实践、中国经验，依照这样的理论逻辑，对中国改革开放的历史加以表象化、碎片化、孤立化、静态化分析，推导中国跨越发展的根本原因在于实施了自由化、私有化和市场化，而无视公有制为主体、多种所有制经济共同发展的基本经济制度的作用，无视对公有制主体地位的坚持，无视国有经济主导作用的发挥，无视国有经济的活力、控制力、影响力的不断增强。

坚持马克思主义唯物史观为指导，就是要根据马克思主义关于生产力与生产关系、经济基础与上层建筑相互作用的理论，坚持整体观，不能把经济问题孤立起来，而应当把经济与政治、文化、社会、生态联系起来，研究相互间的影响，跳出唯资源配置而全面研究资源配置问题，破除新自由主义思潮，通过破与立并行，开拓马克思主义政治经济学新境界。

三、发挥史学在开拓马克思主义政治经济学新境界的作用

习近平总书记在讲话中，提出了"结合中国特色社会主义伟大实践，加快构建中国特色哲学社会科学"的重大命题。这一命题提出的实践背景，正如习近平总书记指出的，当代中国正经历着我国历史上最为广泛而深刻的社会变革，也正在进行着人类历史上最为宏大而独特的实践创新。这种前无古人的伟大实践，必将给理论创造、学术繁荣提供强大动

力和广阔空间。这是一个需要理论而且一定能够产生理论的时代，这是一个需要思想而且一定能够产生思想的时代。习近平总书记的这一论断，科学阐述了实践与哲学社会科学发展的关系。

实践不仅包括正在进行的实践，也包括已经过往的历史实践。习近平总书记强调，观察当代中国哲学社会科学，需要有一个宽广的视角，需要放到世界和我国发展大历史中去看；要善于融通马克思主义的资源、中华优秀传统文化的资源、国外哲学社会科学的资源，坚持不忘本来、吸收外来、面向未来；按照立足中国、借鉴国外，挖掘历史、把握当代，关怀人类、面向未来的思路，着力构建中国特色哲学社会科学，在指导思想、学科体系、学术体系、话语体系等方面充分体现中国特色、中国风格、中国气派；一切有理想、有抱负的哲学社会科学工作者都应该立时代之潮头、通古今之变化、发思想之先声，积极为党和人民述学立论、建言献策，担负起历史赋予的光荣使命。这些都从大历史视角、坚持不忘本来、挖掘历史、通古今之变化等方面，强调在加快构建中国特色哲学社会科学中要重视历史及其研究。

历史是按照发展规律而演进的。中国特色社会主义道路的探索完善进程，也是马克思主义政治经济学不断丰富和发展的进程。毛泽东的《论十大关系》、中共十二届三中全会通过的《中共中央关于经济体制改革的决定》、邓小平南方谈话、中共十八届三中全会通过的《中共中央关于全面深化改革若干重大问题的决定》，是在总结国内外历史经验的基础上马克思主义政治经济学发展创新的里程碑。

史与学是源与流的关系，历史及其研究是加快构建中国特色哲学社会科学不可或缺的要素。马克思政治经济学的形成和发展是在劳动价值论和剩余价值论基础上展开的。马克思政治经济学与西方经济学的本质区别在于，前者以人民为中心，从经济、政治、文化、社会等各个方面，促进人的全面发展，而后者的理论体系里，主要研究资源的配置，人成为资本的雇佣，这种研究范式越来越脱离经济社会发展实际。在科学总结历史经验的基础上，中国形成了坚持以人民为中心的发展思想，创新、协调、绿色、开放、共享的发展理念，坚持发展社会主义市场经济、使市场在资源配置中起决定性作用和更好发挥政府作用的理论。坚持马克思主义唯物史观研究中国当代经济史和经济学，还有很多问题需要我们去破题，如吸取历史经验和智慧，在市场经济条件下更好地厚植国家发展优势、实现公有制与市场经济的更好融合、因发展阶段处理好政府和市场的关系、既调动劳动者的积极性又保障资本权益和知识产权等。在开拓当代中国马克思主义政治经济学新境界进程中，中国当代史研究应当有所作为，也可以有所作为。

［原载《中国社会科学报》关于学习习近平总书记在哲学社会科学工作座谈会上重要讲话的约稿，2016年5月20日以《开拓当代中国马克思主义政治经济学新境界》为题首发］

对中国经济发展奇迹原因的政治经济学分析

对中国经济发展奇迹的解释，是关系正确认识并坚持和完善中国道路的重大理论问题。在中国经济发展奇迹原因认识上存在的分歧，根本在于立场和方法，即存在马克思主义和资本主义两种立场和研究范式的分歧。西方经济学无从解释中国经济发展的奇迹，其原因是没有从整体视角进行分析，把经济发展仅仅视为经济自身运行结果的逻辑，甚至仅从微观市场主体的成本收益视角分析资源配置的效率。经济发展是整个社会系统运行的结果。马克思主义关于生产力与生产关系、经济基础与上层建筑关系的科学论断，把经济纳入整个社会系统，不仅研究经济发展的自身因素，也研究政治、文化、社会、生态等因素对经济运行的影响，是科学解释中国经济发展奇迹的钥匙。经过长时间的实践和理论升华，党的十八大以来形成了"五位一体"的中国特色社会主义事业总体布局，这是中国在探索完善社会主义道路进程中对马克思主义关于生产力与生产关系、经济基础与上层建筑关系论断的丰富、发展和创新。中国经济发展奇迹的取得，一方面是由于经济学讨论的经济因素，另一方面是由于坚持社会主义价值取向、坚持中国共产党的领导，以及政治建设、文化建设、社会建设、生态文明建设、党的建设与经济建设形成的协调和相互促进态势。这是马克思主义关于生产力与生产关系、经济基础与上层建筑关系论断在中国的实践、进一步验证和发展创新。

一、社会主义价值取向的坚持和践行成为经济发展的动力

以人为本，谋求人的全面发展，并为此推进改革发展，解放和发展生产力，是社会主义的重要价值取向。这一人民利益高于一切的价值取向，渗透到中国特色社会主义事业总体布局的各个方面，经济建设、政治建设、文化建设、社会建设、生态文明建设、党的建设都以人民利益的维护为出发点和落脚点，相互间良性互动，共同作用，为经济发展提供不竭的动力。

（一）坚持社会主义价值取向，可以充分发挥中国共产党的核心领导作用，不断推进政治文明建设，促进有利于经济发展的政治保障的形成

政治不仅是政权组织结构及其体制机制，更是一种价值取向，前者是实现价值取向的保障，后者是前者要遵循的指导思想，这两者有机地统一于中国特色社会主义政治体系。在这样的政治体系下，坚持中国共产党的领导、人民当家作主、依法治国的有机统一，不断推进国家治理体系和治理能力现代化，形成了中国特色社会主义政治制度，为经济发展提供了政治保障。在发展方向上，中国共产党的先进性保障其沿着正确的方向前行和创新发展。在宏观调控体系的建立健全上，中国共产党从全局出发，统筹规划，驾驭经济运行的能力不断增强，使得经济的增长又快又稳。1980—2014 年，中国经济没有出现负增长，增长率波动幅度较小，这与美国、日本等增长率波动较大形成鲜明的对比。[①] 在政治思想工作上，中国共产党在充分倾听广大群众和基层干部诉求、满足人民基本利益需求的情况下，强调发挥政治思想教育对经济发展的作用。陈云用"七分经济，三分政治"的话语，形象地道出了经济建设与政治思想工作的关系。在基层治理上，将社会和谐作为中国特色社会主义本质属性的取向，创新社会治理方式，让群众参与社区管理，实现基层自治，

---

① 赵振华：《为什么对中国经济的未来有信心》，《光明日报》2015 年 5 月 7 日。

不仅尊重了人民群众的民主权益，还发挥了人民群众的积极性和创新性，实现了社会的善治，节约了社会治理成本。在打击经济犯罪上，中国共产党全面从严治党，形成反腐高压态势，保障经济发展成果不被腐败分子吞食，防止负面因素的泛滥，并发挥警示作用。在发挥各主体能动性上，中国共产党鼓励以让一切劳动、知识、技术、管理、资本的活力竞相迸发，让一切创造社会财富的源泉充分涌流。

（二）坚持社会主义价值取向，不断探索完善社会主义初级阶段的基本经济制度，促进有利于经济发展的人财物支撑

推动历史发展的决定力量是人民群众。中国经济发展奇迹实现的合力，来自人民群众最深厚的伟力，其中最突出的是集中力量办大事。当然，在改革开放前后两个历史时期，集中力量办大事的建设内容和实现机制有所不同。以财政为例，改革开放前主要是通过实施建设财政和群众性生产运动方式来实现集中力量办大事的目标；改革开放以来，特别是进入21世纪后，将建设财政转变为制度化的公共财政。以公有制为主体、多种所有制经济共同发展的基本经济制度为基础的中国政府，一方面将有限的人财物用于重点建设项目，另一方面通过发展公有制经济，实施国家在国计民生方面的意志，而这些又不受党派和私人财团的左右，从而成为顺利实施集中人力物力财力的重要保障，为国家经济的起飞和发展提供了必要的支撑。

（三）坚持社会主义价值取向，从国家和人民的根本和长远利益出发构建政策体系，促进经济发展合力的形成

在实践中，中国也存在着部门利益、地方利益，因而中央也多次主动调整中央与地方的关系。在中央的统一领导和统筹协调下，部门和地方基本上做到了服从国家和人民的根本和长远利益，共同协作，克服诸多困难，合力推动国家发展战略的实施。以改革开放前中国实施的服务于国家工业化战略的政策为例，在此政策下，国家政策的核心是高积累和高投入，为此，一方面对城市职工实施低工资、低消费政策，另一方面把大量农民留在农村，以保障整个国家消费增长不至于过快，并通过

工农产品价格"剪刀差"的方式实现农业剩余向工业转移,通过农产品统派购制度保障工业原料和城镇居民食物的供应。这种高积累、高投入、低工资、低消费的政策在实践中能够得到顺利实施,缘于社会主义价值取向下形成的全国人民共同实现发展战略目标的合力。社会主义价值取向凝聚人心的优势,源于中国共产党代表中国最广大人民的根本利益,在制定政策时,能够从国家和人民的根本和长远利益出发。这与资本主义国家根本不同。在资本主义国家,在私有制基础上的政府,在重大政策的制定和实施上,受各自党派或私人财团的左右,利益关系难协调,有利于民众的政策难通过。

(四)坚持社会主义价值取向,践行社会主义核心价值观,促进经济发展正能量的形成

在这个问题上,中国共产党形成了共识。比如,面对改革开放的新形势,特别是针对"一切向钱看"的现象,中国社会主义经济建设的重要开创者和奠基人之一陈云深刻地指出:"在进行社会主义物质文明建设的时候,如果不同时进行社会主义精神文明建设,物质文明建设就可能偏离正确的方向。任何单位,任何领导干部,如果忘记或放松抓社会主义精神文明建设,物质文明建设也不可能搞好。严重的,甚至会脱离社会主义和共产主义的理想,这是很危险的。"[①] 鉴于此,陈云进一步提出:"要坚决地刹歪风,正党风,增强全体党员的党性,从精神文明建设上,保证和促进社会主义物质文明建设。使社会主义的经济建设,社会主义的经济体制改革,沿着正确的轨道,不断前进。"[②] 面对世界范围思想文化交流交融交锋形势下价值观较量的新态势,针对改革开放和发展社会主义市场经济条件下思想意识多元多样多变的新问题,党的十八大提出积极培育和践行社会主义核心价值观,倡导富强、民主、文明、和谐,倡导自由、平等、公正、法治,倡导爱国、敬业、诚信、友善。实践证明,社会主义核心价值观的培育和践行,引领社会朝着正确的方向前行,促

---

① 《陈云文选》第3卷,人民出版社1995年版,第347页。
② 《陈云文选》第3卷,人民出版社1995年版,第348页。

进中国特色社会主义经济发展道路的探索完善，进而促进了人的全面发展和社会的全面进步，对于全面建成小康社会、实现中国梦发挥着强大的正能量作用。

二、中国共产党的领导和政治文明建设保障国家发展战略目标的有效整合与实施

中华人民共和国成立后，中国共产党成为执政党，人民开始当家作主，开启了新的政治体系的构建，其间尽管具体的政治制度有诸多变化，但其实质没有变，即实行中国共产党的领导没有变，人民当家作主没有变，并在实践的发展进程中不断促进党的领导、人民当家作主、依法治国有机统一。中国特色社会主义政治发展道路的形成和不断完善，是不断适应经济基础的进程，也是对经济发展起积极作用的过程。1949年以来，中国经济持续快速发展为政治文明建设奠定了坚实基础，而中国共产党的领导和政治文明建设又对经济发展发挥着极其关键的积极作用，能够实现国家发展战略目标的有效整合和顺利实施是其突出体现之一。

（一）中国共产党的领导和政治文明建设有效地将发展战略目标整合到引领先进生产力的生长和发展上

一个国家经济能否实现发展，取决于资源能否实现优化配置，而资源优化配置又取决于能否形成有利于生产力的生长和发展的国家发展战略目标。在中国的政治体系中，中国共产党站在时代的前沿，能够顺应时代发展的要求，抓住发展机遇，在充分尊重人民意愿的基础上，经党的代表大会或中央全会审议通过的国家发展战略目标、五年计划或规划建议，提交国家最高权力机关——全国人民代表大会审议表决通过后，成为国家的统一意志。这是实现经济发展的政治保障优势。在这样的国家决策体系下，中国能够形成既宏伟又可实施的战略目标体系。一方面有效地整合形成了长期战略目标，另一方面根据不同发展阶段的具体情况，制定与长期发展战略目标相对应的五年发展计划或规划，至今已制定了12个五年发展计划或规划。无论是长期战略目标还是五年计划或规

划目标，都是多种主体发展目标的有效整合，而且都整合到了引领先进生产力的生长和发展上，并成为引领发展的定力。这对于中国而言，尤为重要。

（二）中国共产党的领导和政治文明建设有效地保障了国家发展战略目标的接续实施

旨在引领先进生产力生长和发展的战略目标，很可能受到政治因素影响，得不到很好的实施。1949年以来，中国对发展战略目标也进行过调整，但都是从时代发展的新要求出发，对其不断加以完善，而不是从根本上对前者加以否定。在西方政治体系下，受党派争取各自利益最大化而进行的博弈影响，难以形成长远的国家发展战略目标，即使形成，也要付出昂贵的谈判成本和旷日持久的时间成本，在实施时还会受到党派轮换执政的影响而中断。在中国的政治体系下，所形成的国家发展战略目标，都是从国家和人民的根本和长远利益出发的，加之国家日益强大，有独立的国防，也有独立的国民经济体系、工业体系和科学技术体系，可以避免来自一些霸权国家的政治、军事、经济、科技的强行干扰，从而保障其接续实施。

（三）中国共产党的领导和政治文明建设有效地促进了全国人民共同实施发展战略目标合力的形成

中国在有效地将发展战略目标整合到引领先进生产力的生长和发展的基础上，还通过形成全国人民集中力量办大事的发展模式，促进将资源集中配置到发展先进生产力上。这与发展经济学所主张的发展中国家要实现赶超发展，需要政府干预，以集中配置资源的主张不谋而合。在这种发展模式下，实施了有助于先进生产力的生长和发展的重大建设项目或活动，如"一五"时期的156项重大工业建设项目，20世纪60年代起的"三线"建设项目，70年代的"四三方案"，改革开放以来宝钢、航空、航天、高铁、三峡水利工程、南水北调、西气东输、棚户区改造、863计划、亚运会、奥运会、世博会等项目或活动。离开社会主义价值取向、中国共产党的领导和政治文明建设所形成的政治优势，持续成功实施如此大规模重大项目和活动是难以想象的。

三、文化建设引领时代风气之先，催生、凝聚经济发展力量

当代中国在促进经济发展时，不应把经济发展孤立起来，而应把经济发展与文化发展联系起来，注重使物质文明建设和精神文明建设相辅相成。新中国成立伊始，中共中央和国家政府以马克思主义为指导，以文艺为人民大众服务为方针，着力改造旧文化，发展社会主义新文化，爱国主义、集体主义随之深入人心。改革开放初期，面对西方思潮的涌入，中国共产党坚定地提出并实践物质文明与精神文明两手抓、两手都要硬的思想。1980年12月召开的中共中央工作会议把建设社会主义精神文明列入重要议题。1981年6月中共十一届六中全会通过的《关于建国以来党的若干历史问题的决议》把精神文明作为中国社会主义现代化建设的十条基本经验之一，强调"社会主义必须有高度的精神文明"。1982年9月召开的党的十二大深刻指出："社会主义精神文明是社会主义的重要特征，是社会主义制度优越性的重要表现。"[①] 1986年9月，中共十二届六中全会通过《中共中央关于社会主义精神文明建设指导方针的决议》。党的十七大不仅提出"建设中华民族共有精神家园"，还提出"解放和发展文化生产力"。中共十七届六中全会审议通过的《中共中央关于深化文化体制改革推动社会主义文化大发展大繁荣若干重大问题的决定》提出："我们必须抓住和用好我国发展的重要战略机遇期，在坚持以经济建设为中心的同时，自觉把文化繁荣发展作为坚持发展是硬道理、发展是党执政兴国第一要务的重要内容，作为深入贯彻落实科学发展观的一个基本要求，进一步推动文化建设与经济建设、政治建设、社会建设以及生态文明建设协调发展，更好满足人民精神需求、丰富人民精神世界、增强人民精神力量，为继续解放思想、坚持改革开放、推动科学发展、促进社会和谐提供坚强思想保证、强大精神动力、有力舆论支持、

---

① 《十二大以来重要文献选编》上，人民出版社1986年版，第26—27页。

良好文化条件。"①

新中国成立以来,文化建设引领时代风气之先,催生、凝聚经济发展力量,对提升国家软实力发挥着越来越重要的作用,成为经济发展的重要因素。一是围绕社会主义建设,积极倡导和发展先进文化,引领前进方向,涌现出一大批积极向上的文艺作品,激励全国人民投身到社会主义建设事业中。二是传承和弘扬优秀传统文化,为中华民族的团结进步发挥重要作用。中华文明成就了中华民族的生生不息、团结奋进和不断开拓创新。中华民族有勤劳的美德,在历史上创造了精耕细作的农耕文化。在社会主义制度下,优秀传统文化的传承和发展,更好地发挥了促进积极向善、开拓进取、实干兴邦的作用,成为克服种种艰难困苦、开拓进取而实现经济发展的文化基因和动力,在工业化、现代化进程中激励艰苦创业,在改革开放以来坚持以经济建设为中心不动摇而致力于不断发展创新。三是随着经济发展和人民生活水平的提高,文化不仅为经济发展搭台,文化产业也日益发展壮大,逐步成为国民经济的支柱产业。

四、社会建设为经济发展奠定了和谐进步的社会基础

经济发展与社会结构及其治理密切相关。中国经济发展不仅有一个和谐的社会基础,更是形成了有利于人的成长发展的机制。

社会主义制度的建立激发社会活力。当代中国建立起与封建社会、资本主义社会有着根本不同的全新的社会主义制度,构建起人人平等、人民当家作主的社会,公有制的建立又实现了生产要素与劳动者的有机统一,这些都促进了各利益主体公平发展政策体系的形成,使各主体都有成长和发展的机会,极大地激发了各利益主体的积极性和创造性。

稳定的社会秩序使经济发展有一个良好的社会环境预期。在探索完善中国特色社会主义社会建设道路进程中,把和谐社会构建落实到包括

---

① 《中共中央关于深化文化体制改革推动社会主义文化大发展大繁荣若干重大问题的决定》,《人民日报》2011年10月26日。

经济建设、政治建设、文化建设、社会建设、生态文明建设、党的建设等各个方面。在国内，中国共产党和政府致力于和谐社会的构建，逐步形成和完善社会治理机制，不断化解广大人民群众反映强烈的社会矛盾，并着力解决腐败问题，避免矛盾的激化而导致的社会动荡，使社会长期呈现和谐进步态势。在国际上，中国改革开放前，努力打破西方国家的封锁，为应对可能爆发的战争而积极备战，赢得了和平发展的机会；改革开放以来，在霸权主义依然存在、贸易纷争加剧、地区冲突和战乱不断的情况下，中国以和平、发展、合作、共赢为理念，推动全球治理机制变革，积极促进世界和平与发展，在国际事务中的代表性和话语权增强，为中国经济发展争取了和平和宽松的国际环境。这些对于中国而言，是难得的发展条件。因为自鸦片战争开始，中国遭受侵略和连年战乱，生产生活秩序遭受破坏，资源被掠夺，经济发展严重受阻。新中国成立后的长时期内，除了"文化大革命"时期外，中国社会基本保持了平稳态势，避免了由于战乱、政权更迭和社会动荡对经济社会发展的影响。改革开放以来，中国之所以能够形成强大的集聚效应，吸引大量国外资本、人才、技术，到中国旅游的客人也日益增多，除了实行对外开放政策、中国市场庞大、人力成本低等经济因素外，还由于中国社会和谐进步，把人身安全、财产安全、秩序混乱等非经济因素的风险降至较低点。

新的社会结构的构建，有利于实现生产与消费的均衡，进而有利于经济的持续稳定增长。随着改革的深化，中国城乡、地区、阶层的结构性问题也开始显现。在社会主义价值取向下，中国坚定地走共同富裕道路，逐步形成和不断完善发展成果更多更公平惠及全体人民的政策体系。其中，最重要的是形成了公有制为主体、多种所有制经济共同发展的基本经济制度，与之对应的按劳分配为主体的多种分配方式。现在，城乡、地区间收入差距开始缩小。这就避免了资本主义国家少数人占有财富而扩大产能与多数人消费低而导致经济危机。20世纪30年代资本主义经济危机，2008年的国际金融危机，均缘于此。

社会建设提升了经济发展的空间。社会建设能够形成新的生产能力，更好地促进经济发展。新中国成立以来，开展了大规模的社会建设，教育、医疗卫生、体育等社会事业获得快速发展，提升了人的素质，为经济发展提供了人力支撑。中国的社会基础，有利于共同克服困难机制的形成。在社会主义制度下，全国人民可以有效形成合力，共同面对和克服困难，"一方有难，八方支援"的传统美德更好地体现和发挥出来。例如，在20世纪60年代的困难时期，在遭受地震、水灾、旱灾时，在遭遇1997年亚洲金融危机和2008年国际金融危机冲击时，全国人民都能够在中国共产党和政府的领导下，沉着应对，共渡难关。

五、生态文明建设使经济发展更具可持续性和魅力

生态环境问题是国际上普遍面临的问题，只是或轻或重而已。良好的生态环境是生产力这一正确认识，是在总结正反两方面实践经验基础上形成的。如何处理生态环境与经济发展的关系，不仅是一个认识问题，也是一个经济社会发展阶段的问题。新中国成立以来经济发展与生态环境之间即呈现这样一种演变历程。

在快速推进工业化时期，偏重经济快速增长而轻生态环境问题。在工业化发展初期，一般是追求经济的快速增长，而不注重生态环境问题。例如，伦敦在工业化后成为雾都，在1952年发生的"大烟雾"事件中，因为空气污染，致使不少人因吸入污染物而死亡。新中国成立后的较长时期内，在赶超发展进程中，注重经济增长速度，将生态环境放在次要位置，实行粗放式增长，加之由于资金缺乏又使得排污技术发展和设施建设没有及时跟进，导致高排放，造成严重的生态破坏和环境污染，透支了后续发展能力。中国之所以在实践中发生生态环境受到严重破坏的问题，根源在于快速推进工业化、现代化以摆脱贫穷落后状况的极大压力，加之在追赶发展过程中存在一定盲目性、对生态环境破坏后果的严重性缺乏足够深刻的认识等。换言之，这是一种有认识而自觉不足的结果。

随着经济发展跃升到新的台阶，生态文明建设步入新征程。工业化、城镇化的发展和人口的大量增加，致使环境承载能力已达到或接近上限，生态环境对经济发展构成硬约束。在这样的形势下，1972年在斯德哥尔摩举行的联合国人类环境研讨会上正式提出可持续发展概念，20世纪

80年代初联合国世界环境和发展委员会提出可持续发展战略。21世纪以来，中国在吸取历史经验教训的基础上，在处理经济发展与生态环境关系上作出了多方面的探索。在发展理念上，以实现可持续发展为指导思想，大力推进理论创新，大力实施可持续发展战略，党的十七大提出了生态文明建设，提出建设资源节约型和环境友好型社会。1979年，中国将每年3月12日定为植树节，中国共产党和国家领导人每年坚持带头参加植树活动。1981年3月29日，陈云在复陆定一信中指出：像植树造林、治理江河、解决水力资源、治理污染、控制人口这类问题，都必须有百年或几十年的计划。1984年9月20日，第六届全国人民代表大会常务委员会第七次会议通过《中华人民共和国森林法》。自世纪之交起，更加注重生态建设，实行退耕还林还草还湖，再造秀美山川，促进绿色发展、循环发展、低碳发展。党的十八大报告不仅把生态文明建设纳入中国特色社会主义事业总体布局，还提出要"把生态文明建设放在突出地位，融入经济建设、政治建设、文化建设、社会建设各方面和全过程"。在考核体系上，将节能减排控制污染作为经济社会发展考核指标，把GDP增速调整到合理区间，放弃了长期把GDP增速作为干部政绩考核唯一指标的做法。在政策上，支持削减高污染的落后产能，支持清洁的新能源项目。在法律上，2014年4月24日，第十二届全国人民代表大会常务委员会第八次会议通过对《中华人民共和国环境保护法》的修订，加大执法力度。在保护与开发利用上，把生态环境作为重要因素加以考虑，科学布局生产空间、生活空间、生态空间，在生态环境保护的同时，发展少数民族文化旅游、扶贫开发，做到保护与开发利用有机统一。建设美丽中国，让良好生态环境成为人民生活质量的增长点，成为展现国家良好形象的发力点。由此，中国的经济发展开始步入更具可持续性和魅力的轨道。

综上所述，中国经济发展奇迹是在整个社会系统中实现的，经济建设、政治建设、文化建设、社会建设、生态文明建设、党的建设协调和相互促进，是中国经济发展奇迹取得的真正原因，而把中国经济发展奇迹归于私有化、市场化、自由化是对中国道路、中国经验的歪曲。社会主义价值取向的坚持和践行成为经济发展不竭的动力，中国共产党的领导和政治文明建设保障经济发展目标的有效整合与实施,文化建设引领时代风气之先,催生、凝聚经济发展力量;社会建设为经济发展奠定和谐进步的社会基础;生态文明建设使经济发展更具可持续性和魅力。中国经济建设、政治建设、文化建设、社会建设、生态文明建设、党的建设之所以能够逐步形成协调和相互促进态势,进而合力促进经济发展,根本缘于社会主义的价值取向、中国共产党的领导和基本经济制度。

[原载《毛泽东邓小平理论研究》2015 年第 10 期]

中国特色社会主义政治经济学中的中国共产党、人民、资本
——基于改革开放 40 年跨越发展经验的探讨

如何看待人民、资本，是马克思主义政治经济学一开始就面临的重大立场问题。如何处理人民与资本的关系，是基于人民的立场还是资本至上和服务于资本所有者，是马克思主义与资本主义在政治经济学的根本分野。改革开放以来，中国共产党面对多元利益主体及其利益博弈，坚持人民的立场，探索并逐步完善与社会主义初级阶段相适应的发展为了人民、发展依靠人民、发展成果由人民共享的实现方式和政策体系。

一、中国共产党领导保障了多种所有制资本服务人民和社会主义的实现

是否利用和如何利用多种所有制资本服务人民和社会主义，是社会主义面临的重大问题。列宁在俄国十月革命后和实施新经济政策时，先后提出过发展国家资本主义经济，以此作为提高生产力、活跃商品流通和向社会主义过渡的阶梯，但都由于历史条件的限制没有发展起来。

新中国成立前，中国共产党就是否利用和如何利用资本主义经济服务人民和社会主义进行了探索。毛泽东在中共七届二中全会上指出，在这个时期内，一切不是于国民经济有害而是有利的城乡资本主义成分，都应当容许其存在和发展。但新中国资本主义的存在和发展，不是如同

资本主义国家那样，不受限制而任其泛滥的，它将在活动范围、税收政策、市场价格、劳动条件等方面被限制。为了整个国民经济的利益、工人阶级和劳动人民现在和将来的利益，决不可对私人资本主义经济限制得太死，必须容许它们在人民共和国的经济政策和经济计划轨道内，有存在和发展的余地。[①] 中共七届二中全会把国家和私人合作的国家资本主义经济明确为新民主主义经济形态之一。在新中国成立头三年的国民经济恢复时期和1953年开始的社会主义改造中，通过把资本主义企业的生产和销售纳入国家计划管理、公私合营等方式，成功地实现了利用多种所有制资本服务人民和国家发展。不过，新中国成立初期，利用西方资本主义国家的资本没有可能，不仅如此，资本主义国家还对中国实施禁运、封锁。[②]

改革开放以来，在资本主导经济运行的国际大环境下，中国既处于社会主义初级阶段，又是需要引进严重不足的资本和先进技术的最大发展中国家，能否坚持人民的主体地位，避免陷入资本至上的资本主义社会，涉及的一个重要问题，就是能否探索出多种所有制资本服务于人民和社会主义的有效实现形式。1978年以来，中国共产党坚持"一个中心，两个基本点"为主要内容的基本路线，从实际出发，积极利用多种所有制资本，并逐步探索出多种所有制资本服务于人民和社会主义的实现形式。

改革开放以来，中国对利用多种所有制资本服务人民和社会主义实现形式的探索，是在不同于新中国成立初期的理论和制度背景下展开的。新中国成立前后，大致可分为发展新民主主义经济和实行社会主义改造两个小的阶段，这种经济形态的不同，使得利用多种所有制资本服务人民和社会主义的实现形式也不同。中国共产党在实施过渡时期总路线前，对利用多种所有制资本服务人民实现形式的探索，是在发展新民主主义经济的取向下进行。在中共七届二中全会把国家资本和私人资本合作的国家资本主义经济作为新民主主义经济形态之一之后，1949年中国人民

[①] 参见《毛泽东选集》第4卷，人民出版社1991年版，第1431—1432页。
[②] 参见董志凯：《应对封锁禁运——新中国历史一幕》，社会科学文献出版社2014年版，第6—29页。

政治协商会议第一届全体会议通过的《中国人民政治协商会议共同纲领》明确规定，国家与私人资本合作的经济为国家资本主义性质的经济，在必要和可能的条件下，应鼓励私人资本向国家资本主义方向发展。① 当时，利用国家资本主义经济服务人民和社会主义的形式，主要是通过收购、统购、包销、经销、供销、加工、订货等，把资本主义企业的生产和销售纳入国家计划管理，进而限制资本主义工商业牟取暴利、盲目发展等对国计民生的不利影响，使资本主义工商业有利于国计民生的作用能够发挥出来。中国共产党在这一时期还开始探索实施公私合营。1953年5月27日李维汉向中共中央和毛泽东主席报送的《资本主义工业中的公私关系问题》的调查报告反映：新中国成立三年来，国家资本主义经济有相当发展，在国民经济中的地位，凌驾于纯粹资本主义经济之上，仅次于国营经济。利用资本主义工业为国民经济服务，对于向社会主义过渡是利多害少，以至有利无害。② 在实施中国共产党过渡时期的总路线时，国家通过公私合营及对私人股支付定息方式，促进生产资料的公有制改造。具体做法是，资本家将生产资料交给国家统一调配，国家根据核定的私股额，付给资本家固定股息。1957年7月，国务院规定不分工商、大小、盈亏、行业、新老合营企业的公私合营中的私股额，统一支付5厘定息（个别企业可以超过）。原来的资方人员由国家适当安排，不再以资本家身份行使职权，而是转换为企业的管理人员和技术人员，工人成为企业的主人。如此，资本家的股息与企业的经营成果脱钩。中国对私人股实行定息收益的赎买政策，避免了这样的制度变革可能导致生产力破坏现象的发生，既保障了社会主义改造的顺利推进，也促进了生产发展、物价稳定、市场繁荣，利用多种所有制资本服务人民和社会主义取得明显成效。

改革开放以来，中国由改革初期的积极利用多种所有制资本服务人民和社会主义，到党的十八大起就如何更好利用多种所有制资本服务人民和社会主义进行了创新性探索。一是，制定和实施有利于人民

---

① 《中国人民政治协商会议共同纲领》，《人民日报》1949年9月30日。
② 参见《李维汉选集》，人民出版社1987年版，第264、276页。

和社会主义的国家发展战略，加之配套的国家财政金融等政策工具的使用，引导包括多种所有制资本在内的多种资源向先进生产领域聚集，形成"聚沙成塔"效应，这样一种市场经济下的集中力量办大事的发展模式，促进先进生产力快速发展，进而实现经济的快速发展。这破解了处于劣势地位的发展中国家由于一盘散沙不能形成发展合力的问题，是中国实现跨越发展的经验所在。二是，通过探索完善多种公有制有效实现形式和发展混合所有制经济，增强公有制经济活力，增强公有制经济的影响力和控制力，更好地实现公有制经济服务人民和社会主义。三是，鼓励在坚持公有制主体地位和国有企业主导下，发挥外资和私人等多种所有制资本在发展经济和促进就业中的作用；鼓励员工参股持股，以形成资本所有者和劳动者利益共同体；针对非公有制企业随意解雇员工、不将员工纳入社会保障等问题，国家制定《劳动合同法》等，为保障员工在企业中的权益提供法律保障。四是利用多种所有制资本促进经济增长，把蛋糕做大，又通过改善收入分配，把蛋糕分好。如外资的引入，不仅有利于解决资本不足的问题，还促进竞争机制的形成，促进国内企业竞争意识的增强，加之也引进了先进技术，进而实现经济总量增长和国家综合实力增强。随着经济的发展，国家有更强的财力实施二次分配，以促进社会事业发展，提升社会保障水平，改善民生，促进共享发展。

中国利用多种所有制资本服务人民和社会主义的胆略，缘于坚持中国共产党领导，缘于坚持公有制主体地位。正如1992年邓小平南方谈话中针对"三资"企业会向资本主义发展的担心所指出的："从深圳的情况看，公有制是主体，外商投资只占四分之一，就是外资部分，我们还可以从税收、劳务等方面得到益处嘛！多搞点'三资'企业，不要怕。只要我们头脑清醒，就不怕。我们有优势，有国营大中型企业，有乡镇企业，更重要的是政权在我们手里。"[①]

---

① 《邓小平文选》第3卷，人民出版社1993年版，第372—373页。

二、中国共产党领导保障了有利于发展为了人民、发展依靠人民、发展成果由人民共享的基本经济制度的坚持和完善

改革开放以来,中国大规模从发达资本主义国家引进资本兴办"三资"企业,是在国际政治经济格局发生重大变化的环境下进行的,先是面对20世纪80年代英国、美国等资本主义国家国有企业的私有化,然后是90年代初面对俄罗斯和东欧国家的全面私有化。这些都给中国能否坚持发展社会主义公有制经济提出了严峻挑战。中国顶住了各种挑战,始终坚持和完善有利于发展为了人民、发展依靠人民、发展成果由人民共享的社会主义初级阶段的基本经济制度,经历了渐进的四个阶段。

第一个阶段,20世纪70年代末到80年代,推进增量改革突破较单一的公有制经济。马克思、恩格斯在《共产党宣言》1882年俄文版序言中强调:"《共产主义宣言》的任务,是宣告现代资产阶级所有制必然灭亡。"[①]中国根据马克思主义关于所有制的理论,也学习借鉴苏联实行社会主义生产资料公有制促进国家综合国力快速提升的成功经验,从本国实际出发,在20世纪50年代成功完成了对农业、手工业和资本主义工商业的社会主义改造。在这一过程中建立起社会主义生产资料公有制的伟大制度变革,成为中国特色社会主义道路探索形成和不断完善的所有制基础。从社会主义改造完成起到改革开放前,中国发展较单一的公有制经济,加之实行高度集中的计划经济体制,这样做有利于实现集中力量办大事,由此促进了综合国力的快速提升,但随之也衍生出与较低水平的社会生产力,以及工农及其细分产业部门、城乡、地区发展不平衡状况不适应的新问题,对各方面的激励还不充分,人民群众生活的需求没有得到充分满足。中国针对改革开放前发展较单一公有制经济存在的问题,"摸着石头过河",实施发展非公有制经济的增量改革。一是实行允许知识青年返城的政策后,由于国有企业和集体企业吸纳就业能力弱,

---

① 《马克思恩格斯选集》第1卷,人民出版社1995年版,第251页。

导致大规模知识青年返城后就业难。为解决这一问题，在政策上开口子，允许在城市发展个体经营，先期主要发展与人民群众日常生活相关的服务业。二是农村家庭承包经营制度的实施，加之逐步允许农户购置大型运输工具和雇工，农户不仅成为集体经济组织中的一个经营层次，还成为独立的经营主体，农村个体经营也快速发展起来；社队企业则在1978年前发展的基础上，形成了包括公有制和非公有制企业共同发展的格局。三是国家现代化进程中，面对资本严重短缺的约束，大胆引进外资。1979年7月1日中国就制定了《中外合资经营企业法》，为引进外资兴办合资经营企业提供法律保障。这些增量改革，与1956年陈云在党的八大上提出"三主三辅"经济构想①的逻辑是一致的，是不同于改革开放前对关于小生产每日每时地大批地产生资本主义和资产阶级的教条化理解②及其逻辑，是解放思想、实事求是思想路线下的重大突破，极大地解放和发展了社会生产力。党的十三大作出中国处于社会主义初级阶段的重大论断，从此，更加明确了要从社会主义初级阶段这个最大的国情出发，主动地完善所有制结构。

第二个阶段，进入20世纪90年代，通过增量与存量并进改革完善所有制结构。20世纪80年代中国对国有企业实行承包制等改革，激发了企业和职工的积极性，国有企业实现快速发展。进入90年代，在快速推进由社会主义计划经济向社会主义市场经济转型的进程中，国有企业发展面临一些困难。一方面，公有制企业承担非公有制企业不承担的办社会负担，这种成本构成的差异，使国有企业因负担重而处于成本劣势，非公有制企业则有不承担办社会的成本优势。另一方面，由于国有企业体制机制改革滞后，与非公有制企业相比活力不足，加之国有企业之间相互欠款的"三角债"，使生产经营陷入困境。国家面对国有企业的困难，没有放弃发展公有制经济，而是采取措施解决公有制企业发展中面临的困难。一是解决国有企业之间的"三角债"。二是对国有企业进行战略调整（又形象地称为"抓大放小"），解决关系国计民生的大型国有企

---

① 参见《陈云文选（1956—1985年）》，人民出版社1986年版，第13页。
② 参见《邓小平文选》第2卷，人民出版社1994年版，第310页。

业办社会负担重的问题，实施构建和完善法人治理结构的改革，促进国有企业成为适应市场经济的主体；将一部分中小型国有企业改为非公有制企业。在产权制度的快速变化中，由于实施方案的不完善，加之不少地方政府还先将生产经营状况较好的国有企业改为非公有制企业（形象比喻为"靓女先嫁"），导致一些国有资产流失。尽管如此，通过改革，公有制经济和非公制经济都实现了新的发展，进一步形成了以公有制为主体、多种所有制经济共同发展的格局。为此，党的十五大将以公有制为主体、多种所有制经济共同发展明确为社会主义初级阶段的基本经济制度。

第三个阶段，21世纪的头10年，中国共产党在坚持基本经济制度的同时，提出和实施"两个毫不动摇"。为适应社会主义市场经济发展的需要，无论是对公有产权，还是对私有产权，都明确规定不可侵犯，2007年还制定和实施了《中华人民共和国物权法》。这期间发生了关于"国进民退"与"民进国退"之争。在淘汰落后产能过程中，小煤矿等（主要是非公有制企业）受到较大冲击，有人以此为契机，在讨论"国进民退"和"民进国退"中为私有化营造声势。中央从坚持和完善社会主义初级阶段基本经济制度出发，明确地提出和实施"两个毫不动摇"——毫不动摇地巩固和发展公有制经济，毫不动摇地鼓励、支持、引导非公有制经济发展。

第四个阶段，党的十八大以来，中国坚持"两个毫不动摇"和促进公有制经济与非公有制经济融合发展。公有制企业与非公有制企业非此即彼的逻辑长期存在。新中国成立初期，实施公私合营，目的在于通过这样一种方式，实现对资本主义工商业的社会主义改造。社会主义改造完成后至1978年，非公有制经济被视为资本主义经济，由此堵住了非公有制经济发展之路。从1978年起，在很长时期内，尽管发展"三资"企业、非公有制企业，乃至将一些中小型国有企业改为非公有制企业，仍然没有摆脱公有制企业与非公有制企业非此即彼的逻辑。在坚持社会主义初级阶段基本经济制度下，经过市场经济洗礼，国有企业改革发展成为具有较强竞争力的市场主体，同时不少非公有制企业也发育成长，成为行业的骨干，有的非公有制企业还在国际上处于引领地位。在这样一种发展格局下，如何增强公有制经济的活力、控制力、影响力成为需要破解的新课题。中共十八届三中全会通过的《中共中央关于全面深化改革若干重大问题的决定》提出积极发展混合所有制经济，指出国有资本、集体资本、非公有资本等交叉持股、相互融合的混合所有制经济，是基本经济制度的重要实现形式，有利于国有资本放大功能、保值增值、提高竞争力，有利于各种所有制资本取长补短、相互促进、共同发展。① 积极发展混合所有制经济的提出，跳出了公有制企业、非公有制企业非此即彼的逻辑。为避免改革中国有资产流失现象的再发生，国家提出了国有资产保值增值的要求。2017年12月30日中共中央发布《关于建立国务院向全国人大常委会报告国有资产管理情况制度的意见》。党的十八大以来，公有制经济与非公有制经济都实现了快速发展。国有企业正演绎"大象快跑的故事"。到2017年年底，全国国有资产监管系统企业资产总额达到160.5万亿元，比2012年年底增长约一倍，上缴税费总额占全国财政收入的1/4，工业增加值占全国GDP的1/5。其中，2017年中央企业实现利润1.4万亿元，创了历史最好水平，有41家中央企业利润额超过百亿元。国有企业在实施"走出去"战略和"一带一路"设想中发挥着骨干和引领作用，在载人航天、高速铁路、特高压输变电等领域取得具有世界先进水平的重大科技创新成果。2017年，中国的国有企业有67家进入《财富》世界500强，在前5名里占据3席。② 在实践发展的基础上，中共十八届三中全会进一步提出，公有制为主体、多种所有制经济共同发展的基本经济制度是中国特色社会主义制度的重要支柱，也是社会主义市场经济体制的根基。这是对改革开放以来实践经验的总结。

改革开放以来中国在探索形成并不断完善社会主义初级阶段基本经济制度的同时，创新性地探索出社会主义公有制与社会主义市场经济融合的新发展模式。这一模式创新，形成了新的发展优势：既发挥了市场在资源配置中的决定性作用，使企业成为市场主体而充满活力，又通过坚持公有制主体地位和国有企业主导地位，国有企业和集体企业成为实

---

① 《十八大以来重要文献选编》上，中央文献出版社2014年版，第515页。
② 白天亮：《国企民企，携手迈向高质量发展》，《人民日报》2018年2月7日。

施国家发展战略的载体、中坚力量,保障了国家战略的实施,也保障了政府作用的更好发挥。因为有了这样一种优势,成就了多种所有制资本与其他要素的活力竞相迸发,才有了中国跨越发展的实现。

中国在社会主义初级阶段探索形成和不断完善基本经济制度的成功实践,提出和坚持"两个毫不动摇",积极发展混合所有制经济,促进公有制经济和非公有制经济融合发展,是对马克思主义所有制理论的实践和创新发展。

三、中国共产党领导,保障了坚持以人民为中心价值取向的不动摇

中国共产党领导,为利用多种所有制资本服务人民和社会主义、坚持和完善有利于人民的基本经济制度提供保障,根本源于中国共产党坚持以人民为中心。

中国特色社会主义与资本主义在价值取向上的根本区别在于,前者以人民为中心,遵循人民是历史的创造者而探索形成和不断完善以人民为中心的国家治理体系,利用多种所有制资本服务于人民和社会主义;后者遵从资本至上的价值取向及其逻辑,形成并固化资本控制的国家治理体系,服务于资本而不是服务于人民。

习近平在世界经济论坛 2017 年开幕式上的主旨演讲中鲜明指出,中国改革开放之路,"是一条把人民利益放在首位的道路"[①]。中国改革开放进程中,特别是党的十八大以来,中国共产党排除各种干扰和挑战,始终坚持以人民为中心的价值取向不动摇。

第一,把以人民为中心的价值取向贯穿到中国共产党的重大发展战略、发展理念等各个方面,探索形成和不断完善有利于实现跨越发展的发展为了人民、发展依靠人民、发展成果由人民共享的政策体系和实现机制,破解了由于生产力落后而在国际竞争体系中处于劣势地位的大国如何突破"贫困陷阱"的难题。改革开放以来,中国共产党从人民利益

---

① 《习近平谈治国理政》第 2 卷,外文出版社 2017 年版,第 483 页。

出发，把以经济建设为中心纳入党的基本路线，坚定不移地把发展作为第一要务。在全面建成小康社会进程中，中共十八届五中全会提出了包括共享发展理念等在内的新发展理念。党的十九大根据中国特色社会主义进入新时代意味着近代以来久经磨难的中华民族迎来了从站起来、富起来到强起来的伟大飞跃，明确了中国特色社会主义新时代是逐步实现全体人民共同富裕的时代。正因为改革开放以来中国致力于发展为了人民、发展依靠人民、发展成果由人民共享实现形式和实现机制的探索和不断完善，实现了经济社会的稳健发展，这种态势与全球经济波动甚至发生国际金融危机形成鲜明对比。

第二，无论面临何种严峻困境和挑战，中国共产党不忘初心，都能够不放弃以人民为中心的价值取向，在攻坚克难中保障人民的利益。其中较为突出地表现在以下方面：

坚持以人民为中心的价值取向，在引进外资中保障人民的利益。改革开放伊始，中国在与发达资本主义国家相比存在较大差距的压力下，没有因此对社会主义产生怀疑和动摇，在极需引进发达资本主义国家资本和先进技术之际，不是选择搞资本主义，搞资本至上，而是在坚持社会主义政治、经济条件下引进资本为人民和社会主义服务，使引进的资本成为社会主义经济的有益补充。1992年，邓小平南方谈话坚定地指出："有的人认为，多一分外资，就多一分资本主义，'三资'企业多了，就是资本主义的东西多了，就是发展了资本主义，这些人连基本常识都没有。我国现阶段的'三资'企业，按照现行的法规政策，外商总是要赚一些钱。但是，国家还要拿回税收，工人还要拿回工资，我们还可以学习技术和管理，还可以得到信息、打开市场。因此，'三资'企业受到我国整个政治、经济条件的制约，是社会主义经济的有益补充，归根到底是有利于社会主义的。"[①]20世纪八九十年代，一些地方为了引资，或多或少存在在投资方与员工、当地居民利益上向前者倾斜的问题。进入21世纪，特别是党的十八大以来，在实践中更加自觉地坚持以人民为中心的价值取向，坚决遏制这一问题的发生。

---

① 《邓小平文选》第3卷，人民出版社1993年版，第373页。

坚持以人民为中心的价值取向，处理好改革、发展、稳定的关系，把改革阵痛控制在可承受范围。中国共产党依靠人民推进改革，包括尊重基层的首创精神，也得到人民群众从大局出发克服暂时和局部困难的配合。20世纪90年代，为解决国有企业人员较多不利于进一步发展的问题，国家实行减少部分职工来增效（当时简称"减员增效"），得到了下岗职工顾全大局的支持配合。与非公有制企业不同的是，国家对待国有企业下岗职工，不是简单把他们推向市场，不仅给予一定的经济补偿，还通过实行财政支持政策对下岗职工开展技能培训，帮助他们提高就业创业能力，以实现新的就业创业，不少人在这一过程中成就了新的事业和实现了人生价值。与之不同的是，俄罗斯在改革中实施"休克疗法"，在短时期内实现私有化，还把就业问题完全交由市场解决，给人民当期生活造成较大困难。在中国，当时也有人主张我们要学习俄罗斯的休克疗法，把所谓的长痛不如俄罗斯那样的短痛作为"理由"。党的十八大以来，面对国有企业高层管理人员与广大职工收入差距大的问题，勇于推进高层管理人员薪酬改革，2014年8月29日中共中央政治局会议审议通过的《中央管理企业负责人薪酬制度改革方案》明确规定中央国有企业负责人的薪酬不超过职工平均工资的8倍，避免了国有企业内部收入差距的拉大。

坚持以人民为中心的价值取向，以转型促发展，变转型发展阵痛为转型发展动力。进入21世纪，中国进入工业化中期，进入国际上一般都存在的人均GDP 1000—3000美元的矛盾凸显期[①]，提出了发展转型的命题。在面对为实现赶超而促进经济快速增长中留下的生态环境问题，中国把生态文明建设纳入中国特色社会主义事业总体布局，提出并切实践行"绿水青山就是金山银山"理念，大力建设生态文明。不仅如此，中国还积极促进《巴黎协定》的实施。美国出于自身利益的考虑，2017年6月1日宣布退出《巴黎协定》。美丽中国建设的实践，不仅满足了人民群众对美好生活的需求，还成为中国新的经济增长点。同时，在以往对产业结构调整的基础上，党的十八大以来，提出并切实实施供给侧结构

---

① 参见《胡锦涛文选》第2卷，人民出版社2016年版，第362页。

性改革。2013—2017 年的 5 年间，在淘汰水泥、平板玻璃等落后产能基础上，以钢铁、煤炭等行业为重点加大去产能力度，退出钢铁产能 1.7 亿吨以上、煤炭产能 8 亿吨。在这样的过程中，中央财政安排 1000 亿元专项奖补资金，用于 110 多万分流职工的安置，承受住了转型发展中的阵痛，促进了新动能的培育壮大和产业结构的优化升级。①

中国的改革开放始终坚持以人民为中心的价值取向，并不断完善实现这一价值取向的政策体系，正是源于中国共产党领导。中国共产党之所以能够坚持以人民为中心的价值取向，根本在于以马克思主义为指导，为人民谋幸福，为民族谋复兴。《共产党宣言》指出：无产阶级的运动是共产主义运动。"过去的一切运动都是少数人的或者为少数人谋利益的运动。无产阶级的运动是绝大多数人的、为绝大多数人谋利益的独立的运动。"② 共产党人"没有任何同整个无产阶级的利益不同的利益"③。随着改革的深化和开放的扩大，西方思潮对中国产生冲击，面对这一局势，中国共产党明确了以"一个中心，两个基本点"为主要内容的党的基本路线。中共十八届六中全会指出党在社会主义初级阶段的基本路线是党和国家的生命线、人民的幸福线。党的十九大把坚持以人民为中心作为新时代中国特色社会主义的基本方略，还特别强调了以人民中心的发展思想。习近平在十三届全国人大一次会议闭幕会上的讲话指出：一切国家机关工作人员，无论身居多高的职位，都必须牢记我们的共和国是中华人民共和国，始终要把人民放在心中最高的位置，始终全心全意为人民服务，始终为人民利益和幸福而努力工作。④ 在现实中，我国也发生有的党政干部利用职权谋私利而违背以人民为中心的价值取向。改革开放以来，特别是党的十八大以来，中国共产党全面从严治党，面对腐败，敢于说不，以保障人民利益。中国共产党这样一种在各种挑战和困境中不忘初心的可贵坚持，不惧各种困难和挑战，才探索出中国特色社会主义

---

① 参见李克强：《政府工作报告——二〇一八年三月五日在第十三届全国人民代表大会第一次会议上》，《人民日报》2018 年 3 月 23 日。
② 《马克思恩格斯选集》第 1 卷，人民出版社 1995 年版，第 283 页。
③ 《马克思恩格斯选集》第 1 卷，人民出版社 1995 年版，第 285 页。
④ 《十九大以来重要文献选编》上，中央文献出版社 2019 年版，第 386 页。

道路，而没有像俄罗斯、东欧等国家转到资本至上的资本主义道路。

综上所述，改革开放以来，特别是党的十八大以来，中国共产党保障了利用多种所有制资本服务人民和社会主义、坚持和完善有利于人民的基本经济制度、坚持以人民为中心的价值取向不动摇，把社会主义制度优势充分发挥出来，促进全社会形成跨越发展合力。这是改革开放以来中国取得跨越发展奇迹的本质经验。这些都表明，在中国，要不要坚持党的领导，不是脱离经济基础孤立的政治问题，不是形而上学地讨论多党轮流执政还是一党执政的选择问题，不是单一的历史选择后能不能变的形式逻辑问题，而根本在于，只有中国共产党的领导才能坚持以人民为中心，处理好人民与资本的关系，利用多种所有制资本服务于人民和社会主义，形成发展为了人民、发展依靠人民、发展成果由人民共享的政策体系和实现机制，进而形成"让一切劳动、知识、技术、管理、资本的活力竞相迸发，让一切创造社会财富的源泉充分涌流"的态势。这给出了重要的理论判断，那就是中国共产党领导是中国特色社会主义政治经济学的本质特征。

[原载《毛泽东邓小平理论研究》2018年第8期]

世界财富向少数人集中态势下促进共同富裕的中国经验

　　当今世界的经济问题、政治问题、社会问题，都是与财富结构及其变化联系在一起的。在财富向极少数人集中而严重失衡这样一种新的世界财富结构及所引发诸多矛盾和挑战的国际环境下，中国作为处于劣势地位的后发国家，之所以能够构建起发展优势，转到跨越发展的快车道，是因为不懈地促进共同富裕，其中所积累的促进共同富裕的独特经验主要有：不仅要把共同富裕作为社会主义的本质特征和价值取向目标，还要探索形成把促进共同富裕与实现经济社会发展统一起来和相互促进的实现路径；要以共享发展理念为引领，把促进共同富裕纳入政府的职能，把公有制作为促进共同富裕的基石，统筹所有制、收入分配调节、社会保障的完善，把发展为了人民、发展依靠人民、发展成果由人民共享统一于经济社会发展的整个过程。这与资本主义国家资本至上的政策，以及难以解决有增无减的财富两极分化问题形成鲜明对比。中国促进共同富裕的价值取向，以及基于所处经济社会发展阶段探索形成的，与社会主义市场经济相适应的促进共同富裕的政策体系，是中国特色社会主义道路、理论、制度、文化的重要组成部分，也是中国经验的重要组成部分。中国在跨越"中等收入陷阱"和实现"两个一百年"奋斗目标的进程中，面对资本收益高于劳动收益、资本市场中的钱生钱对劳动创造价值背离所导致财富向极少数人集中的世界性难题，以及所引发的各种矛盾和挑战，应当坚持为经济社会发展提供强大动力的共同富裕，并在已有经验的基础上不断完善促进共同富裕的实现机制。

一、把促进共同富裕作为经济社会发展的动力，统筹促进共同富裕与实现经济社会发展

当代中国促进共同富裕所积累的第一条经验是，不能把促进共同富裕和实现经济社会发展割裂成不相关的两张皮，而是要把共同富裕，既作为经济社会发展的目标，也作为经济社会发展的动力，基于社会主义初级阶段和社会主义市场经济的要求，探索促进共同富裕与实现经济社会发展相统一和相互促进的实现路径。当代中国促进共同富裕这一全新的经济社会发展实践表明，促进共同富裕与实现经济社会发展在社会主义社会是能够有机统一和相互促进的。

发展成果由人民共享，促进共同富裕，才能避免经济危机，实现经济社会的平稳发展。进入工业社会后，资本拥有差异及由此导致的收入分配差距的拉大，成为资本主义社会经济危机的内因。马克思在《资本论》中揭示了经济危机在于资本主义生产方式的群众的贫困与供给的增加而导致生产过剩的矛盾，指出："一切现实危机的最根本的原因，总不外乎群众的贫困和他们的有限制的消费，而与此相反，资本主义生产却力图发展生产力，好像只有社会的绝对的消费能力才是生产力发展的界限。"[①] 在自由竞争资本主义阶段，由于巨额资本拥有者不断扩大生产使供给增加，占绝大多数的低收入工薪阶层的消费需求又不能有效提升，从而供需失衡乃至生产严重过剩，就引发了 20 世纪 30 年代美国等资本主义国家的经济大萧条。这验证了马克思的上述论断。凯恩斯主义及其政策主张的实施，挽救了此次经济危机。加之，第二次世界大战对军工产品的大量需求，特别是在第二次世界大战结束后形成的按照美国利益制定的原则，所形成的旨在实现美国经济霸权的布雷顿森林货币体系，使美国经济在快速发展轨道上运行。2008 年美国次贷危机引发的国际金融危机，表面上是由于对金融资本运行缺乏必要的监督管理所致，实际上

---

① 《马克思恩格斯选集》第 2 卷，人民出版社 1995 年版，第 534 页。

仍然是由于资本主义社会固有矛盾导致的资本拥有差异和收入差距拉大的问题没有得到根本解决，而且还因为 20 世纪 80 年代里根政府实施新自由主义的政策，资本拥有差异和收入差距拉大的问题有过之而无不及，形成被 2011 年占领华尔街者所称的"99%"与"1%"的社会结构。当代中国在赶超发展进程中，经济发展虽有波动，甚至出现 1958 年"大跃进"导致大幅负增长的短暂困难，但没有发生较长时期才能恢复的经济危机。尤其是改革开放以来，中国经济波动呈收敛态势，增长速度长时期平稳地保持在中高速及其之上运行，不仅没有发生经济危机，还克服了 1997 年亚洲金融危机特别是更为严重的 2008 年国际金融危机的冲击，并在这一过程中成为世界经济增长的第一引擎。这其中的重要原因之一，就是中国坚持促进共同富裕的取向，构建发展成果由人民共享的激励机制，尽可能防止在改革中形成资本拥有差异及导致收入分配差距的扩大。国际经济、金融危机的发生，从另一个方面验证了促进共同富裕对于实现经济社会平稳发展的意义，也彰显了中国促进共同富裕的经验之可贵。

发展成果由人民共享，促进共同富裕，才能为当代中国经济社会发展提供强大的聚集力和动力。社会是否和谐稳定，是一个国家或地区经济社会能否实现发展的前提。一个国家或地区的社会秩序长期处于动荡状态，甚至战乱不断，不利于经济建设的展开，也因缺乏稳定的预期，不利于外部与其开展交流合作，失去更多参与国际合作的发展机会。反映居民收入差距的基尼系数的高低，被公认为是反映社会能否和谐稳定的警示值。当代中国经济社会的快速发展，最根本的原因在于坚持人民的主体地位，在构建起人人能够成才和发展的公平社会制度下，促进共同富裕不仅仅是一种核心价值取向目标，更是经济社会发展的凝聚力和动力。2016 年 9 月 3 日，习近平总书记在出席 2016 年二十国集团工商峰会开幕式发表题为《中国发展新起点　全球增长新蓝图》的主旨演讲中指出，中国改革开放的伟大进程，是共同富裕的进程。发展为了人民、发展依靠人民、发展成果由人民共享，这是中国推进改革开放和社会主义现代化建设的根本目的。改革开放以来，中国有 7 亿多人口摆脱贫困，13 亿多人民的生活质量和水平大幅度提升，用几十年时间完成了其他国家几百年走过的发展历程。① 改革开放前后两个历史时期，这种凝聚力和动力机制是在不同的经济体制下探索形成的。新中国成立起至改革开放前，在中国共产党的领导下，人民当家作主，社会主义生产资料公有制的建立更是为促进共同富裕提供了所有制保障，由此才有了探索形成发展成果由人民共享实现机制的可能。其中，尽管由于在一些认识上的狭隘和实践经验的缺乏，在分配上存在平均主义的问题，但作为主体地位的人民积极作为，为国家舍小家，积极主动地参与到发展生产和改进技术等活动中，形成比学赶帮的社会主义企业文化，才有了在受美国等西方资本主义国家封锁的情况下，原始资本积累只能依靠本国自身力量，依靠广大人民的智慧和力量，在较短时期内建立起独立的比较完整的工业体系和国民经济体系。

不可回避的是，新中国成立起至改革开放前，中国尽管实现了跨越发展，但经济增长速度低于发达国家，也低于中国香港、新加坡、韩国、中国台湾这"亚洲四小龙"，有在收入分配上因为吃"大锅饭"的平均主义而导致"搭便车"现象的原因，但关键在于高度集中的计划经济体制的僵化，加之过于乐观地追求目标过高的经济增长速度，导致资源配置的低效和浪费。中国进入改革开放的新时期，以惠及最广大人民为目标，先期从增量改革探路，在改革中发挥群众首创精神和形成上下良性互动，探索形成了与社会主义市场经济相适应的发展成果由人民共享机制的实现机制。例如，率先成功突破的实行家庭承包经营制度的农村改革，即是在收入分配方式上尊重"交够国家的，留足集体的，剩下都是自己的"这一农民的选择。在国有企业则从实施国家与企业利润分成、承包制到现代企业制度的建立改革。这些改革把发展与发展成果由人民共享统一起来，有效地破解了生产经营中激励不充分的问题。进入 21 世纪以来，在对微观经济组织实施分配制度改革的同时，针对在提高效率的改革中收入差距有所拉大的问题，一方面积极促进经济发展，并带动就业等保障全国人民收入水平的绝对增加，另一方面改善作为生产关系的重要组成部分的收入分配，建立健全社会保障体系，着力改善民生。中共十八

---

① 习近平：《中国发展新起点　全球增长新蓝图》，《人民日报》2016 年 9 月 4 日。

届三中全会起,一方面,积极发展混合所有制经济和允许混合所有制经济实行员工持股,大力实施精准扶贫补短板,进一步创新了发展成果由人民共享的实现形式;另一方面,在反腐倡廉的同时,规范国有企业高层管理人员职务消费和年薪,以遏制国有企业内部收入差距的扩大。简言之,改革开放以来中国实施的一系列改革,使经济社会的发展建立在社会和谐进步的基础之上,初步探索形成适应社会主义市场经济的发展成果由人民共享的实现形式,这正是经济社会快速发展的强大动力,也是改革开放深受全国人民欢迎而顺利推进的原因。

二、把促进共同富裕建立在经济社会发展基础之上,统筹国家、企业、个人等各主体的收益分配

当代中国促进共同富裕所积累的第二条经验是,不能把促进共同富裕视为独立于经济社会发展的单纯收入分配调节,就居民的收入调节论收入调节,而是以更宽广的全局视野和战略思维,依据经济社会发展所处的阶段及其所要解决的主要矛盾,处理好全局利益与局部利益、长远利益与短期利益的关系,把国民收入在国家、企业、居民间的分配统筹起来。

这一重要经验是在推进赶超发展中形成的。新中国成立初期,中国处于农业社会,是落后的发展中国家。这一远低于发达国家生产力水平的经济社会发展阶段,所要解决的主要矛盾是如何推进赶超发展,尽快实现国家工业化,使生产力水平迅速提升,为国家和人民的发展提供安全保障,并摆脱在国际竞争中由于弱势地位而受多种形式的掠夺。

鉴于新中国成立初期至改革开放前经济社会发展的主要矛盾,新中国通过社会主义制度的建立,构建起公平的社会,并基于这样一种社会的结构性优势,选择并顺利实施了高积累、低消费的政策,在实施"一五"计划时期进行156个工程项目和60年代中期的三线建设等重大建设项目时,中国按照"先生产,后生活"的顺序推进项目建设,在产业部门剩余分配上,通过工农产品价格"剪刀差"、财政支持等方式实现剩余由农业部门向工业部门的转移,这被通俗称为农业养育工业政策。

正是这一系列国民收入分配政策的实施，才实现了国家的统筹积累，以此形成集中力量办大事的建设体制机制，促进关系国计民生的国家工业化战略项目的顺利实施，从而把局部利益的增进建立在全局利益的增进之上，把短期利益的增进建立在长远利益的增进之上（20世纪50年代初期毛泽东与梁漱溟的"大仁政"与"小仁政"之争，涉及的即是这一问题）。中国人民对这样的政策给予了理解和极大的支持，共同节衣缩食过紧日子，艰苦创业。换言之，国家工业化乃至整个现代化的快速发展是全国人民为国家富强这样一个共同富裕的目标而奋斗的结果，来之极为不易。这为国家和人民的发展赢得机会，世界离不开中国的趋势随之显现，世界之门向中国逐步打开，中华人民共和国在联合国合法席位得到恢复。赢得这样的发展环境和机会，也是改革开放能够成功推进的重要原因。

对于这一重要经验，由于生产力上升到较高台阶后，实施了放弃高度集中的计划经济体制的改革而被一些人屏蔽，甚至一些人认为这不是经验，而只是教训，这是没有基于当时的历史条件，仅仅用改革开放的历史否定改革开放前的历史的分析逻辑。这是不需要再假设的，因为很多发展中国家没有采取类似中国的这些政策及保障其顺利实施的计划经济体制，一盘散沙，就没有把资源向国家工业化乃至整个现代化方向的建设项目进行集中配置，也没有能够摆脱在国际竞争中弱势地位的困境。在这样一个赶超发展的历史进程中，中国由于受落后挨打体验之深痛而赶超心切，高度集中的计划经济体制下又难以避免对经济增长过高的冲动，因而在处理国民收入在国家与企业、居民的分配关系上，也产生国家积累偏多而民生改善相对滞后的问题；也由于要实施较多的国家积累，特别是在计划姓"社"的认识下，所建立起高度集中的计划经济体制，致使微观主体缺乏自主权及产生分配上的平均主义现象的问题。这些也是不能回避的教训。基于当时中国经济社会所处发展阶段及在国际上的劣势地位，对两者进行权衡，前者是适应经济社会发展阶段的应然选择，后者是可以通过政策的完善加以减轻。遗憾的是，历史并没有如此发展，反而由于实现赶超发展心切而使问题较为严重。这些问题在中国改革开放进程中得到了较好解决。台湾大学颜元叔教授基于当时中国大陆发展的艰难困境,对此作出了这样动情的评价:建设文明文化也是要死人的!尤其是要"超英赶美"搞建设;而不"超英赶美",永远跟在英美之后吃英美屁,中华怎么振兴,怎么出头?所以,40年来,中国大陆是"炼狱"。什么是"炼狱"?就是经过火的洗礼,能够升入天堂。中国过去40年的苦难,是"炼狱"的苦难,是有提升功能的苦难,是有建设性的苦难,是追求成就的苦难。①

改革开放以来,中国仍然坚持把促进共同富裕建立在经济社会发展的基础之上。与改革开放前有些不同的是,中国基于独立的比较完整的工业体系已经建立起来这样一个发展阶段,逐步改变高积累、低消费政策,也不再直接实施全面的经济建设计划项目,而是在市场机制下,通过税收等政策调节国家、企业、个人的收入分配关系,并通过政府支持、计划(规划)、政策、法律等综合手段的引导,促进经济社会的快速发展,以保障就业及由此实现居民收入的快速增加。

三、把促进共同富裕建立在公平与效率统一的基础之上,统筹先富与先富带后富

当代中国促进共同富裕所积累的第三条经验是,统筹公平与效率,统筹一部分人、一部分地区先富裕起来和先富带后富。这是改革开放以来基于经济社会发展上升到独立的工业体系已建立起来的背景,在坚持把促进共同富裕建立在经济社会发展基础之上的同时,破解了改革开放前由于偏重公平而兼顾效率不够导致的平均主义的问题,由此也生成了经济社会发展的新动力,成为促进共同富裕新的经验。

新中国进入20世纪70年代末,与成立初期相比,经济社会发展水平和外部发展环境发生了巨大变化。从生产力水平看,独立的比较完整的工业体系已经建立起来。从国际环境看,在美国等先发国家在长期实施凯恩斯主义政策而发生经济滞胀的情况下,过剩的资本在全球寻找投资机会,世界之门向中国敞开与中国实施对外开放在时间节点上的历史

---

① 颜元叔:《向建设中国的亿万同胞致敬!》,台湾《海峡评论》1991年第2期。

性相遇，也使中国可以获得充足的外资。

国内外因素的上述重大改变，一方面，国家有能力推进工业化发展，使实施高积累、低消费政策的紧迫性得以缓解，也就有了大幅增加居民收入的能力；另一方面，新中国成立初期的快速实现原始资本积累的压力极大地得到释放，保障国家工业化的高积累、低消费政策顺利实施的高度集中的计划经济体制的需求也减弱了，加之对计划和市场的性质、作用认识的改变，从高度集中的计划经济到搞活乃至1992年党的十四大明确选择社会主义市场经济则水到渠成。由此，改革开放以来，中国对如何促进共同富裕进行了新的探索，即在市场机制下，统筹公平与效率，探索两者统一的实现方式，改革开放前的近乎平均主义分配的政策体系被打破，调整为让一部分人和一部分地区先富、先富带后富。20世纪80年代初在农村实施的家庭承包经营制度和在国有企业实施的利润分成制、承包制等，即是一种把公平和效率较好地统一起来的制度选择。1988年9月，邓小平提出"两个大局"的思想，即沿海地区要加快对外开放，使这个拥有两亿人口的广大地带较快地先发展起来，从而带动内地更好地发展，这是一个事关大局的问题。内地要顾全这个大局。反过来，发展到一定的时候，又要求沿海拿出更多力量来帮助内地发展，这也是个大局。①1992年邓小平南方谈话进一步阐述了先富带后富的路径，指出：一部分地区有条件先发展起来，一部分地区发展慢点，先发展起来的地区带动后发展的地区，最终达到共同富裕。解决的办法之一，就是先富起来的地区多交点利税，支持贫困地区的发展。当然，太早这样办也不行，现在不能削弱发达地区的活力，也不能鼓励吃"大锅饭"。可以设想，在本世纪末达到小康水平的时候，就要突出地提出和解决这个问题。到那个时候，发达地区要继续发展，并通过多交利税和技术转让等方式大力支持不发达地区。②随着东部地区的快速发展，解决中西部地区与东部地区发展不均衡的问题及时提上日程，世纪之交实施西部大开发后，又渐次实施东北地区等老工业基地振兴战略、中部崛起计划等。

---

① 《邓小平文选》第3卷，人民出版社1993年版，第277—278页。
② 《邓小平文选》第3卷，人民出版社1993年版，第374页。

党的十八大以来，在改革开放以来实践的基础上，习近平总书记创新性地提出了共享发展的理念，把发展与发展成果由人民共享有机统一起来，把共享发展成果的政策主张体现到由分配环节扩展到发展的整个过程，也就把公平与效率更好地统一起来，使促进共同富裕之路更为清晰，可以为经济社会发展提供不竭的动力。

四、把促进共同富裕建立在坚持公有制经济主体的基础之上，统筹推进所有制、收入分配调节、社会保障的完善

当代中国促进共同富裕所积累的第四条经验是，把促进共同富裕建立在坚持公有制经济主体地位的基础之上，夯实促进共同富裕的所有制基础，处理好劳动、资本等各要素参与收益分配的关系，并针对市场失灵问题，发挥政府在促进共同富裕中的作用，统筹推进所有制、收入分配调节、社会保障的完善。

能否实现共同富裕，取决于选择什么样的所有制。基于私有制的社会，无论是封建社会还是资本主义社会，都没有能够促进共同富裕，反而呈两极分化之势。有些资本主义国家尽管有可称得上完善和高水平的社会保障体系，但由于实行资本至上，实行资本联合而非人的联合，实行劳动雇佣制，公司的生产经营按股决策，即只有资本所有者才有决策权，公司收益按股分红，即剩余由资本分享，这种制度适应了工业革命起经济社会发展对于资本积累快速增长的需要，成为工业化快速发展的基础，但也导致了资本独享剩余索取权与劳动创造价值的矛盾，也是资本拥有差异和收入差距日益拉大的根本原因。

坚持和完善社会主义初级阶段的基本经济制度是促进共同富裕的基石。马克思主义从生产资料所有制层面探索建立社会主义制度和促进共同富裕之路。社会主义国家的实践表明，基于生产资料公有制的建立，实行按劳分配，避免了资本主义社会中由于劳动力成为被雇佣的商品、剩余由资本分享而导致两极分化的问题。这其中中国也有极其深刻的教训，那就是没有正视作为社会主义国家的中国与发达资本主义国家相比还很落后而处于劣势地位，忽视了资本主义经济仍然处于发展期和强势

地位，也忽视了资本在经济社会发展中仍处于主导地位，忽视了国内产业、城乡、区域等多种发展不均衡及其引发的矛盾。

改革开放以来，中国在发展多种所有制经济条件下，探索形成了坚持公有制经济主体地位下促进共同富裕的实现路径。新中国成立前后的一段时间内，毛泽东提出过利用资本主义来发展社会主义的思路。当时这个思路并不是在社会主义社会中发展资本主义，而只是在社会主义社会之前的新民主主义时期和实施对资本主义工商业的社会主义改造时期的短暂过渡政策。到1955年10月，毛泽东在扩大的中共七届六中全会上明确表示要让资本主义绝种，从此，利用资本主义来发展社会主义这一思路不再提起了。在改革进程中，中国基于社会主义初级阶段生产力水平仍较低及存在产业、城乡、区域等多种不均衡的国情，积极发展非公有制经济，但没有被"华盛顿共识"所迷惑而走向俄罗斯的私有化之路，而是坚持公有制经济的主体地位。坚持公有制经济的主体地位，是中国共产党在中国特色社会主义事业的核心领导地位的所有制基础。在中国共产党的领导下，才能把发展成果由人民共享切实体现到政策的各个方面，也才能够在资本、劳动等多种要素参与分配的条件下，还能够保持按劳分配为主的政策取向，进而从长时段考察看有利于促进收入分配政策的改善。例如，中国区域间、城乡间、国有企业内部职工间等收入差距，在改革开放进程中，在发生扩大的情况后，近年已初步遏制差距扩大态势，有向缩小方向发展之趋势。其中，城乡居民收入倍差由1978年的2.57，上升到最高的3.33（2007年和2009年），2010年开始下降，2016年已下降至2.72。

改革开放以来，中国对如何夯实与社会主义初级阶段相适应的促进共同富裕的所有制基础，进行了积极的探索。在社会主义初级阶段，既要毫不动摇巩固和发展公有制经济，也要毫不动摇鼓励、支持、引导非公有制经济发展，在这样一种存在多种所有制经济的结构下，对于能否坚持公有制经济的主体地位和促进共同富裕都是严峻挑战。鉴于此，中共十八届三中全会提出发展混合所有制经济和允许在混合所有制经济中实行员工持股，旨在更好地坚持公有制经济的主体地位、国有企业的主导地位。发展混合所有制经济的目标被明确地定位为"有利于国有资本放大功能、保值增值、提高竞争力,有利于各种所有制资本取长补短、相互促进、共同发展",员工持股的目标被明确地定位为"形成资本所有者和劳动者利益共同体"。在允许资本参与收入分配的政策体系中,坚持以上政策目标发展混合所有制经济和实行员工持股,实现民有其股[①],可以把人民共享发展成果的所有制基础夯得更坚实,避免在整个国民收入分配中劳动所得份额缩小和资本所得份额增加,而导致两极分化的问题,保障全国人民在持续提高收入的过程中,能够朝着共同富裕的方向迈进。

在发展社会主义市场经济进程中,中国还在如何发挥政府作用促进共同富裕等方面进行了独特有效的探索,不仅着力建立健全社会主义社会保障体系,更重要的是在经济社会发展到新的台阶后,统筹推进"五位一体"总体布局和协调推进"四个全面"战略布局,大力扶贫促进贫困地区发展,着力发展社会事业,促进民生改善,使人民都能够分享到发展的成果,使人民群众有更多的获得感,进而把共享发展的理念体现在政策的各个层面。经过改革开放以来的实践探索,中共十八届三中全会基于社会主义本质的要求和社会主义市场经济运行的要求,鲜明地将"促进共同富裕"明确为政府的主要职责和作用之一,不断完善适应社会主义市场经济的发展成果由人民共享的政策体系。

以上四条既是对当代中国促进共同富裕经验的总结,也是对共同富裕内涵的厘清和丰富,从中可以领悟为什么要坚持共同富裕的价值取向,以及如何进一步完善促进共同富裕政策的启示。

中国促进共同富裕的实践及所积累的经验,无疑对于跨越"中等收入陷阱"提供了历史智慧。根据统计分析,鲜有中等收入的经济体成功地跻身为高收入国家。"中等收入陷阱"表象上是由于在经历快速增长进入中等收入的新台阶后,由于经济发展方式难以成功转换,一方面由于工资提高后劳动成本低的优势丧失难以与低收入国家竞争,另一方面由于尖端技术研制方面的差距难以与富裕国家竞争,而使经济增长陷入停滞期。从内在原因分析,是由于进入中等收入水平发展阶段后,各种矛盾和风险明显增多。《人民论坛》杂志在征求 50 位国内知名专家意见的

[①] 参见郑有贵:《夯实共享发展的基础》,《红旗文稿》2016 年第 5 期。

基础上，列出了"中等收入陷阱"国家有包括经济增长回落或停滞、民主乱象、贫富分化、腐败多发、过度城市化、社会公共服务短缺、就业困难、社会动荡、信仰缺失、金融体系脆弱10个方面的特征。这些特征中，贫富分化既是诸多矛盾的结果，也是诸多矛盾的原因。正如米兰·布拉姆巴特（2007年4月发布的其中提出"中等收入陷阱"概念的世界银行《东亚经济半年报》的主要执笔人）所指出的，高度不平等有可能会阻碍增长，因为无法获得信贷的穷人也许不能利用投资机会，也有可能成为政局和社会不稳的根源，阻碍投资和增长。[①]日本、韩国一方面成功地由"模仿"到自主创新的经济发展方式转变，其中重要原因是较好地控制了收入差距的扩大，日本于20世纪60年代实施"国民收入倍增计划"，韩国于70年代推行"新村运动"，以此调整收入分配，为跨越"中等收入陷阱"创造了较为稳定的社会环境。相反，20世纪50年代到80年代经济快速增长的拉美国家，从80年代开始陷入持续时间较长的经济增长停滞期。这些国家尽管现今有所复苏，但仍未能进入高收入国家之列。2014年11月10日，习近平总书记出席亚太经合组织领导人同工商咨询理事会代表对话会的致辞中坚定地指出，对中国而言，"中等收入陷阱"过是肯定要过去的，关键是什么时候迈过去、迈过去以后如何更好向前发展。我们有信心在改革发展稳定之间，以及稳增长、调结构、惠民生、促改革之间找到平衡点，使中国经济行稳致远。[②]面对世界财富日益向少数人集中这一新的结构所引发的诸多矛盾和挑战，中国要跨越"中等收入陷阱"和实现"两个一百年"奋斗目标，就需要充分借鉴促进共同富裕所积累的历史经验，并基于实践发展的新情况，践行好包括共享发展理念的五大发展理念，把收入分配的改善作为破解矛盾和风险日益增多的突破口，致力于保障发展成果由人民共享能够切实实现的政策体系的不断完善。

[原载《教学与研究》2017年第8期]

---

① 单羽青：《东亚下一轮挑战是避开"中等收入陷阱"》，《中国经济时报》2007年4月6日。
② 《习近平关于社会主义经济建设论述摘编》，中央文献出版社2017年版，第7—8页。

夯实共享发展的基础

中共十八届五中全会把共享与创新、协调、绿色、开放一道列为关系我国发展全局的一场深刻变革的新理念，这是从社会主义本质要求和践行以人民为中心的发展思想出发，顺应经济社会发展规律的一次理念创新。

一、共享发展理念是中国特色社会主义理论的最新成果

中共十八届五中全会提出的共享发展理念要求：发展为了人民、发展依靠人民、发展成果由人民共享。这是对中共十八届三中全会提出的"让发展成果更多更公平惠及全体人民"的理论升华，不仅把共享发展成果的政策主张由分配环节贯穿到发展的整个过程，还由政策取向上升到引领发展思路和政策改进的理念新高度。

共享发展理念是尊重经济社会规律的理念创新。中国特色社会主义鲜明地标立了共同富裕的方向，这并非是"乌托邦"，而是尊重经济社会发展规律的目标境界。发展与共享，两者不是孤立的，而是相互促进的。一方面，发展成果由人民共享，可以促进生产与消费的均衡，避免资本主义国家周期性的经济波动乃至经济危机。我国能够实现经济的持续稳定发展，克服1997年亚洲金融危机以及2008年国际金融危机的大冲击，一个重要原因就是让全体人民共享发展成果从而保障生产与消费的基本均衡。另一方面，发展成果由人民共享，不仅体现了公平，也使付出与

回报一致，使全体人民在共享发展中有更多的获得感，形成有效激励机制，使经济的发展建立在社会和谐进步和人人参与、人人尽力的基础之上，也就使经济发展更加坚实和具有可持续性。

共享发展理念使通往共同富裕之路更加清晰和坚实。马克思主义一开始是从生产资料所有制层面来探索共同富裕实现路径的，社会主义国家由此普遍建立起生产资料公有制，我国也在20世纪50年代建立起了单一公有制。改革开放以来，基于我国还处于社会主义初级阶段的国情，从解放和发展生产力出发，在改革中逐步形成了以公有制为主体、多种所有制经济共同发展的基本经济制度，逐步建立健全社会主义市场经济体制。与这一改革相对应，对实现共同富裕的路线图进行了完善，由齐头并进，调整为让一部分人和一部分地区先富起来，先富带后富。我国成功地突破了"贫困陷阱"，由低收入国家攀升到中等收入国家，并进入了全面建成小康社会决胜阶段。创新性地提出共享发展理念，将引领发展路径、政策、制度更加完善。

二、推进共享发展要发挥好公有制经济的根基和引领作用

推进共享发展必须做强公有制经济，这是着眼于历史发展路径和现实国情的选择。无论是国有经济，还是农村集体经济和农民合作经济，在实现共享发展上，都发挥着不可替代的作用。国有企业不仅向国家提供利税、承担保障职工收益和就业的社会责任，还在国家实施宏观调控、战略产业布局、基础设施建设、重大科技难题攻克、民生发展等方面发挥着重要的支撑和引领作用。农村集体经济组织在工业化、城镇化进程中，可以很好地保障农民的权益，并通过发展集体经济促进成员收入提高和民生改善，实现经济与社会的协调发展。农民合作社通过解决家庭经营所需要却办不起或办了不经济的服务问题，促进农民增收。换言之，发展壮大国有经济、集体经济、合作经济，夯实了共享发展的根基，也就可以更好地发挥公有制经济在实现共享发展中的引领作用。

推进共享发展要发挥好公有制经济在引领创新、协调、绿色、开放发展的作用。经过20世纪90年代的战略重组和结构调整，现今的国有

企业主要布局在提供公共服务、发展前瞻性战略产业、保护生态环境、促进科技进步、保障国家安全等领域，其产业规模、资本规模、生产装备、人才、技术研发能力、管理能力等具有较强的优势，国有企业在实施国家发展战略目标中发挥着日益显著的骨干和引领作用，不仅引领创新、协调、绿色发展而向产业中高端迈进，而且在竞争日益激烈的国际经济体系中也占有一席之地。农村集体经济组织和农民合作社在引导农村创新、协调、绿色、开放发展中同样发挥着不可替代的作用。西方资本主义国家总是企图以新自由主义理论引导我国国有经济私有化，实际上是畏惧我国公有制经济特别是国有经济做强与之抗衡，为打垮我国国有经济而设的理论陷阱；国内笃信新自由主义者，则以垄断、腐败为由，极力主张私有化，这是无视我国公有制经济改革实践的成功而提出的与国情不符的结论与政策主张。为此，应当构建基于我国国情的理论体系，积极促进公有制经济的改革发展。

推进共享发展要支持和引导国有资本向民营企业入股，促进国有资本放大功能。一些地方在发展混合所有制经济的实践中，存在重视民营资本向国有企业入股，而忽视国有资本向民营企业入股的现象。这既是对发展混合所有制经济政策的片面理解，也是不符合实践发展需要的。当前，国有企业由于资本雄厚、市场开拓能力强和技术研发力量强，在产业转型升级上处于领先和带动地位。很多民营企业在产能过剩而生存困难的情况下，由于规模小和处于产业链的低端，需要国有企业作为战略合作者带领其发展，对国有资本入股有较强的内在需求。对此，应抓住历史机遇，因势利导，积极引导和鼓励国有资本向民营企业参股，将民营企业与国有企业的产业连接，既放大了国有资本功能，又通过产业整合而使民营企业向高端升级。同时，还可以帮助民营企业渡过难关，实现公有制经济与非公有制经济的携手发展。

三、推进共享发展要完善股权结构，实现民有其股

要有效地形成发展为了人民、发展依靠人民、发展成果由人民共享的实现机制，就微观主体而言，应当引导股权结构的完善，在积极发展

混合所有制经济中实现民有其股。

（一）破解土地承包经营权入股难题

土地所有权、承包权、经营权分离和确权登记颁证，更好地保障了农民的承包经营权，但仍有两个问题没有解决：一是土地承包经营权延至何时？现行政策、法律还没有对土地承包经营权"长久不变"加以具体时间的界定。二是在开展股权合作时，土地承包经营权如何折股？目前土地承包经营权流转市场发育不充分，加之随着城镇化的发展，土地日益增值，这使土地承包经营权如何折算入股成为难题。鉴于此，应当发挥集体经济组织在保障农民权益上不可替代的功能，即利用集体经济组织与成员之间的利益共同体及委托代理关系，增强农民权益保障的话语权，从组织制度上促进农民权益保障和经济发展的有机统一。为此，应更加积极地推进农村集体经济组织的股份合作制改造，使农民的土地承包经营权益变成股权，保障其能够充分地分享土地增值的收益及集体经济发展的成果。

（二）破解农村集体经济组织和农民合作社成员有其股难题

针对农村集体经济组织与成员之间产权不够清晰的问题，应鼓励和支持集体资产折股量化到成员的股份合作制改革。针对农民合作社与成员之间经济联系较松散的问题，应鼓励成员入股建立起股权联结关系。为此，应在政策和法律两个层面加以引导和支持。无论是政策性发展基金注资，还是财政支持，都可以在实施这些政策时，探索成员配股等多种形式，引导成员与集体经济组织、合作社构建起产权联结关系。

（三）破解公司制企业员工有其股难题

员工持股改革，关键在于利益关系的调节要得当，否则，会有一系列负面作用。无论是国有企业还是民营企业，推进员工持股改革要破解的共同难题是：既要通过员工持股改革激励员工的积极性，又要根据责任与贡献大小实行有差别的持股比例，以避免吃"大锅饭"而导致负面激励现象的发生。国有企业员工持股改革要破解国有资产不流失的难题。上市企业要比非上市企业多一个难题,即要处理好员工持股与社会投资者持股权益的关系,避免推进员工持股改革对社会投资者权益的损害。

[原载《红旗文稿》2016 年第 5 期]

处理政府和市场关系的中国经验
——基于发展优势厚植的分析

  对中国处理政府和市场关系经验的总结是否科学，关系改革能否坚持社会主义市场经济方向。中国作为一个发展中国家，之所以成功地走出"贫困陷阱"，成为世界第二大经济体、全球制造业第一大国，创造全球瞩目的发展奇迹，是因为在探索完善中国特色社会主义道路进程中，既有创建、创新之变，也有坚持不变之完善，通过发挥好政府作用构建起作为发展中国家推进追赶跨越发展机制的优势，使市场在资源配置中起决定性作用是基于中国特色社会主义道路探索完善进程中构建起的发展机制优势的更好发挥和经济社会发展目标的更好实现，更好发挥政府和市场作用要确立和完善底线思维、有效的政府治理、科学的宏观调控、新型举国体制、负面清单、兜底保障及相互协调的机制。一些人将中国发展奇迹归功于去政府作用的市场化改革而无所坚持，是对中国经验的片面总结，势必误导改革朝着新自由主义主张的去政府作用方向推进，而不是更好地发挥政府的作用，如此，将失去在中国特色社会主义道路进程中探索构建起的来之不易的发展机制优势。

一、发挥好政府作用是发展中国家构建发展机制优势推进跨越发展的基础

  发展中国家能否在发展机制上构建优势，是在全球经济竞争日益激烈

的大背景下实现追赶跨越发展的关键。在发达国家和发展中国家经济社会发展水平存在较大差距的格局下，后者要实现追赶跨越，走自由市场经济之路是难以做到的，这被国际经验所验证。第二次世界大战之后，从低收入成功迈向高收入，迈过"中等收入陷阱"的经济体只是少数。这是一个带规律性的现象，其原因是发展中国家失去了发展先机，不仅如此，发达国家凭借越来越雄厚的资本和领先的技术等优势，挤压了发展中国家的发展空间，发展中国家在发展上也就很难摆脱对发达国家的依赖，甚至发达国家还通过多种经济的、非经济的方式，索取发展中国家的利益，控制其发展。由于恶性循环，贫困落后者难以走出发展经济学所说的"贫困陷阱"。诺贝尔经济学奖得主缪尔达尔针对商品、资本、人员、技术等要素的自由流动，会使先进的地区更先进、落后的地区更落后的"循环累计因果关系"，主张不能消极地等待市场力量发生作用，政府应制定相应的政策，刺激和帮助落后地区加快发展，以防止地区发展的两极分化。中国从实际出发，探索出一条发挥政府作用，构建起发展机制优势，进而走出困境之路，为发展中国家跨越发展实现追赶提供了经验。

新中国自成立起到改革开放前，在追赶跨越发展之路上不断前行，缘于政府积极发挥作用，进而构建起追赶跨越发展机制的优势。中国作为最大的发展中国家，作为没有完成工业化原始资本积累的农业大国，作为不实行殖民政策获得原始资本的大国，作为受西方国家封锁禁运的大国，通过建立社会主义公有制基础上的计划经济体制，构建起独特的发展机制优势，即能够全国一盘棋、集中力量办大事，将极为有限的资源，动员、优化配置到作为全球现代化主题的工业化上，进而在较短时期内建立起独立的比较完整的工业体系和国民经济体系。这一历史性成就正是改革开放以来中国经济发展奇迹的基础。如果离开这个基础，中国经济发展奇迹是难以实现的。

改革开放以来，中国实现跨越发展，不是去政府作用的结果，而是成于坚持发挥好政府作用的基础上，让市场日益充分发挥作用。中共十一届三中全会以来，从解放和发展生产力出发，在吸取改革开放前处理政府和市场的关系、中央和地方权力的上收和下放的经验教训基础上，以问题为导向，以处理好政府和市场的关系为核心，逐步深化经济体制改革，实现了由社会主义计划经济向社会主义市场经济的重大转变。基于这样一个历史性演变，把中国发展奇迹的取得归功于去政府作用的市场化改革，甚至把政府当作阻碍发展的因素，则是对中国经济发展奇迹的经验的片面总结。实际上，就改革方法而言，中国与俄罗斯的"休克疗法"不同，是渐进式推进改革，存在路径依赖，即基于社会主义计划经济体制而逐步推进。就改革内容而言，一方面，坚持发展社会主义公有制经济，形成公有制为主体、多种所有制经济共同发展的基本经济制度；另一方面，改革高度集中的计划经济体制，既使市场充分发挥作用，又逐步建立健全社会主义国家宏观调控体系，发挥好政府的作用。如此，形成双重优势，一方面，激活经济，增强发展的内生动力，调动了各主体推进发展的积极性；另一方面，坚持发挥社会主义能够全国一盘棋、集中力量办大事的发展机制优势，组织实施如重大科技攻关、促进新兴战略产业发展、改善基础设施、促进产业园区建设引导产业集聚和企业集群的形成等，并从适应社会主义市场经济要求出发不断完善这些实施机制，进而更有利于国家发展战略的实现。换言之，中国坚持更好发挥政府作用而推进社会主义市场经济改革所形成的发展机制，不同于资本主义市场经济的发展机制，是社会主义国家发挥好政府作用，使市场在资源配置中日益充分发挥作用，并使两者有机融合于一体，这才是中国经济发展奇迹的真正原因。

可见，中国在推进社会主义市场经济改革这一历史性变革进程中，有创新之变，也有坚持完善。如果片面地认为经济发展奇迹缘于有所变而忽视有所坚持并不断加以完善，即在坚持中国特色社会主义发展机制优势的基础上，进行应变创新，以增强经济社会发展活力和动力的一面，把中国经济发展奇迹完全归功于去政府作用的市场化，甚至把政府完全作为负面因素，这是不符合历史发展实际的。相反，经济发展奇迹的取得，正是由于政府积极发挥作用，构建和厚植中国特色社会主义的发展机制优势，这是作为发展中国家跨越发展实现追赶的基础，也是最为基本的经验。如果不科学地总结中国经验，将导致对当下和未来改革的误导，也将使中国在特殊的追赶跨越的历史条件下构建起的、在市场经济下难以构建的，甚至可能是难以再生的中国特色社会主义发展机制优势渐失。

二、使市场在资源配置中起决定作用要基于社会主义发展机制优势的更好发挥和经济社会发展目标的更好实现

在探索完善中国特色社会主义市场经济道路进程中，中国创造性地形成了关于发展社会主义市场经济、使市场在资源配置中起决定性作用和更好发挥政府作用的理论。中国当代史是一部实践发展与理论创新相互促进的历史。中国在"一五"计划时期建立起社会主义计划经济体制后，在1956年召开的党的八大上，陈云从适应中国生产力水平较低及产业部门、地区、城乡存在较大差异出发，为实现经济社会发展和满足人民生活需要提出了关于在生产上的计划生产为主与自由生产为辅、在商业经营主体上的国家或集体经营为主与个体经营为辅、在市场上的国家市场为主与自由市场为辅的"三个主体、三个补充"的经济体制，为中国开启有别于苏联社会主义经济完全排斥市场调节之路作出了贡献。中共十一届三中全会以来，针对计划经济体制下走不出"一统就死，一放就乱"的怪圈，在实施搞活经济的方针政策下，特别是在由计划经济体制下尊重价值规律到发展有计划的商品经济，再到1992年邓小平提出关于计划和市场都是经济手段的论断，再到党的十四大，开启了社会主义市场经济的先河形成了系统的社会主义市场经济理论。中共十八届三中全会从尊重市场经济应由市场决定资源配置的一般规律和中国现阶段市场体系不完善、政府干预过多和监管不到位的问题，创新性地提出了使市场在资源配置中起决定性作用和更好发挥政府作用。中国形成的关于发展社会主义市场经济、使市场在资源配置中起决定性作用和更好发挥政府作用的理论，是中国共产党把马克思主义政治经济学基本原理同改革开放新的实践结合起来形成的，是对马克思主义政治经济学的丰富和发展。

中国在推进社会主义市场经济改革进程中，一条重要的经验，就是将市场作为发展经济的手段，而不是改革的目的，使市场在资源配置中起决定作用要基于更好发挥社会主义发展机制优势和实现经济社会发展目标。俄罗斯和东欧国家在推进改革时，以新自由主义为理论指导，将市场化作为改革的目的，为市场化而市场化，这是其失去发展优势，经济发展受到

严重影响的重要原因。由此，俄罗斯的改革使其工业在全球竞争体系中失去优势，走上了去工业化之路，庞大的工业体系很快被解构，而转为主要依赖石油、天然气等资源的输出作为实现发展的基础。中国则与之不同，在理论上，坚持完善中国特色社会主义理论，基于社会主义本质论，以邓小平提出的"三个有利于"为判断是非的标准，将计划和市场都仅仅定位为经济手段。在这样的理论体系下，中国推进建立健全社会主义市场经济体制改革时，强调使市场在资源配置中起决定性作用和更好发挥政府作用，以更好地发挥社会主义发展机制的优势，服务解放和发展生产力，最终实现共同富裕。为此，探索政府和市场这"两只手"都能更好地发挥作用的机制，通过坚持制定国家中长期发展战略，制定实施国民经济社会发展计划或规划，发挥其引导作用；在促进先进生产力发展上，注重发挥好国家重大项目的引领带动作用；以推动新型工业化、信息化、城镇化、农业现代化相互协调的理论为指导，在促进工业化、城镇化健康发展上引导产城融合、产业园区化，在促进区域协调发展上实行差别化的支持政策，在解决"三农"问题上促进城乡一体化和实行工业反哺农业的政策，在解决贫困人口脱贫上实施攻坚行动计划，在改善分配上推进税收和转移支付改革，在进入新常态促进生产与消费的均衡上推进"供给侧改革"着力优化各种结构。同时，加强和完善对经济运行的宏观调控及金融监管，不仅避免了经济危机，还克服了1997年亚洲金融危机和2008年国际金融危机的冲击，实现了经济的持续快速发展，经济总量由1978年居世界第十位跃升为2010年的第二位[1]。这些经验不仅不能被忽视，而且还应当坚持并加以丰富完善。

三、更好发挥政府和市场作用要确立和完善底线思维、有效的政府治理、科学的宏观调控、新型举国体制、负面清单、兜底保障及相互协调的机制

在没有充分实践经验积累条件下，新中国基于马克思主义经典作家

---

[1] 国家统计局：《改革开放铸辉煌　经济发展谱新篇——1978年以来我国经济社会发展的巨大变化》，《人民日报》2013年11月6日。

关于社会主义的设想，选择了社会主义计划经济，力求通过建立高度集中的计划经济体制，推进按比例组织生产。基于这一理论，中国着力构建全能型政府。由此，政府包揽安排国家的整个经济活动，即便是实施小自由市场的政策，自由市场也只是计划经济的辅助。然而，复杂的现实经济生活，使全能政府思维面临严峻挑战。面对这种矛盾，从中共十一届三中全会起，市场调节的范围逐步增加，中共十二届三中全会创新性地提出了有计划的商品经济理论。在1992年邓小平南方谈话基础上，党的十四大将经济体制改革的目标明确为建立社会主义市场经济体制，开启了社会主义市场经济的先河。这次大会将市场的作用定位为"使市场在社会主义国家宏观调控下对资源配置起基础性作用"[1]，也就从政府包揽安排国家整个经济活动中走了出来。

党的十八大以来，中国在政府和市场的关系上，实现了理论的再次创新。中共十八届三中全会明确提出"使市场在资源配置中起决定性作用和更好发挥政府作用"，回答了在资源配置中市场起决定性作用还是政府起决定性作用的问题，从而构建起政府和市场关系的新构架：一方面，在使市场发挥作用上更加有定力，不仅提出使市场在资源配置中起决定性作用，还进一步明确提出"大幅度减少政府对资源的直接配置，推动资源配置依据市场规则、市场价格、市场竞争实现效益最大化和效率最优化"。[2] 这改变了"使市场在社会主义国家宏观调控下对资源配置起基础性作用"的定位，也就在突破政府包揽安排国家整个经济活动的基础上，又突破了政府包揽调节经济活动的思维。另一方面，在社会主义国家中，使市场在资源配置中起决定性作用，政府从包揽调节经济运行中脱身，应该更好发挥作用，也可以更好地发挥作用。

更好发挥政府作用，除了加强和优化政府的公共服务、保障公平竞争、加强市场监管、维护市场秩序进而弥补市场失灵外，还应坚持历史上构建起的能够发挥中国特色社会主义发展机制优势的经验。

一是坚持在中长期发展上明确国家战略目标，在近期发展上制定国

---

[1] 《十四大以来重要文献选编》上，中央文献出版社2011年版，第16页。
[2] 《十八大以来重要文献选编》上，中央文献出版社2014年版，第498—499、513—514页。

家经济社会规划，以引领资源的优化配置和经济社会的发展。我们的底线思维不仅是要守住下限，还应把握中长线，通过构建中长期发展战略和近期发展规划，引导资源的优化配置，既有利于中国作为发展中国家实现跨越发展，又避免打"下限保卫战"的被动局面。

二是坚持历史上证明是成功的举国体制优势，并在市场经济条件下有机地融合市场的作用，对新型举国体制逐步加以完善。习近平总书记在中共十八届五中全会上明确提出："已经部署的项目和新部署的项目要形成梯次接续的系统布局，发挥市场经济条件下新型举国体制优势，集中力量、协同攻关，为攀登战略制高点、提高我国综合竞争力、保障国家安全提供支撑。"①

三是坚持按照社会主义本质的要求，落实共享发展理念，着力健全再分配调节机制，实行有利于缩小收入差距的政策，增加低收入劳动者收入，扩大中等收入者比重，逐步形成两头小、中间大的橄榄型收入分配结构，促进共同富裕。

四是坚持更好发挥政府作用实现机制的接续探索创新。中共十八届五中全会通过的《中共中央关于制定国民经济和社会发展第十三个五年规划的建议》提出了创新和完善宏观调控的方向，指出："按照总量调节和定向施策并举、短期和中长期结合、国内和国际统筹、改革和发展协调的要求，完善宏观调控，采取相机调控、精准调控措施，适时预调微调，更加注重扩大就业、稳定物价、调整结构、提高效益、防控风险、保护环境。"② 鉴于长期积累形成的社会主义国家调控手段多的情况，我国政府在发挥政府作用上不能泛用、滥用，要坚持问题导向和底线思维，不断提高政府决策的科学性，科学引导预期，创新调控思路和方式，探索形成更好发挥政府作用的方式。

党的十八大以来，基于政府和市场的关系应因发展阶段和因事而论的历史经验，探索构建起底线思维、有效的政府治理、科学的宏观调控、

---

① 《中共中央关于制定国民经济和社会发展第十三个五年规划的建议》，人民出版社2015年版，第55页。

② 《中共中央关于制定国民经济和社会发展第十三个五年规划的建议》，人民出版社2015年版，第18页。

新型举国体制、负面清单、兜底保障等适应经济社会发展进入新阶段的体制机制。底线思维是一种开放观、包容观与安全思维的统一，旨在更好地让市场在资源配置中起决定性作用，并实现这种作用与更好发挥政府作用的协调。底线思维及相应实施的负面清单、兜底保障，明确了处理政府和市场关系的新尺度，政府在安全意识上不能松懈，坚守住不发生系统性风险的底线，确定经济运行的合理区间，防患于未然，要保基本。非基本需求主要依靠市场来解决，不搞强刺激，坚定地让市场发挥作用。底线思维、有效的政府治理、科学的宏观调控、新型举国体制、负面清单、兜底保障等的确立和完善，可以避免政府和市场边界的静态化，很好地回答政府和市场在什么时间、什么领域和以什么方式发挥作用的问题，是使市场在资源配置中起决定性作用和更好发挥政府作用的有效实现形式。这是新常态下正确处理政府和市场关系的新经验，是治国理政的新经验。

[原载《当代中国史研究》2016年第1期]

文化自信不能泛化

中国特色社会主义文化自信有特定的历史逻辑和内涵，是基于中国特色社会主义道路的探索成功，是对马克思主义中国化进程中不断发展的社会主义先进文化的自信。文化自信有泛化现象，例如不区分传统文化的精华和糟粕，以不同形式对其接纳和加以弘扬，根本缘于脱离经济基础孤立地评判作为上层建筑组成部分的文化，忽视传统文化的时代性和宗法性。如此，可能导致对中国特色社会主义文化自信内涵的混淆，扰乱中国特色社会主义文化发展的主题，甚至掉入宗法文化的陷阱。

一、坚定中国特色社会主义文化自信缘于道路的探索成功和特有的内涵

中国特色社会主义文化的发展，是与中国特色社会主义道路的探索形成和不断完善相互促进的。中国特色社会主义道路的探索成功是中国特色社会主义文化自信的逻辑起点，这一判断不是个人偏好所致，而是历史的本来。泛化文化自信的一个重要原因，就是回避或忽视了文化自信缺失的历史。历史是不能忘记的。曾经一个时期，中国对自己的文化缺乏自信，这与当今坚定中国特色社会主义文化自信形成鲜明对比。

中国特色社会主义文化自信是一个国际比较视域下的认知问题。在中国落后于工业化先发国家的情况下，中国文化遭受国内外的质疑，甚至还有极端的否定论。由于工业化先发国家的强势与仍处于农业社会的

后发国家的弱势,1840年的鸦片战争使中国沦为半殖民地社会,中华民族受尽凌辱。中国人被视为东亚病夫,帝国主义侵略者在中国的土地上写上"华人与狗不能入内",西方对其文化自信和贬低中华文化昭然可见。在落后挨打的情况下,中国文化自信消退,开始角色转换,当起了学生,向工业化先发国家学习,搞洋务运动,追求以工业化为标志的现代文明,引入"赛先生""德先生",新文化运动举起了"民主"和"科学"两面大旗。20世纪中期,英国学者李约瑟在所著的《中国科学技术史》中分析说,前现代社会的中国,科技遥遥领先于其他文明,全世界基础性发明的一半以上出自中国。然而,令人不能理解的是,早在14世纪的明朝初年,中国就具备了18世纪中叶英国发生工业革命的主要条件,但是却没有发生工业革命,经济在世界所占份额快速变小。[①]鉴于此,李约瑟提出引起了国内外广泛讨论的问题:尽管中国古代对人类科技发展作出了重要贡献,但为什么科学和工业革命没有在近代的中国发生?学界称之为"李约瑟之谜"。学界分析了这一重大历史现象诸方面的原因,其中之一在于东西方文化的差异,如中国儒家、道家、法家流派中的规避风险、明哲保身思想,长期受封建专制统治所形成的服从思维方式而注重对占统治地位的思想进行诠释,与极具冒险精神和冲破框框的西方思维方式有差异;中国很多发现滞留在经验阶段,所形成的技术基本上是没有系统理论和基础学科支撑的经验技术,成为难以逾越的文化形态,也就很难进一步发展成为近现代科学。

中国在1949年结束了半封建半殖民地社会的历史,自此至1978年前,在全新的社会主义制度下,工业化实现长足发展,但仍落后于工业化先发国家,仍然是相对落后的发展中国家。在这种世界发展格局下,中国文化自信的基础还不坚实,受现代潮流和意识形态影响,将传统文化归为旧思想、旧文化、旧风俗、旧习惯加以破除。改革开放初期,从服饰到音乐、生活方式、意识形态,刮起猛烈的西洋风。1985年,台湾作家柏杨在所著的《丑陋的中国人》中,批判中国人的劣根性。该书产生了很大影响,被评为台湾年度畅销书,一版再版,还有日文、德

[①] 据经济史学家麦迪逊的研究,19世纪20年代中国的经济总量仍占世界经济总量的1/3。

文、英文等版本,大陆也有多家出版社出版该书,包括人民文学出版社到 2008 年还予以出版。该书是作者在特定历史条件下,针对一些现象而作,读者却不论书中是否存在偏见,对其表达出欢迎,反映出了中国人对于自己文化的不自信到了何等程度。

现今,中国人在国际上有了自信,对自己的文化也就有了自信,这完全不同于先前对中国文化的质疑甚至否定论。原因何在?这源于中国特色社会主义道路的探索成功。在新中国成立初期的百废待兴之际,中国取得了抗美援朝的胜利,极大地提振了全国人民建设社会主义的信心。自"一五"时期起到 20 世纪 70 年代末,中国在较短时期内建立起独立的比较完整的工业体系和国民经济体系,成功研制出原子弹、氢弹和卫星,以不断增强的综合国力打破了西方封锁和成功地实现了在联合国席位的恢复。改革开放以来,中国在改革开放前奠定坚实的物质技术基础上,取得了跨越发展的奇迹,经济总量在世界由 1978 年的位列第十,上升到 2010 年起的稳居第二,由低收入国家上升为上中等收入国家,综合国力大幅提升。中国经济所占世界的份额,也随之由 1978 年的 1.8%,大幅增加到 2016 年的 15.1%[①],成为世界经济增长的第一引擎,2013—2016 年对世界经济增长的年均贡献率达到 31.6%,超过美国、欧元区和日本贡献率的总和[②]。中国由于经济的快速发展和综合国力的显著提升,对世界发展作出了重大贡献,在国际事务中发挥着越来越显著的作用,中华民族受到国际社会日益显化的尊重,文化自信也就油然而生。中华文明源远流长,为什么近代落后了呢?这是因为当时中国的宗法伦理及其主导的社会制度缺乏促进科技革命、工业革命和现代化的激励。当代中国为什么又能创造跨越发展的奇迹和实现综合国力的快速提升呢?那就是在马克思主义中国化进程中,探索形成并不断完善中国特色社会主义道路,以及与之统一于一体的理论、制度、文化。可见,对于中国特色社会主义文化自信的逻辑起点在于中国特色社会主义道路的探索成功

[①] 国家统计局党组:《贯彻落实新理念 奋力创造新辉煌——党的十八大以来新理念引领经济社会发展取得新成就》,《求是》2017 年第 12 期。

[②] 国家统计局党组:《贯彻落实新理念 奋力创造新辉煌——党的十八大以来新理念引领经济社会发展取得新成就》,《求是》2017 年第 12 期。

毋庸置疑。

二、吸取中华优秀传统文化养分要避免泛化文化自信而掉入宗法文化陷阱

中国特色社会主义文化自信不能泛化，更不能泛化到农业社会形成，包括在历史上发挥过积极作用而与现代化发展不相适应，甚至与中国特色社会主义价值取向相悖的传统宗法文化，那将给中国特色社会主义文化的发展构成严重危害。从中华优秀传统文化吸取养分，避免泛化文化自信而掉入宗法文化陷阱，需要把握好以下问题：

从中华优秀传统文化吸取养分，应深刻认识到中华优秀文化，无论是内涵还是外延，都在不断丰富和发展。中华优秀文化是一种多元融合和不断发展的文化。中国在经过"百家争鸣"的表达、竞争和融汇，形成了以儒家思想主导的文化，并向制度转化，创建了由儒家文化主导的一整套制度安排，这也是文化与制度相互体现的过程。在历史演进的长河中，在大一统的理念下，中国各民族相互学习和多元融合发展，不仅如此，还善于向外学习，海纳百川，融多方之长。由此，中华优秀文化不断丰富发展，所形成的在自我修养上要求向上向善、在与人相处时包容和善、在面对困难和外来强敌时不屈服的精神，滋养了中华民族的成长，成就了中国历史的辉煌。受不断发展的中华优秀文化滋养，中华民族尽管遭受过磨难和外来侵略，但中华文明连绵不断，大一统历史持续至今，在全世界范围绝无仅有。这正是中华优秀文化自信的历史基础。不仅如此，在由农业文明向社会化大生产的工业文明发展进程中，中华优秀文化实现了新的发展，更加丰富灿烂。

从中华优秀传统文化中吸取养分，应以历史地辩证地认识在落后的小农经济基础上发展起来的宗法文化为前提。一方面，宗法文化是中华民族和中华文明发展的重要原因。宗法文化是一种功名文化，旨在激励向上向善和传承发展。宗法文化是一种合作共建文化，包括祠堂、乡村廊桥、小型水利设施（如近期笔者调研过的贵州省安顺市西秀区鲍家屯明代所建"旱能灌，洪能排"的水利工程体系）一般为共建所成。在这

样的家族熟人社会里，通过宗法文化及其规制化，避免社会混乱无序。现今，在践行社会主义核心价值观中，传承与时俱进的家风、家训发挥着正能量作用。另一方面，宗法文化是生产力低下的家族熟人社会里的一种治理文化，也是一种非正式制度，服务于维护封建统治。在中国封建社会，皇朝统治的合法性不是建立在与地方官员和贵族的互惠基础上，而是宗法伦理下的威权式的层级关系。由于生产力水平较低，皇权不下县，广阔的乡村如何才能有序而不乱？除了国家机器外，依赖于皇权至上和宗法伦理的维系。但就具体内容而言，宗法文化是以三纲五常为基本构架。服务于封建统治的宗法伦理与政治统治统一，等级制度分明，不存在实际的平等，与中国特色社会主义文化价值取向相悖。在从中华优秀传统文化中吸取养分时，有人提出传承和弘扬宗祖文化，这实际上是泛化文化自信的一种表现。对宗祖文化，似乎为中性概念，甚至还可理解为具有积极性，但是，就实质而言，属于传统文化范畴，仍是宗法文化组成部分的一种表述，所寓含糟粕却比宗法文化更具隐匿性。如果再回到传统社会的宗法文化，那就是一种社会倒退；再回到宗法文化话语体系，不利于去除传统文化的糟粕。可见，笼统地盲从地对中国传统文化自信，掉入宗法文化陷阱也是可能的。

从中华优秀传统文化吸取养分，应深刻认识传统文化生长和发育的经济基础，以及由此所决定的局限性。能够传承下来的传统文化有其历史条件，但不能以此来评判其是否具有现实的先进性。脱离历史所处的经济社会发展阶段，抽象地论文化自信，是危险的。智慧勤劳的中华民族，在农业社会的发展阶段，根据人多地少的资源禀赋，选择和构建起与之相配套的强基固本的重农抑商政策体系，创造了以精耕细作为核心的中华农耕文明，成就了长久的小农支撑大国，中国发展长期领先于世。然而，这也导致尽管劳力边际报酬降至市场工资之下时仍然继续投入这样一种"内卷化"[①]发展方式，也就难以促进资本的积累和工业革命的兴起。还有，在古代中国，"学而优则仕"成了读书人的追求，如此价值取向下的向上向善，加之实行以儒家思想主导下的科举制度，有才华的

---

① 参见黄宗智：《华北的小农经济与社会变迁》，中华书局2000年版，第176、304—306页。

年轻人全力投身于学习儒家经典以应对科举考试，思想被束缚在四书五经和官本位的名利上，也就将有利于科技创新的人力资本积累之路堵死，难以催生科学革命，也难以催生以科学革命为重要条件的工业革命。马克思在分析清帝国衰变时指出："一个人口几乎占人类三分之一的大帝国，不顾时势，安于现状，人为地隔绝于世并因此竭力以天朝尽善尽美的幻想自欺。这样一个帝国注定最后要在一场殊死的决斗中被打垮：在这场决斗中，陈腐世界的代表是激于道义，而最现代的社会的代表却是为了获得贱买贵卖的特权——这真是一种任何诗人想也不敢想的一种奇异的对联式悲歌。"① 如果把小农经济基础上发展起来的传统文化，完全予以肯定，对其加上"自信"的光环，泛化文化自信，这种离开经济社会发展阶段静态化的认识，会误导对中华优秀传统文化的认知和传承发展，也无益于更好地从中华优秀传统文化吸取养分。

从中华优秀传统文化吸取养分，不能给承载历史记忆的具体的文化资源附加与其不相符的文化自信。在传统农业社会演进到现代工业社会的发展阶段后，农业社会时期的文化遗产是一种反映历史的符号，是一种现今人们感知历史变迁的宝贵的稀缺资源。传统文化的保护和开发利用，可以满足工业化、城镇化后人民多样化的文化消费需求。鼓励和支持开发利用历史文化资源，发展传统文化旅游业和开发传统特色产品，以其所寓含的具有独特魅力的源远流长的历史文化元素，打造品牌，发挥其名片效应，有益于更多传统特色产品走出村落、走向世界。但是，这样的商业运作中，应避免受利益驱动，对中国传统文化不分精华与糟粕而对其镀金，附加与之不相符的多种形式的文化自信，导致文化自信的泛化和庸俗化。

从中华优秀传统文化吸取养分，应当坚定社会主义价值取向的自信。中国特色社会主义道路探索形成和不断完善的过程中，作为后发国家的中国，之所以能够实现跨越发展，是因为弘扬不断发展的中华优秀文化，有不同时期形成的成为特定历史时期符号的红船精神、长征精神、延安精神、大庆精神、三线精神、"两弹一星"精神、劳模精神、工匠精神、

---

① 《马克思恩格斯选集》第 1 卷，人民出版社 1995 年版，第 716 页。

企业家精神等。经过实践和理论的不断探索发展，党的十八大将社会主义核心价值观总结概括为富强、民主、文明、和谐、自由、平等、公正、法治、爱国、敬业、诚信、友善。从中华优秀传统文化吸取养分时，要以这一包涵价值目标、价值取向、价值准则的社会主义核心价值观为引领，而不能与之相悖。

从中华优秀传统文化吸取养分，应当服务于中国特色社会主义理论的创新发展。在工业革命兴起后掉队的中国，本来就很落后，还受帝国主义殖民掠夺，真是使中国陷入更深和更复杂的"贫困陷阱"。在如此情况下，什么样的道路和力量解救了民族危难和突破"贫困陷阱"？这缘于马克思主义及其在中国化进程中的创新发展。马克思主义传入中国后，中国共产党诞生，开启了马克思主义中国化的进程，也开辟了解救民族危难和突破"贫困陷阱"的道路。艰辛探索的历史表明，中华民族能够站起来，当代中国能够实现跨越发展的奇迹，靠的是马克思主义中国化下开创的新道路，以及渗透到民族血液的包括不屈服在内的中华优秀文化的滋养而发展形成的社会主义先进文化，把民族智慧充分发挥出来，把人民的力量聚集起来。这些历史昭示，吸取中华优秀传统文化养分，可以为开拓马克思主义新境界提供历史智慧。

综上所述，坚定中国特色社会主义文化自信，从中华优秀传统文化吸取养分，不能泛化到对包括维护封建统治的宗法文化在内的所有传统文化的自信；要避免脱离经济基础孤立地讨论中华文化与西方文化的优劣、现代文化与传统文化的优劣，基于中国特色社会主义文化与中国特色社会主义道路自信、理论自信、制度自信统一于一体的本来，以中国特色社会主义道路探索成功为逻辑起点并加以展开，深化对中国特色社会主义文化自信内涵和先进性的认识。

[原载《世界社会主义研究》2018 年第 3 期]

全面从严治党有利于经济发展

发展为了人民、发展依靠人民、发展成果由人民共享这样一个贯穿中国经济活动整个过程的政策取向,其探索形成和不断艰辛实践,是中国取得跨越发展奇迹的内在原因,是不同于资本控制经济运行、发展成果按资本分配的资本主义的根本所在,是中国特色社会主义政治经济学的重要组成部分。在社会主义改革发展的实践中,中国共产党不断深化认识,把计划和市场明确为服务于这一政策取向的政策工具,而不是本末倒置——将其作为要实现的目的。中国之所以能够保障主要政策工具服务于这一政策取向,而没有在实践中发生重大偏离,最关键的是因为有坚持以人民为中心的中国共产党的坚强领导,从严治党又构建起有利于发挥好政府和市场作用的政治生态,从而避免腐败可能引发的蚁穴溃堤。

一、跨越发展奇迹是在从严治党下实现的

从严治党使中国共产党永葆先进性、纯洁性,构建起能够适应经济发展的政治经济体制,形成有利于经济发展的政策、法律及其实施体系,也就能够很好地把以人民为中心的发展理念践行到改革发展实践的各个领域和不同层面。

不从严治党,放任腐败分子为侵蚀国家和人民的发展成果而扰乱经济秩序,甚至演变成侵蚀国家和人民发展成果的利益集团,通过影响政

策的选择,偏离发展成果由人民共享的方向,这是苏联等社会主义国家未能在20世纪八九十年代的改革中实现经济快速发展,反而陷入困境的关键因素。

20世纪80年代,中国在有计划的商品经济理论创新下,在实践中通过放活政策的实施,逐步突破高度集中计划经济体制的束缚,其中一项重大实践突破就是实行计划价格和市场价格并存的"双轨制"。在这一渐进式改革中,由于中国当时仍处于短缺经济阶段,供不应求,也就发生市场价格明显高于计划价格的现象。在这种情况下,一些党政干部利用手中之权,批给一些组织或个人价格较低的计划内指标(当时习惯称"批条子"),从中寻租。很多组织或个人通过种种不正当方式获取计划内指标批条,坐享计划价格和市场价格差价之"利"。其中,"官倒"等腐败现象的发生,成为引发1989年政治风波不可忽略的原因之一。如果中国共产党不及时解决这些腐败问题,放任势态蔓延,不仅会使扰乱了的经济秩序更为恶化,还可能形成官僚利益集团,人民的利益也就得不到保障,中国共产党也就会失去人民的拥戴。由此,中国也就会滑向俄罗斯那样的资本主义化之路。

正是中国共产党果敢向腐败宣战,对党政干部寻租腐败说不,净化了经济社会发展的政治生态,成为1989—1991年国民经济治理整顿成功的保障,成为之后社会主义市场经济改革成功的保障,成为在国民经济中起主导地位的国有企业建立现代企业制度改革成功的保障,进而才有了1989年那场政治风波平息后至今的政治稳定、社会和谐、经济快速发展的良性互促局面。

现阶段,要进一步增强对全面从严治党的定力,还需要厘清经济增速放缓是否是因为全面从严治党所致这样一个问题。在协调推进"四个全面"战略布局提出和反腐败高压态势形成之前的一段时间内,一些地方政府、公有制企业把反腐败停留在文件中、口头上,落实得少,因为担心大力度反腐败会影响经济社会发展。在调研中了解到,一些国有企业的纪检负责人在那些日子里为反腐败烦恼:不反腐败的话,腐败问题会严重影响党的形象和扰乱经济社会秩序;反腐败的话,所在企业在经营活动中不讲所谓的"人情世故",不理会有的参与国家资源分配实施和市场交易的人想从中获取私利的所谓潜规则，会失去不少政府支持项目和商业订单等机会，纪检负责人就可能遭受阻碍企业发展的指责。从而导致有的纪检部门形同虚设。党的十八大以来，中央重拳出击反腐败，一些人在这种强大威慑下不敢腐，同时也因为寻租机会缺失，在工作中推进发展的动力减弱，由此社会上有中国经济增速放缓是高压反腐败所致的观点，实质是间接地指责全面从严治党有些过度。这是一种错误的认识。

实际上，中国经济下行不是因为全面从严治党，而是由国内外经济运行因素共同作用所致。就国际因素而言，是因为世界经济增速持续徘徊于低位所致。全球经济增速从2008年开始在低位徘徊，至今未见根本好转，即便是新兴经济体国家，近两年增速也有所放缓。美国、日本等为应对经济下行，实施量化宽松的货币政策，由此其他国家货币也竞相贬值，尽管如此，国际油价和大宗商品价格仍然持续低迷。其中，纽约商品交易所原油期货价格由2008年7月11日每桶147.27美元的历史最高价，最低下降至30美元左右。这种世界经济增速放缓和不能走出低迷的态势，对中国经济增速产生了极为明显的下拉作用。就国内因素而言，是因为我国对经济的增长速度由高速向中高速换档的主动选择。改革开放以来，中国抓住发展战略机遇期，在提升人民生活水平的同时，实施投资、出口拉动等发展政策，在1979—2012年间GDP实现高达9.8%的增速，在解决了长期供给短缺问题之后，也演变生成一些传统支柱产业产能过剩的问题。在这一过程中，一些地方和企业没有未雨绸缪，在严重困难到来之前，缺乏推进转型升级的动力，一些传统支柱产业产能严重过剩、新兴产业发展不能满足需求的结构问题没有得到及时妥善解决，还导致严重的环境污染。面对如此态势，特别是随着经济发展上升到更高台阶的新阶段，习近平总书记作出经济发展进入新常态的重大判断，中央要求认识新常态、适应新常态、引领新常态，主动下调经济增长速度，实施供给侧结构性改革，更加注重提升经济质量和效益，明确去产能、去库存、去杠杆、降成本、补短板的任务及其实现路径。近年来，中央在采取多种措施淘汰落后产能的基础上，从2016年起，明确用5年时间再压减1亿—

1.5亿吨粗钢产能[①]，用3—5年时间煤炭行业产能再退出5亿吨左右、减量重组5亿吨左右[②]。

有人为实现否定社会主义和中国共产党领导的目的，一方面不愿意承认中国共产党在中国跨越发展奇迹中的核心领导作用的客观事实，将中国跨越发展奇迹的取得视为"悖论"；另一方面，利用各种时机，扰乱人们的视听。如果把现今中国面临经济下行压力归于全面从严治党，与事实不符，实质上是一种陷阱，会动摇全面从严治党的信心，中断全面从严治党的进程，让党自甘堕落走进泥潭。对此应当高度警醒，清醒地认识到全面从严治党不是经济高速增长放缓至中高速的原因，不能因为面临经济下行压力而对全面从严治党有丝毫动摇，更不能因此使全面从严治党半途而废。

二、全面从严治党有利于更好发挥政府作用，形成优化资源配置和厚植发展优势的机制

中国跨越发展奇迹的取得，是由于在不同经济社会发展阶段处理好政府和市场的关系，发挥好政府和市场两方面的作用，尤其是发挥好政府作用实现了资源的优化配置，并厚植起国家发展优势，而不是有人所说的去政府作用的结果。无论是政府在计划经济时期直接配置资源，还是现今实行社会主义市场经济时期让市场在资源配置中起决定性作用，发挥好政府的作用不仅仅是为了避免市场失灵，还在于通过促进资源向事关国计民生的战略新兴产业、重大科技攻关等领域集中优化配置，解决单一经营主体难以完成，或由于外部性和成本高等原因而使单一经营主体承担后不经济的难题，由此才厚植起社会主义国家的发展优势。离开政府作用的充分发挥，中国是难以在新中国成立起至改革开放前的较短时间内建立起独立的比较完整的工业体系和国民经济体系的，改革开

---

① 参见《国务院关于钢铁行业化解过剩产能实现脱困发展的意见》，《人民日报》2016年2月5日。

② 参见《国务院关于煤炭行业化解过剩产能实现脱困发展的意见》，《人民日报》2016年2月6日。

放以来也难以实现持续高速发展而在世界经济体中攀升至第二位。

如果不全面从严治党,放任腐败,不利于政府作用的发挥及促进资源优化配置和厚植发展优势的实现。一是,在实施社会主义全国一盘棋、集中力量办大事的建设模式时,腐败分子把国家的种种资源收入私囊,不利于经济社会的发展。一段时间曝光频率较高的桥梁断裂、公路毁坏、堤坝溃烂、房屋坍塌事件,就是因为相关人员受贿寻租,导致项目设计不科学、形象工程、豆腐渣工程等问题,使人民艰辛创业兴业积累起来的国家财富遭受浪费和损失,甚至有的重大事故还危及人民的生命安全。由于各方不正当的"各得其所",由此,作为项目发包方的政府工作人员或其代表对项目实施不敢严格监管,验收者对项目完成质量不严格把关,施工单位则可大胆偷工减料,因而就有了间隔时间不长的坏了修、修了坏循环的现象。一些国家工作人员和公有制企业职员用公款旅游、打高尔夫球、在高档会所消费、超标使用办公用房和用车,也是对国家财富的侵蚀,败坏党风、政风,影响党和政府的形象。二是,不利于公有制经济的进一步发展壮大。其中,较为明显的是有的国有企业在改革中存在国有资产被低价评估出售问题,在产品交易中也可能发生偏离市场价格的利益输送问题。例如,2002年,广州市白云城市建设开发有限公司在由国家出资企业向民营股份制企业转变的过程中,时任董事长、总经理、法定代表人及白云城建公司深化企业改革筹备小组领导小组组长陈柏钊利用职务上的便利,故意不向资产评估公司提供全部资料,致使价值4459万元的133套公司房产仅核定为260万元,造成4199万元国有资产的流失。种种腐败现象的发生,也一直是新自由主义主张去政府作用的理由。长此下去,发挥好政府作用来优化资源配置和厚植国家发展优势的信心也将动摇。如此下去,中国不仅不能接续厚植来之不易的发展优势,还可能使之在不经意间丧失。

中国之所以能够发挥好政府作用,根本缘于作为执政党的中国共产党能够把发展为了人民、发展依靠人民、发展成果由人民共享的政策取向贯彻落实到实践的方方面面,处理好全局与局部、长远与短期利益的关系,使全国一盘棋、集中力量办大事建设模式的实践能够获得优化资源配置和厚植发展优势的成效。同时，从严治党又使政府更好地担当起优化资源配置和厚植发展优势的重大使命，才保障了计划经济时期的举国体制和市场经济时期的新型举国体制下重大项目能够成功实施，才有了以"两弹一星"、杂交水稻、青蒿素等重大前沿科技攻关的成功，才有了大庆油田、宝钢等大型骨干国有企业建设和改革发展的成功，才有了高铁、青藏铁路等重大基础设施建设的成功。

当代中国的实践反复表明，能否发挥好政府作用来厚植起国家发展优势，关键在党的领导，也关键在能否从严治党。在利益主体多元化和利益关系复杂化的市场经济中，要发挥好政府作用，促进资源配置的优化和发展优势的厚植，必须坚持全面从严治党，一方面要通过完善政治纪律、组织纪律、财经纪律防范腐败行为的发生，另一方面还应对不作为、乱作为者坚决说不，强化对不作为、乱作为的查处，促进敢于作为且善于作为激励机制的不断完善。

三、从严治党有利于更好发挥市场在资源配置中的决定作用，形成激活经济和提高资源配置效率的机制

尊重市场规律，让市场在资源配置中起决定性作用，进而让一切劳动、知识、技术、管理、资本的活力竞相迸发，提高资源配置效率，关键在于能否建立起以公平为前提的统一开放、竞争有序的市场体系，这也取决于能否全面从严治党。

中国共产党在推进依法治国的进程中，把发展为了人民、发展依靠人民、发展成果由人民共享的政策取向，逐步体现到所制定和实施的法律法规中。在保护产权上，制定实施了《民法通则》《物权法》《商标法》《著作权法》《城市房地产管理法》《农村土地承包法》《担保法》；在完善市场体系和规范市场秩序上，制定实施了《合同法》《反垄断法》《反不正当竞争法》《消费者权益保护法》《产品质量法》《价格法》《土地管理法》《商业银行法》《证券法》《保险法》；在促进创新上，制定实施了《科学技术进步法》《专利法》《促进科技成果转化法》等。中共十八届四中全会通过的《中共中央关于全面推进依法治国若干重大问题

的决定》，从产权保护、创新激励、市场建设、公平竞争等方面对市场经济法律制度的完善作出了全面部署。在构建保障市场开放统一、公平竞争运行的法律制度框架的同时，还针对有可能扰乱开放统一、公平竞争秩序的关键环节问题进行专项治理。党的十八大以来，把权力关进制度的"笼子"里，对"老虎""苍蝇"一起打，形成有腐必反的高压态势。尽管目前腐败现象有所遏制，但仍不可忽视种种腐败对发挥市场作用的负面影响。

种种腐败现象的发生，除了不利于发挥好政府作用外，还有碍发挥好市场作用，不利于资源的优化配置和效率的提高。一是腐败扰乱市场秩序，使市场不能统一开放、公平竞争运行。一些国家工作人员在承办多种行政审批和监管、土地资源利用规划、财政资源分配、税收减免、重大建设项目实施等业务时，利用手中的权力，搞权钱交易。例如，在证券市场上，由于处于发展过程中制度尚需不断完善，加之相关职能部门的少数人在对企业上市准入审批时寻租而不严格把关，对企业信息披露监管不到位，导致有的企业所披露信息不真实，由此导致股民遭受损失。再如，2016年3月6日下午，全国人大代表、时任中共山西省委书记王儒林在十二届全国人大四次会议山西团开放日中列举腐败案例时说：我们查处的一个副市长，胆大妄为，在北京看上了一套1420万元的别墅，让老板专程到北京给他付款，买下这套房子。在海南游玩时，看中了一套当地的房产，让陪同游玩的老板当场出钱买下来。还有几户企业投资兴办煤矿，原来计划两年半建成，这位副市长找他索要干股钱。企业老板拖着没给，他就百般刁难，结果8年都没有建成。老板看没有希望了，无奈想把在建煤矿转出去。副市长就说，你不给我干股钱，你想干干不成，你想转也转不出去。老板给了他上亿元钱才把煤矿转出去。腐败扭曲市场，资源配置到行贿的企业，使优质企业的发展遭受冲击，劣币驱逐良币，也就不能实现资源的优化配置。二是，腐败增加交易成本，也导致整个经济社会发展成本增加，不利于国家在国际上竞争力的提高。例如，2005年山西一个省级金融机构的党委书记、董事长在给企业贷款的时候，要求企业在正常付息之外，还要向他控制的公司支付2%的顾问费。三是，腐败扰乱合理经济布局。2015年天津港"8·12"瑞海公司危险品仓库特别重大火灾爆炸事故，造成165人遇难、8人失踪、798人受伤，304幢建筑物、12428辆商品汽车、7533个集装箱受损，直接经济损失高达68.66亿元。发生如此重大灾难的一个重要原因，就是由于腐败，致使该公司可以公然违反天津市城市总体规划和滨海新区控制性详细规划，非法建设危险货物堆场。可见，腐败是严重影响市场在资源配置中起决定作用的毒瘤，如放任其蔓延，激活经济、释放新的发展动力和提高资源配置效率的预期目标也就难以实现。

从更好发挥市场在资源配置中的决定作用，由此激活经济和提高资源配置效率出发，应当把维护开放统一、公平竞争的市场秩序作为全面从严治党的重要内容，在实践中坚持发展为了人民、发展依靠人民、发展成果由人民共享的政策取向，处理好党、政、企、市场的关系，完善法律法规，在政策支持、行政审批和监管、市场交易等可能扰乱开放统一、公平竞争市场秩序的关键环节加强监督，加大反腐力度，根除法不如文件、文件不如讲话、讲话不如批示、批示不如领导现场办公的现象，避免官僚利益集团的形成及其对政策、法律制定和实施的钳制。

总之，全面从严治党，有利于更好地发挥政府和市场的作用，是厚植发展优势和释放发展新动力的根本保障。鉴于此，对全面从严治党应当更加有信心，在实践上更加有定力。

［原载《红旗文稿》2016年第19期，原题为《全面从严治党有利于经济发展》］

全面从严治党是人民幸福线的根本保障

2016年7月1日,习近平总书记在庆祝中国共产党成立95周年大会上指出,党的基本路线是人民的幸福线。中共十八届六中全会把"人民的幸福线"这一概念写入了《关于新形势下党内政治生活的若干准则》,指出党在社会主义初级阶段的基本路线是党和国家的生命线、人民的幸福线。在新的历史阶段,把中共十八届六中全会对全面从严治党的新部署,以及推进党的建设新的伟大工程进程中形成的最新的制度成果《关于新形势下党内政治生活的若干准则》《中国共产党党内监督条例》(以下简称《准则》《条例》)落实到位,进一步推进党内政治生活和党内监督制度化、规范化、程序化,将保障改革开放基于人民的幸福线前进,开启中国特色社会主义事业的新境界。

一、全面从严治党是坚持中国特色社会主义道路的根本保障

中国特色社会主义道路的成功,是始终不渝坚持党在社会主义初级阶段的基本路线的成功。中国作为一个积贫积弱,而在近代受尽西方列强欺凌的发展中国家,尽管仁人志士有过多种实践探索,也没能走出"贫困陷阱"。然而,1949年以后的中国,改写了这一发展逻辑。中国发挥社会主义能够凝聚全国人民力量的优势,自1953年起的"一五"计划到改革开放前,组织实施了关系国计民生的重大建设项目,因而在如

此短的时期内，建立起了独立的比较完整的工业体系和国民经济体系。1978年中共十一届三中全会以来，中国通过改革开放，逐步建立起社会主义市场经济体制，社会主义优势和市场经济的优势内在地融合，极大地解放和发展了社会生产力，实现了由世界经济体的第11位跃升至第2位。这一举世瞩目的发展奇迹，是在没有西方发达国家的先发优势下实现的，即既没有西方发达国家之初通过殖民实现资本积累的条件和可能，也没有由于资本雄厚而形成跨国垄断的优势，这更加凸显了中国特色社会主义的优势。

中国之所以能够在落后的劣势地位，而通过发挥社会主义优势，成功地走出"贫困陷阱"，是因为有中国共产党的领导，探索形成和不断完善中国特色社会主义道路。这一道路有特定和丰富的内涵，其中之一是可以凝聚人民的力量兴办关系国计民生的大事。中国共产党站在时代的前沿，处理好全局利益和局部利益、长远利益和短期利益的关系，也就形成基于人民要求的内在的发展动力，凝聚起全国人民的力量。由此，在中国共产党的领导下，为了实现中华民族的伟大复兴，全国人民奉献智慧和辛勤劳动，积沙成塔。这正是一条发展为了人民、发展依靠人民、发展成果由人民共享的发展之路。2015年11月7日，习近平总书记在新加坡国立大学演讲时指出，坚持共享发展，就是要坚持发展为了人民、发展依靠人民、发展成果由人民共享，使全体人民在共建共享发展中有更多获得感，朝着共同富裕方向稳步前进。[①] 如果离开中国共产党的领导，不走社会主义道路，而是如资本主义国家那样，在资本控制的国家治理体系下，分配不公，分化严重，人民的力量不能聚集，中国也就难以取得发展奇迹。第二次世界大战后的实践表明，绝大多数后发国家，即便是资本主义国家，也难以实现赶超发展。这其中除了作为后发国家在全球竞争体系中处于劣势地位的因素外，最根本的原因就在于国家治理体系受资本控制，而不是以人民为中心，如此难以形成国家发展合力。

中共十八届六中全会及通过的《准则》，强调坚定理想信念，指出共产主义远大理想和中国特色社会主义共同理想是中国共产党人的精神支

---

① 习近平：《深化合作伙伴关系　共建亚洲美好家园》，《人民日报》2015年11月8日。

柱和政治灵魂。以此思想为基础，全面从严治党，中国共产党就可以保持团结统一，把《准则》《条例》落实到位，增强党自我净化、自我完善、自我革新、自我提高能力，提高党的领导水平和执政水平、增强拒腐防变和抵御风险能力，确保党始终成为中国特色社会主义事业的坚强领导核心，也就能够坚持以人民为中心，更好地凝聚全国人民的力量，使中国特色社会主义道路越走越宽广。

二、全面从严治党是坚持党在社会主义初级阶段的基本路线的根本保障

中国共产党在社会主义初级阶段的基本路线是党和国家的生命线、人民的幸福线的统一。党和国家的生命线、人民的幸福线之所以能够始终统一于党在社会主义初级阶段的基础路线，根本是因为中国共产党来自人民和为人民服务，并通过坚持党要管党、从严治党为之提供保障。

国内外社会主义改革的实践表明，防止走改旗易帜邪路必须坚持全面从严治党。中国共产党果敢从严治党，因此尽管有国际上的资本主义仍然强大的外部环境，有所有制结构多元化和利益主体多元化的内部因素，自身也没有陷入官僚利益集团，更没有受利益集团的裹挟，仍然能够保持先进性和纯洁性。正因为如此，在推进中国特色社会主义事业的进程中，尽管有共产主义远大理想和中国特色社会主义共同理想不坚定的人、出于私利的腐败分子，中国共产党都能够坚持以人民为中心，勇于向主张走改旗易帜的邪路的人说不，勇于向腐败分子说不。党的十八大以来，针对一个时期以来存在管党治党宽松软现象而发生的种种问题，强化全面从严治党，一方面通过处理周永康、薄熙来、郭伯雄、徐才厚、令计划等人严重违纪违法案件形成威慑，另一方面着力构建不敢腐、不能腐、不想腐的体制机制。2016年3月4日，习近平总书记在看望民建、工商联委员时，提出了构建这样的"亲""清"新型政商关系：对领导干部而言，"亲"就是坦荡真诚同民营企业接触交往，帮助解决实际困难；"清"就是清白纯洁，不搞权钱交易。对民营企业家而言，就是讲真

话说实情建净言,遵纪守法办企业、光明正大搞经营。① 建立这样的关系,保障了改革开放沿着中国特色社会主义道路前进。相反,20 世纪 90 年代初,苏联国家解体,由社会主义滑落为资本主义,除了新自由主义提出的"华盛顿共识"的理论陷阱的外部因素,根本在于自身形成了官僚特权阶层,伤及人民的利益和幸福,苏联共产党和国家也就失去了生命线。对于中国、苏联如此不同的道路及其经验教训,必须做出正确的认识和评价,才能更好地坚持党在社会主义初级阶段的基本路线。为此,中共十八届六中全会明确提出,对歪曲、丑化、否定党的历史、中华人民共和国历史、人民军队历史的言行,必须旗帜鲜明反对和抵制。由此,中华人民共和国史研究应当勇于担当起这一重任,深入研究,书写出与历史本来一致的主题和主线、主流和本质的国史,为正确认识和坚持党在社会主义初级阶段的基本路线提供历史研究成果的支撑。中共十八届六中全会及通过的《准则》强调,必须全面贯彻执行党的基本路线,把以经济建设为中心同坚持四项基本原则、坚持改革开放这两个基本点统一于中国特色社会主义伟大实践,任何时候都不能有丝毫偏离和动摇;必须把坚持党的思想路线贯穿于执行党的基本路线全过程,在实践中检验真理和发展真理,不断推进马克思主义中国化。这次全会还就党的高级干部全面贯彻执行党的基本路线作出专门规定,提出考察识别干部特别是高级干部必须首先看其是否坚定不移贯彻党的基本路线,强调党员、干部特别是高级干部在大是大非面前不能态度暧昧,不能动摇基本政治立场,不能被错误言论所左右;明确对在大是大非问题上没有立场、没有态度、无动于衷、置身事外,在错误言行面前不抵制、不斗争,明哲保身、当老好人等政治不合格的干部坚决不用,已在领导岗位的要坚决调整,情节严重的要严肃处理。同时,这次全会及通过的《准则》还提出建立容错纠错机制,要求宽容干部在工作中特别是改革创新中的失误,不得混淆干部所犯错误性质或夸大错误程度对干部作出不适当的处理,不得利用干部所犯错误泄私愤、打击报复。这一"严"一"宽"的政治生活准则组合,有利于营造良好的政治生态,把坚持党的思想路线贯穿

---

① 《习近平谈治国理政》第 2 卷,外文出版社 2017 年版,第 264—265 页。

于执行党的基本路线全过程，坚持解放思想、实事求是、与时俱进、求真务实，坚持理论联系实际，一切从实际出发，在实践中检验真理和发展真理，既反对各种否定马克思主义的错误倾向，又破除对马克思主义的教条式理解，必将推进理论创新、实践创新、制度创新、文化创新以及其他各方面创新，增强党的创造力、凝聚力、战斗力，提高党的领导水平和执政水平。全面从严治党，贯彻好《准则》《条例》，将使党在社会主义初级阶段的基本路线得到更好地坚持。

三、全面从严治党是基于人民的幸福线推进改革开放的根本保障

中国改革开放的成功，是坚持问政于民、问需于民、问计于民的成功。在受资本控制的国家的治理体系中，各党派及其组成的政府有着明显的利己偏向，一方面他们主动向提供政治献金的利益集团问政、问需、问计，另一方面资本强大的利益集团的游说能力也较强大，甚至其代表直接从政和主导政策、法律的制定和实施。中国共产党来自人民，以人民立场为党的根本政治立场，一切为了群众，一切依靠群众，所以敢于也能够做到问政于民、问需于民、问计于民，做到从群众中来，到群众中去，而不是在群众面前自以为是、盛气凌人。

中国共产党根据时代的要求，坚持不懈地问政于民、问需于民、问计于民。从新中国成立起到改革开放前，中国共产党发挥人民主体地位的作用，激励人民积极投身现代化建设的各个方面。改革开放初期，在"摸着石头过河"的改革进程中，尊重人民群众和基层的首创精神，推动改革开放广泛深入地展开。进入改革开放和经济社会发展新的历史阶段，在进行顶层设计全面深化改革的进程中，坚持和完善了广泛问政于民、问需于民、问计于民的做法。全面从严治党，本身就是顺应人民意愿的体现。

中国共产党与时俱进地探索完善问政于民、问需于民、问计于民的实现形式及其制度规范。比如，在国家制度层面，不断完善人民代表大会制度；在制定具体政策层面，广泛开展调查研究，实施听证论证会制

度；等等。这次全会及通过的《准则》《条例》，对保持党同人民群众的血肉关系作出专门规定，不仅明确人民立场是党的根本政治立场、牢固树立人民群众是历史创造者的历史唯物主义观点，还提出领导干部特别是高级干部要以身作则地反对形式主义、官僚主义、享乐主义和奢靡之风，坚持和完善领导干部调查研究、定期接待群众来访、同干部群众谈心、群众满意度测评等制度；各级领导干部必须深入实际、深入基层、深入群众，多到条件艰苦、情况复杂、矛盾突出的地方解决问题，千方百计为群众排忧解难；对一切搞劳民伤财的"形象工程"和"政绩工程"的行为，要严肃问责追责，依纪依法处理；当人民利益受到损害、党和国家形象受到破坏、党的执政地位受到威胁时，要挺身而出、亮明态度，主动坚决开展斗争。全面从严治党，把《准则》《条例》落实好，可以更好地实践以人民为中心的思想，保障改革开放始终基于人民的幸福线而成功推进。

中共十八届六中全会对全面从严治党的部署及全会通过的《准则》《条例》，与以往相比，一个突出的特点是强调加强和规范党内政治生活、加强党内监督必须首先从高级干部抓起。做出这样一个规定，旨在发挥好高级干部在全面从严治党中的表率作用。在"不忘初心、继续前进"的内在动力下，这次全会对全面从严治党的部署及《准则》《条例》的制定和实施，从思想上、政治上、组织上、作风上、制度上防范和解决党内存在的突出矛盾和问题，可以使中国共产党经受住执政考验、改革开放考验、市场经济考验、外部环境考验，克服精神懈怠的危险、能力不足的危险、脱离群众的危险、消极腐败的危险，强化忧患意识、创新意识、宗旨意识、使命意识，更加坚定共产主义远大理想和中国特色社会主义共同理想，确保党始终成为中国特色社会主义事业的坚强领导核心，保障党的基本路线不偏离和不动摇，保障沿着中国特色社会主义道路前行。如此，人民的幸福线将更加靓丽。

[原载《当代中国史研究》2017年第1期]

坚持中国特色社会主义政治经济学的人民立场

2015年11月23日，习近平总书记在主持十八届中央政治局第二十八次集体学习时指出："坚持以人民为中心的发展思想。发展为了人民，这是马克思主义政治经济学的根本立场。"坚持以人民为中心的发展思想，就是要把增进人民福祉、促进人的全面发展、朝着共同富裕方向稳步前进作为经济发展的出发点和落脚点。部署经济工作、制定经济政策、推动经济发展都要牢牢坚持这个根本立场。

一、发展为了人民是马克思主义政治经济学的根本立场

为什么人的问题，是马克思主义政治经济学与资本主义经济学的根本区别，前者服务于广大人民，探索增进人民福祉、促进人的全面发展和全体人民共同富裕的实现路径和政策措施，而后者则服务于资本所有者，为实现资本利润最大化探寻实现路径和手段。

发展为了谁、发展依靠谁、发展成果由谁来分享这一贯穿整个经济发展过程的问题，是与人民是否处于主体地位和是否基于人民的立场进行国家治理联系在一起的，不同的社会对这个重大问题的处理是有差异的。无论是封建社会还是资本主义社会，广大劳动人民都没有主体地位，国家治理中就不能基于人民的立场进行政策设计，人民也就不可能充分分享发展成果。封建制度服务于地主阶级，官僚阶级和地主阶级等势力对农民进行经济的和超经济的剥夺，财富也向少数人集中。资本主义制

度服务于少数大资本所有者，财富日益向大资本所有者集中，这种财富占有的两极分化态势长久存在，至今仍然没有得到根本性扭转。资本主义社会基于大资本所有者的立场，奉行资本至上，除在经济上体现为资本被人格化、资本雇佣劳动、资本拥有收益索取权和经营决策权外，更表现为资本决定整个社会的运行，如美国等的政治献金对政治的左右就充分说明了这一问题。

马克思主义深入剖析了劳动与资本的关系，基于劳动价值论和剩余价值论，围绕人类社会发展及财富增长的新道路，就如何解决劳动与资本的矛盾，进行了历史性探索，创建了科学社会主义。中国和苏联一样，通过建立人民政权，在人类社会确立了人民当家作主的政治制度，成功地确立了人民的主体地位。中国特色社会主义的成功和苏联社会主义的失败有诸多方面的原因，从经济基础与上层建筑的关系分析，其中一个重要原因就在于是否形成了既坚持人民主体地位又充分利用资本的实现路径。

新中国成立以来，中国共产党团结带领人民按照马克思主义的基本原理，基于广大人民而不是少数大资本所有者的立场，对工业化发展所依赖的资本积累和增长问题，进行了艰辛的探索。新中国成立初期，国家实行劳资两利的政策，使劳资两个方面的积极性都得以调动起来。在社会主义改造过程中，通过将生产资料私有制改造为社会主义公有制，为坚持人民主体地位夯实了所有制基础。在这一进程中，也存在一些属于次要方面的问题，即实行清一色和形式单一的公有制，加之实行高度集中的计划经济体制，导致各方面的积极性没有更充分地调动起来。1978年中共十一届三中全会以来，我国在改革开放的历史进程中，在解放思想、实事求是、与时俱进的思想路线指导下，基于生产力尚处于较低水平，仍需要进行资本积累的现实，在坚持人民主体地位的前提下，注重发挥资本的作用，从探索引进外资和发展个体经营起步，到形成公有制为主体、多种所有制经济共同发展的基本经济制度，并相应地将单一的按劳分配，调整为以按劳分配为主体、多种分配方式并存的分配制度。国家不断建立健全社会保障体系，在经济发展的基础上不断改善民生。经过探索创新，中国初步探索形成了适应社会主义初级阶段的保障人民主体地位与充分利用资本相统一的实现路径，促进了社会财富增长与人民发展的统一。

与中国形成鲜明反差的是，苏联和之后的俄罗斯在改革中选择了新自由主义开出的以私有化为核心的"华盛顿共识"的药方，走向了资本主义道路，把公有制变成了私有制，资本至上的逻辑导致人民主体地位的丧失。

二、构建基于人民立场的中国特色社会主义政治经济学

如何把发展为了人民这个根本立场贯穿于生产力、生产关系、经济基础、上层建筑各个方面，以及所对应的生产、交换、分配、消费等各个环节，是构建中国特色社会主义政治经济学的重要课题。为此，需要在科学总结中国特色社会主义发展道路成功经验的基础上，回答如何完善发展动力机制，如何完善基本经济制度、经济治理结构，以及共同富裕的实现路径等方面的问题。

（一）基于发展为了人民的立场丰富发展动力观和完善发展动力机制

经济社会发展是在特定的制度下实现的。不同的经济社会发展阶段，会有不同的发展动力机制。新中国无论是处在哪个经济发展阶段，不变的是发展都离不开人民。习近平总书记强调："发展为了人民、发展依靠人民、发展成果由人民共享，这是中国推进改革开放和社会主义现代化建设的根本目的。"党的十八大以来，以习近平同志为核心的党中央大力践行发展为了人民的立场，把增进人民福祉、促进人的全面发展作为发展的出发点和落脚点，解决了许多长期想解决而没有解决的难题，办成了许多过去想办而没有办成的大事。只有基于人民是推动发展的根本力量的唯物史观，注重对发展为了人民、发展依靠人民、发展成果由人民共享的实践创新进行归纳总结，避免单一进行生产要素对经济增长贡献分析而忽视生产力中最活跃的人这一因素的缺陷，展开对中国特色社会主义政治经济学的构建，才能回答西方经济学解释不了的中国发展奇迹

问题，才能深化中国取得跨越发展奇迹动因的分析，也才能回答面对发展中的新矛盾如何完善中国特色社会主义道路的问题。基于这样的逻辑，展开对中国特色社会主义政治经济学的研究，可以丰富发展动力观，促进发展动力机制的完善，促进经济、政治、文化、社会、生态协调发展机制的形成。

（二）基于发展为了人民的立场完善基本经济制度

经济基础决定上层建筑。所有制及股权结构不仅决定企业员工是否有经营决策权和收益分配权，还决定人民的主体地位是否坚固。基于发展为了人民的立场构建中国特色社会主义政治经济学，应基于经济社会所处发展阶段，从探索确保人民主体地位和充分利用资本相统一出发，完善所有制结构及股权结构。在社会主义初级阶段，既不能回避资本在经济运行中的积极作用而回到改革开放前那种清一色的公有制，也不能放弃人民的主体地位步入以资本至上的资本主义道路，这就需要有一个与之对应的所有制结构及股权结构。实践表明，在个体经营、合伙制、合作制、股份合作制、股份制等各种企业形式中，实行劳动的联合和资本的联合统一的这样一种股权结构的股份合作制，是能够使保障人民主体地位与充分利用资本相统一的有效实现形式。但是，在西方国家，由于资本在经济运行中起主导地位，股份制以其保障资本权益、融资能力强等优势，现今成为企业的主要制度。相对而言，合作制、股份合作制在经济增长的资金密集化和全球经济仍由资本主导的态势下的发展能力，与资本联合的股份制企业，尤其是跨国资本企业有明显差距，因而还主要是弱势群体和弱势产业的一种选择。在我国，基于社会主义初级阶段的基本国情，在坚持公有制为主体、多种所有制经济共同发展的基本经济制度，并通过发展混合所有制经济放大国有资本功能的同时，还可通过对混合所有制经济实施企业员工持股改革，构建公有制主体地位下的民有其股的股权结构，形成资本所有者和劳动者利益共同体，以避免西方资本所有者与劳动者分离下资本雇佣劳动对人民主体地位的解构。

从保障公有制的主体地位和国有企业的主导地位出发，还应当基于国有企业在整个国家经济社会发展中承担着其他企业不能承担的特殊功能的实际情况，构建起与之对应的评价体系。一些人由于受学科专业分工所致，也受西方经济学奉行的"利润最大化"宗旨影响，在评价国有企业的效益时，往往只算它的经济效益，而没有算它的社会效益。比如，在解决就业上的作用、在科技攻关上的作用（大型国有企业与小型民营企业不同之处在于，不仅有应用型的科技攻关，还担当基础性的科技攻关）、对保障经济社会的稳定作用等。对于这种仅以经济效益考量国有企业成功与否的标准，必然导致其把国有企业判定为效率低下的，进而对国有企业加以否定，甚至主张将其私有化。这样的评价指标体系，没有区分国有企业与非公有制企业在承担社会责任上的不同，脱离了中国的实际，也没有充分体现发展为了人民的立场，应加以改变完善，把经济效益与社会效益统一纳入国有企业评价指标体系。

（三）基于发展为了人民的立场完善经济治理结构

计划和市场都是经济手段、发展社会主义市场经济、使市场在资源配置中起决定性作用和更好发挥政府作用，是中国共产党对马克思主义政治经济学的重大贡献，基于这些理论创新开创了社会主义市场经济的崭新历史。在社会主义条件下发展市场经济这样一个伟大创举，就是既坚持社会主义制度优越性，又防范产生资本主义市场经济的弊端。构建中国特色社会主义政治经济学，应当把计划和市场作为服务于发展为了人民、发展依靠人民、发展成果由人民共享的手段，把政府和市场两方面的作用都发挥好，破解"有效的市场"和"有为的政府"这一国家治理的世界性难题。在中国共产党领导和社会主义制度的前提下发展市场经济，在让市场在资源配置中起决定作用时，发挥好政府的作用，不仅在于避免市场失灵，还有利于形成基于人民立场的发展机制：形成长远与近期统一、全局与局部统一的发展战略，以及与之配套的政策措施，引导资源配置的优化，完善跨越式发展的中国式机制，以有利于中华民族伟大复兴中国梦的实现；通过把握好稳增长、调结构、惠民生、促改革之间的平衡点，实施国家宏观调控，使中国经济行稳致远，妥善应对外部冲击；避免出现市场经济下的"马太效应"，注重提升广大人民的发展能力，促进发展机会的公平，而不是出现资本逻辑下主要有利于资本所有者的所谓发展机会公平的情况。

（四）基于发展为了人民的立场完善共同富裕的实现路径

在人类社会的历史演进中，生产力水平的提升和社会财富的增长，能否更多地惠及广大人民，分野在于是否基于发展为了人民的根本立场。在资本主义社会，服务于资本利益最大化的政策导致财富占有两极分化，这是资产阶级与雇佣劳动者阶级的矛盾所在。共同富裕是基于发展为了人民立场的社会发展目标，同时也为广大人民的公平和全面发展提供物质保障。国内外实践表明，促进共同富裕与实现经济社会发展能否统一起来和相互促进，关键在于能否形成人民共享发展成果的实现路径及其实现机制。中共十八届五中全会提出共享发展理念，进一步明确了主要包括全民共享、全面共享、共建共享、渐进共享四个方面的内涵，也明确了促进共同富裕的实现路径。在财富向极少数人集中而严重失衡这样一种新的世界财富结构以及所引发诸多矛盾和挑战的国际环境下，中国作为最大的发展中国家，落实以人民为中心的思想，基于发展为了人民的立场，如何一如既往地避免滑入两极分化的社会财富增长模式，把实现社会财富增长与促进共同富裕统一起来，形成共享发展成果的实现路径及其机制，仍然是中国特色社会主义政治经济学应当回答的问题。同时，还应构建有利于促进共同富裕的经济社会发展评价体系，以引导形成政府和社会共同改善收入分配的政策体系和实现机制。特别是，面对中等收入群体比例明显提高的阶段，也需要探索出跨越"中等收入陷阱"的中国方案。

［原载《红旗文稿》2017年第20期］

经济史研究方法

跟随实践发展把握经济史研究对象

经济史研究对象的界定是一个涉及立场、观点，也关系到经济史研究重点的确定、主线梳理、理论方法运用、话语体系构建、写作结构布局等的问题，因而也是学科建设不能回避的问题。随着经济社会的发展及对其研究的拓展，对经济史研究对象的界定呈多样化态势，包括政治经济史、社会经济史、经济发展和制度变迁史、国民经济史、经济制度史、生产力与生产关系史等。这主要是缘于经济社会发展所要解决问题和学科发展状况的不同，学科视角及研究问题侧重不同，研究范式和话语体系不同。对经济史研究对象的探讨，还需要按照唯物史观的要求，既看到西方经济学的进步，又看到其缺陷和看清其实质，深化对经济史研究对象界定的立场和观点的认识，树立整体历史观，引入非经济因素，从生产方式的矛盾运动展开。如此展开对中国特色社会主义经济发展道路的形成和不断完善历程及经济发展成就、经验的研究，才有可能科学解释"中国之谜"，并作出更有价值的经验总结和理论概括。

一、经济史研究对象界定的多种见解

对经济史研究对象的界定有多种见解，下面列举一些。

政治经济史。魏永理认为，中国经济史是一门介于政治经济学和历史学之间的学科，是中国史学中的一门专史。国民经济史与政治经济学的关系，是特殊和一般、个性与共性的关系。① 严中平认为，经济史的研究对象和政治经济学的研究对象没有什么两样，所不同的只是政治经济学通过对经济发展历史过程的研究，归纳出抽象的经济范畴，运用这些经济范畴形成逻辑体系，去阐明经济发展规律，而经济史则运用这些经济范畴去阐明经济发展规律在经济发展过程中所表现的具体历史过程。经济史和政治经济学的这些差异，实质上并不是研究对象的不同，而是表述方法的不同。② 严中平进一步对经济发展过程作出解释，指出一个国家的经济发展过程都表现在生产、交换、分配、消费四个方面；表现在农业、工业、商业、金融、财政等许多经济部门上；表现在农村、城市、山区、平原等许多地理分布上；表现在地主、佃农、自耕农、手工业者、商人、资本家和工人等许多阶级分野上。这许多经济范畴都有各自的运动规律，并互相联系，相互影响，面对这许多使人眼花缭乱的复杂现象，我们分析问题，显然必须掌握历史发展的中心红线或中轴。在经济基础方面，这条中心红线就是生产资料所有制形式；在上层建筑方面，这条红线就是国家权力。③ 李伯重认为，早期的经济学与政治学密切联系，将经济视为国家政策的一部分。亚当·斯密和马克思所从事的经济学也都是政治学，因此称为"政治经济学"。经济学是科学理论、政治意识形态、公共政策和公认真理的复杂的混合物。一个时代的经济理论必须与大众的信条、关切一致，必须提供有用与有意义的结果，在此意义上，经济学永远是政治经济学。在20世纪上半期，西方经济史学主要采用政治经济学的话语体系，因此当时的中国经济史学也接受了这个话语体系。在20世纪20年代与30年代之交，中国出现了以经济史为核心的"社会史大论战"，就是在政治经济学的话语体系中进行的。之后以《中国社会经济史研究集刊》《食货》半月刊两个主要刊物所发表的文章为代表的主流经济史研究，也都基本上采用上述话语体系。1949年以后，中国确立

---

① 魏永理：《中国近代经济史纲》上"绪论"，甘肃人民出版社1983年版，第1、6页。
② 严中平：《科学研究方法十讲——中国近现代经济史专业硕士研究生参考讲义》，人民出版社1986年版，第28页。
③ 严中平：《科学研究方法十讲——中国近现代经济史专业硕士研究生参考讲义》，人民出版社1986年版，第33页。

了马克思主义在中国史学研究中的主导地位，导致中国经济史学在话语体系方面的第一次大转变。经过这个转变，中国经济史学采取了马克思主义政治经济学的话语体系。在"新经济史革命"后，出现了一些经济学家"脱离历史和实际，埋头制造模型"的倾向，但这种倾向并非经济学的主流，因此受到索洛等著名经济学家的严厉批评。[1]基于经济史与政治经济学密不可分的这一特性，在中华人民共和国经济史的研究上，中共党史、国史、经济史学界的跨学科研究已展开，将成为一种趋势，也可以为构建中国特色社会主义政治经济学提供经济史研究的支撑。

社会经济史。李根蟠指出，由于中国经济史学是在马克思主义唯物史观的指导或影响下形成和发展起来的，所以它一开始就以社会经济史的面貌出现。在20世纪30年代的中国，"经济社会史""社会经济史""社会史""经济史"这几个名词的含义是相同或相近的，以至可以相互替换使用。人们不是孤立地就经济论经济，而是从各种社会关系中把握经济的发展，人们说"经济史"的时候，是指与社会有机体联系在一起的经济发展史，人们说"社会史"的时候，是指以经济为主体的社会史，两者是一致的。[2]1987年出版的《经济科学学科辞典》说，经济史，或称"社会经济史"，从总体上说，是直接研究社会生产力和生产关系发展客观过程的经济学科。[3]《中国经济史辞典》指出，经济与社会的其他领域关系密切，为了研究生产力和生产关系变化的原因、过程与后果，必然涉及经济政策，经济思想、阶级斗争诸因素。有人因此又将经济史称为"社会经济史"。[4]吴承明认为，经济史本来是社会经济史，老一辈经济史学家都研究社会。1952年禁止社会学，不敢研究了。1979年已解禁，自应恢复社会经济史。[5]我赞成"社会经济史"的提法。但目前经济史学者多无力研究整个社会，要依靠社会学专家的成果。就经济史说，主要是考察人口、宗族、等级、分业（士农工商）、乡绅和社区组织、消费习

---

[1] 李伯重：《中国经济史学的话语体系》，《中华读书报》2011年4月6日。
[2] 李根蟠：《唯物史观与中国经济史学的形成》，《河北学刊》2002年第3期。
[3] 中南财经大学编：《经济科学学科辞典》，经济科学出版社1987年版，第343页。
[4] 赵德馨主编：《中国经济史辞典》，湖北辞书出版社1990年版，第1页。
[5] 吴承明：《研究经济史的一些体会》，《近代史研究》2005年第3期。

俗等。①2010年陈支平在《〈中国社会经济史研究丛书〉总序》中说，中国经济史学，又称中国社会经济史学。②虞和平认为，经济史是经济学和历史学的交叉学科，经济史是广义的经济学，按照马克思主义哲学观点，历史首先是经济史。③李伯重指出，近年来西方经济史学出现了研究重心由单一的经济史向社会经济史转变的趋势，以克服以往出现的偏差。④

国民经济史。陈振汉认为，国民经济史这个名词是从苏联开始的，它以前学法国、德国，都是由欧洲大陆传入的。中国又沿用了苏联用的这个名词。⑤赵德馨认为，经济史学包含多个分支和种类。国民经济史只是其中范围最广、层次最高的一类，但也只是一类而已。国民经济史包括该国的农业经济、工业经济、交通经济、银行、企业等，但它却不是农业经济史、工业经济史、交通经济史、银行史、企业史等专门经济史（包括部门经济史、行业经济史、经济组织史等）简单相加的总和。当然，国民经济史也不能代替农业经济史、工业经济史、交通经济史、银行史、企业史等专门经济史。⑥据《经济科学学科辞典》载，经济史有许多分支，就整体与部分而言，有以国民经济整体为对象的国民经济史（有人也简称经济史），有以各种不同层次的部门经济为对象的部门经济史，有以企业为对象的企业史，也有以资本集团或资本家家族为对象的资本集团史或资本家家族史。⑦在中国产生较大影响的苏联学者梁士琴科和琼图洛夫认为，国民经济史"乃是研究生产的发展，研究数十世纪以来生产方式的新旧更替，研究生产力与人们生产关系的发展"⑧，"国民经济史这门学科的对象是研究生产，研究它在许多世纪内依次更替的生产方式的发展，

---

① 吴承明：《经济史：历史观与方法论》，《中国经济史研究》2001年第3期。
② 陈支平：《〈中国社会经济史研究丛书〉总序》，载方行《清代经济论稿》，天津古籍出版社2010年版，第1页。
③ 虞和平2005年6月13日为聊城大学历史文化学院历史系学生所作的《关于中国近代史研究的几个问题》的学术报告。
④ 李伯重：《中国经济史学的话语体系》，《中华读书报》2011年4月6日。
⑤ 陈振汉：《步履集：陈振汉文集》，北京大学出版社2005年版，第23页。
⑥ 赵德馨：《经济史学概论文稿》，经济科学出版社2009年版，第49页。
⑦ 中南财经大学编：《经济科学学科辞典》，经济科学出版社1987年版，第343页。
⑧ ［苏］梁士琴科：《苏联国民经济史》第1卷，中国人民大学翻译室译，人民出版社1959年版，第5页。

研究历史上一定的生产关系形态中的生产力的发展"①。虞和平认为，国民经济史采用计量和量化研究，以个案为研究对象难免会有片面性，因为近代中国统计学落后，量化模型可信性不高。②

经济发展和制度变迁史。1991 年，董志凯在《读赵德馨主编的〈中华人民共和国经济史〉》中，针对中华人民共和国经济史分期问题，提出了"国民经济史的基本研究对象"概念，并将这一基本研究对象解释为"经济体制变化和生产力的发展线索"。③14 年之后的 2005 年，董志凯、武力坚持和完善了这一观点，提出中华人民共和国经济史的研究对象是经济发展和制度变迁的历史，即从 1949 年 10 月 1 日新中国成立到今天这个时段。④到 2010 年，武力指出，30 多年来，如果说 20 世纪 80 年代关于经济体制改革和发展的研究尚属于现实问题和对策研究，那么从 21 世纪开始，改革开放以来的经济发展和制度变迁不仅越来越成为经济史研究的对象，而且也有越来越多的学者回顾和研究这段历史。⑤近期的多种中华人民共和国经济史著作，无论研究者是否对经济史研究对象作出过这样的界定，在研究内容和章节目的设计上，一般是以经济发展与制度变迁为主线。这也反映了随着实践和理论的发展，经济史研究对象日益拓宽的基本事实。

经济制度史。李伯重指出，从研究的对象内容来看，无论是中国还是西方，早期的经济史研究主要集中在经济制度方面，可以将其概括为经济制度史研究。⑥随着制度经济学的兴起，经济制度史的研究越来受到重视。

生产力与生产关系史。这是中国 20 世纪 50 年代讨论较多的问题。

---

① ［苏］琼图洛夫：《外国经济史》，孟援译，上海人民出版社 1962 年版，第 4 页。
② 虞和平 2005 年 6 月 13 日为聊城大学历史文化学院历史系学生所作的《关于中国近代史研究的几个问题》的学术报告。
③ 董志凯：《读赵德馨主编的〈中华人民共和国经济史〉》，《中共党史研究》1991 年第 5 期。
④ 董志凯、武力：《中国现代经济史学科发展趋势》，《中国社会科学院院报》2005 年 10 月 25 日。
⑤ 武力：《改革开放以来中国现代经济史学科的发展和成果》，《中共党史研究》2010 年第 7 期。
⑥ 李伯重：《中国社会经济史研究的国际视野》，《清华大学学报（哲学社会科学版）》2007 年第 5 期。

马克思对于生产力与生产关系、经济基础与上层建筑关系的揭示，使马克思主义经济史学对于生产力与生产关系的研究予以了高度关注。中南财经大学赵德馨主编的《中国经济史辞典》指出，经济史学科简称"经济史"，是以经济发展客观过程即社会生产力和生产关系发展过程及其规律为研究对象的经济学科，包括以本学科为研究对象的经济史学概论。①许涤新指出，经济史既要研究生产关系，又要研究生产力。反映这两者的适合或不适合，就是经济史的全部内容。20世纪50年代，关于经济史研究对象的讨论，曾有一种意见，认为经济史研究的对象是生产关系，不包括生产力。或者说，经济史是"研究生产关系递变的科学"，而生产力只是一种条件。我们认为，这是不妥当的。生产力对生产关系起决定作用，并不仅是一种"条件"。马克思说：手推磨产生的是封建主的社会，蒸汽磨产生的是工业资本家的社会。②不讲生产力，生产关系也就无规律可言了。不讲生产力，经济史就变成抽象的历史，变成社会发展史。在20世纪30年代关于中国社会性质的论战中，有些学者就是从社会史的角度出发，或者用社会发展的一般规律来论证，往往缺乏说服力。其实，即便社会发展史，也是要研究生产力的。恩格斯的《家庭、私有制和国家的起源》等著作就是最好的范例。③1992年，赵德馨在《重提经济史学科研究对象的问题》一文中指出，在20世纪50年代，对经济史研究对象的见解有三种：①生产关系。④②生产关系为主、生产力为次或生产方式。⑤③社会经济整体的发展过程，即生产力和生产关系的矛盾和统一、发展过程。⑥在苏联，从20世纪30年代到50年代，对经济史学科对象的提法也是多样的。他们很重视对生产力发展的研究，其研究对象并

---

① 赵德馨主编：《中国经济史辞典》，湖北辞书出版社1990年版，第1页。
② 马克思：《政治经济学的形而上学》，载《马克思恩格斯选集》第1卷，人民出版社1995年版，第142页。
③ 许涤新：《〈中国资本主义发展史〉总序》，载许涤新、吴承明主编《中国资本主义发展史》第1卷《中国资本主义的萌芽》，人民出版社2007年版，第10—11页。
④ 孙健：《国民经济史的对象、方法和任务》，《经济研究》1957年第2期。
⑤ 李运元：《试论国民经济的研究对象》，《经济研究》1957年第6期；邵敬勋：《国民经济史的对象任务和方法》，《东北人民大学人文学科学报》1957年第4期。
⑥ 赵德馨：《关于中国近代国民经济史的分期问题》，《学术月刊》1960年第4期。

不限于生产关系。① 李伯重指出，由于经济史研究的特殊性，马克思主义与经济史学关系极为密切。这种密切关系源自经济史研究的特殊性，即经济史研究以社会的物质生产方式及其变化为主要对象，并强调这是人类社会演变的基础。②

二、经济史研究对象多样化界定的原因

对经济史研究对象的多样化界定，主要是由于经济社会的发展及其研究的拓展所致。经济社会发展所要解决问题和学科发展状况的不同，学科视角及研究问题侧重方面的不同，以及研究范式、话语体系的不同。

经济社会发展所要解决问题和学科发展状况的不同。陈振汉认为，历来研究经济史，主观上都是要解决当时面临的问题，希望以后的经济生活能更好一点儿。私人的经济活动（商业、工业）或政府的经济政策都能从历史研究中获得指导，获得教训，以便今后的工作做得更好。陈振汉进一步指出，经济史的研究首先从商业史开始，对有关商业的问题和商业政策进行讨论。经济史的研究兴起于欧洲的重商主义时期（16—17世纪），至18世纪后期《国富论》发表为止。接着，另一类研究是财政以及国家的工商业、农业经济政策方面的研究。中国也不例外，一直到五四运动为止，没有我们现在所理解意义上的经济史著作，有的只是国家财政史的著作，这在中国有很长久的历史，至少公元前司马迁的《史记》就开始了。为什么最初出现的是商业史和财政史呢？因为这些是当时面临的要解决的问题。中国自秦以后就是中央集权的专制主义国家，是一个庞大的财政机器。更特别的是中国从春秋时代开始，就有国家设立的修治官史的机构，孔夫子就是鲁国的史官，这也说明为何中国有如此悠久的财政史记录。③ 在中国社会主义经济制度的建立和完善进程中，对生产力和生产关系的研究予以了高度关注。进入20世纪80年代，关于经济史研究对象有了新的提法，例如：社会经济的结构形态及其发

---

① 赵德馨：《经济史学概论文稿》，经济科学出版社2009年版，第10页。
② 李伯重：《中国经济史学的话语体系》，《中华读书报》2011年4月6日。
③ 陈振汉：《步履集：陈振汉文集》，北京大学出版社2005年版，第31页。

展变化的运动规律;①既不是生产关系,又不是生产力,也不是生产方式,而是社会经济结构或全部社会经济的总和,包括生产力结构和生产关系结构,包括各部门、各产业、各地区之间的相互关系和国民经济的各种比例,诸如各种产业结构、经济技术结构、所有制结构、商品生产和商品交换的产品结构和进出口产品结构、赋税结构、金融政策结构、阶级结构。②随着经济社会的发展和经济史学科的发展,经济史研究的对象日益拓展。2007年,李伯重在《中国社会经济史研究的国际视野》中指出,从世界范围来看,到20世纪60年代以后,特别是70年代中期以后,经济成长与发展研究、社会组织研究、人口研究、生态环境研究、大众文化与社会经济关系研究等,都成为经济史研究的重要对象。如今,国外经济史研究早已大大突破了早期经济制度史研究的狭小范畴,与政治史、社会史、文化史、思想史、人口史、家庭史、妇女史、环境史等变得密不可分。李伯重还指出,经济史研究的对象,从研究的社会对象来看,体现出自上而下的平民化特征,逐渐将目光投向农民、工匠等普通人。③

学科视角的不同。不同学科视角的经济史研究对象各有侧重。20世纪90年代,吴承明指出,目前中国经济史的研究可说有三大学派:一派偏重从历史本身来探讨经济的发展,并重视典章制度的演变。一派偏重从经济理论上来阐释经济的发展,有的力求作出计量分析。一派兼顾社会和文化思想变迁,可称社会经济史学派。同时,也必然对经济史的理论和方法问题有不同观点和见解。我以为这是一大好事。百家争鸣才能促进学科的发展。如果只有一个观点,用一个声音讲话,我们经济史就要寿终正寝了。④陈支平指出,中国的社会经济史学已经形成了两大居于主流地位的学术流派,这就是以严中平、李文治、吴承明教授等为代表人物的"国民经济史学派"和"新经济史学派",以及以傅衣凌教授为奠

---

① 傅筑夫:《进一步加强经济史研究》,《天津社会科学》1982年第6期。
② 魏永理:《中国近代经济史纲》上"绪论",甘肃人民出版社1983年版,第3—4页。
③ 李伯重:《中国社会经济史研究的国际视野》,《清华大学学报(哲学社会科学版)》2007年第5期。
④ 中国社会科学院科研局组织编选:《吴承明集》,中国社会科学出版社2002年版,第349页。

基人的中国社会经济史学派，也称为"新社会史学派"。前者注重于经济学理论的探索，并且将其运用于中国经济历史发展规律的考察，通过宏观、中观、微观多层面及其相互结合转变的研究，从中寻求中国传统社会自身蕴藏着众多的向近代化转型的能动的积极因素。而后者则特别注重从社会史的角度研究经济史，在复杂的历史网络中研究二者的互动关系，注重深化地域性的细部考察和比较研究，从特殊的社会经济生活现象中寻找经济发展的共同规律。① 虞和平认为，经济史的研究可以有政治经济史、国民经济史和社会经济史三个角度。② 从一般观点来说，立足于经济学研究的一般称为国民经济史，立足于历史科学角度的一般称为社会经济史。国民经济史侧重经济发展的表构，社会经济史强调分析表象后的制约因素，二者应当适当结合。③ 董志凯指出，政治经济史侧重于政策、制度与经济运行的互动关系研究。④

研究范式和话语体系的不同。库恩认为，科学研究不是简单的资料累积，而要形成一定的"范式"，即一组共有的方法、标准、解释方式和理论等，或者说是一种共有的知识体。⑤ 福柯则提出"话语"问题。研究范式与话语体系是相关联的。经济史研究范式和话语体系有马克思主义经济学和西方经济学之分野。李伯重认为，1949 年以后，中国确立了马克思主义在史学研究中的主导地位，导致中国经济史学在话语体系方面的第一次大转变。经过这个转变，中国经济史学采取了马克思主义政治经济学的话语体系。经济史唱主角的"新中国史学五朵金花"全国性史学大讨论，就是在新的话语体系下进行的。中国学者在经济史学中的两个重大理论贡献——"中国资本主义萌芽"和"中国封建社会"理论模

---

① 陈支平：《〈中国社会经济史研究丛书〉总序》，载方行《清代经济论稿》，天津古籍出版社 2010 年版，第 1 页。

② 虞和平在 2013 年 2 月 2 日中国社会科学院当代中国研究所第二研究室召开的"《中华人民共和国经济史》编写提纲研讨会"上的发言。

③ 虞和平 2005 年 6 月 13 日为聊城大学历史文化学院历史系学生所作的《关于中国近代史研究的几个问题》的学术报告。

④ 董志凯在 2013 年 2 月 2 日中国社会科学院当代中国研究所第二研究室召开的"《中华人民共和国经济史》编写提纲研讨会"上的发言。

⑤ 库恩：《科学革命的结构》，北京大学出版社 2003 年版，第 9 页。

式,也是在这个话语体系中提出并发展起来的。[①]生产关系是马克思主义经济学话语体系中的重要概念之一,而西方经济学则不使用生产关系概念而有自己的话语体系。马克思主义经济学从生产力与生产关系、经济基础与上层建筑的关系上探讨制度变迁和社会经济发展规律。李根蟠指出,中国经济史学一开始以社会经济史的面貌出现,显然在很大程度上是在马克思主义唯物史观的影响下形成的。马克思主义的唯物史观把人类社会看作一个有机的整体,把由生产力发展状况决定的生产关系的总和,视为这个社会有机体的基础。[②]吴易风在《论政治经济学或经济学的研究对象》一文中指出,马克思主义经济学和西方经济学在研究对象上的根本分歧,并不在于要不要研究资源配置,西方经济学研究的是生产一般的资源配置,而马克思主义经济学不仅研究资源配置一般,更重要的是要研究同生产方式相适应的历史的、具体的资源配置及其特征。[③]李义平指出,关于马克思经济学的研究对象,马克思在《资本论》第1卷的序言中开宗明义地指出,"我要在本书中研究的,是资本主义生产方式以及和它相适应的生产关系和交换关系"[④],而当代西方经济学则研究资源配置,研究经济运行,研究正常的经济运行所需要的微观基础,以及宏观经济政策和社会政策,研究人们的行为和选择。[⑤]这些差异,也导致了对经济史研究对象的认识和界定的不同。

此外,不同研究机构在经济史的研究上也有所侧重。例如,在中国,中共中央文献研究室、中共中央党史研究室、中国社会科学院经济研究所、当代中国研究所等机构都在开展中华人民共和国经济史研究。但由于这些机构各自职能不同,因而在研究对象上也有所侧重。一般而言,中共中央党史研究室在对中华人民共和国经济史的研究上,主要侧重于经济决策史;中共中央文献研究室在对中华人民共和国经济史的研究上,

---

① 李伯重:《中国经济史学的话语体系》,《中华读书报》2011年4月6日。
② 李根蟠:《唯物史观与中国经济史学的形成》,《河北学刊》2002年第3期。
③ 吴易风:《论政治经济学或经济学的研究对象》,《中国社会科学》1997年第2期。
④ 《马克思恩格斯选集》第2卷,人民出版社1995年版,第100页。
⑤ 李义平:《马克思经济学与西方经济研究的优势比较——基于当代中国经济问题的分析》,《学术研究》2013年第1期。

主要侧重于领袖的经济思想史；中国社会科学院经济研究所现代经济史研究室则面较宽，涉及国民经济的方方面面，对制度绩效的学理分析也较重视。当代中国研究所作为经中共中央批准成立的研究、编写、宣传中华人民共和国史的专门机构，对中华人民共和国经济史的研究起步较晚。董志凯指出，国史学科中的经济史研究不同于纯粹的经济学视角下的经济史研究，前者可能更突出政治经济史和社会经济史，后者则更突出经济效益，对经济体制的研究也是围绕经济发展和经济效益展开的。[①] 武国友认为，在写法上，中华人民共和国经济史不同于党史，应有对新中国成立以来多个五年计划或规划的描述和展现，因为这是新中国经济发展历程中的重要事件，经济史与党史阶段划分的时间节点不同也与此相关。[②] 萧国亮提出，在认识国史角度的经济史与党史的区别时，也要实事求是，突出领袖在经济发展中的重要作用，是由中国实行民主集中制及全党服从中央、下级服从上级的体制等所决定的。[③] 笔者考虑，中华人民共和国国史研究体系中的经济史研究对象，以中华人民共和国成立之日起为上限，以生产力与生产关系、经济基础与上层建筑的关系及其对应的生产、交换、分配、消费为基本问题，以政治经济史为主，同时纳入社会经济史、国民经济史的因素及其研究视角，并有机统一起来，兼顾党史研究偏重中国共产党的经济决策活动、兼顾中央领导文献研究偏重人物的经济思想、兼顾经济学从经济效益和学理视角对经济制度、经济体制和经济运行进行探讨。具体讲，中华人民共和国国史研究体系中的经济史研究对象，以基于生产方式的矛盾运动展开对中国特色社会主义经济发展道路形成和不断完善的历史轨迹为主线，主要包括中共中央领导集体的经济思想、国家的经济决策、国家的经济方针、国家的经济发展战略、国家的经济制度和体制、国家的经济政策、国民经济运行与

---

① 董志凯在 2013 年 2 月 2 日中国社会科学院当代中国研究所第二研究室召开的"《中华人民共和国经济史》编写提纲研讨会"上的发言。

② 武国友在 2013 年 2 月 2 日中国社会科学院当代中国研究所第二研究室召开的"《中华人民共和国经济史》编写提纲研讨会"上的发言。

③ 萧国亮在 2013 年 2 月 2 日中国社会科学院当代中国研究所第二研究室召开的"《中华人民共和国经济史》编写提纲研讨会"上的发言。

绩效等国家的经济生活，同时也纳入影响国家经济生活的因素，如国家的政治生活、文化生活、社会生活、对外交往与合作及国际环境等。其中，还需要把握两点，一是考虑到中国共产党是执政党，在研究国家的经济决策时，要以中国共产党的经济决策为重点，并研究国家经济决策与基层诉求与创新的互动过程，从而才可能全面和深刻地反映国家经济决策成因、形成过程、实施、绩效等；二是以人为中心，避免把经济生活作为一个冷冰冰的资源分配的选择逻辑，而把经济生活还原成有情感、有伦理道德的人创造财富的行为，以探究经济发展的原动力，这样才可能科学解释新中国成立起特别是改革开放以来快速发展的"中国之谜"。

三、中国发展奇迹背景下经济史研究对象探讨的若干问题

经济史的研究不仅要记载历史和解释历史，还要关怀现实，从历史发展过程中总结经验和探讨规律。进入 21 世纪，经济史研究面临如何对中国特色社会主义经济发展道路的形成和不断完善及由此所实现的跨越发展奇迹作出科学解释的新课题。西方经济学难以对中国跨越发展现象作出科学解释，将其视为"中国之谜"乃至"悖论"。美国哈佛大学教授韦茨曼提出，按照西方主流经济学家设计的苏联和东欧各国的改革，伴随而来的是经济大萧条，而在他看来不那么正宗的中国改革却与高速经济增长并行。2002 年，英国剑桥大学经济学家彼得·诺兰认为，按照主流经济学的理论逻辑，中国不可能获得目前的成就。但中国是在各种缺损的条件下，获得了持续的经济增长。诺贝尔经济学奖获得者布坎南则用"看上去不合理，可是却管用"，来解释"中国之谜"。[①] 可见，在对中国经济快速发展奇迹的解释上，西方经济学陷入了困境。经济史的研究应当也可以为解释中国经济发展道路及其显著绩效，并从中得出有理论和现实意义的结论作出一些贡献。从实现这一目标出发，还需要进一步从以下几个方面，深化对经济史研究对象的探讨。

按照唯物史观的要求，既要看到西方经济学的进步，又要看到其缺

---

① 中央电视台《国情备忘录》项目组：《国情备忘录》，万卷出版公司 2010 年版，第 8—9 页。

陷和看清其实质，深化对经济史研究对象界定的立场和观点的认识。吴承明认为，新古典经济学研究短期经济现象，把国家、意识形态以及制度安排都视为已知的、既定的或外生变量，不予考虑，这是非历史的。诺斯改变这种观点，把它们都纳入经济史研究范围，完全正确。他提出以制度安排为核心，研究各时期的结构变革和经济组织的有效性，并审定其实际绩效，这是经济史方法论上一大启发，但在应用上不可胶柱。历史是复杂的、多元的和多因素的，不能把制度安排作为唯一的原因。在诺斯的具体经济史、特别是古代史的著述中，常可见人口和移民、战争、技术以至黑死病等非制度因素的重大作用，而他的著作也命名为"结构与变革"而非"制度与变革"。再则，制度变革，如希克斯的《经济史理论》所说，常是经济发展的结果而不是它的原因。在国家理论上，我以为不宜把国家与人民的关系作为利益交易关系，这只能解释部分经济现象。在意识形态问题上，诺斯的观点就更狭隘了。[1] 鉴此，隋福民指出，吴承明认为产权理论、交易成本、制度变迁等概念可用于中国经济史研究，但应注意具体的研究对象。[2] 陈争平指出，吴承明认为新古典经济学和新制度经济学都有局限，至今仍"没有一个古今中外都通用的经济学"。[3] 许涤新更是明确地指出了不研究生产关系旨在掩盖私有制生产关系的矛盾。他分析说，西方经济史学者一般是重视生产力的，甚至专以生产力作为研究对象。例如，有人说，经济史是研究"人们过去如何从事生产、分配、劳动诸问题，又要用不同方法测定其上述活动的相对效率"。近年来兴起的发展经济学和经济成长理论，也都是研究生产力的。他们注意资源和劳动力的利用，注意科学技术的发展，以及用计量方法研究各时期的生产效率，这是可取的。然而，他们的研究是以资本主义生产关系作为永久存在为前提的，其目的是掩盖私有制生产关系的矛盾。把资本主义生产关系作为永久存在的前提，忽视生产关系的变化，在历史问题上也会得出荒谬的结论。西方研究中国经济史的学者，常常按照

---

[1] 吴承明：《经济史：历史观与方法论》，《中国经济史研究》2001年第3期。
[2] 隋福民：《创新与融合——美国新经济史革命及对中国的影响（1957—2004）》，天津古籍出版社2009年版，第300—301页。
[3] 陈争平：《中国经济史探索：陈争平文集》，浙江大学出版社2012年版，第220页。

资本主义社会来处理中国近代经济，以至把封建地租看成利润，把中国的小农经营说成是"家庭资本主义"；更不用说他们否定帝国主义侵略，否定殖民地经济的一面了。① 据《经济科学学科辞典》载，从 20 世纪 50 年代末期起，在西方，首先是在美国，出现了"经济史学革命"，产生了所谓"新经济史学"(New Economic History)，这场"经济史学革命"主要是改变了对经济史的传统研究方法。由于研究方法的改变，也就导致结论的不同。新经济史学的主要特征是充分利用现代资产阶级经济理论来考察经济史，并广泛采用数量研究方法，特别是在"间接度量"和"反事实度量"方面，新经济史学所使用的统计方法也与过去不同。这种根据历史上的数字资料、用数量研究方法来解释历史的学科，就称为计量经济史学，或称为历史计量学。新经济史学的方法在克服经济理论学与经济史学的脱节方面，在提供量的概念方面，与传统方法比是一个进步。但它是用资产阶级经济理论作指导，又是单纯用数量计算方法，因此无法说明经济发展过程的本质，也谈不上揭示经济发展过程的规律性。② 武力指出，西方经济学是服务于强势的西方国家的经济学，其中的一些假设没有告诉你，甚至是故意不告诉你，如信奉市场这只"看不见的手"，讲自由贸易、比较优势，前提就是西方国家先行实现工业化而发展起来了，在自由贸易中处于强势地位。③ 笔者认为，西方经济学由于以服务于垄断资本和西方发达国家为目的，主张私有制而以资本主义生产关系永久存在为前提，以由此所形成的理论来解释中国经济的发展，显然会遇到困惑，西方经济学家提出"中国之谜"的问题也就成为必然。

按照唯物史观的要求，要有整体历史观和注重引入非经济因素和视角。吴承明认为，整体历史观应作为思想方法，即力戒孤立地看待经济问题，要考虑到非经济因素的作用，这也是历史唯物主义的要求。④ 许涤

---

① 许涤新：《〈中国资本主义发展史〉总序》，载《中国资本主义发展史》第 1 卷《中国资本主义的萌芽》，人民出版社 2007 年版，第 14—15 页。

② 中南财经大学编：《经济科学学科辞典》，经济科学出版社 1987 年版，第 345 页。

③ 武力在 2013 年 3 月 7 日中国社科院经济研究所、当代中国研究所第二研究室、中南财经政法大学经济史研究中心、中国社科院中国现代经济史研究中心、中国经济史学会中国现代经济史专业委员会联合召开的 2013 年度中国现代经济史学科研究动态及前沿问题讨论会上的发言。

④ 吴承明：《中国经济史研究的方法论问题》，《中国经济史研究》1992 年第 1 期。

新指出，要把"人"纳入经济史的研究对象。他在《〈中国资本主义发展史〉总序》中提出，写中国资本主义的发展史，没法不同资产阶级的代表性人物发生关系。马克思多次指出：商品、资本本来是在物的掩盖下的人的关系。从司马迁起，写人物就是中国史学的优良传统。但近代史学，尤其是经济史，似乎丢掉了这个优良传统；一个时期，甚至讳言人物，以免遭为资本家"树碑立传"之祸。我们打算改变一下风气。当然，我们不是为写人而写人，"这里涉及到的人，只是经济范畴的人格化"。① 限于篇幅，只能是某个经济范畴的代表人物，又只能是少数几个经济范畴的代表人物。② 陈争平指出，经济史研究要有"人"，可以说是吴承明、汪敬虞等前辈学者的一个重要治学理念。汪敬虞深入到"人"的精神层面，曾专题研究近代中国人的产业革命精神。我认为，经济史要研究"人"，大致可包括研究"人物"、"人心和人文"（思想、文化等）、"人群"（包括企业、工商社团等）、"人口"、"人力"（包括劳动、人力资本）等方面。③ 吴承明指出，非经济因素中最大的是政府和文化两项。就中国封建政府而论，它在促进经济稳定和发展上，效率要高于同时代的西方政府。在阻碍经济现代化上，中国政府也远大于西方。④ D.诺斯的新制度学派是以新古典经济学为基础的，但他注意到非经济因素，把国家论和意识形态引进经济史。这实际是中国史学传统，中国历史上是强政府，讲义利论，不过，诺斯说他是取法马克思。总之，学习年鉴学派和新制度学派给我很大启发。至少，经济史不能就经济论经济，要研究社会结构、制度、思想。⑤ 董志凯说，吴承明对经济史研究与历史研究方法作出全面剖析后指出，经济史研究有历史条件、经济运行、制度、社会与思想文化五个层次。⑥ 武力认为，经济史研究要放在一个更大的背景，考虑

---

① 《马克思恩格斯选集》第2卷，人民出版社1995年版；第101页。
② 许涤新：《〈中国资本主义发展史〉总序》，载《中国资本主义发展史》第1卷《中国资本主义的萌芽》，人民出版社2007年版，第12—13页。
③ 陈争平：《中国经济史探索：陈争平文集》，浙江大学出版社2012年版，第223页。
④ 吴承明：《经济史：历史观与方法论》，《中国经济史研究》2001年第3期。
⑤ 吴承明：《研究经济史的一些体会》，《近代史研究》2005年第3期。
⑥ 董志凯：《洞晓与践行"包容"理念的睿智大师——缅怀吴承明先生》，《中国经济史研究》2012年第2期。

非经济因素，如对三线建设仅从经济视角是很难研究清楚的，需要综合考虑国际环境和国家安全等问题。① 李伯重认为，近年来经济史学所遇到的问题，很大程度上是来自经济学自身出现的问题。只有解决这些问题，经济学才能更好发展。而在这方面，经济史学大有可为，因为它能够从社会制度、文化习俗和心态上给经济学提供更广阔的视野。中国有长达2000多年的"食货学"传统，这是中国的经济史学的本土源头。"食货学"对社会问题有强烈的关注，旨在从经济、社会乃至政治制度方面为治理国家提供历史的借鉴，其内容包括田制、物产、水利、户口、赋税、货币、财政、漕运、仓储、乡党（乡村社会组织）等各方面。这个世界上独一无二的学术资源，也使中国的经济史学能够在社会经济史方向的发展中走得更远。如果我们改进了经济史研究，那么就能够推进经济学的进步，而经济学的进步，对于改进经济史学的话语体系又至关重要。②

按照唯物史观的要求，中华人民共和国经济史的研究应以中国特色社会主义经济发展道路形成和不断完善的历程为主线，对当代中国经济的发展作出科学解释和理论概括。《经济科学学科辞典》说，马克思、恩格斯把历史唯物主义作为研究经济史的指导原则，使经济史学成为一门科学，并为后来研究经济史的人奠定了正确的理论和科学的研究方法。③李根蟠指出，在中国经济史学孕育和诞生时期，曾经面临各种各样的思潮和理论，但是没有一种理论能够像马克思主义的唯物史观那样对它的发展产生巨大而深远的影响。马克思主义唯物史观的本质决定它十分重视经济史研究，同时又给这种研究提供最锐利的理论武器。中国经济史学的诞生适逢马克思主义广泛传播之时，应该说是中国经济史学之幸。马克思主义的传入不但推动了中国革命的发展，而且它关于生产力决定生产关系、经济基础决定上层建筑的理论，也引导人们去关注社会经济

---

① 武力在2013年3月7日中国社科院经济研究所、当代中国研究所第二研究室、中南财经政法大学经济史研究中心、中国社科院中国现代经济史研究中心、中国经济史学会中国现代经济史专业委员会联合召开的2013年度中国现代经济史学科研究动态及前沿问题讨论会上的发言。
② 李伯重：《中国经济史学的话语体系》，《中华读书报》2011年4月6日。
③ 中南财经大学编：《经济科学学科辞典》，经济科学出版社1987年版，第345页。

状况及其发展的历史。^①孙圣民、徐晓曼认为，马克思主义史学较早运用"生产力和生产关系、经济基础和上层建筑"互动的制度变迁框架，研究人类社会的经济和社会发展史，这种研究范式一直深刻影响着中国的经济史研究。^②林岗认为，在《资本论》的宏大的理论体系的展开过程中，历史唯物主义的世界观这个根本的方法论原则，具体化为经济学分析的一系列规范：（1）从生产力与生产关系的矛盾运动中解释社会经济制度变迁；（2）以生产资料所有制为基础确定整个社会经济制度的性质；（3）在历史形成的社会经济结构的整体制约中分析人的经济行为；（4）依据经济关系来理解政治和法律的制度以及道德规范。^③李义平指出，马克思研究资本主义生产方式以及与之相适应的生产关系和交换关系，旨在揭示更深层次的问题。一是通过物的关系揭示人与人之间的关系。二是揭示社会的经济运行规律。^④董志凯在《读赵德馨主编的〈中华人民共和国经济史〉》一文中指出，按照马克思主义政治经济学的理论指导，经济史研究要从生产力和生产关系、经济基础和上层建筑的关系中去探索规律。中华人民共和国经济史的研究无疑要遵循这一总的指导原则。^⑤2003年7月1日，胡锦涛在"三个代表"重要思想理论研讨会上的讲话中指出："辩证唯物主义和历史唯物主义的世界观和方法论，是马克思主义最根本的理论特征。马克思主义坚持从社会物质生产特别是生产力和生产关系的矛盾运动来解释世界，把生产力作为推动社会前进最活跃、最革命的力量，认为生产力的总和决定着社会状况。始终代表中国先进生产力的发展要求，是对马克思主义关于生产力和生产关系、经济基础和上层建筑的辩证关系这一基本原理的运用和阐发；始终代表中国先进文化的前进方向，是对马克思主义关于物质生活和精神生活、社会存在和社会意识的辩证关系这一基本原理的运用和阐发；始终代表中国

---

① 李根蟠：《唯物史观与中国经济史学的形成》，《河北学刊》2002年第3期。
② 孙圣民、徐晓曼：《经济史中制度变迁研究三种范式的比较分析》，《文史哲》2008年第5期。
③ 林岗：《论〈资本论〉的研究对象、方法和分析范式》，《当代经济研究》2012年第6期。
④ 李义平：《马克思经济学与西方经济研究的优势比较——基于当代中国比较经济问题的分析》，《学术研究》2013年第1期。
⑤ 董志凯：《读赵德馨主编的〈中华人民共和国经济史〉》，《中共党史研究》1991年第5期。

最广大人民的根本利益，是对马克思主义关于人民群众是推动历史前进的动力这一基本原理的运用和阐发。"[①] 笔者认为，在新的历史条件下，应当坚持和发展唯物史观，尊重历史，要有整体历史观，不搞历史虚无主义，避免研究的碎片化，吸收西方经济学进步的方法，不断完善和发展马克思主义经济史学研究范式，基于生产方式的矛盾运动展开对中国特色社会主义经济发展道路的形成和不断完善历程，以及经济发展成就和经验研究，以科学解释"中国之谜"和更好地服务于当今乃至未来中国经济的发展。

[原载《中国经济史论丛》2016 年第 1 期]

[①] 《十六大以来重要文献选编》上，中央文献出版社 2011 年版，第 362 页。

改革开放史研究要有实践问题导向意识

《中共党史研究》编辑部向我提出如何加强改革开放史研究的实证性这样一个题目。这是一个关于方法论的建设性命题。从党史国史学界对新中国前29年历史时期的研究成果看，多数成果实证性较强，文件堆砌和领导人思想观点的简单再叙述等问题并不特别突出。这也反映出，如何展开改革开放史的实证研究，不是一个单纯的研究方法问题，而是对改革开放史特点和研究选题把握的问题。

改革开放史与此前任何一个历史时期相比，具有鲜明的特征，那就是基于独立的工业体系已经建立起来这样一个新的经济社会发展阶段，以及之后工业化、城镇化、信息化和全球化持续演进及其要求，不断推进改革开放，成功地实现社会主义计划经济体制向社会主义市场经济体制的转变。这正是马克思主义所揭示的生产力与生产关系、经济基础与上层建筑关系在改革开放历史进程中的体现。在这样的历史演进中，中国经济社会进入快速发展期，经济结构多元化，社会组织多元化，利益主体多元化，加之大国中的产业、城乡、区域等发展的不均衡，使得矛盾和风险也随之增多。这些都使得改革开放以来国家治理所面对问题的极其纷繁和复杂化，也就决定了思想发展、理论创新、政策调整和完善以及制度变迁的纷繁和复杂程度，远远超出此前的任何一个历史时期。同时，改革开放史是一个不断延续至今的全新的研究对象，对其加以梳理并作出科学评价，还需要更为长时期的实践验证和理论反思。这些都增添了改革开放史研究的难度。相对而言，随着国家治理体系和治理能力现代化建设的推进，党和政府的决策信息大量及时公开，加之现代信息技术的快速发展和广泛应用，使可获得的文献信息量极大，研究者又身临其境，因而相对于以往任何一个时期，进行历史演变过程的描述是一件相对容易之事。由此，现有关于改革开放史的研究成果，对思想发展史、理论创新史、发展战略史、政策演变史、制度变迁史等梳理得较多，也容易陷入文山会海和领导人思想观点的简单再叙述。

党史国史学界开展改革开放史的实证研究，需要更多地基于改革开放史的特点，基于历史逻辑，把历史演变过程的描述、基于已有理论和某种价值观的规范研究，与深入的实证研究结合起来。如此，才能推进改革开放史研究的深化，避免简单摘录文件、会议内容或一般性宣传解读而难以深入的问题。

作为历史研究诸多方法之一的实证研究的特点，是对纷繁复杂的历史实践进行分析，梳理诸多历史事件或现象及相互间的关系，分析回答历史事件或现象的本来、为什么发生、发生后对其他相关事件或现象有何影响、如何评价等问题，以及有哪些值得吸取的经验和教训，是否反映出某种发展规律，能否升华为新的理论，能够为当下乃至未来一段时期提供什么样的历史智慧，等等。在实证研究中，通过文件与实践的对照有助于克服单纯文本研究的缺陷，通过时间维度的长时段考察有助于克服短时段验证不充分的缺陷，通过空间维度的纵向比较有助于克服孤立分析的缺陷，通过整体与局部关系的研究有助于克服孤立化甚至碎片化分析的缺陷，通过定性与定量结合的分析有助于克服数字与背后的历史故事脱节和不能准确把握历史事件或现象之实质的缺陷。

下面，基于改革开放史的特点、理论和现实发展对改革开放史研究的需求，研究中遇到的问题，围绕改革开放史研究中的思想发展、理论创新、决策形成与实践发展的互动，就如何强化实践问题导向意识，开展改革开放史实证研究的几个问题作一探讨。

第一，在选题上，要注重实践的问题导向。选题的实践问题导向是实证研究的逻辑起点。改革开放史的研究还没有像共和国前29年历史时期那样有较多的实证性研究成果，究其原因，有内容上的宏大叙事问题，有文献收集易而难取舍的问题，有研究中缺乏文本与实践对比的问题，但这些都是次要的，源头在于选题的实践问题导向没有明显体现出来。很多选题较为注重思想、理论、决策等形成过程的描述，缺乏将其与实践加以对照考察，特别是缺乏对其与实践发展的互动进行考察，也就导致思想发展、理论创新、决策形成与实践发展的"两张皮"现象。研究者之所以偏重于这些思想发展、理论创新和决策形成过程的描述，主要是由于资料获取较改革开放前更为容易，很多高层次的内部决策过程都在当时公布了。例如，中国共产党全国代表大会报告、国家五年计划（规划）、国务院的政府工作报告等，除当时公布全文、中央领导人报告的形成过程，还有详细形成过程的诞生记，以及参与起草重大文献的专家进行权威解读等，因而使得简单的形成过程描述在当代学界看来，都是熟知的，加之堆砌文件、会议，缺乏归纳概括和深入研究，也就在一定程度上失去改革开放史研究的意义了。强化基于实践问题导向的改革开放史研究，不仅可以避免单纯文本研究脱离实践的缺陷，也有助于形成基于历史视角的有别于现实问题研究的创新性研究成果。值得注意的是，现实问题研究很注重从历史及其与现实的比较中寻找历史逻辑起点和解决问题的方案。历史研究要向现实问题研究学习，增强现实关怀意识，在选题上强化实践问题导向意识，寻找实践需要回答的问题，如此方可引导问题讨论的深化。在以实践问题为导向的研究逻辑中，依然需要基于某种理论或价值观的规范研究，依然需要对思想、理论、文件和会议等进行描述，但不再只以将这些陈述清楚为目的，而是将其与实践的互动纳入引出问题、分析问题、回答问题的组成部分，将单纯的过程陈述转变为以问题思维为导向，实现过程陈述与问题思维的融合。

第二，在研究对象的完整链上，要注重实践这一链环，分析思想发展、理论创新、决策形成的实践背景和实践绩效，特别是思想发展、理论创新、决策形成与实践发展的互动关系。改革开放史的主线是对中国特色社会主义道路的探索完善，因而思想发展史、理论创新史和决策形成史的研究极为紧迫，也取得了较为丰硕的成果。解放思想、实事求是、与时俱进的思想路线贯穿整个改革开放进程，也使改革开放史具有了鲜明的时代特征，那就是放弃了改革开放前一段时间内脱离中国实际而照搬马克思主义经典作家的论述、苏联的做法等，是在不忘初心的同时，不懈地推进马克思主义中国化,更加注重基于世情、国情、党情,本着实践是检验真理的唯一标准,本着以是否有利于发展为判断是非的标准,把问题的解决基于和着眼于实践,进而形成了思想发展、理论创新、决策形成与实践发展更加良性互动的演进态势,这也是贯穿于改革开放史的红线。可见,对于改革开放史的研究,理应体现实践发展及实证性很强的特征。注重思想发展、理论创新、决策形成与实践发展互动关系的考察,将历史发展链加以完整考察与呈现,才能有助于实现改革开放史的真实再现和研究的深化。

第三,在整体史视域下,要梳理实践中诸多历史事件或现象的关系。由于改革开放史的纷繁复杂,加之社会学科的专业分化日益深化发展,形成了一些多视角、多学科的研究成果,也有基于某一个案以小见大的成果,这些都不失为值得倡导的研究方法,但也要避免有可能发生的只见森林不见树木或瞎子摸象的问题。对改革开放史的实证研究,需要在整体史视域下,梳理诸多历史事件或现象之间的关系,既不能被纷杂的现象所迷惑,也要避免碎片化、孤立化、片面化、静态化地研究问题。例如,科学发展观是针对 2003 年突发"非典"疫情暴露出诸多不协调问题而提出的,但不能将科学发展观提出的原因完全归于"非典"疫情的发生,如果这样,就陷入了静态化、孤立化、片面化的分析逻辑。从整体史视域分析,科学发展观是在总结了中国改革开放和现代化建设的成功经验,吸取了世界上其他国家在发展进程中的经验教训的基础上提出的,凝聚了几代共产党人带领全国人民建设中国特色社会主义的心血。如此,才能对科学发展观的内涵和历史地位作出与历史相一致的认识和评判。

第四,在时间维度上,要注重长时段的比较,可以更好地把握时代特征和发展脉络,也能使研究结论得到更充分的验证。以阶段划分为例,尽管改革开放经历了几十年的时间,但都是一种接续探索发展,加之日益增多的实践经验的积累,使得这种探索发展的起伏波动不大,经济社会运行也极其平稳,因而各小阶段的特征也就没有共和国前 29 年历史时期那样泾渭分明,使得阶段很难划分,由此导致历史过程的描述也显平淡。实证研究有助于破解这一难题。以经济社会发展为例,可通过增长速度和结构变化的实证分析，把握经济社会发展的一些阶段性特征，以及由此所决定的政策调整变化。一般而言，通过对增长速度波动的分析，可以较好地把握小阶段的特征；从结构上分析，可以较好地把握大阶段的特征。例如，世纪之交的中国便有很多明显的结构性特征，包括社会发展滞后于经济增长、城乡差距拉大的二元结构等。认识到类似结构性特征，才能更好地把握中国特色社会主义事业的总体布局由"三位一体"发展为"四位一体"再发展到"五位一体"的发展脉络和时代特征，由此方能反映出丰富而又鲜明的阶段性特征。

第五，在空间维度上，要注重横向比较。横向比较是实证分析的另外一个维度。展开横向比较的实证研究，可以更清楚地认识中国特色社会主义道路的特点和经验。例如，从国际比较看，第二次世界大战后，由中等收入成功跻身为高收入的国家极少，这是因为发展中国家在国际竞争中处于劣势地位而难以实现赶超发展。从这一视角进行考察，不难发现中国发展奇迹的取得来之不易，也更加彰显中国经验之宝贵。如果孤立地就中国论中国，缺少参照的维度，实证分析不充分，还可能陷入孤芳自赏的境地，甚至由此招致对中国特色社会主义道路、理论、制度、文化的质疑。

第六，在政策的实施上，要注重文本与实践的对照。思想、理论和政策的实践有一个过程。还有一些政策，由于地区不同以及实施的程度而有所差异，甚至会在实施中进行相应的适应性完善。另外，由于认识和理论发展的渐进性及多种约定俗成的概念表述，如果在文本研究中仅从字面上加以理解，也会误导研究的展开。例如，安徽省小岗村一开始发明的包干到户，这一出自农民语言的表述通俗易懂，但在改革初期的文件话语中，它被归类为多种联产责任制的一种形式。实际上，包干到户并不联产，这是其与包产到户的重大区别。包产到户主要是将土地等生产资料由农户承包经营，所生产的产品归集体，集体根据产量给承包农户计工分分配，或对超产部分给予一定奖励，是联产承包责任制的一种。包干到户则与之不同，是将土地等生产资料由农户承包经营，收益不按产量给承包户记工分后分配，而是承包户交足集体和国家的，剩余部分全部归自己，也就是说这种承包经营不再联系产量。据中央文件起草人说，当时就认识到，把包干到户称为联产承包责任制，与实际不符，但可以避免类似改革开放前将包产到户视为"单干"、走资本主义道路的政治风险，以及由此导致的包干到户被禁止实施的厄运。随着思想的进一步解放和认识的深化，中共十五届三中全会才在中共中央文件（即这次全会通过的《中共中央关于农业和农村工作若干重大问题的决定》）的层面，将此前的"以家庭联产承包为主的责任制、统分结合的双层经营体制"正名为"以家庭承包经营为基础、统分结合的经营制度"，即不再保留"联产"二字，使名与实相符。此外，即便是对写入宪法的制度也有误解的情况。如宪法规定农村土地为集体所有，但在调研中发现，不少基层干部认为农村土地为国有，而这样的错误认识经常导致有的基层干部随意调整农民承包土地、占用部分征地款等损害农民土地权益乱象的发生。可见，如果仅仅进行文本分析，而不与实践对比，所作出的历史描述便有可能失去准确性，基于这样的研究也可能得出不符合实际的结论。

［原载《中共党史研究》2017年第5期］

深化中国发展奇迹原因实证研究
需要注意的几个问题

"中国之谜"是继"李约瑟之谜"之后,又一个引起国内外广泛而又热烈讨论的问题。与"李约瑟之谜"讨论中国为什么不能的问题相反,"中国之谜"讨论的是中国为什么能的问题。

中国发展奇迹原因这一研究热点的形成,最初是由国外学者引发的。这首先是因为中国发展奇迹令全世界瞩目,也影响着全球发展及结构的重构,但目前西方主流经济理论仍未能有效解释中国发展的奇迹。与此同时,国内学者也从多学科、多视角对中国发展奇迹原因进行了研究,给出了一些解释。由于研究的立场和范式不同,学科和视角的不同,对中国发展奇迹原因的分析可谓众说纷纭,也有较大分歧。

对中国发展奇迹原因的认识,关系对中国特色社会主义道路内涵的认识,关系对中国特色社会主义道路自信、理论自信、制度自信、文化自信的历史逻辑起点的认识,关系改革发展方向的如何坚持。从已有研究看,也都是直接或间接地围绕这些问题而展开。

对中国发展奇迹原因的研究,理应是带动党史国史研究向深化方向发展的选题。这是因为:第一,相对而言,党史国史学界有洞察这一发展进程的优势,开展对中国发展奇迹原因的实证研究,可以基于当时的历史场景作出更加客观的分析,避免经济学、政治学、社会学等学科的理论视野分析的局限,在构建中国特色哲学社会科学中发挥不可替代的作用。第二,能否科学分析和认识中国发展奇迹的原因,关系能否厘清和客观再现改革开放史的主题和主线、主流和本质。第三，中国发展奇迹原因的研究，是一个实践问题导向性强的选题，有助于促进党史国史学界深化实证研究，破解思想发展、理论创新、政策演变、制度变迁等过程记述中文山会海现象和领导人思想观点的简单再阐述等问题。相对于现实问题研究而言，党史国史学界在中国发展奇迹原因的实证性研究成果相对较少，有影响力的成果更少。

对于产生中国发展奇迹的原因这样一个实践问题导向极强的重大选题，在实证研究中也会由于研究维度的不同，而得出不同的结论。在实证研究中，针对已有研究存在的问题，在还原历史场景的同时，还需要注意以下几个问题：

第一，避免短时段分析中验证不充分的缺陷，善于从长时段因素变化的比较中洞悉中国发展奇迹的原因。社会科学虽然不能像自然科学那样可以反复实验，但长时段的实践，实际上也是一种实验和验证的过程。在中国发展奇迹原因的分析上，基于短时段分析所得出的结论，也会遇到难以通过长时段检验的问题。例如，中国发展奇迹原因有后发优势说、人口红利说、结构效应说等，若把这些观点纳入长时段考察，就会发现也有需要修订完善之处。的确，中国作为后发国家，与先发国家经济水平相比有较大差距。中国通过学习先发国家的先进技术、先进管理等，引进其先进设备，以及引进其资本，是中国发展奇迹的原因之一，即后发优势说无可非议。中国可以提供工业化所需要的价格低廉的劳动力，在发达国家人工成本昂贵的情况下，中国在劳动力密集产业上具有比较优势，如此，人口红利说是成立的。中国由于城乡发展水平存在较大差距，通过城市对乡村的辐射带动提升其发展水平，由此提升农村居民消费水平，又为发展提供了市场，进而提升了整个国家经济发展水平，结构效应说也是成立的。但是，把中国发展奇迹放在更长时段进行考察，如往前延伸到新中国成立前的民国时期，甚至延伸到1840年鸦片战争后的晚清时期，就会发现，中国都有与先发国家生产力水平差距巨大的问题，都有大量剩余劳动力可提供，都有城乡差距较大的问题，但1840—1949年期间中国的发展没有取得举世瞩目的奇迹，这是为什么？可见，不能笼统地把中国发展奇迹的原因表述为后发优势说、人口红利说、结构效应说，至少应加以修饰限定，比如后发优势释放说、人口红利释放说、结构效应释放说等。由此，可继续深化后发优势、人口红利、结构效应是因为什么因素才释放出来的。与之前相比，鲜明的时代特征就是改革开放，就是探索形成了中国特色社会主义道路，以及这条道路中重要组成部分的理论和政策体系，由此才可使后发优势、人口红利、结构效应能够得以充分释放。可见，在进行实证研究时，时间维度的长短是一个需要加以注意的问题，不能只进行短时段的分析。如果缺乏长时段的考察，可能因实践和验证的不充分，导致研究结论的偏差，至少是难以洞悉更深层次的问题。

第二，避免就中国论中国分析中不识庐山真面目的缺陷，善于从国际比较的视域洞悉中国发展奇迹的原因。中国发展奇迹，本身就是一个国际范畴的概念。在实证研究时，如果仅仅局限于自我的纵向比较，而不将其纳入更广阔体系进行横向比较，这样的实证研究也会有局限。一方面，仅基于中国个案，难以辨别研究结论具有普遍意义还是特殊意义。这里仍然以中国发展奇迹原因的后发优势说为例。从世界统计分析看，发展中国家能够释放后发优势而实现赶超发展的，数量极少。这是因为，从经济运行机制进行考察，发展中国家的后发优势只是潜在的，也不是主导因素，更为主导的原因是，发展中国家面临"贫困陷阱"及之后的"中等收入陷阱"，在国际竞争中处于弱势地位，受强势的发达国家掌控制定的国际规则影响，发展中国家处于劣势地位，其利益受发达国家侵蚀。例如，发达国家雄厚的跨国资本控制经济运行和索取剩余价值、高科技优势使其处于产业链高端而获得较高份额收益，发展中国家的产业一般处于价值链中低端而只能获得较低份额的收益。这些都使绝大多数后发国家难以在赶超发展上有实质性进展。这样的实证分析清晰地反映出，中国发展奇迹的取得，不是简单的后发优势的释放，更重要的是反映出中国突破了"贫困陷阱"和劣势地位下的恶性循环这一定律。从这个视角所展开的深入的实证分析，可以得出由于中国特色社会主义道路所构建起的发展优势，才是有效突破"贫困陷阱"之关键。另一方面，难以深透地分析中国发展奇迹原因的共性和特性之处。中国发展奇迹的取得，既有现代文明发展的共性因素，包括都把工业化作为现代化的主导因素加以推进，但各国又都根据自己的国情，在如何推进以工业化为主导的现代化上，选择了不同的实现路径。这样把握共性和特性之所在后，就可以深入地揭示中国发展奇迹取得的原因。通过比较研究可以发现，中国发展奇迹的取得是在这样的因素下实现的：中国现代化事业的领导核心是中国共产党，实行公有制经济为主体、国有企业为主导，这是不同于资本主义社会的特点；中国实行以公有制为主体、多种所有制经济共同发展，发展社会主义市场经济，这是不同于苏联社会主义的特点。这些特点都统一于中国特色社会主义道路，以及这条道路重要组成部分的理论和政策体系。当然，这只是从最根本、最基本的方面进行的比较和概括，而在具体理论、政策及实践层面的研究内容，则极为丰富。在国际比较中，还可分别与发达国家、发展中国家、转型国家进行比较，从中可形成极其丰富的成果。

第三，避免对多元结构中各因素均等权重分析的缺陷，善于从各因素的关系上洞悉中国发展奇迹的主导因素。适应生产力水平尚低的社会主义初级阶段，以及这个阶段存在的产业、城乡、区域发展不均衡的要求，把社会主义基本制度与市场经济成功地融合起来，探索形成社会主义市场经济之路，经济结构、社会结构、利益主体结构等呈多元化格局。在这样一个复杂的多元结构情况下，要梳理主导因素也变得困难。如果不是勇于面对这种复杂性的挑战，而是找所谓的捷径，对中国发展奇迹原因进行孤立化分析，所得出的结论可能发生偏差，有可能误导当下乃至未来的改革。例如，在多种所有制经济的结构中，如何认识公有制经济在中国发展奇迹中的作用，就需要分析多种所有制经济对中国发展奇迹的贡献及相互作用。改革开放以来，对清一色的公有制经济进行改革，公有制经济比例缩小，非公有制经济实现较大发展。这一改革适应了社会主义初级阶段生产力水平低下，以及行业、城乡、区域不均衡的要求，解放和发展了生产力，是中国发展奇迹的重要原因。有人据此得出结论，认为中国发展奇迹的取得归功于私有化，也就否定了公有制经济在其中的作用。实际上，中国发展奇迹取得的根基，在于以公有制经济主体地位的坚持和国有企业主导作用的发挥。这从所有制上保障了人民的主体地位，成为中国特色社会主义政治文明建设的基础，成为推进国家治理体系和治理能力现代化建设的基础。这样的经济制度有利于形成发展为了人民、发展依靠人民、发展成果由人民共享的实现机制，调动了各方面的积极性，也避免了贫富的严重分化，进而有利于实现供需均衡而实现经济社会持续健康发展。这些因素的共同作用，厚植起国家发展优势。经过改革，国有企业经受住了市场经济的洗礼，活力、控制力、影响力不断增强，以其长期形成的规模优势、装备优势、技术优势、人才优势、管理优势、市场开拓能力优势，克服了2008年国际金融危机的严重冲击，并在困境中发展壮大，成为"走出去"的骨干力量，在创造中国发展奇迹中发挥着不可替代的主导作用。

第四，避免表象分析的缺陷，善于通过对本质的把握来洞悉中国发展奇迹的原因。例如，改革开放以来，中国对高度集中的计划经济体制进行改革，成功地实现了计划经济向社会主义市场经济的体制转变，政府不再直接管理经济社会，由此推导中国发展奇迹的取得，归结于去政府作用的市场化，甚至认为政府的作用是负面的，就是由于仅从表象分析导致结论的偏差。如果对中国发展奇迹原因做出如此结论，将误导改革，也会使中国在特定历史条件下为实现赶超所形成，而在市场经济下难以形成的，甚至难以再生的发展机制的优势消失。实际上，在发展社会主义市场经济进程中，并不是让市场完全替代政府，而是通过对政府的改革，完善政府宏观调控，通过组织实施重大科技攻关、促进新兴战略产业发展等，不仅避免了市场失灵，还更好地发挥了政府的作用，使社会主义能够全国一盘棋、集中力量办大事的新型举国体制优势得到更好发挥，为抢占发展战略制高点提供强有力的保障，进而保障国家发展战略目标的实现。

第五，避免局部分析以偏概全的缺陷，善于从整体史视域洞悉中国发展奇迹取得的原因。例如，如果仅仅看到改革开放前党政直接负责企业的生产经营，改革开放以来则对党政企关系进行了重大改革，党政不再直接负责企业生产经营，就否定党在中国发展奇迹中的领导作用，就是以偏概全的一种表现。中国发展奇迹的取得，是在中国共产党的领导下实现的。实践表明，改革党政企关系不是削弱党的领导，而是党可以从处理繁杂的具体事务缠绕中解脱出来，可以把更多的精力用于发展理论的创新、国家发展战略和方针政策的制定上，从而更好地发挥党的领导作用。改革开放以来，中国共产党的领导在中国发展奇迹中的作用，突出地体现在：第一，中国共产党基于中国的实际，与时俱进地推进理论创新，不断丰富和发展马克思主义政治经济学，如渐进地提出有计划的商品经济、计划和市场都是手段、科学发展观、使市场在资源配置中起决定作用和更好发挥政府的作用、经济发展新常态、五大发展理念等，以新的理念和理论引领改革和发展。第二，中国共产党积极推进改革开放，探索出中国特色社会主义市场经济之路，极大地促进了生产力的解放和发展。第三，中国共产党在所有制结构多元化和利益主体多元化的格局下，作为先进生产力的代表，站在时代的前沿，能够顺应时代发展的要求，处理好长远利益与短期利益、全局利益与局部利益的关系，通过发展理念的引领、国家发展战略目标与政策的引导、制度的规范，促进资源实现优化配置，走出了发展中国家因一盘散沙而难以实现跨越发展的困境。这是中国发展奇迹取得最为关键的原因。

深化中国发展奇迹原因的实证研究，还会遇到很多难题。破解难题最关键的是要坚持以马克思主义唯物史观为指导，运用马克思主义关于生产力与生产关系、经济基础与上层建筑相互作用的原理，用整体史的视域，把经济与政治、文化、社会、生态联系起来，研究它们相互间的影响，客观梳理和把握改革开放史的主题和主线、主流和本质，才有助于避免表象化、静态化、孤立化、碎片化分析中矛盾重重的问题。

［原载《中共党史研究》2018 年第 1 期］

后 记

我于1984年起至2010年在农业部参加《当代中国》丛书之《当代中国的农业》卷编写、当代农史研究，与国史研究结了缘；2010年由农业部农村经济研究中心转到当代中国研究所工作，研究领域向经济史、国史拓展。

在融洽的集体合作环境中，我先后承担了《中华人民共和国史编年·1963年卷》《中华人民共和国经济史（1949—2012）》《中华人民共和国史稿（2002—2012）》《中华人民共和国历史十讲》《中华人民共和国史小丛书》《新中国70年》《中华人民共和国简史》《新中国社会主义发展道路70年》等书的研究、编写任务。同时，我把集体任务的完成与个人研究结合起来，取得了一些研究成果。这些成果大致分为两个方向：一是开展经济史、国史研究，主编出版《中华人民共和国经济史（1949—2019）》《中华人民共和国史编年·1963年卷》《三线建设和西部大开发中的攀枝花》《新常态下经济转型升级研究》；二是坚持"三农"史研究，出版的专著有《新中国"三农"发展重大突破》《中国乡村发展研究》，出版主编的著作有《近代以来中国农村变迁史论（1978—2012）》《解决"三农"问题之路——中国共产党"三农"思想政策史》。

我自2010年以来在当代中国研究所工作期间，公开发表论文100余篇。现从中挑选围绕中国跨越发展研究的论文，集册为《中国跨越发展历程和政策选择研究——基于政治经济学的视角》。借此机会，我对本所给予这次出版文集的机会、所内外专家学者长期以来给予合作支持表示衷心感谢。

郑有贵
2020 年 2 月 29 日